AF876871

Saphira Jüdes

Systematik des neuen Investmentsteuerrechts und Folgerichtigkeit in der Umsetzung

Schriften zum Steuerrecht

Band 11

LIT

Saphira Jüdes

Systematik des neuen Investmentsteuerrechts und Folgerichtigkeit in der Umsetzung

LIT

Gedruckt auf alterungsbeständigem Werkdruckpapier entsprechend
ANSI Z3948 DIN ISO 9706

Bibliografische Information der Deutschen Nationalbibliothek
Die Deutsche Nationalbibliothek verzeichnet diese Publikation in der Deutschen Nationalbibliografie; detaillierte bibliografische Daten sind im Internet über http://dnb.dnb.de abrufbar.

ISBN 978-3-643-14911-4 (br.)
ISBN 978-3-643-34911-8 (PDF)
Zugl.: Köln, Univ., Diss., 2020

© LIT VERLAG Dr. W. Hopf Berlin 2021

Verlagskontakt:
Fresnostr. 2 D-48159 Münster
Tel. +49 (0) 2 51-62 03 20
E-Mail: lit@lit-verlag.de https://www.lit-verlag.de

Auslieferung:
Deutschland: LIT Verlag, Fresnostr. 2, D-48159 Münster
Tel. +49 (0) 2 51-620 32 22, E-Mail: vertrieb@lit-verlag.de

Vorwort

Anlass für mich zu dieser steuersystematischen Arbeit über das InvStG war die Erkenntnis während meiner praktischen Tätigkeit u.a. in der Finanzverwaltung und in einer großen Wirtschaftsprüfungsgesellschaft, dass die rechtlichen Sonderregelungen des InvStG trotz ihrer enormen wirtschaftlichen Bedeutung wenig bekannt sind. Im Rahmen meines Referendariats in der u.a. für das InvStG zuständigen Abteilung des Bundesministeriums der Finanzen verfestigte sich mein Entschluss zu einer wissenschaftlichen Arbeit zum InvStG, mit welcher ich schließlich im Anschluss an das Referendariat begann. Die Arbeit entstand im Wesentlichen neben meiner Teilzeittätigkeit als Anwältin für eine renommierte Steuerrechtskanzlei im Jahr 2018 und wurde von mir bis zur formellen Annahme als Dissertation durch die rechtswissenschaftliche Fakultät der Universität zu Köln im August 2020 neben meiner Tätigkeit als Richterin (und unabhängig von dieser) überarbeitet. Gesetzliche Änderungen des InvStG sowie Verwaltungsvorschriften sind in der nun veröffentlichten Arbeit bis einschließlich Februar 2021 berücksichtigt.

Besonderer Dank gilt Frau Prof. Dr. Johanna Hey für die Betreuung meiner Arbeit in einem Rechtsgebiet, mit dem sich nur wenige Steuerrechtswissenschaftler/-innen befassen, und für ihr stets konstruktives Feedback. Ferner danke ich Prof. Dr. Stephan Eilers für die zügige Zweitbegutachtung der Arbeit. Desweiteren bedanke ich mich bei meinem Lebensgefährten Ulf Einsfelder für die umfassende technische Unterstützung bei der Initialisierung von LaTeX zum Abfassen der Arbeit und der Formatierung der in der Arbeit enthaltenen Graphiken. Schließlich danke ich allen, die meine Arbeit Korrektur gelesen haben, insbesondere Andrea Otten, Saboora Deihimi und Manfred Mühl.

Inhaltsverzeichnis

Tabellenverzeichnis

Abbildungsverzeichnis

Abkürzungsverzeichnis

a.A.	andere Auffassung
ABl. L	Amtsblatt der Europäischen Union in der Reihe L
Abs.	Absatz
a.F.	alte Fassung
AIF	Alternative Investmentfonds
AltZertG	Gesetz über die Zertifizierung von Altersvorsorge- und Basisrentenverträge
AStG	Außensteuergesetz
ausl.	ausländisch/e
AuslInvestmG	Auslandinvestmentgesetz
BaFin	Bundesanstalt für Finanzdienstleistungsaufsicht
BFH	Bundesfinanzhof
BGB	Bürgerliches Gesetzbuch
BGBl	Bundesgesetzblatt
BMF	Bundesministerium der Finanzen
BörsZulV	Verordnung über die Zulassung von Wertpapieren zum regulierten Markt einer Wertpapierbörse
BStBl	Bundessteuerblatt
Buchst.	Buchstabe
BVerfG	Bundesverfassungsgericht

BVI	Bundesverband Investment und Asset Management e.V.
BZSt	Bundeszentralamt für Steuern
DBA	Doppelbesteuerungsabkommen
d.h.	das heißt
DStJG	Deutsche Steuerjuristische Gesellschaft
Einf.	Einführung
ESt	Einkommensteuer
EStG	Einkommensteuergesetz
EU	Europäische Union
EuGH	Europäischer Gerichtshof
EWR	Europäischer Wirtschaftsraum
ff.	folgende
FM NRW	Finanzministerium Nordrhein-Westfalen
GenG	Genossenschaftsgesetz
GewSt	Gewerbesteuer
GewStG	Gewerbesteuergesetz
GG	Grundgesetz
GBO	Grundbuchordnung
GbR	Gesellschaft bürgerlichen Rechts
GmbH	Gesellschaft mit beschränkter Haftung
GmbHG	Gesetz betreffend die Gesellschaft mit beschränkter Haftung

GrEStG	Grunderwerbsteuergesetz
HGB	Handelsgesetzbuch
i.d.F.	in der Fassung
i.H.v.	in Höhe von
inl.	inländisch/e
i.S.v.	im Sinne von
i.V.m.	in Verbindung mit
InvG	Investmentgesetz
InvStG	Investmentsteuergesetz
InvStRefG	Investmentsteuerreformgesetz
KAGB	Kapitalanlagegesetzbuch
KAGG	Gesetz über Kapitalanlagegesellschaften
KG	Kommanditgesellschaft
KiSt	Kirchensteuer
KSt	Körperschaftsteuer
KStG	Körperschaftsteuergesetz
KWG	Kreditwesengesetz
MindZV	Verordnung über die Mindestbeitragsrückerstattung in der Lebensversicherung (Mindestzuführungsverordnung)
m.w.N.	mit weiteren Nachweisen
nat. Person	natürliche Person

OECD-MA	OECD-Musterabkommen
OHG	Offene Handelsgesellschaft
OGAW	Organismen für gemeinsame Anlagen in Wertpapieren
REIT	Real-Estate-Investment-Trust
S.	Seite
SolZ	Solidaritätszuschlag
SolZG	Solidaritätszuschlagsgesetz
sog.	sogenannte
StBerG	Steuerberatungsgesetz
stl.	steuerlich/e
stpfl.	steuerpflichtig
str.	streitig
UBGG	Gesetz über Unternehmensbeteiligungsgesellschaften
v.	vom
vgl.	vergleiche
V&V	Vermietung und Verpachtung
VAG	Gesetzes über die Beaufsichtigung der Versicherungsunternehmen
Var.	Variante
WRV	Weimarer Reichsverfassung
z.B.	zum Beispiel
zzgl.	zuzüglich

Einleitung

Trotz der enormen wirtschaftlichen *Bedeutung* von Investmentfonds – laut des Bundesverband Investment und Asset Management e.V. (BVI) betrug das gesamte Netto-Fondsvermögen für den Absatzmarkt Deutschland zum 30.9.2020 rund 3,5 Billionen Euro[1] – fand das Investmentsteuerrecht lange Zeit wenig Beachtung im akademischen Diskurs.[2] Dies ist auch nicht verwunderlich, ist das Investmentsteuergesetz (InvStG) doch in der Regel nicht Teil der steuerjuristischen Ausbildung. Es ist weder Teil der Steuerberaterprüfung,[3] noch wird es im Rahmen der Erstausbildung der Finanzbeamten im gehobenen Dienst unterrichtet.

Es gibt – im Vergleich zu anderen Bereichen des Steuerrechts, wie dem Einkommen- und Körperschaftsteuerrecht – zum InvStG nur wenig Literatur von einigen hierauf spezialisierten Fachleuten.[4] Für das InvStG, welches bis zum 31.12.2017 anwendbar gewesen ist, gibt es einige Kommentierungen,[5] einige wenige Dissertationen[6] und Festschriftbeiträge[7] sowie schon zahlreichere Praxisbeiträge in Fachzeitschriften.[8] *Anzinger* bezeichnet das InvStG daher zu Recht als ein Recht, in dem „nur wenige Experten den historisch verwachsenen Kodex durchdringen" und warnt vor der sich daraus ergebenden Missbrauchsanfälligkeit.[9]

1 *Bundesverband Investment und Asset Management e.V.*, Investmentstatistik 2020.
2 *Anzinger*, FR 2016, Seite (S.) 101.
3 § 37 Absatz (Abs.) 3 Nr. 2 Steuerberatungsgesetz (StBerG) nennt zwar als Prüfungsgebiet die Steuern vom Einkommen und Ertrag, das InvStG gehört aber nicht zu den erforderlichen Gesetzestexten für die Steuerberaterprüfung (vergleiche (vgl.) *Finanzministerium Nordrhein-Westfalen (FM NRW)*, gleich lautende Erlasse der obersten Finanzbehörden der Länder über den Termin der schriftlichen Steuerberaterprüfung 2020 und die hierfür zugelassenen Hilfsmittel vom (v.) 21.10.2019, S 0853-7-V A 2, FM-NR481400019).
4 Vgl. *Anzinger*, FR 2016, S. 101.
5 Vgl. zum Beispiel (z.B.) *Bödecker/Ernst/Hartmann*, BeckOK InvStG 2004; *Brinkhaus/Scherer*, KAGG; *Haase*, InvStG.
6 Siehe z.B. *Bujotzek*, Offene Immobilienfonds im InvStR; *Küpper*, Das System des Investmentsteuerrechts; *Otto*, Besteuerung von Erträgen aus Investmentfondsanteilen.
7 Siehe z.B. *Kirchmayr*, DStJG 30 (2007).
8 Siehe z.B. zu einem jüngeren Urteil des FG Münster: *Hahne*, BB 2017.
9 Vgl. *Anzinger*, FR 2016, S. 101.

Die *Komplexität* des InvStG beruht auch auf dem Versuch, steuerliche Nachteile zu verhindern, welche sich aufgrund der mittelbaren Investition über Investmentvermögen gegenüber der Direktanlage ergeben.[10] Statt diese Nachteile an der Wurzel – dem allgemeinen Ertragsteuerrecht – zu beseitigen, versucht der Gesetzgeber dies im Rahmen eines gesonderten Investmentsteuerrechts.[11]

Die Vielzahl möglicher Anlagegegenständen (z.B. Dividenden, Veräußerungsgewinne, Mieterträge etc.), an potentiellen Anlegern (z.B. natürliche Personen sowohl im Privat- als auch Betriebsvermögen, Körperschaften etc.) und ein möglicher Auslandsbezug, sowohl auf Ebene des Investmentfonds, als auch auf Anlegerebene, machen grundsätzlich komplexe und differenzierte Regelungen erforderlich, da insoweit bereits im nationalen allgemeinen Ertragsteuerrecht gravierende Unterschiede bei der Besteuerung bestehen. So bestehen zunächst Unterschiede zwischen der Besteuerung von Körperschaften und natürlichen Personen bzw. Personengesellschaften.[12] Jedenfalls bei den beiden letztgenannten bestehen wiederum Unterschiede in der Besteuerung von Gewinn- und von Überschusseinkünften.[13] Auch die Gewerbesteuer führt zu weiteren Differenzierungen, da diese nur bei den Einkünften aus Gewerbebetrieb anfällt, sich bei Körperschaften definitiv auswirkt, bei natürlichen Personen und Personengesellschaften gem. § 35 Einkommensteuergesetz (EStG) auf die Einkommensteuer zumindest zu einem großen Teil angerechnet wird.[14]

Mit dem ab 1.1.2018 gültigen Investmentsteuerreformgesetz (InvStRefG) unternimmt der Gesetzgeber nun einen neuen Versuch, eine Vereinfachung zu erreichen,[15] ohne die Geldanlage über Investmentfonds gegenüber der Direktanlage steuerlich unattraktiv werden zu lassen.[16] Dafür hat er nun zumindest im Rahmen der Besteuerung von (Publikums-)Investmentfonds [17]

10 Vgl. *Anzinger*, FR 2016, S. 104; *Klein* in: *Herrmann/Heuer/Raupach*, EStG/KStG, Einführung (Einf.) zum InvStG, Rn. 2.
11 Vgl. *Anzinger*, FR 2016, S. 104 f.
12 Vgl. *Hey* in: *Tipke/Lang*, Steuerrecht, Rn. 11.1 folgende (ff.).
13 Vgl. *Hey* in: *Tipke/Lang*, Steuerrecht, Rn. 8.181 ff.
14 Vgl. *Hennrichs* in: *Tipke/Lang*, Steuerrecht, Rn. 13.23; *Hey* in: *Tipke/Lang*, Steuerrecht, Rn. 8.841.
15 Vgl. *Deutscher Bundestag*, BT-Drs. 18/8045, S. 53.
16 Vgl. *Deutscher Bundestag*, BT-Drs. 18/8045, S. 91.
17 Im Gesetzesentwurf der Bundesregierung des InvStRefG werden die zwei künftig

einen *grundlegenden Systemwechsel* vorgenommen: Er schafft das bisherige System der semi-transparenten Besteuerung ab zu Gunsten eines intransparenten Besteuerungssystems mit pauschaler Kompensation der steuerlichen Vorbelastung auf Anlegerebene.[18] Hiermit verbunden sind zahlreiche steuersystematische Fragen, welche im Rahmen dieser Dissertation untersucht werden sollen.

In der *Literatur* werden diese steuersystematischen Fragen zum InvStRefG bisher kaum thematisiert.[19] Es sind zwar bereits einige Kommentare in Bearbeitung.

Diese sind teilweise bisher allerdings noch nicht zu dem InvStG in der Fassung (i.d.F.) des InvStRefG erschienen,[20] und beschränken sich überwiegend auf die in den Gesetzesmaterialien enthaltenen Ausführungen.[21] Allerdings ist das neue InvStG Thema zahlreicher Fachbeiträge. In diesen liegt der Schwerpunkt jedoch in der Regel darauf, die neuen Regelungen – teilweise auch im Vergleich zu den alten Regelungen – darzustellen,[22] die Vor- und

---

steuerlich unterschiedlich zu behandelnden Investmentfondstypen noch als Publikums-Investmentfonds und Spezial-Investmentfonds bezeichnet. In der in Kraft getretenen Gesetzesfassung bezeichnet der Gesetzgeber den Publikums-Investmentfonds als Grundform der Besteuerung nunmehr nur noch als Investmentfonds, nutzt den Begriff jedoch zugleich als Oberbegriff für beide Fondstypen. Im Folgenden dieser Ausarbeitung wird der Publikums-Investmentfonds daher nur noch dann mit dem Zusatz (Publikums-) Investmentfonds versehen, wenn dies aus Klarstellungsgründen nötig ist.

18 Vgl. *Lechner*, RdF 2016, S. 209.

19 Steuersystematische Erwägungen finden sich z.B. bei: *Anzinger*, FR 2016, S. 216 ff.; *Hahne*, DStR 2017, S. 2310 ff; *Haug*, IStR 2016, S. 597 ff.; *Kammeter*, ISR 2016, S. 99 ff.

20 So z.B. *Bordewin/Brandt/Bode*, EStG, InvStG.

21 Abgeschlossen ist die Kommentierung z.B. in: *Beckmann/Scholz/Vollmer*, Investment-Handbuch, InvStG (2018); *Blümich*, EStG/KStG/GewStG, InvStG 2018; *Bödecker/Ernst/Hartmann*, BeckOK InvStG; *Herrmann/Heuer/Raupach*, EStG/KStG, Anhang zu § 20 EStG – Kommentierung des InvStG; *Patzner/Döser/Kempf*, HK-InvestmentR; *Pelka/Petersen*, StB-Hdb 19/20, Kapitel G. Die einzelnen Steuerarten, X. Investmentsteuer; *Schaumburg*, Internationales Steuerrecht, Kapitel 12 Internationales Investmentsteuerrecht, D. Investmentsteuergesetz 2018.

22 So z.B. *Böcker*, NWB Steuer und Wirtschaftsrecht 2016, S. 2789 ff.; *Buge/Bujotzek/Steinmüller*, DB 2016, S. 1594 ff.; *Dyckmans*, Ubg 2015, S. 531 ff.; *Ebner*, RdF 2017, S. 305 ff.; *Faller/Wolf/Brielmaier*, DB 2016, S. 488; *Haase*, jM 2017, S 30 ff.; *Hillebrand/Mattheis*, StuB 2016, S. 895 ff.; *Jetter/Mager*, SteuK 2016, S. 23 ff.; *Kelterborn/Küpper*, BB 2017, S. 2263 ff.; *Lechner*, RdF 2016, S. 208 ff.; *Stadler/Bindl*, DStR 2016,

Nachteile der Änderungen für die Investmentfonds und ihrer Anleger herauszuarbeiten,[23] offene Fragen in der praktischen Umsetzung der neuen Regelungen aufzuwerfen,[24] wirtschaftliche Auswirkungen der Investmentsteuerreform zu untersuchen[25] und Gestaltungstipps für die Praxis zu geben.[26]

In dieser Ausarbeitung werden – in Tradition zur Kölner Schule[27] – die Besteuerungsprinzipien des neuen Systems der Besteuerung von Investmentfonds und ihrer Anleger herausgearbeitet und anschließend auf ihre Systemkonformität hin untersucht.[28] Denn eine *steuersystematische Beurteilung* von Normen kann zunächst Erkenntnisse liefern im Hinblick auf das Bestehen einer Belastungsgleichheit der Bürger.[29] Voraussetzung für ein gerechtes Steuerrecht ist unter anderem, dass der Gesetzgeber die Prinzipien, für die er sich im Rahmen der Besteuerung entschieden hat, auch konsequent umsetzt.[30] Nur dann kann ein Steuersystem von den Steuerpflichtigen als gerecht empfunden werden und bei diesen eine Akzeptanz der Besteuerung erreicht werden.[31] Zudem kann eine steuersystematische Betrachtung von Normen Erkenntnisse bringen hinsichtlich der Rechtsanwendung im Rahmen der teleologischen Auslegung und sie kann Gesetzeslücken aufdecken und Erkenntnisse über wirtschaftliche Effekte bringen.[32]

Im *ersten Kapitel* dieser Ausarbeitung wird als Grundlage dieser Arbeit der Begriff des Rechtsprinzips und seine Bedeutung für diese Arbeit herausgearbeitet. Zudem wird die von Tipke zur Erschließung von Besteuerungsprinzipien genutzte induktive Methode dargelegt.[33] Das Kapitel schließt mit

S. 1953 ff.; *Zinowsky/Grabowski*, IRZ 2017, S. 201 ff.

23 So z.B.: *Delp*, DB 2017, S. 447 ff.; *Elser/Stiegler*, IStR 2017, S. 567 ff.; *Elser/Thiede*, NWB-EV 2016, S. 299 ff.; *Jansen/Greger*, RdF 2017, S. 138 ff.

24 So z.B. *Bindl/Stadler*, BB 2017, S. 1943 ff; *Haisch*, RdF 2015, S. 294 ff.; *Neumann*, DB 2016, S. 1779 ff.; *Zinowsky/Grabowski*, IRZ 2017, S. 201 ff.

25 So z.B. *Elser/Thiede*, NWB-EV 2016, S. 51 ff.; *Ernst*, BB 2017, S. 2723 ff.

26 So z.B. *Jansen/Greger*, DStR 2018, S. 282 ff.

27 Siehe zur Kölner Schule u.a.: *Lang*, StuW 2013, S. 53 ff.; *Mössner*, FS Lang, S. 84; *Tipke*, Die Steuerrechtsordnung Bd. III.

28 Soweit keine anderweitige Bezeichnung erfolgt, handelt es sich bei den jeweils untersuchten Normen um die in der zum 31.12.2018 gültigen Fassung.

29 Vgl. *Hey* in: *Tipke/Lang*, Steuerrecht, Rn. 3.27, 3.40, 3.48.

30 So auch: *Tipke*, StuW 2007.

31 So auch: *Birk*, AL 2015, S. 270; *Hey*, StuW 2005, S. 317; *Tipke*, StuW 1971, S. 7.

32 Siehe hierzu ausführlich *Hey* in: *Tipke/Lang*, Steuerrecht, Rn. 3.27; *Hermenns/Hey*, AL 2015, S. 278 f.

33 Vgl. *Tipke*, StuW 1971, S. 5.

einer Darstellung der historischen Rechtsentwicklung des InvStG, da es sich bei dem InvStG um ein sehr stark historisch gewachsenes Recht handelt[34] und sich die gesetzgeberischen Reformziele nur vor diesem historischen Hintergrund verstehen lassen.

Hieran schließt im *zweiten Kapitel* die Darstellung des seit dem 1.1.2018 geltenden neuen Besteuerungsregimes für Investmentfonds an. In dieser Darstellung werden auch die gesetzgeberischen Ziele und Motive für die Reform und die Ausgestaltung der Normen des InvStG, die sich aus der Gesetzesbegründung ergeben, herausgearbeitet. Das Kapitel schließt mit einer steuersystematischen Einordnung des ab dem 1.1.2018 geltenden InvStG in die Systematik des bestehenden Ertragsteuerrechts. Insbesondere wird die Frage geklärt, ob es sich bei dem Investmentsteuerrecht um ein System mit eigenständigen Besteuerungsprinzipien oder um ein Subsystem zum bestehenden Ertragsteuerrecht handelt. Diese Ausarbeitung beschränkt sich auf eine Einordnung in die Systematik der Ertragsteuern (Einkommen-, Körperschaft- und Gewerbesteuer, sowie etwaige Annexsteuern). Nicht untersucht wird das Verhältnis des InvStG zur Umsatzsteuer und zum Verfahrensrecht.

Das *dritte Kapitel* widmet sich dem Schwerpunkt der Arbeit, der Überprüfung ausgewählter Normen des InvStG auf eine steuersystematisch folgerichtige Umsetzung. Zu diesem Zweck werden die für die jeweils untersuchten Normen relevanten Rechtsprinzipien herausgearbeitet und deren Einhaltung geprüft. Da eine vollumfängliche Überprüfung sämtlicher Normen des InvStG auf eine folgerichtige Umsetzung den Umfang dieser Arbeit sprengen würde, werden in diesem Kapitel jene Normen auf ihre folgerichtige Umsetzung untersucht, die in der Literatur bei Einführung des InvStRefG besonders kritisch betrachtet worden sind.

Hierzu zählt unter anderem der Übergang von einer transparenten Besteuerung von Investmentfonds zu einer grundsätzlich intransparenten, jedoch im Besteuerungsumfang beschränkten Investmentfondsbesteuerung sowie die Rückausnahme hierzu für Spezial-Investmentfonds, die von einer Transparenzoption Gebrauch machen können, um eine völlige Steuerbefreiung auf Ebene des Investmentfonds zu erreichen. Untersucht werden auch die für Investmentfonds normierten Sonderregeln zur Erhebung der Kapitaler-

34 Vgl. *Anzinger*, FR 2016, S. 101.

tragsteuer sowie Regelungen, die zu einer Erweiterung des Besteuerungsumfangs des Investmentfonds geführt haben, wie z.B. die Haltefrist-unabhängige Besteuerung von Immobilienveräußerungserlösen. Ein Schwerpunkt der Arbeit ist zudem das neue Teilfreistellungssystem, mit dem der Gesetzgeber in typisierender und pauschalierender Weise eine steuerliche Vorbelastung auf Ebene des Investmentfonds selbst und ebenfalls auf von dem Investmentfonds bezogene Einkünfte, wie z.B. Dividenden, zu kompensieren beabsichtigt. Auch das mit der Teilfreistellung im Zusammenhang stehende anteilige Abzugsverbot wird einer Überprüfung auf Folgerichtigkeit unterzogen. Schließlich untersucht diese Arbeit die neu geschaffene Regelung des Gesetzgebers zur Vorabpauschale, welche der Investmentfondsanleger künftig ggf. zu versteuern hat.

Als Schluss folgt im *vierten Kapitel* eine Zusammenfassung der mittels der steuersystematischen Prüfung gefundenen Ergebnisse.

Kapitel 1

Arbeitsgrundlagen und Gesetzeshistorie

Bevor die Besteuerungsprinzipien des ab dem 1.1.2018 gültigen InvStG erarbeitet werden können, muss zunächst herausgearbeitet werden, was unter dem Begriff eines Rechtsprinzips zu verstehen ist. Diese Frage ist ebenso umstritten[1] wie die Frage, welche Rolle Rechtsprinzipien in einem Rechtssystem spielen.[2]

1.1 Begriff des Rechtsprinzips

Schon im Jahr 1960 beschäftigte sich *Larenz* mit dem Prinzipienbegriff im Rahmen seiner Methodenlehre der Rechtswissenschaft.[3] Ein „sinngebendes Prinzip" oder eine „Rechtsidee" lasse sich aus dem Sinnzusammenhang der Rechtsinstitute und Regelungen ableiten.[4] Es entstamme nicht dem positiven Recht, sondern liege diesem zugrunde.[5]

Canaris verwendet den Prinzipienbegriff in seiner grundlegenden Habilitationsschrift „Systemdenken und Systembegriff in der Jurisprudenz"[6] u.a. zur Erarbeitung eines Systembegriffs.[7] Prinzipien sind für ihn die einem oder mehreren Gesetze zugrunde liegenden, Ordnung und Einheit stiftenden Elemente; es handele sich nicht um oberste Werte, sondern sie seien bereits so weit verfestigt, dass sie eine grobe Aussage über die Rechtsfolge zulassen würden; auf einer unter den Prinzipien liegenden Ebene fänden sich meist konkretisierende Unterprinzipien, sogenannte (sog.) Einzelwertungen.[8]

Für das Recht der Vereinigten Staaten von Amerika erarbeitete der Philosoph *Dworkin* den Prinzipienbegriff. Er grenzt Prinzipien („principles") von Regeln („rules") ab.[9] Regeln sind nur nach einem Alles-oder-nichts-Prinzip

1 Vgl. *Sieckmann*, Die Prinzipientheorie der Grundrechte, S. 17.
2 *Mössner*, FS Lang, S. 87 ff.
3 *Larenz*, Methodenlehre.
4 *Larenz*, Methodenlehre, S. 322.
5 *Larenz*, Methodenlehre, S. 354.
6 *Canaris*, Systemdenken und Systembegriff.
7 Vgl. *Canaris*, Systemdenken und Systembegriff, S. 10.
8 Vgl. *Canaris*, Systemdenken und Systembegriff, S. 46.
9 *Dworkin*, Taking rights seriously, S. 38 ff.

anwendbar, entweder sie sind gültig oder sie sind es nicht.[10] Treten Regeln miteinander in Konflikt, muss eine der beiden Regeln ungültig sein.[11] Prinzipien können demgegenüber in Widerspruch zu anderen Prinzipien treten und müssen dann aufgrund ihres Gewichts gegeneinander abgewogen werden.[12]

Aufbauend auf der Arbeit von *Dworkin* entwickelte *Alexy* eine Theorie der Grundrechte.[13] Auch er definiert den Begriff des Prinzips in Abgrenzung zu dem Begriff der Regel.[14] Für ihn sind sowohl Prinzipien als auch Regeln Normen.[15] Während eine Regel entweder anwendbar sei oder nicht und im Konfliktfall entweder eine Ausnahmeregel einzubauen oder eine Regel für ungültig zu erklären sei, seien Prinzipien „Optimierungsgebote", die auch nebeneinander gelten würden, wenn sie im Widerspruch zueinander stehen.[16] Bei Prinzipienkollisionen trete eines der widerstreitenden Prinzipien im jeweiligen Einzelfall gegenüber dem anderen Prinzip mal zurück, mal sei es vorrangig.[17] Diese Definition des Rechtsprinzips hat *Alexy* im Hinblick auf sein Erkenntnisinteresse der Entwicklung einer Grundrechtstheorie entwickelt, welche es ermöglicht den Geltungsanspruch eines Grundrechts auch dann aufrecht zu erhalten, wenn es im Einzelfall zurücktritt.[18]

An die Prinzipientheorie von *Alexy* anknüpfend, kommt auch *Sieckmann* zu dem Ergebnis, dass zwischen Regeln und Prinzipien zu unterscheiden sei.[19] Auch er ordnet Prinzipien den Normen zu.[20] *Sieckmann* stellt jedoch fest, dass nicht jedes Prinzip ein Optimierungsgebot sei und die Unterscheidung zwischen Regeln und Prinzipien komplexer sei.[21] Zur Abgrenzung von Regeln und Prinzipien unterscheidet er zwischen strikt geltenden und nicht strikt geltenden Normen. Letztere teilt er wiederum danach ein, ob sie abwä-

10 *Dworkin*, Taking rights seriously, S. 40 f.
11 *Dworkin*, Taking rights seriously, S. 43.
12 *Dworkin*, Taking rights seriously, S. 43.
13 *Möllers*, Juristische Methodenlehre, § 11, Rn. 11.
14 Vgl. *Alexy*, Theorie der Grundrechte, S. 72; *Alexy*, Juristische Begründungslehre, S. 217; *Mössner*, FS Lang, S. 88.
15 Vgl. *Alexy*, Theorie der Grundrechte, S. 72; *Alexy*, Juristische Begründungslehre, S. 225; *Mössner*, FS Lang, S. 88.
16 Vgl. *Alexy*, Theorie der Grundrechte, S. 75 ff.
17 Vgl. *Alexy*, Theorie der Grundrechte, S. 78 f.
18 Vgl. *Mössner*, FS Lang, S. 89.
19 *Sieckmann*, Regelmodelle und Prinzipienmodelle, S. 52.
20 Vgl. *Sieckmann*, Die Prinzipientheorie der Grundrechte, S. 29.
21 *Sieckmann*, Regelmodelle und Prinzipienmodelle, S. 74.

gungsfähig seien oder ob sie deshalb nicht abwägungsfähig seien, weil sie deskriptiv zu bestimmen seien.[22]

Tipke knüpft an das Prinzipien- und Systemverständnis von *Canaris* an und überträgt die von *Canaris* erarbeiteten Grundsätze auf das Steuerrecht.[23] Zudem übernimmt er die Bezeichnung von *Alexy* zu Prinzipien als Optimierungsgebote.[24] Allerdings ordnet *Tipke* die Prinzipien, anders als *Alexy*, nicht den Normen zu. Denn er unterscheidet normierte Prinzipien und hinter den Normen stehende abgeleitete Prinzipien (sog. normkonzipierende Prinzipien).[25]

Mössner kommt nach einer Analyse der zuvor dargestellten Prinzipienbegriffe zu dem Ergebnis, dass die unterschiedlichen Definitionen in der Rechtswissenschaft darauf zurückzuführen seien, dass der Begriff des Prinzips in der Literatur zur Untersuchung unterschiedlicher Fragestellungen verwendet werde.[26] Was unter einem Rechtsprinzip zu verstehen sei, richte sich seiner Meinung nach nach der jeweiligen Fragestellung und damit der Funktion, die der Begriff des Prinzips einnehmen solle.[27] Die steuerlichen Prinzipien sind nach *Mössner* in ihrer Funktion für ein übersichtliches und widerspruchsfreies Steuerrecht,[28] dass die Steuerlast nach Gerechtigkeitsaspekten verteilt,[29] keine Normen, sondern sie verbinden Normen zu „einem System im *Kant*'schen Sinne".[30]

Möllers fasst in seiner juristischen Methodenlehre den Begriff des Rechtsprinzips wie folgt zusammen: Rechtsprinzipien seien

1. nur teilweise normiert, oft überhaupt nicht gesetzlich geregelt und würden aus der Gesamtheit der geschriebenen und ungeschriebenen Rechtsnormen gewonnen,
2. sie seien mehr als Rechtsideen,
3. sie erlaubten eine gewisse Verallgemeinerung und

22 *Sieckmann*, Regelmodelle und Prinzipienmodelle, S. 74.
23 Vgl. *Tipke*, StuW 1971, S. 5 ff.
24 Vgl. *Mössner*, FS Lang, S. 87.
25 Vgl. *Hey* in: *Tipke/Lang*, Steuerrecht, Rn. 3.17.
26 Vgl. dazu mit anschaulichen Beispielen: *Mössner*, FS Lang, S. 87 ff.
27 Vgl. *Mössner*, FS Lang, S. 92.
28 Vgl. *Mössner*, FS Lang, S. 95.
29 Vgl. *Mössner*, FS Lang, S. 99.
30 Vgl. *Mössner*, FS Lang, S. 92.

4. sie bedürften einer weiteren Präzisierung durch Rechtssätze oder Abwägung.[31]

Möllers Ausarbeitung zielt darauf ab über Rechtsprinzipien zivilrechtliche Rechtsinstitute mit tatbestandsähnlichen Voraussetzungen abzuleiten.[32] Hierfür ist der Grad der Konkretisierung entscheidendes Abgrenzungskriterium. Die Rechtsidee, für welche er als Beispiele die Zweckmäßigkeit, die Gerechtigkeit und die Rechtssicherheit anführt, sei derart abstrakt, dass sie nicht subsumptionsfähig sei.[33] Ein Rechtsprinzip sei konkreter und könne im Wege der Rechtsfortbildung zu einem Rechtssatz oder einem Rechtsinstitut mit tatbestandsähnlichen Voraussetzungen konkretisiert werden.[34] Insoweit knüpft *Möllers* an *Canaris* Prinzipienverständnis an.

1.2 Definition des Rechtsprinzips für diese Ausarbeitung

Der Erkenntnis von *Mössner*, dass es keinen richtigen oder falschen Begriff des Rechtsprinzips gibt, sondern lediglich einen zweckmäßigen oder weniger zweckmäßigen im Hinblick auf die Funktion, welcher der Begriff dienen soll,[35] ist zuzustimmen. In dieser Ausarbeitung wird der Begriff des Rechtsprinzips im Hinblick auf das Ziel verwendet, mit der Feststellung von Durchbrechungen von Prinzipien ggf. Gesetzeslücken aufzudecken, Erkenntnisse für eine systematische Auslegung und im Hinblick auf die Belastungsgleichheit der Steuerzahler zu gewinnen.[36] Denn ein von Brüchen durchzogenes Steuersystem führt ggf. nicht zu einer gerechten Lastenteilung.[37]

Daraus ergibt sich für den hier verwendeten Begriff des Rechtsprinzips zunächst, dass sich dieser nicht an der formalen Stoffanordnung und technischen Gliederung von Normen (sog. äußeres System) orientieren kann, sondern daran, ob die den Normen zugrunde liegenden verschiedenen Wertungen aufeinander abgestimmt sind (sog. inneres System).[38] Sind die Wertun-

31 Vgl. *Möllers*, Juristische Methodenlehre, § 11, Rn. 13.
32 Vgl. *Möllers*, Juristische Methodenlehre.
33 *Möllers*, Juristische Methodenlehre, § 11, Rn. 23, 27.
34 *Möllers*, Juristische Methodenlehre, § 11, Rn. 24.
35 Vgl. *Mössner*, FS Lang, S. 87.
36 Vgl. *Hey* in: *Tipke/Lang*, Steuerrecht, Rn. 3.25 f.
37 Vgl. *Mössner*, FS Lang, S. 99.
38 Siehe zum Begriff des äußeren und inneren Systems: *Hey* in: *Tipke/Lang*, Steuerrecht, Rn. 3.5 ff.

gen verschiedener Normen innerhalb eines Systems widersprüchlich, kann der Normadressat ihnen zwar gleichzeitig Folge leisten,[39] er wird die Regelungen aber unverständlich und ungerecht finden,[40] denn ein Wertungswiderspruch ergibt sich häufig aus einer Ungleichbehandlung.[41]

Im Einklang mit *Alexy* wird der in dieser Ausarbeitung verwendete Begriff des Rechtsprinzips ebenfalls als ein Optimierungsgebot verstanden.[42] Prinzipien sind oft das Ergebnis einer Abwägung und werden daher häufig nicht rein verwirklicht,[43] sondern zu unterschiedlichen Graden erfüllt.[44] Ergänzungen und Modifikationen, die der Gesetzgeber für das System trifft, konkretisieren ein Prinzip erst, sind ihm immanent und stellen keine Durchbrechungen des Prinzips dar.[45] Ein Systembruch liegt auch nicht vor, wenn zwei gleichrangige, aber gegensätzliche Prinzipien sich gegenüberstehen, welche sich auf zwei nebeneinander stehende parallele Systeme beziehen.[46]

Selbst wenn der Gesetzgeber ein von ihm im untersuchten System zu Grunde gelegtes Prinzip nicht oder nicht voll verwirklicht hat, kann dies durch einen sachlichen Grund gerechtfertigt sein.[47] Zunächst kann ein (scheinbarer) Systembruch an einer anderen Stelle im Gesetz kompensiert werden, sodass im Ergebnis wiederum eine Belastungsgleichheit bei der Besteuerung erreicht wird.[48] Sachlicher Grund für die Abweichung von einem der Besteuerung zu Grunde liegenden Prinzip kann daneben auch die Erreichung eines Förder- und Lenkungszweckes oder einer Steuervereinfachung sein.[49]

Welche Folgen die Durchbrechung eines Prinzips hat, hängt letztlich von der verwendeten Definition des Rechtsprinzips ab. Wird ein Rechtsprinzip

---

39 Siehe zur Abgrenzung von echten Normkollisionen und Wertungswidersprüchen: *Payandeh*, AöR 2011, S. 584.
40 Vgl. *Tipke*, StuW 1971, S. 7.
41 Vgl. *Tappe*, JZ 2016, S. 28
42 *Alexy*, Theorie der Grundrechte, S. 75 f.
43 Vgl. *Dieterich*, Systemgerechtigkeit und Kohärenz, S. 164; ähnl. auch: *Tipke*, StuW 1971, S. 5; *Hey* in: *Tipke/Lang*, Steuerrecht, Rn. 3.19.
44 vgl. *Alexy*, Theorie der Grundrechte, S. 76.
45 Vgl. mit einem Beispiel hierzu: *Dieterich*, Systemgerechtigkeit und Kohärenz, S. 164 f.
46 Vgl. *Dieterich*, Systemgerechtigkeit und Kohärenz, S. 167 ff.
47 Vgl. *Dieterich*, Systemgerechtigkeit und Kohärenz, S. 163; *Kirchhof* in: *Maunz/Dürig*, GG, Art. 3 Grundgesetz (GG), Rn. 416; *Kloepfer*, Verfassungsrecht Band II – Grundrechte –, Rn. 72; *Tipke*, Die Steuerrechtsordnung Bd. I, S. 329.
48 Vgl. *Jachmann*, DStJG 25 (2002), S. 220; *Hey*, AöR 2003, S. 238.
49 Vgl. *Hey* in: *Tipke/Lang*, Steuerrecht, Rn. 3.129.

den Normen zugeordnet, so wie z.B. von *Alexy*,[50] hat dies zugleich eine rechtliche Bindung des Gesetzgebers an das Rechtsprinzip zur Folge, wobei sich hieran die Frage nach dem Umfangs und der Intensität einer solchen Bindung anschließt. Das Bundesverfassungsgericht (BVerfG) nimmt in einigen seiner Entscheidungen eine aus Art. 3 Abs. 1 GG abgeleitete Bindung des Gesetzgebers an die von ihm getroffenen Belastungsentscheidungen[51] bzw. gesetzgeberische Grundentscheidungen[52] an (sog. Folgerichtigkeitsgebot).[53] Durchbricht er diese, bedarf es hierfür eines sachlichen Grundes, wobei das BVerfG an diesen in seinen Entscheidungen unterschiedlich hohe Anforderungen stellt.[54]

50 Vgl. *Alexy*, Theorie der Grundrechte, S. 72; *Alexy*, Juristische Begründungslehre, S. 225; *Mössner*, FS Lang, S. 88.

51 Siehe zum Begriff z.B.: *BVerfG*, Urteil v. 09.12.2008, 2 BvL 1/07, BVerfGE 122, 210 (231); *BVerfG*, Beschluss v. 21.07.2010, 1 BvR 611/07, 246/07, BVerfGE 126, 400 (417); *BVerfG*, Urteil v. 17.12.2014, 1 BvL 21/12, BVerfGE 138, 136 (181); *BVerfG*, Urteil v. 10.04.2018, 1 BvL 11/14, DStR 2018, 791 (797).

52 Diese Terminologie findet sich in: *BVerfG*, Beschluss v. 04.12.2002, 2 BvR 400/98, BVerfGE 107, 27 (48); *BVerfG*, Urteil v. 09.12.2008, 2 BvL 1/07, BVerfGE 122, 210 (234); *BVerfG*, Beschluss v. 06.07.2010, 2 BvL 13/09, BVerfGE 126, 268 (280); *BVerfG*, Beschluss v. 14.06.2016, 2 BvR 323/10, DStR, 1731 (1735).

53 Vgl. *BVerfG*, Urteil v. 05.04.1952, 2 BvH 1/52, BVerfGE 1, 208 (246); *BVerfG*, Beschluss v. 13.07.1965, 1 BvR 771/59, BVerfGE 19, 101 (116); *BVerfG*, Beschluss v. 09.03.1971, 2 BvR 326/69, BVerfGE 30, 250 (270); *BVerfG*, Beschluss v. 10.11.1981, 1 BvL 18/77, BVerfGE 59, 36 (49); *BVerfG*, Beschluss v. 22.02.1984, 1 BvL 10/80, BVerfGE 66, 214 (223 f.); *BVerfG*, Urteil v. 27.6.1991, 2 BvR 1493/89, BVerfGE 84, 239 (268 ff.); *BVerfG*, Beschluss v. 30.09.1998, 2 BvR 1818/91, BVerfGE 99, 88 (94 f.); *BVerfG*, Urteil v. 06.03.2002, 2 BvL 17/99, BVerfGE 105, 73 (112); *BVerfG*, Beschluss v. 11.01.2005, 2 BvR 167/02, BVerfGE 112, 164 (173); *BVerfG*, Beschluss v. 23.06.2015, 1 BvL 13/11, BVerfGE 139, 285 (309 f.); *BVerfG*, Beschluss v. 14.06.2016, 2 BvR 323/10, DStR, 1731 (1733 f.); *BVerfG*, Beschluss v. 29.03.2017, 2 BvL 6/11, BVerfGE 145, 106 (143 f.); *BVerfG*, Urteil v. 10.04.2018, 1 BvL 11/14, DStR 2018, 791 (797).

54 Vgl. zur sog. Willkürformel: *BVerfG*, Beschluss v. 28.06.1960, 2 BvL 19/59, BVerfGE 11, 245 (253); *BVerfG*, Beschluss v. 07.10.1969, 2 BvR 555/67, BVerfGE 27, 142 (149); *BVerfG*, Urteil v. 06.03.2002, 2 BvL 17/99, BVerfGE 105, 73 (110); *BVerfG*, Beschluss v. 04.12.2002, 2 BvR 400/98, BVerfGE 107, 27 (45); *BVerfG*, Beschluss v. 08.06.2004, 2 BvL 5/00, BVerfGE 110, 412 (431); *Kirchhof* in: *Herrmann/Heuer/Raupach*, EStG/KStG, Einf. ESt, Rn. 262; *Payandeh*, AöR 2011, S. 587; vgl. zur sog. neuen Formel: *BverfG*, Beschluss v. 07.10.1980, 1 BvL 50/79, BVerfGE 55, 72 (88); *BverfG*, Beschluss v. 08.10.1991, 1 BvL 50/86, BVerfGE 84, 348 (359);

Die Frage nach der rechtlichen Bindung des Gesetzgebers an Prinzipien im Rahmen einer Systemkonsequenz oder Folgerichtigkeit ist in der Literatur sehr umstritten[55] und soll nicht Gegenstand dieser Ausarbeitung sein. Denn diese Arbeit hat nicht den Zweck, das ab dem 1.1.2018 gültige InvStG auf seine Verfassungsmäßigkeit insbesondere im Hinblick auf Art. 3 Abs. 1 GG zu untersuchen. Ziel dieser Ausarbeitung ist es lediglich mittels der Feststellung von Durchbrechungen von Prinzipien ggf. Gesetzeslücken aufzudecken, Erkenntnisse für eine systematische Auslegung und zur Akzeptanz der Investmentbesteuerung zu gewinnen. In dieser Ausarbeitung kann mithin offen bleiben, ob die Berücksichtigung von Prinzipien im Rahmen der Auslegung deshalb erfolgt, weil Prinzipien als Normen Teil des Rechtssystem sind.[56] Nach der Funktion des Prinzipienbegriffs für diese Arbeit werden deshalb Prinzipien nicht zwingend den Normen zugeordnet, sondern ihre Zuordnung offen gelassen. Zu den Prinzipien zählen nach dem hier zu Grunde gelegten Begriffsverständnis mithin sowohl ausdrücklich normierte Prinzipien wie auch hinter den Normen stehende Terminologie von *Tipke* sog. normkonzipierende Prinzipien,[57]die die steuerrechtlichen Normen zu einem System

BVerfG, Urteil v. 06.03.2002, 2 BvL 17/99, BVerfGE 105, 73 (110); *BVerfG*, Beschluss v. 04.12.2002, 2 BvR 400/98, BVerfGE 107, 27 (45); *BVerfG*, Beschluss v. 08.06.2004, 2 BvL 5/00, BVerfGE 110, 412 (431 f.); *BVerfG*, Beschluss v. 18.07.2005, 2 BvF 2/01, BVerfGE 113, 167 (214 f); *Huster* in: *Friauf/Höfling*, Berliner Kommentar zum Grundgesetz, Art. 3 GG, Rn. 63; *Krieger* in: *Schmidt-Bleibtreu/Hofmann/Henneke*, GG, Art. 3 GG, Rn. 31.

55 Das Folgerichtigkeitsgebot als Prüfungsmaßstab im Rahmen von Art. 3 Abs. 1 GG erkennen z.B. *Drüen*, FS Spindler, S. 42; *Englisch*, FS Lang; *Jahndorf*, StuW 2016, S. 260; *Lothar*, JZ 2008, S. 878; *Schwarz*, FS Isensee, S. 957; *Thiemann*, Linien der Rechtsprechung, S. 189 u. 211; *Tipke*, Die Steuerrechtsordnung Bd. III, S.1265, an; als bloße Argumentationshilfe verstehen *Jarass*, AöR 2001, S. 595; *Kohl*, Das Prinzip der widerspruchsfreien Normgebung, S. 100; *Nußberger* in: *Sachs*, Grundgesetz, Art. 3 GG, Rn. 99; *Prokisch*, FS Vogel, S. 308; *Kingreen* in: *Kahl/Waldhoff/Walter*, Bonner Kommentar GG, Art. 3 GG, Rn. 655; *Weber-Grellet*, FR 2011, S. 1034, das Folgerichtigkeitsgebot;
eine Folgerichtigkeitsprüfung im Rahmen von Art. 3 Abs. 1 GG lehnen z.B. *Dieterich*, Systemgerechtigkeit und Kohärenz, S. 506 f. u. S. 554 ff.; *Gusy*, NJW 1988, S. 2507 f; *Kischel* in: *Epping/Hillgruber*, BeckOK GG, Art. 3 GG, Rn. 96 u. 153 ff.; *Payandeh*, AöR 2011, als nicht überzeugend bzw. überflüssig ab.

56 Vgl. zu dieser Diskussion: *Borowski*, Grundrechte als Prinzipien, S. 113.

57 Vgl. *Hey* in: *Tipke/Lang*, Steuerrecht, Rn. 3.17.

verbinden.[58]

Aus der hier gewählten Funktion des Rechtsprinzips als Erkenntnisquelle für eine systematische Auslegung und der Umsetzung der Belastungsgleichheit des Steuerzahlers und dem Aufspüren von Gesetzeslücken folgt auch, dass ein Rechtsprinzip einen ausreichenden Grad an Konkretisierung erreicht haben muss und nicht eine bloß abstrakte Rechtsidee im Sinne der Terminologie von *Möller* sein kann.[59] Es muss sich vielmehr schon um eine konkrete Ausprägung der Rechtsidee handeln, die sich anschließend noch weiter konkretisieren lässt.[60] Denn steuerrechtliche Regelungen können nicht sinnvoll unmittelbar auf die Einhaltung solcher Rechtsideen oder -ziele, wie Steuergerechtigkeit oder Verwaltungsvereinfachung geprüft werden, weil der Abstraktionsgrad solcher Rechtsideen zu hoch ist.

Entscheidend für das in dieser Ausarbeitung verfolgte Untersuchungsziel ist mithin nicht die Frage der rechtlichen Bindung des Gesetzgebers durch Prinzipien, sondern dass ein Prinzip

1. über den Einzeltatbestand hinaus wirkt,[61] das heißt (d.h.) durch die verschiedene Normen konkretisiert und in das Normative umgesetzt wird,[62]
2. als Optimierungsgebot nicht oder nicht voll verwirklicht werden muss, wenn es hierfür einen sachlichen Grund gibt[63] und
3. mehr als eine bloß abstrakte Rechtsidee d.h. eine konkrete Ausprägung der Rechtsidee ist.[64]

1.3 Methode zur Feststellung eines Rechtsprinzips

Das Vorliegen eines Rechtsprinzips ergibt sich regelmäßig nicht ausdrücklich aus dem Gesetz.[65] Es kann aber mittels der klassischen Auslegungsme-

58 So auch: *Mössner*, FS Lang, S. 99.
59 Vgl. *Möllers*, Juristische Methodenlehre, § 11, Rn. 23.
60 Vgl. *Hey* in: *Tipke/Lang*, Steuerrecht, Rn. 3.11.
61 Vgl. *Kirchhof* in: *Maunz/Dürig*, GG, Art. 3 GG, Rn. 408.
62 Vgl. *Hey* in: *Tipke/Lang*, Steuerrecht, Rn. 3.17.
63 Vgl. *Dieterich*, Systemgerechtigkeit und Kohärenz, S. 163; *Kirchhof* in: *Maunz/Dürig*, GG, Art. 3 GG, Rn. 416; *Kloepfer*, Verfassungsrecht Band II – Grundrechte –, Rn. 72; *Tipke*, Die Steuerrechtsordnung Bd. I, S. 329 .
64 Vgl. *Möllers*, Juristische Methodenlehre, § 11 Rn. 23 ff; *Hey* in: *Tipke/Lang*, Steuerrecht, Rn. 3.11.
65 Vgl. *Tipke*, Die Steuerrechtsordnung Bd. I, S. 70.

thoden ermittelt werden.[66] Insbesondere lässt es sich induktiv erschließen,[67] d.h. man kann durch eine Mehrzahl von Gesetzesvorschriften auf ein diesen Vorschriften zugrundeliegendes gemeinsames Prinzip zurückschließen (systematische und teleologische Auslegung).[68] Zur Ermittlung der Prinzipien sind auch die Gesetzesmaterialien heranzuziehen, aus denen sich der ursprüngliche Wille des Gesetzgebers ergibt.[69] Ist dieser in dem geschaffenen Regelwerk jedoch nicht zum Ausdruck gekommen, liegt kein entsprechendes Rechtsprinzip vor.[70] Ebenso ist die Rechtshistorie zur Ableitung von Rechtsprinzipien zu berücksichtigen (historische Auslegung), wobei zu beachten ist, dass sich Rechtsprinzipien im Laufe der Zeit wandeln können.[71]

In Kapitel 3 dieser Arbeit werden mittels der klassichen Auslegungsmethoden die Rechtsprinzipien ermittelt, die der ab dem 1.1.2018 geltenden Investmentbesteuerung zu Grunde liegen und auf ihre konsequente Umsetzung hin untersucht.

Hierbei muss insbesondere auch die historische Entwicklung des InvStG miteinbezogen werden, da der Gesetzgeber mit den neuen Regelungen des Investmentsteuerrechts teilweise an die historisch gewachsenen Regelungen des bis zum 31.12.2017 gültigen Investmentsteuerrechts anknüpft und diese übernommen oder fortentwickelt hat. Zudem verdeutlicht die historische Entwicklung des neuen Investmentsteuerrechts die Ziele, von denen sich der Gesetzgeber während der Ausarbeitung der Reform leiten ließ, welche wiederum eine Rolle für die Erschließung der Besteuerungsprinzipien des Investmentsteuerrechts spielen.

1.4 Rechtsentwicklung des Investmentsteuerrechts

Das Investmentsteuerrecht ist ein historisch relativ junger Bereich des Steuerrechts, dessen Entwicklung sich zunächst über das Aufsichtsrecht vollzog.

66 Vgl. *Dieterich*, Systemgerechtigkeit und Kohärenz, S. 151.
67 Vgl. *Tipke*, StuW 1971, S. 5; *Tipke*, Die Steuerrechtsordnung Bd. I, S. 70; *Möllers*, Juristische Methodenlehre, § 11, Rn. 17; kritisch zur Bezeichnung als Induktion: *Aarnio*, Denkweise der Rechtswissenschaft, S. 207.
68 Vgl. *Tipke*, Die Steuerrechtsordnung Bd. I, S. 71 f.; ähnlich auch: *Huster* in: *Friauf/Höfling*, Berliner Kommentar zum Grundgesetz, Art. 3 GG, Rn. 84.
69 Vgl. *Kirchhof* in: *Maunz/Dürig*, GG, Art. 3 GG, Rn. 418.
70 Vgl. *Kirchhof* in: *Maunz/Dürig*, GG, Art. 3 GG, Rn. 418.
71 Vgl. *Möllers*, Juristische Methodenlehre, S. 11, Rn. 16.

Die Idee der gemeinschaftlichen Kapitalanlage in Form des Investmentsparens gewann in Deutschland erst mit dem wirtschaftlichen Aufschwung nach dem 2. Weltkrieg an Bedeutung und wurde rechtlich erstmals im Jahr *1957* im Gesetz über Kapitalanlagegesellschaften (KAGG)[72] kodifiziert.[73] In diesem Gesetz wurden zugleich die erforderlichen steuerrechtlichen Regelungen für inländische Anleger getroffen, um die Anlage über einen Investmentfonds nicht schlechter zu stellen, als die Direktanlage.[74] Dies geschah dadurch, dass der (inländische) Investmentfonds selbst steuerlich befreit wurde und im Wesentlichen als steuerlich transparent behandelt wurde (sog. investmentsteuerliches Transparenzprinzip), da dies den im Ausland überwiegend geltenden Regelungen entsprach.[75]

Für ausländische Investmentfonds erfolgte im Jahr *1969* mit dem Auslandinvestmentgesetz (AuslInvestmG)[76] eine gesonderte Regelung sowohl zur aufsichtsrechtlichen Regulierung,[77] als auch zur Besteuerung der Anleger.[78] Für die steuerliche Behandlung der Erträge aus ausländischen Investmentfonds auf Anlegerebene war entscheidend, ob der Investmentfonds der Gruppe der weißen, der grauen oder der schwarzen Investmentfonds zugeordnet wurde.[79] Zu den sog. weißen Fonds zählten registrierte Investmentvermögen und zum amtlichen Handeln an der deutschen Börse oder zum geregelten Markt zugelassene Fonds, die einen steuerlichen Vertreter gegenüber dem Bundesamt für Finanzen bestellt hatten (§ 17 Abs. 3 Nr. 1 AuslInvestmG) und die die zur Ermittlung der Besteuerung erforderlichen Informationen ihren Anlegern bekannt machen (§ 17 Abs. 3 Nr. 2 und Nr. 3 AuslInvestmG).[80] Die sog. grauen Fonds waren nichtregistrierte Investmentvermögen, die die

72 Siehe Bundesgesetzblatt (BGBl) I 1957, 378.
73 Vgl. *Anzinger*, FR 2016, S. 105; *Emde* in: *Emde/Dornseifer/Dreibus*, KAGB, Einl., Rn. 28; *Haase*, InvStG, Einl, Rn. 17; *Köndgen* in: *Berger/Steck/Lübbehüsen*, InvG/InvStG, Einl Investmentgesetz (InvG) I, Rn. 17; *Trencsik*, StuW 2014, S. 286.
74 Vgl. *Haase*, InvStG, Einl, Rn. 16; *v. Schweinitz/Thiems*, DStR 2016, S. 1199; *Trencsik*, StuW 2014, S. 286.
75 Vgl. *Rehm/Nagler*, BB 2015, S. 1248.
76 Siehe AuslInvestmG vom 28.7.1969, BGBl I 1969, 435.
77 Vgl. *Emde* in: *Emde/Dornseifer/Dreibus*, KAGB, Einl., Rn. 30; *Köndgen* in: *Berger/Steck/Lübbehüsen*, InvG/InvStG, Einl InvG I, Rn. 22.
78 Vgl. *Anzinger*, FR 2016, S. 105.
79 Vgl. *Haase*, InvStG, Einl, Rn. 17.
80 Vgl. *Haase*, InvStG, Einl, Rn. 18.

Voraussetzungen des (§ 17 Abs. 3 AuslInvestmG) nicht erfüllten, aber gegenüber dem Bundesamt für Finanzen einen steuerlichen Vertreter bestellt hatten (§ 18 Abs. 2 AuslInvestmG) und deren Anleger die Besteuerungsgrundlagen im Sinne von (i.S.v.) § 18 Abs. 1 AuslInvestmG nachweisen konnten.[81] Zu den sog. schwarzen Fonds zählten sämtliche übrigen ausländischen Investmentvermögen. Anleger dieser Fonds mussten gem. § 18 Abs. 3 AuslInvestmG pauschal die gesamten Ausschüttungen zuzüglich 90 % der Differenz des ersten und des letzten Rücknahmepreises eines Kalenderjahres, mindestens jedoch 10 % des letzten im Kalenderjahr festgesetzten Rücknahmepreises versteuern.[82]

Bis zum Ende des Jahres 2003 blieb das Investmentsteuerrecht als Annex zum Aufsichtsrecht im KAGG bzw. AuslInvestmG[83] geregelt. Erst zum *1.1.2004* vollzog sich die vollständige Trennung zwischen Steuer- und Aufsichtsrecht und es erfolgte eine eigenständige Normierung[84] der gesamten steuerlichen Regelungen aus dem AuslInvestmG und dem KAGG gemeinsam in einem einzigen Gesetz, dem InvStG.[85] Das bis dahin gewachsene komplexe System blieb jedoch im Kern bestehen[86] und an der Idee des investmentsteuerlichen Transparenzprinzips wurde festgehalten,[87] da das System nach der Wahrnehmung des Gesetzgebers in der Praxis bei den betroffenen Steuerpflichtigen und der Finanzverwaltung zu funktionieren schien. Die Unterscheidung von weißen, grauen und schwarzen Investmentfonds für ausländische Investmentfonds wurde jedoch aufgegeben und durch eine Unterscheidung von transparenten und nicht transparenten Fonds abgelöst, welche nunmehr sowohl für inländische wie ausländische Investmentfonds galt.[88] Der Gesetzgeber hielt an der grundsätzlichen Idee einer pauschalen Besteuerung ohne Möglichkeit des Nachweises tatsächlich niedrigerer Einkünfte jedoch für intransparente Investmentfonds fest, verringerte sie jedoch der Hö-

81 Vgl. *Haase*, InvStG, Einl, Rn. 18.
82 Vgl. *Jesch/Haug*, DStZ 2015, S. 130.
83 Siehe Auslandinvestmentgesetz v. 28.7.1969, BGBl I 1969, 435.
84 Siehe Investmentmodernisierungsgesetz v. 15.12.2003, BGBl I 2003, 2676.
85 Vgl. *Emde* in: *Emde/Dornseifer/Dreibus*, KAGB, Einl., Rn. 38.
86 Vgl. *Lübbehüsen* in: *Berger/Steck/Lübbehüsen*, InvG/InvStG, Vor §§ 1 ff. InvStG, Rn. 1; *Höring*, DStZ 2012, S. 368.
87 Vgl. *Höring*, DStZ 2015, S. 837.
88 Vgl. *Rohde/Neumann*, FR 2012, S. 247.

he nach.[89] Intransparente Investmentfonds waren in dem bis zum 31.12.2017 gültigen InvStG solche, die die für die Besteuerung auf Anlegerebene erforderlichen Besteuerungsgrundlagen (vgl. § 5 InvStG alte Fassung (a.F.)) nicht im Bundesanzeiger veröffentlichten.[90] Die Ermittlungs- und Veröffentlichungspflicht führte auf Ebene der Investmentfonds zu einem erheblichen administrativen Aufwand, mussten doch bei jeder Ausschüttung und Ertragsthesaurierung bis zu 33 unterschiedliche Besteuerungsgrundlagen ermittelt werden.[91] Die Einordnung eines Fonds als intransparent führte auf Ebene des Anlegers zu einer Pauschalbesteuerung in Höhe von mindestens 6 % des Werts des Fondsanteils (vgl. § 6 InvStG a.F.),[92] die in der Literatur insbesondere wegen ihrer Höhe häufig als Strafbesteuerung bezeichnet worden ist.[93]

Im Laufe der Zeit wurde die Idee des investmentsteuerrechtlichen Transparenzprinzips fortentwickelt, wobei die Besteuerung von Investmentfonds aufgrund zahlreicher Einzelfallregelungen und Subventionsnormen weiter an Komplexität gewann.[94] Im *März 2011* setzte die Finanzministerkonferenz daher eine Arbeitsgruppe des Bundes und der Länder zur Neukonzeption des Investmentsteuerrechts mit dem Ziel ein, Vorschläge für ein einfacheres, verständlicheres und besser administrierbares System der Investmentsteuer zu erarbeiten.[95] In einem Entwurf eines Arbeitspapiers aus *Dezember 2011* schlug die Arbeitsgruppe bereits als Grundsystem der Investmentbesteuerung ein sog. „intransparentes System" vor, welches für die Besteuerung bestimmter inländischer Einkünfte auf Fondsebene und auf Anlagerebene eine Cash-Flow-Besteuerung der Investmenterträge vorsah und durch eine Vorabpauschale und eine typisierende Teilfreistellung ergänzt wurde.[96] Daneben sollte unter engen Voraussetzungen für Spezial-Investmentvermögen weiterhin das transparente System der Investmentbesteuerung gelten.[97] In der Litera-

89 Vgl. *Jesch/Haug*, DStZ 2015, S. 133; *Rohde/Neumann*, FR 2012, S. 247.
90 *Jesch/Haug*, DStZ 2015, S. 130; *Rohde/Neumann*, FR 2012, S. 247.
91 *Deutscher Bundestag*, BT-Drs. 18/8045, S. 52.
92 *Deutscher Bundestag*, BT-Drs. 18/8045, S. 53; *Jesch/Haug*, DStZ 2015, S. 133; *Rohde/Neumann*, FR 2012, S. 247.
93 Vgl. *Jesch/Haug*, DStZ 2015, S. 130; *Rohde/Neumann*, FR 2012, S. 247.
94 Vgl. *Höring*, DStZ 2012, S.368; *Trencsik*, StuW 2014, S. 287.
95 Vgl. *Höring*, DStZ 2012, S. 368; *Steinmüller*, NWB 2012, S. 808 f.; *Trencsik*, StuW 2014, S. 287.
96 *Steinmüller*, NWB 2012, S. 813; *Höring*, DStZ 2012, S. 371 f.
97 Vgl. *Höring*, DStZ 2012, S. 372.

tur wurde der Entwurf, soweit er überhaupt zur Kenntnis genommen wurde, überwiegend kritisch gesehen.[98] Auch die verschiedenen Wirtschaftsverbände sprachen sich vehement gegen die vorgeschlagene Reform aus.[99]

Da die finale Ausarbeitung und Umsetzung einer solchen Reform – auch im Hinblick auf den bestehenden Widerstand der Verbände – Zeit bedurfte, wurden zunächst im *Jahr 2013* mit dem AIFM-Steuer-Anpassungsgesetz[100] kleinere Änderungen, insbesondere erforderliche Anpassungen des damaligen InvStG an Veränderungen im Aufsichtsrecht und Änderungen zur Verhinderung bestimmter Gestaltungen, vorgenommen.[101] Die aufsichtsrechtlichen Anpassungen waren erforderlich, weil das InvStG insbesondere zur Bestimmung seines Anwendungsbereichs an das InvG anknüpfte, welches im Rahmen der Umsetzung der europäischen AIFM-Richtlinie[102] durch das Kapitalanlagegesetzbuch (KAGB) ersetzt wurde.[103] Dem Gesetzgeber war ein weiteres Hinausschieben dieser aufsichtsrechtlichen Änderungen und der damit verbundenen steuerlichen Anpassungen bis zur finalen Ausarbeitung einer Investmentsteuerreform nicht möglich, da die AIFM-Richtlinie bis spätestens zum 22.7.2013 in nationales Recht umgesetzt worden sein musste.[104] Auch wenn die sich aufgrund des AIFM-StAnpG ergebenden Änderungen, insbesondere die Erweiterung des Anwendungsbereichs des InvStG,[105] von der Branche teilweise als gravierend empfunden wurden,[106] wurden diese Änderungen insgesamt in der Fachöffentlichkeit kaum diskutiert.

98 Vgl. *Höring*, DStZ 2012; *Steinmüller*, NWB 2012, S. 828 f.; *Trencsik*, StuW 2014, S. 295 ff.

99 Vgl. *Rehm/Nagler*, BB 2015.

100 Siehe AIFM-Steuer-Anpassungsgesetz (AIFM-StAnpG) vom 24.12.2013, BGBl I 2013, 4318

101 Vgl. *Jesch/Haug*, DStZ 2013, S. 772 f.; *Klein* in: *Herrmann/Heuer/Raupach*, EStG/KStG, Einf. zum InvStG, Rn. 4; *Trencsik*, StuW 2014, S. 287.

102 Richtlinie 2011/61/EU des Europäischen Parlaments und des Rates über die Verwalter alternativer Investmentfonds und zur Änderung der Richtlinien 2003/41/EG und 2009/65/EG und der Verordnungen (EG) Nr. 1060/2009 und (EU) Nr. 1095/2010 vom 8.6.2011, Amtsblatt der Europäischen Union in der Reihe L (ABl. L) 174 vom 01.07.2011, S. 1.

103 Vgl. *Buge/Bujotzek/Steinmüller*, DB 2016, S. 1594; *Jesch/Haug*, DStZ 2013, S. 772; *Jesch*, BB 2013, S. 3078.

104 Vgl. Art. 66 Richtlinie 2011/61/EU.

105 Vgl. *Buge/Bujotzek/Steinmüller*, DB 2016, S. 1594; *Jesch/Haug*, DStZ 2013, S. 776.

106 Vgl. *Carlé*, ErbStB 2017, S. 20.

Während die Arbeit an dem AIFM-StAnpG noch lief, wurde parallel dazu ein Gutachten bezüglich der Vorschläge der Bund-Länder Gruppe zur Neukonzeption der Investmentbesteuerung bei dem Institut für Copenhagen Economics zu den volkswirtschaftlichen Auswirkungen einer solchen Reform auf den Kapitalmarkt, den Finanzstandort und die Altersvorsorge in Deutschland in Auftrag gegeben.[107] Die Umsetzung einer vollständigen Reform des Investmentsteuerrechts war zunächst wegen der im September 2013 stattfindenden Bundestagswahlen nicht mehr realistisch und wurde auf die nächste Legislaturperiode verschoben.[108] In dieser legte das Institut für Copenhagen Economics am *17.10.2014* sein Gutachten vor, in welchem es zu dem Ergebnis kam, dass eine Reform entsprechend des Vorschlags der Bund-Länder-Arbeitsgruppe die relativ größten Auswirkungen für Investitionen körperschaftsteuerpflichtiger betrieblicher Anleger in (Publikums-)Investmentfonds hätte, da die Vorteile aus den vorgeschlagenen Teilfreistellung zu gering seien, um die negative Auswirkungen des Wegfalls der zu dieser Zeit für die Anleger noch anwendbare Steuerbefreiung von Veräußerungsgewinnen (§ 8b Abs. 2 Körperschaftsteuergesetz (KStG)) auszugleichen.[109] Insoweit wurde nach dem Gutachten allerdings eine Abschwächung dieser Auswirkung erwartet, weil diese Anleger ihr Vermögen in Spezial-Investmentfonds umschichten könnten und würden.[110] Auch die Effekte auf die Altersvorsorge sollten sich in Grenzen halten.[111]

Der Druck auf den Gesetzgeber, das Investmentsteuerrecht zügig zu reformieren, wuchs schließlich als der Europäischer Gerichtshof (EuGH) in seiner Entscheidung vom *10.5.2012*[112] und vom *10.4.2014*.[113] eine Unvereinbarkeit einer französischen und einer polnischen Regelung mit der Kapitalverkehrsfreiheit feststelle. Diese Regelungen sahen vor, dass Dividen-

107 *Naess-Schmidt/Sundén/Ringsted*, Volkswirtschaftliche Auswirkungen der Investmentsteuerreform.

108 Vgl. *Trencsik*, StuW 2014, S. 287.

109 *Naess-Schmidt/Sundén/Ringsted*, Volkswirtschaftliche Auswirkungen der Investmentsteuerreform, S. 9.

110 *Naess-Schmidt/Sundén/Ringsted*, Volkswirtschaftliche Auswirkungen der Investmentsteuerreform, S. 10.

111 *Naess-Schmidt/Sundén/Ringsted*, Volkswirtschaftliche Auswirkungen der Investmentsteuerreform, S. 10.

112 EuGH-Urteil vom 10.5.2012, Rs. C-284/09, Santander, ECLI:EU:C:2012:286.

113 EuGH-Urteil v. 10.4.2014, Rs. C-190/12, Emerging Markets, ECLI:EU:C:2014:249.

den, die von einer gebietsansässigen Gesellschaft an einen in einem Drittstaat ansässigen Investmentfonds ausgeschüttet wurden, grundsätzlich mittels einer Quellensteuer abgeltend besteuert wurden, wohingegen Dividenden, die an einen gebietsansässigen Investmentfonds ausgeschüttet wurden, von der Steuer befreit waren.[114] Eine vergleichbare steuerliche Unterscheidung von Dividendenzahlungen einer inländischen Kapitalgesellschaft an einen inländischen bzw. an einen ausländischen Investmentfonds sah auch das bis zum 31.12.2017 geltende deutsche InvStG vor.[115] Denn nach § 11 Abs. 1 Satz 2 InvStG in der bis zum 31.12.2017 geltenden Fassung waren Dividendenzahlungen nur steuerfrei, wenn sie ein inländischer Investmentfonds bezog.[116] Der Gesetzgeber nahm eine solche Unterscheidung zwischen inländischen und ausländischen Investmentfonds deshalb vor, weil er die Gleichstellung der über einen Investmentfonds bezogenen Erträge mit solchen einer Direktanlage beabsichtigte.[117] Bezöge ein ausländischer Anleger inländische Dividenden über einen ausländischen Investmentfonds hätte die Steuerbefreiung des Investmentfonds im Falle einer Ausschüttung den Verlust des deutschen Besteuerungsrechts zur Folge, wohingegen der ausländische Anleger bei Bezug von inländischen Dividenden im Fall der Direktanlage der beschränkten Steuerpflicht unterläge.[118] In der möglichen Europarechtswidrigkeit sah das Bundesministerium der Finanzen (BMF) eine Gefahr „haushaltsmäßig fühlbarer Ausfälle".[119] Mit seiner Entscheidung vom *9.10.2014* stellte der EuGH[120] schließlich auch einen Verstoß gegen die Kapitalverkehrsfreiheit fest, wenn eine fehlende Veröffentlichung der Besteuerungsgrundlagen zwingend zu einer nachteiligen Pauschalbesteuerung führt.[121] Zwar konnte diese

114 Vgl. *Bannes/Holle*, FR 2016, S. 663.
115 Vgl. *Bannes/Holle*, FR 2016, S. 662 f.
116 Vgl. *Anzinger*, FR 2016, S. 106; *Bannes/Holle*, FR 2016, S. 662; *Herr/Stiefel*, IStR 2019, S. 929.
117 Vgl. *Bannes/Holle*, FR 2016, S. 662.
118 Vgl. *Bannes/Holle*, FR 2016, S. 662.
119 So Ministerialrat Michael Gierlich, damaliger Referatsleiter des u.a. für das InvStG zuständigen Referats IV C 1, in einer Vernehmung vor dem 4. Untersuchungsausschuss der 18. Wahlperiode, *Deutscher Bundestag*, BT-Drs. 18/12700, S. 143 f.; als wesentlichen Treiber des InvStRefG sehen auch *Patzner/Nagler*, IStR 2016, S. 726, die von der deutschen Finanzverwaltung empfundenen EU-rechtlichen Risiken.
120 Vgl. EuGH-Urteil vom 9.10.2014, Rs. C-326/12, van Caster und van Caster, ECLI:EU:C:2014:2269.
121 Vgl. *Anzinger*, FR 2016, S. 107; *Jesch/Haug*, DStZ 2015, S. 134.

Europarechtswidrigkeit dadurch beseitigt werden, dass man den Nachweis der Besteuerungsgrundlagen durch den Steuerpflichtigen zuließ.[122] In der Praxis konnte ein solcher Nachweis aufgrund der Komplexität des bis zum 31.12.2017 geltenden InvStG jedoch kaum gelingen.[123] Allerdings fürchtete der Gesetzgeber eine zunehmende Anzahl an Anträgen auf Berücksichtigung von selbst ermittelten Besteuerungsgrundlagen und damit einen erhöhten Prüfungsaufwand bei den Finanzämtern.[124]

Auch die Aufarbeitung des Gesetzgebers zu sog. *Cum/Ex-Geschäften* erhöhte den politischen Druck, das Investmentsteuerrecht baldigst zu reformieren. Aufgrund zahlreicher Medienberichte[125] über Cum/Ex-Geschäfte gelangte auch das Investmentsteuerrecht in den Fokus der Öffentlichkeit, da für dieses Geschäftsmodell insbesondere in der späteren Phase dieser Geschäfte Investmentfonds als Vehikel genutzt wurden.[126] In diesem Zusammenhang geriet auch eine als Cum/Cum-Geschäfte bezeichnete Steuergestaltung in den Blick der Öffentlichkeit.[127] Ausländische Investoren versuchten mittels dieser Gestaltung eine Besteuerung inländischer Dividenden zu vermeiden, indem sie ihre Aktien vor dem Dividendenstichtag an einen Inländer veräußerten. Wegen der unmittelbar bevorstehenden Ausschüttung ist der Veräußerungspreis der Aktien in etwa um die Ausschüttung erhöht; der dadurch erzielte Veräußerungsgewinn des ausländischen Investors unterliegt in Deutschland nicht der Besteuerung.[128] Der inländische Erwerber konnte sich die Kapitalertragsteuer erstatten lassen.[129] Nach der Ausschüttung veräußerte der inländische Erwerber die Aktien unmittelbar wieder an den auslän-

122 Vgl. *Anzinger*, FR 2016, S. 107.
123 So auch: *Deutscher Bundestag*, BT-Drs. 18/8045, S. 53.
124 Vgl. *Deutscher Bundestag*, BT-Drs. 18/8045, S. 53.
125 Vgl. z.B. *Hesse/Traufetter*, Der Spiegel 2014, S. 66 ff.
126 Siehe hierzu: Ausschussarbeit des 4. Untersuchungsausschusses der 18. Wahlperiode auf: https://www.bundestag.de/webarchiv/Ausschuesse/ausschuesse18/ua/4untersuchungsausschuss, insbesondere hierzu den Abschlussbericht: *Deutscher Bundestag*, BT-Drs. 18/12700, S. 170 ff.; *Bundesministerium der Finanzen*, Bundesministerium der Finanzen 2015, S. 51.
127 *Patzner/Nagler*, IStR 2016, S. 726.
128 Vgl. *Deutscher Bundestag*, BT-Drs. 18/12700, S. 283 f.; *Link* in: *Herrmann/Heuer/Raupach*, EStG/KStG, § 36a EStG, Rn. 3.
129 Vgl. *Deutscher Bundestag*, BT-Drs. 18/12700, S. 282 ff.; *Link* in: *Herrmann/Heuer/Raupach*, EStG/KStG, § 36a EStG, Rn. 3.

dischen Investor zurück.[130] Die Kapitalertragsteuerersparnis teilen sich die Beteiligten[131] durch entsprechende Ausgestaltung der Höhe des Kaufpreises.

Das BMF veröffentlichte am *21.7.2015* zunächst einen Diskussionsentwurf und anschließend am 16.12.2015 einen Referentenentwurf des Gesetzes zur Reform der Investmentbesteuerung.[132] Dieser Entwurf basierte im Wesentlichen auf dem im Jahr 2013 von der Bund-Ländergruppe erarbeiten Neukonzeption der Investmentbesteuerung. Die Notwendigkeit der Reform begründet das BMF mit den bereits dargelegten europarechtlichen Risiken, ebenso wie damit, dass die Reform zu einer Vereinfachung führen solle und damit zugleich die Gestaltungsanfälligkeit des Investmentsteuerrechts reduzieren solle.[133] Der Regierungsentwurf des InvStRefG vom 7.4.2016[134] entsprach inhaltlich und in seiner Begründung im Wesentlichen dem Referentenentwurf. Der Bundestag nahm den Gesetzesentwurf am 9.6.2016 an[135] und der Bundestag stimmte dem Gesetz am 8.7.2016 zu.[136] Am *26.7.2016* wurde das InvStRefG schließlich im Bundesgesetzblatt verkündet.[137]

Noch vor dem Inkrafttreten des Investmentsteuergesetzes hat der Gesetzgeber mit dem Gesetz zur Bekämpfung der Steuerumgehung und zur Änderung weiterer steuerlicher Vorschriften vom *23.6.2017*[138] bereits die ersten Gesetzesänderungen vorgenommen. Diese Änderungen betrafen ausschließlich die Regelungen für Spezial-Investmentfonds und die Übergangsregeln zum Systemwechsel.[139] Mit dem Gesetz zur Vermeidung von Umsatzsteu-

---

130 Vgl. *Patzner/Nagler*, IStR 2016, S. 726; *Deutscher Bundestag*, BT-Drs. 18/12700, S. 283 f. (mit Grafik).

131 Vgl. *Deutscher Bundestag*, BT-Drs. 18/12700, S. 285; *Link* in: *Herrmann/Heuer/Raupach*, EStG/KStG, § 36a EStG, Rn. 3.

132 Der Entwurf ist abrufbar unter: https://www.bundesfinanzministerium.de/Content/DE/Gesetzestexte/Gesetze_Gesetzesvorhaben/Abteilungen/Abteilung_IV/18_Legislaturperiode/Gesetze_Verordnungen/2016-07-26-Investmentsteuerreformgesetz/1-Referentenentwurf.pdf?__blob=publicationFile&v=2.

133 Vgl. *Bundesministerium der Finanzen*, Bundesministerium der Finanzen 2015, S. 50.

134 *Deutscher Bundestag*, BT-Drs. 18/8045.

135 Siehe *Deutscher Bundestag*, BT-Plenarprotokoll 18/176, S. 17400D.

136 Siehe *Bundesrat*, BR-Plenarprotokoll 947, Top 4, S. 289A-289D.

137 *Bundestag*, Bundestag 2016; *Patzner/Nagler*, IStR 2016, S. 726.

138 Gesetz zur Bekämpfung der Steuerumgehung und zur Änderung weiterer steuerlicher Vorschriften (Steuerumgehungsbekämpfungsgesetz - StUmgBG) vom 23.6.2017, BGBl I 2017, 1682.

139 Vgl. *Bindl/Stadler*, BB 2017, S. 1943.

erausfällen beim Handel mit Waren im Internet und zur Änderung weiterer steuerlicher Vorschriften vom *11.12.2018*[140] nahm der Gesetzgeber schließlich weitere kleinere Anpassungen und Klarstellungen des Investmentsteuergesetzes vor,[141] hielt aber insgesamt an der ursprünglich von der Bund-Länder-Gruppe erarbeiteten Neukonzeption der Investmentsteuer fest.

Die ersten größeren Korrekturen des InvStRefG hat der Gesetzgeber nunmehr mit dem Gesetz zur weiteren steuerlichen Förderung der Elektromobilität und zur Änderung weiterer steuerlicher Vorschriften vom *12.12.2019*[142] vorgenommen. Insbesondere hat der Gesetzgeber die Anforderungen an Kapitalbeteiligungen erhöht, welche zu einer Qualifizierung des Investmentfonds als Aktien- oder Mischfonds führen.[143] Schließlich hat er einige Ergänzungen vorgenommen mit dem Ziel bereits jetzt erkannte Gestaltungsmöglichkeiten zur Umgehung einer von ihm gewünschten Besteuerung zu verhindern.[144]

Auf ein die gesetzlichen Regelungen des InvStG näher konkretisierendes Schreiben zu bestehenden Anwendungsfragen der Finanzverwaltung musste die Branche lange warten.[145] Seit *März 2017* kursierten diverse Entwürfe in verschiedenen Fassungen zu einem solchen Schreiben, die vertraulich an die betroffenen Interessensverbände zur Stellungnahme gesendet worden waren.[146] Von den nichtöffentlichen Entwürfe hatten schließlich die meisten mit dem InvStG befassten Personen Kenntnis erlangt. Mangels veröffentlichter Alternative wurden diese sogar teilweise in Kommentierungen zu dem neuen InvStG zitiert.[147] Mit Schreiben vom 21.5.2019 hat das BMF nun erstmalig das lang ersehntes Schreiben zu Anwendungsfragen zum InvStG veröffentlicht.[148] In diesem nimmt das BMF zu den Regelungen des Grundsystems

140 BGBl I 2018, 2338 (2349 ff.).
141 Vgl. *Anemüller*, ErbStB 2019, S. 54.
142 Sog. Jahressteuergesetz 2019, BGBl I 2019, 2451.
143 Vgl. *Stadler/Jetter/Rosenberg/Placke*, DB Beilage 2019 Nr. 03, S. 6.
144 Vgl. *Deutscher Bundestag*, BT-Drs. 19/13436, S. 170 ff.
145 Vgl. *Höring*, StBp 2019, S. 242.
146 Vgl. *Stadler/Mager*, BB 2019, S. 1760.
147 So etwa *Herrmann/Heuer/Raupach*, EStG/KStG, Anhang zu § 20 EStG - Kommentierung des Investmentsteuergesetzes.
148 *BMF*, Schreiben vom 21.5.2019, Anwendungsfragen zum Investmentsteuergesetz in der ab dem 1. Januar 2018 geltenden Fassung (InvStG), Bundessteuerblatt (BStBl) I 2019, 527.

der Besteuerung von Investmentfonds Stellung.[149] Eine Stellungnahme zu großen Teilen der für Spezial-Investmentfonds geltenden Regelungen erfolgte schließlich mit *BMF-Schreiben* vom 29.10.2020[150] und vom 20.1.2021.[151] Zu den in diesem Schreiben verbliebenen Lücken zu einigen Vorschriften des InvStG zu Spezial-Investmentfonds existieren bisher lediglich nicht veröffentlichte Entwurfsschreiben.[152]

Weitere größere Gesetzesänderungen sind bisher ausgeblieben. Mit dem *Jahressteuergesetz 2020*[153] hat der Gesetzgeber überwiegend klarstellende Ergänzungen vorgenommen, mit denen er sicherstellt, dass die im BMF-Schreiben vertretenen Auffassungen ausreichend im Gesetzestext des InvStG verankert sind.[154] Ggf. größere Änderungen des InvStG könnten künftig durch das noch ausstehende Gesetz zur Umsetzung der Anti-Steuervermeidungsrichtlinie (ATAD-Umsetzungsgesetz) erfolgen. Für dieses liegt ein veröffentlichter überarbeiteter Referentenentwurf vom 24.3.2020[155] vor. Mit dem *ATAD-Umsetzungsgesetz* soll einerseits die Richtlinie der Europäische Union (EU) vom 12.7.2016[156] umgesetzt werden und andererseits die im Außensteuergesetz (AStG) geregelte Hinzurechnungsbesteuerung insgesamt reformiert werden. Bisher konnte die große Koalition jedoch keine Einigung über die vorgeschlagenen Regelungen erzielen.[157] Insoweit bleibt abzuwarten, inwieweit die Regelungen auch auf Investmentfonds und ihre Anleger Anwendung finden werden.

---

149 Eine ausführliche Darstellung der Änderungen des BMF-Schreibens zu seinen vorherigen Entwurfsfassungen findet sich bei: *Stadler/Mager*, BB 2019, S. 1760.

150 *BMF*, Schreiben vom 29.10.2020, Anwendungsschreiben zum Investmentsteuergesetz in der ab dem 1. Januar 2018 geltenden Fassung (InvStG), BStBl I 2020, 527.

151 *BMF*, Schreiben vom 20.1.2021, Anwendungsschreiben zum Investmentsteuergesetz in der ab dem 1. Januar 2018 geltenden Fassung (InvStG), BStBl I 2021, 527.

152 Vgl. *Rosenberg/Placke/Stadler/Jetter/Johann*, DB Beilage 2020 Nr. 05, S. 12.

153 Jahressteuergesetz 2020 vom 21.12.2020, BGBl I 2020, 3096.

154 Vgl. *Rosenberg/Placke/Stadler/Jetter/Johann*, DB Beilage 2020 Nr. 05, S. 6.

155 Abrufbar unter: https://www.bundesfinanzministerium.de/Content/DE/Gesetzestexte/Gesetze_Gesetzesvorhaben/Abteilungen/Abteilung_IV/19_Legislaturperiode/Gesetze_Verordnungen/ATADUmsG/1-Referentenentwurf_2.pdf?__blob=publicationFile&v=2.

156 Richtlinie (EU) 2016/1164 des Rates vom 12.7.2016 mit Vorschriften zur Bekämpfung von Steuervermeidungspraktiken mit unmittelbaren Auswirkungen auf das Funktionieren des Binnenmarkts, ABl. L 193, S. 1-14.

157 Vgl. *Rosenberg/Placke/Stadler/Jetter/Johann*, DB Beilage 2020 Nr. 05, S. 7.

Kapitel 2

Überblick über das InvStG i.d.F. ab 1.1.2018

Mit dem InvStRefG hat der Gesetzgeber zum einen ein grundsätzlich für alle Investmentfonds und ihre Anleger geltendes „intransparentes" Grundsystem der Besteuerung geschaffen, welches er im zweiten Kapitel des Gesetzes geregelt hat.[1] Gleichzeitig hat er daneben im dritten Kapitel ein Besteuerungssystem für sog. Spezial-Investmentfonds und ihre Anleger geschaffen, bei welchem er das bisherige Verfahren nach dem eingeschränkten Transparenzprinzip[2] grundsätzlich beibehält.[3] Ausgangspunkt für die Anwendung beider Systeme ist zunächst jedoch das Vorliegen eines Investmentfonds, dessen Definition sich im ersten Kapitel des InvStG findet.

2.1 Begriff des Investmentfonds

Gem. § 1 Abs. 2 S. 1 InvStG zählen zu den Investmentfonds zunächst die aufsichtsrechtlichen Investmentvermögen nach § 1 Abs. 1 KAGB.[4] Das sind Organismen für gemeinsame Anlagen, die von einer Anzahl von Anlegern Kapital einsammeln, wobei die Zahl der Anleger nicht auf einen Anleger begrenzt sein darf, und die das Kapital gemäß einer festgelegten Anlagestrategie zum Nutzen dieser Anleger investieren und kein operativ tätiges Unternehmen außerhalb des Finanzsektors sind.[5]

Zudem erweitert das Investmentsteuergesetz in § 1 Abs 2 S. 2 InvStG den steuerlichen Anwendungsbereich über den Anwendungsbereich des KAGB hinaus um

1 Vgl. *Deutscher Bundestag*, BT-Drs. 18/8045, S. 54; *Klein* in: *Herrmann/Heuer/Raupach*, EStG/KStG, Einf. zum InvStG, Rn. 6; *Roth*, GWR 2016, S. 457.

2 Das eingeschränkte Transparenzprinzip wird in der Literatur teilweise auch mit dem Begriff „semi-transparentes Besteuerungsregime" bezeichnet, vgl. z.B. *Lechner*, RdF 2016, S. 8.

3 Vgl. *Deutscher Bundestag*, BT-Drs. 18/8045, S. 54; *Klein* in: *Herrmann/Heuer/Raupach*, EStG/KStG, Einf. zum InvStG, Rn. 6; *Roth*, GWR 2016, S. 457.

4 Vgl. *Link* in: *Herrmann/Heuer/Raupach*, EStG/KStG, § 1 InvStG, Rn. 6; *Roth*, GWR 2016, S. 458.

5 Siehe zu den einzelnen Merkmalen der Definition des Investmentvermögens: *Schneider-Deters* in: *Patzner/Döser/Kempf*, HK-InvestmentR, § 1 KAGB, Rn. 3 ff.

- die Organismen für gemeinsame Anlagen, bei denen die Zahl der möglichen Anleger auf einen Anleger begrenzt ist, wenn die übrigen Voraussetzungen des § 1 Abs. 1 KAGB erfüllt sind sowie
- Kapitalgesellschaften, denen nach dem Recht des Staates, in dem sie ihren Sitz oder ihre Geschäftsleitung haben, eine operative unternehmerische Tätigkeit untersagt ist und die keiner Ertragsbesteuerung unterliegen oder die von der Ertragsbesteuerung befreit sind (das sind insbesondere luxemburgische Kapitalanlagevehikel wie die Luxemburger Verwaltungsgesellschaft für Familienvermögen SFP), und
- um von AIF-Kapitalverwaltungsgesellschaften verwaltete Investmentvermögen nach § 2 Abs. 3 KAGB, d.h. konzerneigene Investmentvermögen, bei denen aufsichtsrechtlich kein Anlegerschutz geboten ist und die deshalb vom Anwendungsbereich des KAGB ausgenommen sind.[6]

Ausdrücklich ausgenommen von dem Anwendungsbereich des Investmentsteuergesetzes werden gem. § 1 Abs. 3 InvStG folgende Anlagevehikel, die unter den aufsichtsrechtlichen Begriff des Investmentvermögens fallen können, aber nicht als steuerrechtliche Investmentfonds gelten sollen:[7]

- Gesellschaften, Einrichtungen und Organisationen nach § 2 Abs. 1 und 2 KAGB, also insbesondere Holdinggesellschaften, Altersvorsorgeeinrichtungen, Arbeitnehmerbeteiligungssysteme und Verbriefungszweckgesellschaften,
- Investmentvermögen in der Rechtsform einer Personengesellschaft/ einer vergleichbaren ausl. Rechtsform, es sei denn, es handelt sich um Organismen für gemeinsame Anlagen in Wertpapieren (OGAW) gem. § 1 Abs. 2 KAGB oder um Altersvorsorgevermögensfonds i.S.v. § 53 InvStG,
- Unternehmensbeteiligungsgesellschaften nach § 1a Abs. 1 des Gesetz über Unternehmensbeteiligungsgesellschaften (UBGG), Kapitalbetei-

---

6 Vgl. *Jetter/Mager* in: *Beckmann/Scholz/Vollmer*, Investment-Handbuch, Kapitelnr. 415, vor § 1 InvStG (2018), Rn. 32; *Lechner*, RdF 2016, S. 210; *Link* in: *Herrmann/Heuer/Raupach*, EStG/KStG, § 1 InvStG, Rn. 6; *Stadler/Bindl*, DStR 2016, S. 1954.

7 Vgl. *Link* in: *Herrmann/Heuer/Raupach*, EStG/KStG, § 1 InvStG, Rn. 10.

ligungsgesellschaften, die im öffentlichen Interesse mit Eigenmitteln oder mit staatlicher Hilfe Beteiligungen erwerben, und

- Real-Estate-Investment-Trust (REIT)-Aktiengesellschaften i.S.v. § 1 Abs. 1 REIT-Gesetz, sowie andere REIT-Körperschaften, -Personenvereinigungen, oder -Vermögensmassen nach § 19 Abs. 5 REIT-Gesetz.[8]

2.2 Das Grundsystem der Investmentbesteuerung

Der Gesetzgeber hat das Grundsystem der Investmentbesteuerung in dem seit dem 1.1.2018 gültigen Investmentsteuerrecht auf den privaten Anleger ausgerichtet[9] und insbesondere auch an die Systematik der Abgeltungsteuer angepasst.[10] Er beabsichtigte die Besteuerungsregelungen so auszugestalten, dass auch eine Investition in ausländische Investmentfonds ohne steuerliche Nachteile möglich ist und der Anleger die Besteuerungsgrundlagen weitestgehend ohne Mitwirkung des Investmentfonds selbst ermitteln kann.[11]

2.2.1 Die Besteuerung des Investmentfonds

In dem Grundsystem der Besteuerung für Investmentfonds erfolgt die Investmentbesteuerung grundsätzlich zweistufig, d.h. einmal auf Ebene des Investmentfonds und einmal auf Ebene des Anlegers.[12]

2.2.1.1 Körperschaftsteuerpflicht

Für die Körperschaftsteuer (KSt) hat der Gesetzgeber zunächst im Grundsatz die unbeschränkte Steuerpflicht für inländische Investmentfonds, wie auch in dem bis zum 31.12.2017 geltenden InvStG, und die beschränkte Steuerpflicht für ausländische Investmentfonds angeordnet, indem er inländische Investmentfonds nach § 6 Abs. 1 InvStG als Zweckvermögen i.S.v. § 1 Abs. 1 Nr. 5 KStG und ausländische Investmentfonds als Vermögensmasse i.S.v. § 2 Nr. 1 KStG fingiert.[13] Mit dem Jahressteuergesetz 2019 hat der Gesetzgeber die

8 Vgl. *Stadler/Bindl*, DStR 2016, S. 1954.
9 Vgl. *Deutscher Bundestag*, BT-Drs. 18/8045, S. 53.
10 Vgl. *Deutscher Bundestag*, BT-Drs. 18/8045, S. 55, 91.
11 Vgl. *Deutscher Bundestag*, BT-Drs. 18/8045, S. 53.
12 Vgl. *Zinowsky/Grabowski*, IRZ 2017, S. 204.
13 Vgl. *Lechner*, RdF 2016, S. 210 f.

Geltung der unbeschränkten Steuerpflicht für inländische Immobilienfonds durch Ergänzung des § 6 Abs. 1 S. 1 InvStG ausdrücklich aufgenommen, um zu erreichen, dass ausländische Staaten deutsche Investmentfonds nicht als beschränkt steuerpflichtig und damit nach den geschlossenen Doppelbesteuerungsabkommen (DBA) als nicht abkommensberechtigt einordnen.[14]

Anders als im bis zum 31.12.2017 geltenden Recht ist der Investmentfonds allerdings nicht mehr umfassend von der Besteuerung befreit,[15] sondern der Gesetzgeber hat mit den Regelungen in § 6 Abs. 2 bis 5 InvStG den *Umfang der Steuerpflicht* sowohl von inländischen wie auch ausländischen Investmentfonds lediglich auf bestimmte Einkünfte, nämlich inländische Beteiligungseinnahmen (§ 6 Abs. 3 InvStG), inländische Immobilienerträge (§ 6 Abs. 4 InvStG und sonstige inländische Einkünfte (§ 6 Abs. 5 InvStG) beschränkt.[16] Er orientiert sich hinsichtlich des Umfangs der Steuerpflicht sowohl für inländische wie auch für ausländische Investmentfonds mit dieser Regelung grundsätzlich an dem Umfang der beschränkten Steuerpflicht im Sinne von § 49 EStG und versucht so eine Gleichbehandlung von in- und ausländischer Investmentfonds zu erreichen.[17]

Mit der Regelung des § 6 Abs. 3 Nr. 2 InvStG erweitert der Gesetzgeber diesen Besteuerungsumfang gegenüber der beschränkten Steuerpflicht, indem er zu den inländischen Beteiligungseinnahmen auch Entgelte, Einnahmen und Bezüge nach § 2 Nr. 2 Buchstabe (Buchst.) a bis c KStG zählt.[18] Somit zählen auch Kompensationszahlungen aus Wertpapierleihgeschäften auf Ebene des Investmentfonds zu den körperschaftsteuerpflichtigen Einnahmen des Investmentfonds, um eine Umgehung der Besteuerung von Dividenden mittels Wertpapierleihe zu verhindern.[19]

Eine weitere Ausweitung des Besteuerungsumfangs hat der Gesetzgeber mittels der Regelung des § 6 Abs. 4 S. 1 Nr. 2 InvStG vorgenommen. Nach dieser Vorschrift zählt der Gewinn aus Veräußerungen von im Inland bele-

---

14 Vgl. *Deutscher Bundestag*, BT-Drs. 19/13436, S. 173.

15 Vgl. *Trencsik*, StuW 2014, S. 293.

16 Vgl. *Deutscher Bundestag*, BT-Drs. 18/8045, S. 72; *Lechner*, RdF 2016, S. 211; *Stadler/Bindl*, DStR 2016, S. 1955.

17 Vgl. *Deutscher Bundestag*, BT-Drs. 18/8045, S. 72; *Hagen/Lang*, StbJb 16/17, S. 579; *Lechner*, RdF 2016, S. 210.

18 Vgl. *Klein* in: *Herrmann/Heuer/Raupach*, EStG/KStG, § 6 InvStG, Rn. 20.

19 *Deutscher Bundestag*, BT-Drs. 18/8045, S. 73; *Roth*, GWR 2016, S. 458.

genden Immobilien zu den auf Ebene des Investmentfonds steuerpflichtigen Einkünften, unabhängig von einer zehnjährigen Haltefrist, wie sie in § 23 Abs. 1 Nr. 1 EStG Voraussetzung für die Steuerbarkeit der Veräußerung ist.[20] Nach dem bis zum 31.12.2017 geltenden InvStG waren solche Veräußerungsgewinne nach dem Ablauf der Haltefrist von zehn Jahren steuerfrei.[21] Um eine Umgehung dieser Steuerpflicht von Immobilienveräußerungsgewinnen außerhalb der Haltefrist von 10 Jahren zu verhindern, indem der Investmentfonds die Immobilien nicht direkt hält, sondern über eine vermögensverwaltende Personengesellschaft, deren Anteile er zur Übertragung der Immobilie verkauft, hat der Gesetzgeber mit dem Jahressteuergesetz 2019 nunmehr den § 6 InvStG um einen Abs. 6a ergänzt, der anordnet, dass die Anschaffung oder Veräußerung einer unmittelbaren oder mittelbaren Beteiligung an einer Personengesellschaft als Anschaffung oder Veräußerung der anteiligen Wirtschaftsgüter gilt.[22]

Zugleich schränkt der Gesetzgeber den Besteuerungsumfang des Investmentfonds gegenüber dem sich aus § 49 EStG ergebenden Besteuerungsumfang von beschränkt steuerpflichtigen Steuersubjekten ein, indem er Gewinne aus der Veräußerung von wesentlichen Beteiligungen nach § 49 Abs. 1 Nr. 2 Buchst. e EStG i.V.m. § 17 EStG explizit von den zu besteuernden sonstigen Einkünften des Investmentfonds ausnimmt.[23] Diese Regelung soll eine Benachteiligung von inländischen Investmentfonds gegenüber ausländischen Investmentfonds vermeiden, da die von Deutschland geschlossenen DBA für Veräußerungsgewinne regelmäßig kein Besteuerungsrecht des Quellenstaats sondern allein des Sitzstaates vorsehen, sodass eine Besteuerung der Gewinne aus der Veräußerung von wesentlichen Beteiligungen an deutschen Kapitalgesellschaften bei ausländischen Investmentfonds nicht möglich wäre.[24]

---

20 Vgl. *Deutscher Bundestag*, BT-Drs. 18/8045, S. 73; *Elser/Thiede*, NWB-EV 2016, S. 302; *Klein* in: *Herrmann/Heuer/Raupach*, EStG/KStG, § 6 InvStG, Rn. 25; *Mann* in: *Blümich*, EStG/KStG/GewStG, § 6 InvStG, Rn. 53; *Patzner/Nagler* in: *Patzner/Döser/Kempf*, HK-InvestmentR, § 6 InvStG, Rn. 13.

21 Vgl. *Lechner*, RdF 2016, S. 211.

22 Vgl. *Deutscher Bundestag*, BT-Drs. 19/13436, S. 174.

23 *Deutscher Bundestag*, BT-Drs. 18/8045, S. 74; *Klein* in: *Herrmann/Heuer/Raupach*, EStG/KStG, § 6 InvStG, Rn. 30; *Lechner*, RdF 2016, S. 211; *Zinowsky/Grabowski*, IRZ 2017, S. 204.

24 Vgl. *Lechner*, RdF 2016, S. 211; *Roth*, GWR 2016, S. 458.

Die *Ermittlung der Einkünfte* erfolgt auf Fondsebene gem. § 6 Abs. 7 InvStG durch Einnahmen-Überschuss-Rechnung.[25] Dies gilt aufgrund der ausdrücklichen gesetzlichen Anordnung auch soweit der Investmentfonds gewerbliche Einkünfte erzielt.[26] Die Steuerbefreiung des § 8b KStG gilt für den Investmentfonds gemäß § 6 Abs. 6 InvStG nicht, sodass die Beteiligungserträge auf Fondsebene in voller Höhe der KSt in Höhe von 15 % unterliegen.[27] Der Ermittlungszeitraum der steuerpflichtigen Einkünfte ist bei dem Investmentfonds gem. § 7 Abs. 3 S. 2 KStG das Kalenderjahr.[28] Weicht das Geschäftsjahr von diesem ab, gelten dem Fonds die Einkünfte gem. § 6 Abs. 7 S. 4 InvStG als in dem Kalenderjahr bezogen, in dem sein Geschäftsjahr endet.

2.2.1.2 Erhebung der Kapitalertragsteuer

Da nach der Neukonzeption der Investmentsteuer nunmehr auch auf Ebene des Investmentfonds KSt erhoben wird und der Investmentfonds nicht mehr vollumfänglich von der Besteuerung befreit ist, unterliegen die von dem Investmentfonds erzielten Erträge, im Wesentlichen die von ihm bezogenen inländischen Beteiligungseinnahmen,[29] nach den allgemeinen Vorschriften der §§ 43 ff. EStG auch dem Kapitalertragsteuerabzug.[30]

Diese allgemeinen für den Kapitalertragsteuerabzug geltenden Regelungen hat der Gesetzgeber für die von einem Investmentfonds bezogenen Erträge teilweise modifiziert.[31] Gem. § 7 Abs. 1 S. 1 InvStG wird gegenüber einem Investmentfonds lediglich eine Kapitalertragsteuer in Höhe von (i.H.v.) 15 % erhoben,[32] welcher dem Höchstsatz für Streubesitzdividenden in den von Deutschland geschlossenen DBA entspricht.[33] Gegenüber allen ande-

25 Vgl. *Deutscher Bundestag*, BT-Drs. 18/8045, S. 75; *Klein* in: *Herrmann/Heuer/Raupach*, EStG/KStG, § 6 InvStG, Rn. 35; *Roth*, GWR 2016, S. 459.

26 Vgl. *Deutscher Bundestag*, BT-Drs. 18/8045, S. 75.

27 Vgl. *Deutscher Bundestag*, BT-Drs. 18/8045, S. 75; *Klein* in: *Herrmann/Heuer/Raupach*, EStG/KStG, § 6 InvStG, Rn. 31.

28 Vgl. *Deutscher Bundestag*, BT-Drs. 19/13436, S. 174.

29 Vgl. *Deutscher Bundestag*, BT-Drs. 18/8045, S. 75; *Klein* in: *Herrmann/Heuer/Raupach*, EStG/KStG, § 7 InvStG, Rn. 5.

30 Vgl. *Klein* in: *Herrmann/Heuer/Raupach*, EStG/KStG, § 7 InvStG, Rn. 1.

31 Vgl. *Klein* in: *Herrmann/Heuer/Raupach*, EStG/KStG, § 7 InvStG, Rn. 1.

32 Vgl. *Lechner*, RdF 2016, S. 212; *Roth*, GWR 2016, S. 459; *Stadler/Bindl*, DStR 2016, S. 1955.

33 Vgl. *Krall/Watzlaw*, BB 2015, S. 2198.

ren Körperschaftsteuersubjekten beträgt der Kapitalertragsteuersatz hingegen bei Kapitalerträgen i.S.v. § 43 Abs. 1 S. 1 Nr. 1 bis 7a und 8 bis 12 sowie S. 2 EStG 25 % (§ 43a Abs. 1 S. 1 Nr. 1 EStG).

Als weitere Abweichung von § 7 Abs. 1 S. 1 InvStG hat der Gesetzgeber in § 7 Abs. 1 S. 3 InvStG für die Fälle eine Minderung der Kapitalertragsteuer normiert, in denen ein Solidaritätszuschlag (SolZ) erhoben wird.[34] In diesen Fällen vermindert sich die Kapitalertragsteuer von 15 % um den SolZ, der 5,5 % auf die Kapitalertragsteuer beträgt (§§ 3 Abs. 1 Nr. 5, 4 S. 1 des Solidaritätszuschlagsgesetz (SolZG)), sodass die Kapitalertragsteuer nur 14,218 % beträgt.[35] Der Gesetzgeber hält diese Ermäßigung des Steuersatzes für erforderlich um Wettbewerbsnachteile für inländische, Solidaritätszuschlagspflichtige Investmentfonds zu vermeiden und eine gleich hohe Besteuerung in- und ausländischer Investmentfonds zu erreichen.[36] Denn nach den von Deutschland geschlossenen DBA hat Deutschland bei Streubesitzbeteiligungen regelmäßig nur ein Recht zum Quellensteuerabzug in Höhe von 15 %, sodass auf inländische Beteiligungserträge bei ausländischen Investmentfonds nur ein Quellensteuerabzug in dieser Höhe inklusive des Solidaritätszuschlags vorgenommen werden kann.[37]

Diese für den Investmentfonds günstigen Regelungen darf der zum Steuerabzug Verpflichtete nur dann anwenden, wenn der Investmentfonds ihm eine von der für ihn zuständigen Finanzbehörde ausgestellte Statusbescheinigung vorlegt (§ 7 Abs. 3 InvStG).[38]

Schließlich wird in § 7 Abs. 2 InvStG angeordnet, dass der Steuerabzug für sämtliche Einkünfte des Investmentfonds, die dem Steuerabzug unterliegen, abgeltende Wirkung hat, unabhängig davon, ob es sich um einen inländischen oder einen ausländischen Investmentfonds handelt.[39] Diese Regelung führt zu einer Besteuerung der Bruttoeinnahmen.[40] Dies stellt der Gesetzge-

34 Vgl. *Lechner*, RdF 2016, S. 212; *Roth*, GWR 2016, S. 459.
35 Vgl. *Klein* in: *Herrmann/Heuer/Raupach*, EStG/KStG, § 7 InvStG, Rn. 5; *Stadler/Bindl*, DStR 2016, S. 1955.
36 Vgl. *Deutscher Bundestag*, BT-Drs. 18/8045, S. 76.
37 Vgl. *Roth*, GWR 2016, S. 459.
38 Vgl. *Deutscher Bundestag*, BT-Drs. 18/8045, S. 76.
39 Vgl. *Lechner*, RdF 2016, S. 212.
40 Vgl. *Deutscher Bundestag*, BT-Drs. 18/8045, S. 75; *Zinowsky/Grabowski*, IRZ 2017, S. 204.

ber in § 6 Abs. 7 S. 2 InvStG noch einmal klar. Mit dieser Regelung schließt er bei Einkünften, die dem Steuerabzug unterliegen, den Ansatz von Werbungskosten und eine Verrechnung mit negativen Einkünften aus.[41] Die dahinterstehende Motivation des Gesetzgebers ist zum einen die Vereinfachung des Besteuerungsverfahrens und die Gleichbehandlung von inländischen und ausländischen Investmentfonds.[42]

2.2.1.3 Steuerbefreiung bei bestimmten Fondsanlegern

Nach § 6 Abs. 2 InvStG sind steuerpflichtige Einkünfte eines Investmentfonds gem. § 8 Abs. 1 InvStG auf Antrag steuerbefreit, soweit an dem Fonds Anleger beteiligt sind, die die Voraussetzungen des § 44a Abs. 7 S. 1 EStG erfüllen, bzw. vergleichbare ausländische Anleger mit Sitz und Geschäftsleitung in einem Amts- und Beitreibungshilfe leistenden ausländischen Staat oder solche Anleger, die die Anteile im Rahmen von Altersvorsorge- oder Basisrentenverträgen halten, die nach den §§ 5, 5a des Gesetz über die Zertifizierung von Altersvorsorge- und Basisrentenverträge (AltZertG) zertifiziert wurden. Weitere Voraussetzung ist, dass der Investmentfonds die Voraussetzung für die Anrechenbarkeit von Kapitalertragsteuer gem. § 36a EStG erfüllt (§ 8 Abs. 4 InvStG).[43] Ohne eine Regelung einer Steuerbefreiung würden bestimmte steuerbefreite Anleger bei einer Anlage in einen Investmentfonds schlechter gestellt, als im Falle einer Direktanlage.[44]

Ob ein Investmentfonds von dieser Freistellung Gebrauch machen möchte, ist ihm grundsätzlich freigestellt; er muss den Antrag auf Steuerbefreiung nach § 8 Abs. 1 InvStG nicht stellen.[45]

Können sich an einem Investmentfonds aufgrund von dessen Anlagebedingungen nur steuerbegünstigte Anleger i.S.v. § 8 Abs. 1 InvStG beteiligen, ist der Investmentfonds nach § 10 InvStG vollständig von der Körperschaftsteuer befreit.[46] In diesem Fall besteht kein Wahlrecht des Investmentfonds

41 Vgl. *Zinowsky/Grabowski*, IRZ 2017, S. 204.

42 Vgl. *Deutscher Bundestag*, BT-Drs. 18/8045, S. 75.

43 Vgl. *Kraus*, npoR 2019, S. 113.

44 Vgl. *Klein* in: *Herrmann/Heuer/Raupach*, EStG/KStG, § 8 InvStG, Rn. 1.

45 Vgl. *Deutscher Bundestag*, BT-Drs. 18/8045, S. 77; *Klein* in: *Herrmann/Heuer/Raupach*, EStG/KStG, § 8 InvStG, Rn. 5; *Meinhardt* in: *Beckmann/Scholz/Vollmer*, Investment-Handbuch, Kapitelnr. 415, § 8 InvStG, Rn. 18; *Stadler/Bindl*, DStR 2016, S. 1957.

46 Vgl. *Klein* in: *Herrmann/Heuer/Raupach*, EStG/KStG, § 10 InvStG, Rn. 1; *Stadler/Bindl*, DStR 2016, S. 1957.

und auch kein Antragserfordernis, um die Steuerbefreiung in Anspruch zu nehmen.[47]

Möchte der Investmentfonds die Steuerbefreiung erlangen, muss er zum einen nachweisen in welchem Umfang an ihm steuerbegünstigte Anleger beteiligt sind. Hierfür muss er sich von der depotführenden Stelle des Anlegers eine Bescheinigung über den Umfang der durchgehend während des Kalenderjahres gehaltenen Investmentanteile und den Zeitpunkt und Umfang des Erwerbs oder der Veräußerung der Investmentanteile während des Kalenderjahres ausstellen lassen (§ 9 Abs. 1 Nr. 3 InvStG).[48] Soweit es sich bei den steuerbegünstigten Anlegern um inländische Anleger handelt, muss er deren Steuerbegünstigung zudem gem. § 9 Abs. 1 Nr. 1 InvStG durch Vorlage der diesen Anlegern ausgestellten Bescheinigungen nach § 44a Abs. 7 S. 2 EStG nachweisen.[49] Vergleichbare ausländische Anleger müssen sich zu diesem Zweck gem. § 9 Abs. 1 Nr. 2 InvStG durch das Bundeszentralamt für Steuern (BZSt) eine entsprechende Bescheinigung ausstellen lassen.[50] Für Anleger, die die Investmentanteile im Rahmen von zertifizierten Altersvorsorge- oder Basisrentenverträgen halten, muss der Anbieter des Vertrages in einem vorgeschalteten Mitteilungsverfahren mitteilen, ob und in welchem Umfang in dem Geschäftsjahr des Investmentfonds Investmentanteile erworben und wieder veräußert wurden (§ 9 Abs. 3 InvStG).[51]

Zudem ist der Investmentfonds auf Antrag hinsichtlich der von ihm bezogenen inländischen Immobilienerträge nach § 8 Abs. 2 InvStG von der KSt befreit, soweit an ihm Körperschaften, Personenvereinigungen oder Vermögensmassen i.S.v. § 5 Abs. 1 KStG beteiligt sind.[52] Der Gesetzgeber hält insoweit eine Steuerbefreiung beschränkt auf inländische Immobilienerträge für ausreichend, weil diese Anleger auch im Körperschaftsteuerrecht in Be-

47 Vgl. *Klein* in: *Herrmann/Heuer/Raupach*, EStG/KStG, § 10 InvStG, Rn. 5.

48 Vgl. *Klein* in: *Herrmann/Heuer/Raupach*, EStG/KStG, § 9 InvStG, Rn. 5; *Lechner*, RdF 2016, S. 213.

49 Vgl. *Klein* in: *Herrmann/Heuer/Raupach*, EStG/KStG, § 9 InvStG, Rn. 5; *Lechner*, RdF 2016, S. 213.

50 Vgl. *Deutscher Bundestag*, BT-Drs. 18/8045, S. 78; *Klein* in: *Herrmann/Heuer/Raupach*, EStG/KStG, § 8 InvStG, Rn. 5; *Lechner*, RdF 2016, S. 213; *Meinhardt* in: *Beckmann/Scholz/Vollmer*, Investment-Handbuch, Kapitelnr. 415, § 8 InvStG, Rn. 14.

51 Vgl. *Deutscher Bundestag*, BT-Drs. 18/8045, S. 79; *Klein* in: *Herrmann/Heuer/Raupach*, EStG/KStG, § 9 InvStG, Rn. 15.

52 Vgl. *Lechner*, RdF 2016, S. 212.

zug auf inländische Beteiligungseinnahmen gem. § 5 Abs. 2 Nr. 1 KStG nicht von der KSt befreit sind, sondern einem abgeltenden Steuerabzug unterliegen.[53] Auch hinsichtlich der Befreiung nach § 8 Abs. 2 InvStG gilt gem. § 10 Abs. 2 InvStG eine vollständige Steuerbefreiung für inländische Immobilienerträge, soweit sich nur steuerbegünstigte Anleger an dem Fonds beteiligen dürfen.[54] Unklar bleibt für diese Anleger die Behandlung von sonstigen Einkünften des Investmentfonds i.S.v. § 6 Abs. 5 InvStG.[55] Nach dem Wortlaut von § 8 Abs. 2 InvStG wären diese Einkünfte nicht steuerbefreit; dies widerspricht allerdings der Intention des Gesetzgebers nur inländische Beteiligungseinnahmen, welche einem Steuerabzug unterliegen, zu besteuern.[56] Daher kommen die Literatur und auch das BMF im Wege einer teleologischen Auslegung dazu, dass auch inländische sonstige Einkünfte steuerbefreit sind.[57]

Für nach § 10 Abs. 1 InvStG vollständig von der Besteuerung befreite Investmentfonds muss der Entrichtungspflichtige schon keinen Kapitalertragsteuerabzug vornehmen.[58] Für teilweise gem. § 8 Abs. 1 InvStG steuerbefreite Investmentfonds fehlt hierzu eine ausdrückliche Regelung.[59] In der Literatur wird die Möglichkeit der Abstandnahme vom Steuerabzug jedoch für zulässig erachtet, weil die Vorschriften der §§ 11 Abs. 1 S. 1 Nr. 2, 12 Abs. 1 InvStG diese Möglichkeit voraussetze.[60] Teilweise wird dies kritisch gesehen, da eine (anteilige) Abstandnahme vom Steuerabzug für einen Investmentfonds, an welchen auch nicht begünstigte Anleger beteiligt sind, praktisch nicht möglich sei.[61] Der Gesetzgeber hat diese Regelungslücke nunmehr mit dem JStG 2020 geschlossen und in § 10 Abs. 5 InvStG einen klarstellenden Zusatz ergänzt, nach welchem sich die dort geregelte Abstandnah-

---

53 Vgl. *Deutscher Bundestag*, BT-Drs. 18/8045, S. 77.
54 Vgl. *Klein* in: *Herrmann/Heuer/Raupach*, EStG/KStG, § 10 InvStG, Rn. 15.
55 Vgl. *Klein* in: *Herrmann/Heuer/Raupach*, EStG/KStG, § 8 InvStG, Rn. 5.
56 Vgl. *Klein* in: *Herrmann/Heuer/Raupach*, EStG/KStG, § 8 InvStG, Rn. 5.
57 Vgl. *BMF*, Schreiben v. 21.05.2019, BStBl I 2019, Rn. 8.14; *Brandl* in: *Blümich*, EStG/KStG/GewStG, § 8 InvStG, Rn. 12d.
58 Vgl. *Schäfer*, BB 2020, S. 25; *Klein* in: *Herrmann/Heuer/Raupach*, EStG/KStG, § 8 InvStG, Rn. 5.
59 Vgl. *Klein* in: *Herrmann/Heuer/Raupach*, EStG/KStG, § 8 InvStG, Rn. 5.
60 Vgl. *Klein* in: *Herrmann/Heuer/Raupach*, EStG/KStG, § 8 InvStG, Rn. 5.
61 So *Schäfer*, BB 2020, S. 24; Zweifel an der Praktikabiltät äußert auch: *Höring*, DStZ 2020, S. 33.

me vom Kapitalertragsteuerabzug nur auf vollständig von der Besteuerung befreite Investmentfonds i.S.v. § 10 Abs. 1 InvStG bezieht.[62]

Die Steuerbeträge, die aufgrund der Steuerbefreiung nach den §§ 8 ff. InvStG erstattet oder nicht erhoben werden, darf der Investmentfonds gem. § 12 Abs. 1 InvStG nicht in sein Vermögen überführen (§ 12 InvStG). Sie stehen nur den begünstigten Anlegern zu und sind an diese auszuzahlen (§ 12 Abs. 1 InvStG) bzw. bei Anbietern von Altersvorsorge- oder Basisrentenverträgen als Anleger wieder anzulegen (§ 12 Abs. 2 InvStG).[63]

2.2.1.4 Gewerbesteuerpflicht

Im Grundsatz unterliegt ein Investmentfonds nach der Neukonzeption auch der Gewerbesteuer, denn Investmentfonds gelten gem. § 15 Abs. 1 InvStG als sonstige juristische Personen im Sinne von § 2 Abs. 3 Gewerbesteuergesetz (GewStG) soweit sie im Inland einen wirtschaftlichen Geschäftsbetrieb unterhalten.[64] Mit § 15 Abs. 2 InvStG kehrt der Gesetzgeber diesen Grundsatz wiederum um, indem er den Investmentfonds von der Gewerbesteuer befreit, wenn dessen objektiver Geschäftszweck auf die Anlage und Verwaltung seiner Mittel für gemeinschaftliche Rechnung der Anteils- oder Aktieninhaber beschränkt ist und er seine Vermögensgegenstände nicht in wesentlichem Umfang aktiv unternehmerisch bewirtschaftet.[65] Unter einer aktiven unternehmerischen Bewirtschaftung versteht der Gesetzgeber z.B. den Fall, dass der Investmentfonds in das operative Geschäft des Unternehmens eingreift, dessen Anteile er hält.[66] Ist ein Investmentfonds an einer Immobilien-Gesellschaften i.S.v. § 1 Abs. 19 Nr. 22 KAGB beteiligt, verzichtet der Gesetzgeber gem. § 15 Abs. 2 S. 2 InvStG schließlich insoweit auf die Voraussetzung, dass der Investmentfonds seine Vermögensgegenstände nicht aktiv unternehmerisch bewirtschaften darf, da es für Immobilienfonds aufsichtsrechtlich zulässig und üblich sei, dass diese ihre Immobilien mittelbar über Immobilien-Gesellschaften, z.B. in der Rechtsform einer Gesellschaft

62 Vgl. *Deutscher Bundestag*, BT-Drs. 19/22850, S. 113.
63 Vgl. *Deutscher Bundestag*, BT-Drs. 18/8045, S. 81; *Klein* in: *Herrmann/Heuer/Raupach*, EStG/KStG, § 12 InvStG, Rn. 5 f.
64 Vgl. *Klein* in: *Herrmann/Heuer/Raupach*, EStG/KStG, § 15 InvStG, Rn. 5.
65 Vgl. *Klein* in: *Herrmann/Heuer/Raupach*, EStG/KStG, § 15 InvStG, Rn. 10; *Lechner*, RdF 2016, S. 213.
66 Vgl. *Deutscher Bundestag*, BT-Drs. 18/8045, S. 84.

mit beschränkter Haftung (GmbH), halten; eine Ausnahme sei insoweit gerechtfertigt, als dass die Immobiliengesellschaften ihrerseits im Wesentlichen Vermögensverwaltung betreiben.[67]

Die meisten Investmentfonds erfüllen die Voraussetzungen für eine *Gewerbesteuerbefreiung* nach § 15 Abs. 2 InvStG.[68] Auch der Gesetzgeber selbst geht von dieser Annahme aus, wenn er zu dem Ergebnis kommt, dass auf Ebene des Investmentfonds regelmäßig keine Gewerbesteuer anfällt.[69] Er begründet diese Ausnahmevorschrift damit, dass die allgemeinen steuerlichen Grundsätze zur Abgrenzung einer gewerblichen von einer vermögensverwaltenden Tätigkeit nur in eingeschränktem Maße geeignet seien; Es sei zu berücksichtigen, dass die Investmentanlage eine kollektive Anlageform sei, bei der es naturgemäß zu sehr umfangreichen Vermögensanlagen komme, die dadurch einen in kaufmännischer Weise eingerichteten Geschäftsbetrieb erforderten.[70] Zudem entsprächen die Anforderungen des § 15 InvStG den Anforderungen an die Gewerbesteuerbefreiung des vor dem 1.1.2018 geltenden InvStG.[71] Schließlich sei zu berücksichtigen, dass schon ein bestehendes Risiko einer Gewerbesteuerpflicht die Fondsbranche dazu veranlassen könne, Deutschland als Standort zu meiden.[72]

Um dieses Risiko weiter zu minimieren hat der Gesetzgeber zum einen in § 15 Abs. 3 InvStG eine Bagatellgrenze eingeführt, nach welcher eine Erzielung von Einnahmen aus Gewerbebetrieb in Höhe von weniger als 5 % der gesamten weltweit erzielten Einnahmen des Investmentfonds unschädlich sind und der Investmentfonds in voller Höhe von der Gewerbesteuer befreit wird.[73]

Zudem hat er in § 15 Abs. 4 S. 1 InvStG eine Regelung getroffen, nach der die gewerbliche Tätigkeit eines gewerbesteuerpflichtigen Investmentfonds einen wirtschaftlichen Geschäftsbetrieb bildet.[74] Mit dieser Regelung soll verhindert werden, dass das gesamte Fondseinkommen eines Investment-

67 Vgl. *Deutscher Bundestag*, BT-Drs. 18/8045, S. 84.
68 Vgl. *Haase*, IStR 2019, S. 618 f.; *Kelterborn/Küpper*, BB 2017, S. 2264; *Roth*, GWR 2016, S. 461.
69 *Deutscher Bundestag*, BT-Drs. 18/8045, S. 92.
70 Vgl. *Deutscher Bundestag*, BT-Drs. 18/8045, S. 84.
71 *Deutscher Bundestag*, BT-Drs. 18/8045, S. 84.
72 *Deutscher Bundestag*, BT-Drs. 18/8045, S. 84.
73 Vgl. *Deutscher Bundestag*, BT-Drs. 18/8045, S. 85.
74 Vgl. *Lechner*, RdF 2016, S. 213.

fonds durch teilweisen Bezug von gewerblichen Einkünften insgesamt gewerblich infiziert wird.[75] Der Investmentfonds unterliegt daher nur mit den Erträgen der Gewerbesteuer, die er mit Vermögensgegenständen erzielt, welche er aktiv unternehmerisch bewirtschaftet; im Übrigen bleibt seine Tätigkeit gewerbesteuerfrei.[76]

Der Investmentfonds ermittelt, soweit er Einkünfte erzielt, die nicht von der Gewerbesteuer befreit sind, auch diese als Überschuss der Einnahmen über die Werbungskosten (§ 15 Abs. 4 S. 2 InvStG).[77]

2.2.2 Die Besteuerung des Anlegers eines Investmentfonds

Auf Anlegerebene berücksichtigt der Gesetzgeber eine etwaige ertragsteuerliche Vorbelastung der Investmenterträge, weshalb er auch für die Besteuerung der Investmentfondsanleger in Kapitel 2, Abschnitt 2 des InvStG Sonderregelungen geschaffen hat.

2.2.2.1 Investmenterträge

Der Anleger eines Investmentfonds versteuert als Investmenterträge gem. § 16 InvStG Ausschüttungen des Investmentfonds (§ 2 Abs. 11 InvStG), Gewinne aus der Veräußerung von Investmentanteilen (§ 19 InvStG) und eine sog. Vorabpauschale (§ 18 InvStG).[78] Bei natürlichen Personen als Anleger zählen diese Erträge zu den Einkünften aus Kapitalvermögen i.S.v. § 20 Abs. 1 Nr. 3 InvStG, wenn sie nicht vorrangig nach den allgemeinen Grundsätzen zu den Einkünften aus Land- und Forstwirtschaft, Gewerbebetrieb, selbstständiger Arbeit oder Vermietung und Verpachtung (V&V) gehören (§ 20 Abs. 8 EStG).[79] Auch vor Geltung des InvStRefG unterlagen Investmenterträge von privaten Anlegern der Einkommensbesteuerung gem. § 20 Abs. 1 Nr. 1 EStG.[80] Bei betrieblichen Anlegern finden diese Erträge

---

75 Vgl. *Deutscher Bundestag*, BT-Drs. 18/8045, S. 84; *Lechner*, RdF 2016, S. 213.

76 Vgl. *Deutscher Bundestag*, BT-Drs. 18/8045, S. 85; *Stadler/Bindl*, DStR 2016, S. 1956.

77 Vgl. *Deutscher Bundestag*, BT-Drs. 18/8045, S. 85; *Haase*, IStR 2019, S. 619; *Klein* in: *Herrmann/Heuer/Raupach*, EStG/KStG, § 15 InvStG, Rn. 20.

78 Vgl. *Deutscher Bundestag*, BT-Drs. 18/8045, S. 55; *Höring*, StBp 2019, S. 237; *Roth*, GWR 2016, S. 459 f.

79 Vgl. *Deutscher Bundestag*, BT-Drs. 18/8045, S. 86; *Kral/Watzlaw*, BB 2018, S. 2717; *Remmel* in: *Herrmann/Heuer/Raupach*, EStG/KStG, § 16 InvStG, Rn. 5.

80 Vgl. *Bujotzek*, Offene Immobilienfonds im InvStR, S. 99; *Redert* in: *Fuhrmann/Kraeusel/Schiffers*, EStG eKommentar, § 20 EStG, Rn. 18.

aufgrund der in § 20 Abs. 8 EStG angeordneten Nachrangigkeit der Kapitaleinkünfte Eingang in die steuerliche Gewinnermittlung der Einkünfte aus Gewerbebetrieb oder selbstständiger Tätigkeit.[81] Ist der Investmentfondsanleger eine Körperschaft i.S.v. § 1 Abs. 1 Nr. 1 bis 3 KStG, gilt seine gesamte Tätigkeit als gewerbliche Tätigkeit (§ 8 Abs. 2 KStG) und die Investmenterträge sind, wie bei betrieblichen Anlegern, in der Gewinnermittlung zu berücksichtigen. Bei Körperschaften i.S.v. § 1 Abs. 1 Nr. 4 bis 6 KStG rechnen die Investmenterträge, wie bei natürlichen Personen, zu den Kapitalerträgen i.S.v. § 20 Abs. 1 Nr. 3 EStG, wenn sie nicht nach den allgemeinen Grundsätzen vorrangig einer der anderen Einkunftsarten des § 2 Abs. 1 Nr. 1 bis 3 und Nr. 6 EStG zuzuordnen sind. Bei ausländischen Anlegern sind diese Erträge steuerfrei, da § 20 Abs. 1 Nr. 3 EStG nicht in den Katalog der inländischen Einkünfte des § 49 EStG aufgenommen wurde.[82] Eine solche Besteuerung auf Anlegerebene ist auch nicht erforderlich, da auf Ebene des Investmentfonds auf die Erträge, für die Deutschland nach den geschlossenen DBA ein Besteuerungsrecht hat, bereits KSt in Höhe des Quellensteuersatzes erhoben worden ist.[83]

Die Steuererhebung erfolgt gegenüber den Anlegern im Wege des Kapitalertragsteuerabzugs.[84] Die Steuerbefreiung des § 3 Nr. 40 EStG bzw. des § 8b KStG findet auf die Investmentfondserträge auf Anlegerebene keine Anwendung (§ 16 Abs. 3 InvStG).[85]

2.2.2.1.1 Ausschüttungen

In dem ab dem 1.1.2018 geltenden InvStG werden grundsätzlich alle dem Anleger tatsächlich zufließenden Ausschüttungen (§ 2 Abs. 11 InvStG) als steuerpflichtiger Ertrag behandelt und keine Abgrenzung zu steuerfreien Kapitalrückzahlungen vorgenommen (sog. Cashflow-Besteuerung).[86] In der Literatur wird deshalb vorgeschlagen, der Investmentfonds solle, anstatt Sub-

81 Vgl. *Remmel* in: *Herrmann/Heuer/Raupach*, EStG/KStG, § 16 InvStG, Rn. 5; Ausführlich zur handelsbilanziellen und steuerrechtlichen Beurteilung der Vorabpauschale: *Krall/Watzlaw*, BB 2018, S. 2720.
82 Vgl. *Remmel* in: *Herrmann/Heuer/Raupach*, EStG/KStG, § 16 InvStG, Rn. 5.
83 Vgl. *Remmel* in: *Herrmann/Heuer/Raupach*, EStG/KStG, § 16 InvStG, Rn. 5.
84 Vgl. *Deutscher Bundestag*, BT-Drs. 18/8045.
85 Vgl. *Roth*, GWR 2016, S. 460.
86 Vgl. *Deutscher Bundestag*, BT-Drs. 18/8045, S. 85; *Lechner*, RdF 2016, S. 214; *Link* in: *Herrmann/Heuer/Raupach*, EStG/KStG, § 2 InvStG, Rn. 22.

stanzausschüttungen vorzunehmen, Anteile zurückkaufen, was gemäß § 2 Abs. 13 InvStG auf Ebene des Investmentfondsanlegers wie eine Veräußerung der Anteile zu behandeln sei.[87] Der Anleger könne dann zumindest die anteiligen Anschaffungskosten steuerneutral vereinnahmen.[88]

Eine Ausnahme von dem Grundsatz der Besteuerung aller Ausschüttungen macht der Gesetzgeber für die Abwicklungsphase eines Investmentfonds,[89] welche grundsätzlich in dem Zeitpunkt beginnt, in dem das Recht der Verwaltungsstelle zur Verwaltung des Investmentfonds erlischt und spätestens nach 5 Jahren endet (§ 17 Abs. 1 und Abs. 2 InvStG).[90] In dieser Phase gelten gem. § 17 Abs. 1 InvStG Ausschüttungen insoweit als steuerfreie Kapitalrückzahlungen, wie der letzte in diesem Kalenderjahr festgesetzte Rücknahmepreis die fortgeführten Anschaffungskosten unterschreitet.[91] Diese durch das Jahressteuergesetz 2019 geänderte Formulierung soll sicherstellen, dass eine steuerfreie Kapitalrückzahlung erst dann möglich ist, wenn zuvor alle vom Anleger erzielten Wertsteigerungen besteuert wurden.[92] Soweit die Ausschüttungen nach § 17 Abs. 1 InvStG steuerfrei sind, vermindern sie die Anschaffungskosten des Investmentanteils (§ 17 Abs. 3 InvStG).[93]

2.2.2.1.2 Die Vorabpauschale

Da der Gesetzgeber bei einer ausschließlichen Besteuerung der tatsächlichen Ausschüttungen in Form einer Cashflow-Besteuerung erhebliche Steuerstundungseffekte durch eine Thesaurierung auf Fondsebene befürchtete, unterliegt neben den tatsächlichen Ausschüttungen auch eine sog. Vorabpauschale einer Besteuerung auf Ebene des Investmentanlegers.[94] Diese Vorabpauschale berechnet sich nicht wie die früheren ausschüttungsgleichen Erträge konkret nach den vom Investmentfonds erzielten Erträgen, sondern wie

87 Vgl. *Stadler/Bindl*, DStR 2016, S. 1958.
88 Vgl. *Stadler/Bindl*, DStR 2016, S. 1958; kritisch: *Remmel* in: *Herrmann/Heuer/Raupach*, EStG/KStG, § 16 InvStG, Rn. 5.
89 Vgl. *Lechner*, RdF 2016, S. 214.
90 Vgl. *Remmel* in: *Herrmann/Heuer/Raupach*, EStG/KStG, § 16 InvStG, Rn. 5.
91 Mit Berechnungsbeispiel: *Deutscher Bundestag*, BT-Drs. 19/13436, S. 175 f.
92 Vgl. *Deutscher Bundestag*, BT-Drs. 19/13436, S. 175.
93 Vgl. *Remmel* in: *Herrmann/Heuer/Raupach*, EStG/KStG, § 16 InvStG, Rn. 5.
94 Vgl. *Deutscher Bundestag*, BT-Drs. 18/8045, S. 88; *Höring*, StBp 2019, S. 237; *Remmel* in: *Herrmann/Heuer/Raupach*, EStG/KStG, § 17 InvStG, Rn. 1; *Stadler/Bindl*, DStR 2016, S. 1958.

folgt:[95]

Rücknahmepreis des Investmentanteils zu Beginn des Kalenderjahres x 70 % des Basiszinssatzes i.S.v. § 18 Abs. 4 InvStG = Basisertrag (max. letzter festgesetzter Rücknahmepreis des Kalenderjahres + Ausschüttungen des Kalenderjahres ./. erster festgesetzter Rücknahmepreis des Kalenderjahres) ./. Ausschüttungen des Investmentfonds im betreffenden Kalenderjahr = Vorabpauschale, min. 0 €

Der *Basiszins* ist gem. § 18 Abs. 4 InvStG aus der langfristig erzielbaren Rendite öffentlicher Anleihen abzuleiten.[96] Das BMF veröffentlicht ihn jährlich im BStBl.[97] Für das Jahr 2018 beträgt der Basiszinssatz i.S.v. § 18 Abs. 4 InvStG 0,87 % pro Jahr,[98] für das Jahr 2019 liegt der Basiszinssatz bei 0,52 % pro Jahr[99] und für das Jahr 2020 bei 0,07 % pro Jahr.[100] Mit dem Abschlag von 30 % auf den Basiszins sollen vor allem in pauschaler Form *Verwaltungskosten* des Investmentfonds Berücksichtigung finden.[101]

Bei der Berechnung des Basisertrags ist zu beachten, dass dieser gem. § 17 Abs. 1 S. 3 InvStG maximal so hoch sein kann wie die Summe des ersten festgesetzten Rücknahmepreises zuzüglich der tatsächlichen Ausschüttungen des Kalenderjahres abzüglich des letzten im Kalenderjahr festgesetzten Rücknahmepreis.[102] Durch diese *Begrenzung auf die tatsächlichen Wert-*

95 Vgl. *Remmel* in: *Herrmann/Heuer/Raupach*, EStG/KStG, § 18 InvStG, Rn. 1; ein Berechnungsbeispiel findet sich bei *Höring*, StBp 2019, S. 238.

96 Vgl. *Remmel* in: *Herrmann/Heuer/Raupach*, EStG/KStG, § 18 InvStG, Rn. 25.

97 Vgl. *Höring*, StBp 2019, S. 239.

98 Vgl. *Bundesministerium der Finanzen* vom 4.1.2018, Basiszins zur Berechnung der Vorabpauschale gemäß § 18 Abs. 4 InvStG 2018, IV C 1-S 1980-1/14/10001:038 2017/1043681, BStBl I 2018, 249.

99 Vgl. *Bundesministerium der Finanzen* vom 9.1.2019, Basiszins zur Berechnung der Vorabpauschale gemäß § 18 Abs. 4 InvStG 2018, Basiszins zum 2. Januar 2019, IV C 1-S 1980-1/14/10001:038 2018/1024898, BStBl I 2019, 58.

100 Vgl. *Bundesministerium der Finanzen* vom 29.1.2020, Basiszins zur Berechnung der Vorabpauschale gemäß § 18 Abs. 4 InvStG 2018, Basiszins zum 2. Januar 2020, IV C 1-S 1980-1/19/10038:001 2020/0091563, BStBl I 2020, 218.

101 Vgl. *Deutscher Bundestag*, BT-Drs. 18/8045, S. 89; *Geringhoff* in: *Pelka/Petersen*, StB-Hdb 19/20, G. Die einzelnen Steuerarten, Rn. 482; *Hagen/Lang*, StbJb 16/17, S. 589; *Remmel* in: *Herrmann/Heuer/Raupach*, EStG/KStG, § 18 InvStG, Rn. 25; *Roth*, GWR 2016, S. 460.

102 *Roth*, GWR 2016, S. 460.

steigerungen des Investmentanteils soll eine Übermaßbesteuerung vermieden werden.[103] Die Konzeption der Vorabpauschale als eine positive, tatsächliche Ausschüttungen übersteigende Wertsteigerungen führt zugleich dazu, dass im Falle eines Wertverlustes oder wenn die Ausschüttungen die Wertsteigerungen übertreffen, keine negative Vorabpauschale anzusetzen ist.[104]

Im Jahr des Erwerbs ermäßigt sich die anzusetzende Vorabpauschale um ein Zwölftel für jeden vollen Monat, der dem Monat des Erwerbs vorangeht (§ 18 Abs. 2 InvStG).[105]

Bisher ungeklärt ist, zu welchem Zeitpunkt eine Ausschüttung steuerlich für Zwecke der Vorabpauschale zu berücksichtigen ist.[106] Möglich wäre z.B. ein Abstellen auf den Tag des Ausschüttungsbeschlusses, auf den Ex-Tag[107] – der erste Tag an dem die Fondsanteile ohne Ausschüttungsanspruch gehandelt werden – oder auf den Auszahlungstag.[108]

Die Vorabpauschale ist gem. § 16 Abs. 2 InvStG *ausnahmsweise nicht* anzusetzen, wenn die Investmentanteile im Rahmen von Altersvorsorge- oder Basisrentenverträgen gehalten werden, die nach §§ 5, 5a AltZertG zertifiziert wurden oder im Rahmen der betrieblichen Altersvorsorge oder im Rahmen von Versicherungsverträgen nach § 20 Abs. 1 Nr. 6 S. 1 und 4 EStG oder von Kranken- und Pflegeversicherungsunternehmen zur Sicherung von Alterungsrückstellungen gehalten werden.[109]

Die Vorabpauschale gilt den Anlegern unabhängig von dem Geschäftsjahr des Investmentfonds am ersten Werktag des folgenden Kalenderjahres als zugeflossen (§ 18 Abs. 3 InvStG).[110] Die Vorabpauschale ist damit erstmals in Steuererklärungen für das Jahr 2019 zu berücksichtigen.[111] Wird der Investmentfonds vor dem *Zuflusszeitpunkt* der Vorabpauschale verkauft, er-

---

103 *Deutscher Bundestag*, BT-Drs. 18/8045, S. 89; *Kempf/Hirtz*, DStR 2016, S. 3.
104 *Höring*, StBp 2019, S. 239; *Remmel* in: *Herrmann/Heuer/Raupach*, EStG/KStG, § 18 InvStG, Rn. 10.
105 *Remmel* in: *Herrmann/Heuer/Raupach*, EStG/KStG, § 18 InvStG, Rn. 15.
106 Vgl. *Herr/Stiefel*, DStR 2019, S. 909; *Höring*, StBp 2019, S. 238.
107 Diesen Tag hält z.B. für ausschlaggebend *Höring*, StBp 2019, S. 238.
108 *Herr/Stiefel*, DStR 2019, S. 909; *Höring*, StBp 2019, S. 238.
109 *Höring*, StBp 2019, S. 238; *Remmel* in: *Herrmann/Heuer/Raupach*, EStG/KStG, § 17 InvStG, Rn. 1.
110 *Remmel* in: *Herrmann/Heuer/Raupach*, EStG/KStG, § 18 InvStG, Rn. 20; *Stadler/Bindl*, DStR 2016, S. 1958.
111 Vgl. *Morawitz*, DStR 2019, S. 1855.

folgt keine Besteuerung einer Vorabpauschale.[112]

Soweit eine Vorabpauschale anzusetzen ist, mindert diese – ungeachtet einer möglichen Teilfreistellung – in voller Höhe einen künftigen Gewinn aus der Veräußerung von Investmentanteilen (§ 19 Abs. 1 S. 3 und 4 InvStG).[113] Zu diesem Zweck bilden bilanzierende Anleger einen *aktiven Ausgleichsposten* in ihrer Steuerbilanz und betriebliche Anleger, die ihren Gewinn durch Einnahmen-Überschuss-Rechnung ermitteln, einen *Merkposten,* der bei der Veräußerung der Fondsanteile erfolgswirksam aufzulösen ist.[114]

2.2.2.1.3 Veräußerung von Investmentanteilen

Bei der Veräußerung eines Investmentanteils (§ 2 Abs. 13 InvStG) unterscheidet der Gesetzgeber bezüglich der Ermittlung des Gewinns[115] danach, ob der Investmentanteil im Betriebsvermögen oder im Privatvermögen gehalten wird. Ist ersteres der Fall, erfolgt die Gewinnermittlung nach den Grundsätzen des Betriebsvermögensvergleichs oder den Regelungen für die Einnahmen-Überschuss-Rechnung.[116] Hält der Anleger seinen Investmentanteil im Privatvermögen, zählt der Gewinn zu den Einkünften i.S.v. § 20 Abs. 1 Nr. 3 EStG und wird entsprechend der Regelung des § 20 Abs. 4 EStG ermittelt.[117] Steuerpflichtig ist dann der Gewinn, der von den Veräußerungseinnahmen nach Abzug der Anschaffungskosten und der Aufwendungen, die im sachlichen Zusammenhang mit der Veräußerung stehen, verbleibt.[118]

In § 19 Abs. 2 InvStG fingiert der Gesetzgeber eine Veräußerung für den Fall, dass der Investmentfonds nicht mehr die Voraussetzungen des § 1 Abs. 2

---

112 Vgl. *Remmel* in: *Herrmann/Heuer/Raupach*, EStG/KStG, § 18 InvStG, Rn. 20.

113 Vgl. *Höring*, StBp 2019, S. 239; *Roth*, GWR 2016, S. 460; *Zinowsky/Grabowski*, IRZ 2017, S. 205.

114 Vgl. *Höring*, StBp 2019, S. 240; *Remmel* in: *Herrmann/Heuer/Raupach*, EStG/KStG, § 18 InvStG, Rn. 20; *Roth*, GWR 2016, S. 460; *Stadler/Bindl*, DStR 2016, S. 1958; *Zinowsky/Grabowski*, IRZ 2017, S. 205.

115 Der Gesetzgeber hat in § 2 Abs. 14 InvStG klargestellt, dass der Gewinnbegriff im InvStG auch Verluste aus Rechtsgeschäfte umfasst. Deshalb wird auch im Rahmen dieser Ausarbeitung der Begriff des Verlustes neben dem des Gewinns nicht gesondert genannt.

116 Vgl. *Deutscher Bundestag*, BT-Drs. 18/8045, S. 90; *Remmel* in: *Herrmann/Heuer/Raupach*, EStG/KStG, § 19 InvStG, Rn. 1; *Roth*, GWR 2016, S. 460.

117 Vgl. *Deutscher Bundestag*, BT-Drs. 18/8045, S. 90; *Remmel* in: *Herrmann/Heuer/Raupach*, EStG/KStG, § 19 InvStG, Rn. 5.

118 Vgl. *Roth*, GWR 2016, S. 460.

InvStG erfüllt und aus dem Anwendungsbereich des InvStG fällt.[119] Dann gilt der gemeine Wert des Investmentanteils als Veräußerungserlös.[120] Der Gesetzgeber möchte mit dieser Regelung eine klare Abgrenzung des Besteuerungssystems des InvStG vom allgemeinen Ertragsteuerrecht sicherstellen.[121]

2.2.2.2 Teilfreistellung

Sämtliche Investmenterträge, d.h. neben den Ausschüttungen auch die Vorabpauschale und der Veräußerungsgewinn, sind nach der sog. Teilfreistellung des § 20 InvStG bei dem Anleger teilweise steuerfrei.[122] Mit dieser Regelung bezweckt der Gesetzgeber, die steuerliche Vorbelastung der Investmenterträge, die fehlende Anrechnungsmöglichkeit ausländischer Steuern und den Ausschluss der Befreiungsvorschriften nach § 8b KStG bzw. § 3 Nr. 40 EStG in pauschalierter Form zumindest teilweise zu kompensieren.[123] Eine konkrete Ermittlung des auf den einzelnen Investmentanteil eines Anlegers entfallenden Teils von Dividendenerträgen zwecks Berücksichtigung einer anteilsbezogenen steuerlichen Vorbelastung hält der Gesetzgeber für nicht praktikabel und greift mit § 20 InvStG auf eine typisierende und pauschale Berücksichtigung der steuerlichen Vorbelastung durch teilweise Steuerbefreiung der Investmenterträge auf Anlegerebene zurück.[124]

Hierzu hat er ein viergeteiltes Teilfreistellungssystem entwickelt,[125] bei welchem sich die Höhe der Teilfreistellung auf Anlegerebene nach dem Anlageschwerpunkt des Investmentfonds und damit nach der typisierten steuerlichen Vorbelastung richtet.[126] Der Gesetzgeber unterscheidet in § 20 Abs. 1 bis 3 InvStG zwischen Aktien-, Misch-, inländischen und ausländischen Im-

119 Vgl. *Lechner*, RdF 2016, S. 214; *Remmel* in: *Herrmann/Heuer/Raupach*, EStG/KStG, § 19 InvStG, Rn. 10.
120 Vgl. *Remmel* in: *Herrmann/Heuer/Raupach*, EStG/KStG, § 19 InvStG, Rn. 10.
121 Vgl. *Deutscher Bundestag*, BT-Drs. 18/8045; *Lechner*, RdF 2016, S. 214.
122 Vgl. *Deutscher Bundestag*, BT-Drs. 18/8045, S. 90 f.; *Remmel* in: *Herrmann/Heuer/Raupach*, EStG/KStG, § 20 InvStG, Rn. 5; *Roth*, GWR 2016, S. 460.
123 *Deutscher Bundestag*, BT-Drs. 18/8045, S. 58, 91; *Lechner*, RdF 2016, S. 214; *Patzner/Nagler*, IStR 2016, S. 728; *Remmel* in: *Herrmann/Heuer/Raupach*, EStG/KStG, § 20 InvStG, Rn. 1.
124 *Deutscher Bundestag*, BT-Drs. 18/8045, S. 91.
125 Vgl. *Zinowsky/Grabowski*, IRZ 2017, S. 204.
126 Vgl. *Stadler/Bindl*, DStR 2016, S. 1959.

mobilienfonds sowie teilweise zwischen unterschiedlichen Anlegerarten (Privatanleger, betriebliche Anleger, körperschaftsteuerpflichtige Anleger) und gewährt folgende Teilfreistellungssätze:[127]

	Aktienfonds	Mischfonds	Immobilienfonds	
			inl.	ausl.
Privatanleger	30 %	15 %	60 %	80 %
Betriebliche Anleger	60 %	30 %	60 %	80 %
KSt-pflichtige Anleger	80 %	40 %	60 %	80 %

Tabelle 2.1: Teilfreistellungssätze

Die Kategorisierung in die verschiedenen Fondstypen hat der Gesetzgeber von der Bundesanstalt für Finanzdienstleistungsaufsicht (BaFin) aus deren Fondskategorien-Richtlinie[128] übernommen.[129]

Ein *Aktienfonds*, der zu einer entsprechenden anlegerabhängigen Teilfreistellung berechtigt, ist gem. § 2 Abs. 6 InvStG ein Investmentfonds, der gemäß der Anlagebedingungen fortlaufend mehr als 50 % seines Aktivvermögens in folgende in § 2 Abs. 8 InvStG genannte Arten von *Kapitalbeteiligungen* investiert:

- zum amtlichen Handel an der Börse zugelassene oder auf einem organisierten Markt notierte Kapitalbeteiligungen,[130]
- Anteile an Kapitalgesellschaften, die keine Immobilien-Gesellschaften sind und die in einem Staat ansässig sind, der zu der EU oder dem Europäischer Wirtschaftsraum (EWR) zählt und dort der Ertragsbesteuerung unterliegen und nicht von ihr befreit sind oder in einem Drittstaat

127 Vgl. *Stadler/Bindl*, DStR 2016, S. 1595.

128 Vgl. *BaFin*, Art. 2 der Fondskategorien-Richtlinie vom 22.7.2013, abrufbar unter: https://www.bafin.de/SharedDocs/Veroeffentlichungen/DE/Aufsichtsrecht/Richtlinie/rl_130722_fondskategorien.html.

129 Vgl. *Deutscher Bundestag*, BT-Drs. 18/8045, S. 69; *Link* in: *Herrmann/Heuer/Raupach*, EStG/KStG, § 2 InvStG, Rn. 12, 20.

130 Das *BMF* zieht gemäß des BMF-Schreibens vom 21.5.2019, BStBl I 2019, 527, zur Bestimmung der Begriffe Börse oder organisierter Markt die von der BaFin erstelle Liste der zugelassenen Börsen und der anderen organisierten Märkte gem. § 193 Abs. 1 Nr. 2 und 4 KAGB heran, welche abrufbar ist unter https://www.bafin.de/SharedDocs/Veroeffentlichungen/DE/Auslegungsentscheidung/WA/ae_080208_boersenInvG.html.

ansässig sind und dort einer Ertragsbesteuerung von mindestens 15 % unterliegen,

- Investmentanteile an Aktienfonds, wobei nur 51 % des Wertes des Investmentanteils als Kapitalbeteiligung gilt oder
- Investmentanteile an Mischfonds, wobei nur 25 % des Wertes des Investmentanteils als Kapitalbeteiligung gilt.[131]

Nicht zu den Kapitalbeteiligungen zählen gem. § 2 Abs. 8 S. 5 InvStG gemäß ausdrücklicher Anordnung

- Anteile an Personengesellschaften, auch wenn die Persongesellschaften Anteile an Kapitalgesellschaften halten,
- Anteile an Kapitalgesellschaften, die von der Ertragsbesteuerung befreit sind, soweit sie Ausschüttungen vornehmen, es sei denn, die Ausschüttungen unterliegen einer Besteuerung von mindestens 15 % und der Investmentfonds ist nicht davon befreit
- Anteile an Kapitalgesellschaften, deren Einnahmen unmittelbar oder mittelbar zu mehr als 10 % aus Beteiligungen an Kapitalgesellschaften stammen, die nicht die Voraussetzungen des Satzes 1 Nr. 2 erfüllen oder die unmittelbar oder mittelbar Beteiligungen an Kapitalgesellschaften halten, die nicht die Voraussetzungen des Satzes 1 Nr. 2 erfüllen, wenn der gemeine Wert derartiger Beteiligungen mehr als 10 % des gemeinen Werts der Kapitalgesellschaft beträgt.

Diese nachträgliche Ergänzung durch das Jahressteuergesetz 2019 hat der Gesetzgeber zum einen deshalb vorgenommen, um Gestaltungen zu verhindern, mit denen die Aktienteilfreistellung ohne entsprechende steuerliche Vorbelastung in Anspruch genommen werden könnte – wie das Halten von Anteilen an Kapitalgesellschaften, welcher keiner Ertragsbesteuerung unterliegen, über Holdinggesellschaften.[132] Zum anderen will der Gesetzgeber die Überprüfung der Voraussetzungen der Aktienteilfreistellung für die Finanzverwaltung einfach halten, weshalb er insbesondere mittelbar über Personengesellschaften gehaltene Kapitalbeteiligungen, die die übrigen Voraussetzun-

131 Vgl. *Link* in: *Herrmann/Heuer/Raupach*, EStG/KStG, § 2 InvStG, Rn. 14; *Hagen/Schober*, BB 2019, S. 1632; *Stadler/Bindl*, DStR 2016, S. 1959.

132 Vgl. *Deutscher Bundestag*, BT-Drs. 19/13436, S. 170 f.

gen des § 2 Abs. 8 InvStG erfüllen, von einer Berücksichtigung im Rahmen der Aktienfonds- bzw. Mischfonds-Beteiligungsquote ausschließt.[133]

Mischfonds sind gem. § 2 Abs. 7 InvStG Investmentfonds, die gemäß ihrer Anlagebedingungen fortlaufend mindestens 25 % ihres Aktivvermögens in die in § 2 Abs. 8 InvStG aufgelisteten Kapitalbeteiligungen investieren.[134]

Eine *Immobilienteilfreistellung* von 60 % erhält der Anleger, wenn der Investmentfonds gemäß seiner Anlagebedingungen fortlaufend mehr als 50 % seines Aktivvermögens in Immobilien und Immobilien-Gesellschaften anlegt, sogar eine Teilfreistellung von 80 %, wenn fortlaufend mehr als 50 % des Aktivvermögens des Investmentfonds in ausländische Immobilien oder Immobiliengesellschaften investiert ist.[135] Wie bei den Aktienfonds gelten auch bei Immobilienfonds 51 % des Wertes eines anderen Immobilienfonds, an dem der Immobilienfonds beteiligt ist, als Immobilien (§ 2 Abs. 9 S. 2 InvStG). Erhält ein Anleger für Investmenterträge die Immobilienteilfreistellung, ist daneben die Anwendung der Aktienteilfreistellung ausgeschlossen (§ 20 Abs. 3 S. 3 InvStG). Hält ein Anleger einen Investmentanteil *mittelbar über eine Personengesellschaft*, ist auf die über die Personengesellschaft bezogenen Investmenterträge auch die Teilfreistellung anwendbar (§ 20 Abs. 3a InvStG).

Zur Einordnung von Investmentfonds in diese Kategorien stellt der Gesetzgeber in § 2 Abs. 6 bis 9 InvStG maßgeblich auf die Anlagebedingungen des Fonds ab.[136] Ergibt sich aus den Anlagebedingungen nicht, dass der Investmentfonds zur Investition in zur Teilfreistellung berechtigende Vermögenswerte in entsprechender Höhe verpflichtet ist, kann der Anleger die Teilfreistellung seiner Erträge nur im Rahmen der Veranlagung und nicht schon im Verfahren der Kapitalertragsteuer-Erhebung erreichen.[137] Im Veranlagungsverfahren muss er dann nachweisen, dass der Investmentfonds die Anlage-

---

133 Vgl. *Deutscher Bundestag*, BT-Drs. 19/13436, S. 170.

134 Vgl. *Link* in: *Herrmann/Heuer/Raupach*, EStG/KStG, § 2 InvStG, Rn. 13; *Stadler/Bindl*, DStR 2016, S. 1959.

135 Vgl. *Remmel* in: *Herrmann/Heuer/Raupach*, EStG/KStG, § 20 InvStG, Rn. 15; *Roth*, GWR 2016, S. 461.

136 Vgl. *Lechner*, RdF 2016, S. 215; *Link* in: *Herrmann/Heuer/Raupach*, EStG/KStG, § 2 InvStG, Rn. 12.

137 Vgl. *Ebner*, RdF 2017, S. 307; *Remmel* in: *Herrmann/Heuer/Raupach*, EStG/KStG, § 20 InvStG, Rn. 20.

grenzen während des Geschäftsjahres tatsächlich durchgehend überschritten hat (§ 20 Abs. 4 InvStG).[138] Die *Nachweismöglichkeit* sei erforderlich, aber auch ausreichend um europarechtliche Vorgaben zu erfüllen, welche der EuGH u.a. in seiner Entscheidung van Caster und van Caster[139] gefordert habe.[140] Auch wenn sich die Vermögenszusammensetzung des Fondsvermögens aus den Anlagebedingungen ergibt, muss der Investmentfonds zusätzlich die durchgehende Erfüllung der vorgegebenen Vermögenszusammensetzung anstreben.[141] Die Eigenschaft als Aktien-, Misch- oder Immobilenfonds endet jedoch nur bei einem wesentlichen Verstoß gegen die Anlagebedingungen (§ 2 Abs. 6 S. 4, Abs. 7, S. 4 und Abs. 9 S. 7 InvStG). Ein kurzfristiges Unterschreiten der Grenzen aufgrund von Wertveränderungen der gehaltenen Vermögensgegenstände oder einer unbeabsichtigten oder unverschuldeten fehlerhafte Einstufung eines Vermögensgegenstandes soll danach solange unbeachtlich sein, wie der Investmentfonds unverzüglich nach Kenntniserlangung alle ihm möglichen und zumutbaren Maßnahmen unternehme, um die erforderliche Vermögensquote wieder herzustellen.[142]

Die Höhe der durchschnittlichen steuerlichen Vorbelastung für die unterschiedlichen Typen von Investmentfonds hat der Gesetzgeber nach eigener Aussage mittels wissenschaftlicher Studien ermittelt.[143]

Die Teilfreistellungssätze finden schon bei der *Erhebung der Kapitalertragsteuer* gem. § 43a Abs. 2 S. 1 EStG Anwendung, damit der Privatanleger, wenn er Investmenterträge erzielt hat, nicht allein deshalb eine Veranlagung zur Einkommensteuer beantragen muss, um in den Genuss der Teilfreistellung zu kommen.[144] Es wird jedoch gem. § 43a Abs. 2 S. 1 EStG für alle Arten von Anlegern der Freistellungssatz für Privatanleger – als niedrigster

138 Vgl. *Deutscher Bundestag*, BT-Drs. 18/8045, S. 92.

139 Vgl. EuGH-Urteil vom 9.10.2014, Rs. C-326/12, van Caster und van Caster, ECLI:EU:C:2014:2269.

140 Vgl. *Deutscher Bundestag*, BT-Drs. 18/8045, S. 92.

141 Vgl. *BMF*, Schreiben v. 21.05.2019, BStBl I 2019, Rn. 2.7; *Link* in: *Herrmann/Heuer/Raupach*, EStG/KStG, § 2 InvStG, Rn. 6.

142 Vgl. *BMF*, Schreiben v. 21.05.2019, BStBl I 2019, Rn. 2.18.

143 *Deutscher Bundestag*, BT-Drs. 18/8045, S. 91; *Remmel* in: *Herrmann/Heuer/Raupach*, EStG/KStG, § 20 InvStG, Rn. 5; solche Studien hat der Gesetzgeber allerdings weder öffentlich zugänglich gemacht noch näher in seiner Gesetzesbegründung konkretisiert.

144 Vgl. *Deutscher Bundestag*, BT-Drs. 18/8045, S. 91; *Lechner*, RdF 2016, S. 215; *Roth*, GWR 2016, S. 460 f.

Teilfreistellungssatz – angewandt.[145] Die betrieblichen Anleger und Körperschaften, welche ohnehin zur Abgabe einer Steuererklärung verpflichtet sind, müssen eine darüber hinausgehende Teilfreistellung im Rahmen der Veranlagung geltend machen.[146]

Gem. § 20 Abs. 5 InvStG sind für die *Ermittlung des Gewerbeertrages* die hälftigen Teilfreistellungssätze zu berücksichtigen.[147] Der Gesetzgeber berücksichtigt mit der Verminderung der Teilfreistellungssätze, dass auf Ebene des Investmentfonds grundsätzlich keine Gewerbesteuer anfällt und es daher an einer gewerbesteuerlichen Vorbelastung fehlt.[148] Da die Teilfreistellung auch das Ziel habe, die nach dem allgemeinen Ertragsteuerrecht bestehenden Steuerbefreiungen nach § 8b Abs. 2 KStG, § 3 Nr. 40 EStG und die im Vergleich zur Direktanlage nicht mehr bestehende Möglichkeit der Steuerfreiheit von Immobilienveräußerungsgewinnen zu kompensieren, ist nach Auffassung des Gesetzgebers eine verminderte Teilfreistellung für Zwecke der Gewerbesteuer sachgerecht.[149]

Soweit Investmenterträge auf Anlegerebene gem. § 20 InvStG freizustellen sind, dürfen – entsprechend der Regelung des § 3c Abs. 2 EStG – Betriebsvermögensminderungen, Betriebsausgaben, Veräußerungskosten oder Werbungskosten, die mit diesen Investmenterträgen in wirtschaftlichem Zusammenhang stehen, unabhängig davon zu welchem Zeitpunkt sie anfallen, bei der Ermittlung der Einkünfte nicht abgezogen werden (§ 21 InvStG).[150]

Um einem Missbrauch der Teilfreistellung vorzubeugen, hat der Gesetzgeber schließlich in § 22 Abs. 1 S. 1 InvStG eine *Veräußerungsfiktion* angeordnet, nachdem der Investmentanteil als veräußert und am Folgetag als angeschafft gilt, wenn sich der maßgebliche Teilfreistellungssatz ändert oder dieser ganz wegfällt.[151] In den Fällen, in denen der Anleger im Rahmen der Veranlagung den Nachweis des Vorliegens der Voraussetzungen für eine Teil-

145 Vgl. *Ebner*, RdF 2017, S. 307.
146 Vgl. *Ebner*, RdF 2017, S. 307; *Stadler/Bindl*, DStR 2016, S. 1960.
147 Vgl. *Remmel* in: *Herrmann/Heuer/Raupach*, EStG/KStG, § 20 InvStG, Rn. 30; *Roth*, GWR 2016, S. 461.
148 Vgl. *Deutscher Bundestag*, BT-Drs. 18/8045, S. 92; *Roth*, GWR 2016, S. 461.
149 Vgl. *Deutscher Bundestag*, BT-Drs. 18/8045, S. 92.
150 Vgl. *Remmel* in: *Herrmann/Heuer/Raupach*, EStG/KStG, § 21 InvStG, Rn. 1.
151 Vgl. mit einem Beispiel zu einer missbräuchlichen Ausnutzung der Teilfreistellung: *Deutscher Bundestag*, BT-Drs. 18/8045, S. 93.

freistellung gem. § 20 Abs. 4 InvStG erbracht hat, gilt der Investmentanteil mit Ablauf des nächsten Veranlagungszeitraums als veräußert, wenn der Anleger in diesem keinen Nachweis oder einen Nachweis für einen anderen Teilfreistellungssatz erbringt (§ 22 Abs. 1 S. 2 InvStG).[152] Diesen fiktiven Veräußerungserlös muss der Anleger gem. § 22 Abs. 3 InvStG erst in dem Zeitpunkt besteuern, in dem er den Investmentanteil tatsächlich veräußert.[153] So kommt es nicht zu einer vorzeitigen Besteuerung, sondern es ist erst Kapitalertragsteuer einzubehalten, wenn tatsächlich Geld fließt.[154]

2.2.2.3 Erhebung der ESt/ KSt

Inländische wie auch ausländische Investmenterträge unterliegen gem. § 43 Abs. 1 Nr. 5 und Nr. 9 EStG der Kapitalertragsteuer in Höhe von 25 % zzgl. SolZ unabhängig davon, ob sie zum Betriebs- oder Privatvermögen des Investmentfondsanlegers zählen.[155] Der Gesetzgeber hat sich für die Investmenterträge allerdings dazu entschlossen, anders als bei § 3 Nr. 40 EStG,[156] die Teilfreistellungssätze schon bei der Erhebung der Kapitalertragsteuer – zumindest in der für private Anleger geltenden Höhe – zu berücksichtigen (§ 43a Abs. 2 S. 1 EStG). Damit stellt der Gesetzgeber für Privatanleger, die grundsätzlich der Abgeltungsteuer unterliegen, sicher, dass der Kapitalertragsteuerabzug bereits in zutreffender Höhe erfolgt und der Investmentfondsanleger die Teilfreistellung nicht erst im Rahmen einer Veranlagung zur Einkommensteuer in Anspruch nehmen kann.[157] Diese Sonderregelung, welche nur für Investmenterträge gilt, hat der Gesetzgeber – anders als die für den Investmentfonds geltenden Sonderregelungen – nicht in dem InvStG verortet, sondern unmittelbar in die allgemeinen Regelungen für den Kapitalertragsteuerabzug gem. § 43 ff. EStG integriert.

Im Zuge des InvStRefG hat er neben dieser Anpassung weitere Ergänzungen in den Regelungen zum Kapitalertragsteuerabzug vorgenommen.[158] In § 44 Abs. 1 S. 1 Nr. 4 EStG hat er eine Sonderregelung geschaffen, um

152 Vgl. *Remmel* in: *Herrmann/Heuer/Raupach*, EStG/KStG, § 21 InvStG, Rn. 5.
153 Vgl. *Remmel* in: *Herrmann/Heuer/Raupach*, EStG/KStG, § 21 InvStG, Rn. 15.
154 Vgl. *Remmel* in: *Herrmann/Heuer/Raupach*, EStG/KStG, § 21 InvStG, Rn. 15.
155 Vgl. *Stadler/Bindl*, DStR 2016, S. 1958.
156 Vgl. *Levedag* in: *Schmidt 2020*, EStG, § 3 EStG, Rn. 136.
157 Vgl. *Deutscher Bundestag*, BT-Drs. 18/8045, S. 91.
158 Vgl. *Hartrott* in: *Herrmann/Heuer/Raupach*, EStG/KStG, § 44 EStG, Rn. 2.

den zum Kapitalertragsteuerabzug Verpflichteten für die Vorabpauschale zu bestimmen.[159] Danach ist das Kredit- oder sonstige Finanzinstitut, das die Anteile an einem Investmentfonds verwahrt oder verwaltet, zum Kapitalertragsteuerabzug auf die Vorabpauschale verpflichtet.[160] Zudem hat der Gesetzgeber in § 44 Abs. 1 EStG hinter den Satz 7 zwei neue Sätze eingefügt, die den zum Steuerabzug Verpflichteten beim Zufluss von unbaren Kapitalerträgen berechtigen, zur Begleichung von Kapitalertragsteuer auf bei ihm unterhaltene Konten des Gläubigers der Erträge zuzugreifen.[161] Er darf, solange der Gläubiger vor Zufluss der Kapitalerträge nicht widersprochen hat, auch auf die zwischen ihm und dem Gläubiger der Kapitalerträge vereinbart Kontokorrentkredite zugreifen und die Kapitalertragsteuer bis zur Obergrenze des vereinbarten Kontokorrentkredits einziehen.[162] Im Rahmen des bis zum 31.12.2017 geltenden InvStG mussten die Investmentfonds Liquidität zur Abführung von Kapitalertragsteuer auf unbare Kapitalerträge, insb. die ausschüttungsgleichen Erträge, zur Verfügung stellen.[163] Ausländische Investmentfond stellten diese Liquidität allerdings nicht zur Verfügung, sodass die Anleger solcher Fonds die thesaurierten Erträge jährlich im Rahmen der Veranlagung erklären mussten.[164] Indem die Liquidität nunmehr vom Anleger zur Verfügung gestellt werden muss, muss für Anleger von ausländischen Investmentfonds bei inländischer Depotverwahrung nunmehr grundsätzlich keine Veranlagung mehr durchgeführt werden.[165] Nur wenn der Investmentfonds von einem Kredit- oder Finanzinstitut im Ausland verwahrt oder verwaltet wird, nimmt dieses keinen Kapitalertragsteuerabzug vor und der Anleger muss die Vorabpauschale jährlich in der Veranlagung als Kapitalertrag deklarieren.[166]

159 Vgl. *Hartrott* in: *Herrmann/Heuer/Raupach*, EStG/KStG, § 44 EStG, Rn. 2.
160 Vgl. *Hartrott* in: *Herrmann/Heuer/Raupach*, EStG/KStG, § 44 EStG, Rn. 16.
161 Vgl. *Hartrott* in: *Herrmann/Heuer/Raupach*, EStG/KStG, § 44 EStG, Rn. 13.
162 Vgl. *Hartrott* in: *Herrmann/Heuer/Raupach*, EStG/KStG, § 44 EStG, Rn. 13.
163 Vgl. *Remmel* in: *Herrmann/Heuer/Raupach*, EStG/KStG, § 18 InvStG, Rn. 1.
164 Vgl. *Remmel* in: *Herrmann/Heuer/Raupach*, EStG/KStG, § 18 InvStG, Rn. 1.
165 Vgl. *Remmel* in: *Herrmann/Heuer/Raupach*, EStG/KStG, § 18 InvStG, Rn. 1.
166 Vgl. *Remmel* in: *Herrmann/Heuer/Raupach*, EStG/KStG, § 18 InvStG, Rn. 1.

2.3 Das System der Besteuerung von Spezial-Investmentfonds

Zusätzlich zu dem neuen Grundsystem der Besteuerung von Investmentfonds hat der Gesetzgeber daneben auch die bisherige Konzeption der Investmentbesteuerung nach dem (eingeschränkten) Transparenzprinzip mit gewissen Modifikationen fortgeführt, um „berechtigten Interessen der Wirtschaft" Rechnung zu tragen.[167] Der Gesetzgeber geht in seiner Gesetzesbegründung davon aus, dass ein Spezial-Investmentfonds, ein einmaliges *Wahlrecht* habe, welche Besteuerungsregelungen er anwende; sobald er dieses Wahlrecht durch erstmalige Anwendung der entsprechenden Besteuerungsregelung ausgeübt habe, sei ein Wechsel zwischen den für Spezial-Investmentfonds und den für Investmentfonds geltenden Regelungen gem. § 24 InvStG ausgeschlossen.[168] Ein solches Wahlrecht findet sich in dem Gesetzestext hingegen nicht; vielmehr heißt es in § 25 InvStG, dass die Vorschriften des Kapitels 2 auf Spezial-Investmentfonds und deren Anleger nicht anzuwenden „sind".[169] Die Regelung des § 24 InvStG regelt daher lediglich den Fall, dass ein Investmentfonds, der zunächst nicht die Voraussetzungen eines Spezial-Investmentfonds erfüllt, diese nachträglich verwirklicht. Dann darf ein solcher Investmentfonds nicht zu den Besteuerungsregelungen des dritten Kapitels wechseln, sodass ein Spezial-Investmentfonds – abgesehen von Bestandsfonds, die vor dem 1.1.2018 errichtet wurden, zukünftig praktisch nur ein neu aufgelegter Investmentfonds sein kann.[170]

2.3.1 Anwendungsbereich

Spezial-Investmentfonds müssen zunächst die allgemeinen Voraussetzungen eines Investmentfonds i.S.v. § 1 Abs. 2 InvStG erfüllen.[171] Darüber hinaus enthalten die §§ 26, 27 InvStG folgende zusätzliche Voraussetzungen, die Spezial-Investmentfonds erfüllen müssen:

- § 26 S. 1 InvStG: Der Investmentfonds muss die Voraussetzungen für

167 Vgl. *Deutscher Bundestag*, BT-Drs. 18/8045, S. 53.
168 Vgl. *Deutscher Bundestag*, BT-Drs. 18/8045, S. 94; *Stadler/Bindl*, DStR 2016, S. 1954.
169 Vgl. *Buge* in: *Herrmann/Heuer/Raupach*, EStG/KStG, § 24 InvStG, Rn. 5, § 25 InvStG, Rn. 5.
170 Vgl. *Buge* in: *Herrmann/Heuer/Raupach*, EStG/KStG, § 24 InvStG, Rn. 5.
171 Vgl. *Buge* in: *Herrmann/Heuer/Raupach*, EStG/KStG, § 26 InvStG, Rn. 5; *Patzner/Ludger* in: *Patzner/Döser/Kempf*, HK-InvestmentR, § 26 InvStG, Rn. 2.

die Gewerbesteuerbefreiung des § 15 Abs. 2 und 3 InvStG erfüllen.[172] Da die Definition des Spezial-Investmentfonds sich insoweit mit den Voraussetzungen für die Gewerbesteuerbefreiung überschneidet, sind alle Spezial-Investmentfonds von der Gewerbesteuer befreit (vgl. § 29 Abs. 4 InvStG).[173] Verstößt der Investmentfonds gegen die Voraussetzungen des § 15 Abs. 2 und 3 InvStG führt dies jedoch nicht zu einer Gewerbesteuerpflicht, sondern es bleibt bei der ausdrücklich normierten Gewerbesteuerfreiheit; Verstöße sind im Rahmen des § 52 InvStG zu würdigen.[174]

- § 26 S. 1 Nr. 1 InvStG: Der Investmentfonds oder sein Verwalter muss in seinem Sitzstaat einer Aufsicht über Vermögen zur gemeinschaftlichen Kapitalanlage unterstellt sein, wobei diese Voraussetzung für Investmentfonds i.S.v. § 2 Abs. 3 KAGB als erfüllt gilt.
- § 26 S. 1 Nr. 2 InvStG: Die Anleger haben einmal jährlich ein Rückgabe- oder Kündigungsrecht für die Investmentanteile.
- § 26 S. 1 Nr. 3 InvStG: Der Investmentfonds muss sein Vermögen nach dem Grundsatz der Risikomischung anlegen, wobei diese Voraussetzung regelmäßig als erfüllt gilt, wenn der Investmentfonds das Vermögen in mehr als drei Vermögensgegenstände mit unterschiedlichen Anlagerisiken anlegt oder er es in erheblichem Umfang in einen Investmentfonds investiert, der diesen Grundsatz einhält.[175]
- § 26 S. 1 Nr. 4 InvStG: Der Investmentfonds muss mindestens 90 % seines Vermögens anlegen in Wertpapiere i.S.v. § 193 KAGB, Geldmarktinstrumente, Derivate, Bankguthaben, Grundstücke, grundstücksgleiche Rechte, Beteiligungen an Immobilien-Gesellschaften i.S.v. § 1 Abs. 19 Nr. 22 KAGB, Betriebsvorrichtungen und andere Bewirtschaftungsgegenständen i.S.v. § 231 Abs. 3 KAGB, Investmentanteilen an OGAW und Investmentfonds, die die Voraussetzungen des § 26 S. 1

---

172 Vgl. *Buge* in: *Herrmann/Heuer/Raupach*, EStG/KStG, § 26 InvStG, Rn. 5; *Stadler/Bindl*, DStR 2016, S. 1960.

173 Vgl. *Deutscher Bundestag*, BT-Drs. 18/8045, S. 94; *Stadler/Bindl*, DStR 2016, S. 1961.

174 Vgl. *Buge* in: *Herrmann/Heuer/Raupach*, EStG/KStG, § 29 InvStG, Rn. 20.

175 Vgl. *BMF*, Schreiben vom 20.1.2021, Anwendungsschreiben zum Investmentsteuergesetz in der ab dem 1. Januar 2018 geltenden Fassung (InvStG), BStBl I 2021, 527, Rn. 26.14; *Buge* in: *Herrmann/Heuer/Raupach*, EStG/KStG, § 26 InvStG, Rn. 20.

Nr. 1 bis 7 InvStG erfüllen, Spezial-Investmentanteilen, Beteiligungen an ÖPP-Projektgesellschaften i.S.v. § 1 Abs. 19 Nr. 28 KAGB, Edelmetalle, unverbriefte Darlehensforderungen und/oder Beteiligungen an Kapitalgesellschaften, wenn der Verkehrswert dieser Beteiligungen ermittelt werden kann.

- § 26 S. 1 Nr. 5 InvStG: Der Investmentfonds darf höchstens 20 % seines Wertes in Beteiligungen an Kapitalgesellschaften investieren, die weder zum Handel an der Börse noch an einem anderen organisierten Markt zugelassen oder in diesen einbezogen sind; eine Ausnahme gilt für Investmentfonds, die nach ihren Anlagebedingungen mehr als 50 % ihres Aktivvermögens in Immobilien oder Immobilien-Gesellschaften anlegen; diese dürfen 100 % ihres Wertes in Immobilien-Gesellschaften investieren.
- § 26 S. 1 Nr. 6 InvStG: Der Investmentfonds darf sich unmittelbar oder mittelbar über Personengesellschaften nur zu weniger als 10 % an einer Kapitalgesellschaft i.S.v. § 1 Abs. 1 Nr. 1 KStG beteiligen außer es handelt sich bei dieser Kapitalgesellschaftsbeteiligung um eine Immobilien-Gesellschaft, um eine ÖPP-Projektgesellschaft oder eine Gesellschaft, deren Unternehmensgegenstand auf die Erzeugung erneuerbarer Energien i.S.v. § 5 Nr. 14 des Erneuerbare-Energien-Gesetzes gerichtet ist.[176]
- § 26 S. 1 Nr. 7 InvStG: Der Investmentfonds darf grundsätzlich nur kurzfristige Kredite d.h. solche mit einer Laufzeit bis zu einem Jahr aufnehmen und nur bis zu einer Höhe von 30 % seines Wertes. Soweit er sein Geld in Immobilien anlegt, darf er Kredite bis zu einer Höhe von 50 % des Verkehrswertes der unmittelbar oder mittelbar gehaltenen Immobilien aufnehmen, welche auch langfristig sein können.[177]
- § 26 S. 1 Nr. 8 S. 1 InvStG: An dem Investmentfonds dürfen sich unmittelbar oder mittelbar über Personengesellschaften insgesamt nicht

176 Vgl. *BMF*, Schreiben vom 20.1.2021, Anwendungsschreiben zum Investmentsteuergesetz in der ab dem 1. Januar 2018 geltenden Fassung (InvStG), BStBl I 2021, 527, Rn. 26.37; *Buge* in: *Herrmann/Heuer/Raupach*, EStG/KStG, § 26 InvStG, Rn. 50.

177 Vgl. *BMF*, Schreiben vom 20.1.2021, Anwendungsschreiben zum Investmentsteuergesetz in der ab dem 1. Januar 2018 geltenden Fassung (InvStG), BStBl I 2021, 527, Rn. 26.40; *Buge* in: *Herrmann/Heuer/Raupach*, EStG/KStG, § 26 InvStG, Rn. 55.

mehr als 100 Anleger beteiligen. Nach Auffassung des BMF soll es jedoch unschädlich sein, wenn es z.B. durch einen Erbfall kurzfristig zu einer Überschreitung der maximalen Anlegerzahl kommt, wenn innerhalb von drei Jahren wieder die zulässige Anlegerzahl hergestellt werde.[178]

- § 26 S. 1 Nr. 8 S. 2 InvStG: An dem Investmentfonds dürfen sich natürliche Personen nur beteiligen, die ihre Spezial-Investmentanteile im Betriebsvermögen halten, deren Beteiligung aufgrund aufsichtsrechtlicher Regelungen erforderlich ist oder die ihre mittelbare Beteiligung an dem Spezial-Investmentfonds vor dem 9.6.2016 erworben haben, wobei dieser Bestandsschutz für mittelbar beteiligte natürliche Personen, die ihre Beteiligungen vor dem 24.2.2016 erworben haben bis zum 1.1.2020 und für mittelbar beteiligte natürliche Personen, die ihrer Beteiligung davor erworben haben bis zum 1.1.2030 beschränkt ist; der Gesetzgeber rechtfertigt diese Einschränkung damit, dass alle natürlichen Personen grundsätzlich einheitlich den Besteuerungsregelungen des Kapitels 2 unterliegen sollen, da es ohne besondere Rechtfertigung nicht mit dem Grundsatz der Gleichmäßigkeit der Besteuerung vereinbar sei, wenn einem Teil von vergleichbaren Steuerpflichtigen die Besteuerungsregelungen des Kapitels 3 eingeräumt würden.[179] Eine Ausnahme für aufsichtsrechtliche Regelungen, die zwingend eine Beteiligung einer natürlichen Person voraussetzen, sei beispielsweise eine Regelung, nach der eine Vergütung des Fondsverwalters zumindest teilweise zwingend in Anteilen an dem Spezial-Investmentfonds zu erfolgen habe.[180] Die Ausnahme für natürliche Personen, welche ihre Spezial-Investment-anteile im Betriebsvermögen halten, sei erforderlich, da Personenunternehmen, insbesondere große in der Rechtsform einer Personengesellschaft geführte Familienunternehmen, ihre Altersvorsorgeverpflichtungen durch Spezial-In-

178 *BMF*, Schreiben vom 20.1.2021, Anwendungsschreiben zum Investmentsteuergesetz in der ab dem 1. Januar 2018 geltenden Fassung (InvStG), BStBl I 2021, 527, Rn. 26.41.

179 Vgl. *Deutscher Bundestag*, BT-Drs. 18/8045, S. 95.

180 Vgl. *Deutscher Bundestag*, BT-Drs. 18/8045, S. 96; *BMF*, Schreiben vom 20.1.2021, Anwendungsschreiben zum Investmentsteuergesetz in der ab dem 1. Januar 2018 geltenden Fassung (InvStG), BStBl I 2021, 527, Rn. 26.42.

vestmentanteile abdeckten und größere Geldbeträge für spätere Investitionen in solche Investmentfonds anlegten.[181]

- § 26 S. 1 Nr. 9 InvStG: Der Investmentfonds muss ein Sonderkündigungsrecht gegenüber einzelnen Anlegern für den Fall haben, wenn die zulässige Anlegerzahl überschritten wird oder Personen beteiligt sind, die nicht die Voraussetzungen der Nr. 8 S. 2 erfüllen.[182]
- § 26 S. 1 Nr. 10 InvStG: Die Einhaltung der in § 26 InvStG genannten Voraussetzungen muss aus den Anlagebedingungen des Investmentfonds hervorgehen.
- § 27 InvStG: Der Investmentfonds muss, wenn es sich um einen inländischen Fonds handelt, in der Form eines Sondervermögens i.S.v. § 1 Abs. 10 KAGB oder einer Investmentaktiengesellschaft mit veränderlichem Kapital i.S.v. § 108 KAGB errichtet worden sein.[183]

Diese Voraussetzungen entsprechen überwiegend den ursprünglich in § 1 Abs. 1b S. 2 InvStG i.d.F. des AIFM-Steuer-Anpassungsgesetzes geregelten Anforderungen an einen Investmentfonds, enthalten aber auch die eine oder andere Verschärfung.[184]

2.3.2 Die Besteuerung des Spezial-Investmentfonds

Grundsätzlich unterliegen Spezial-Investmentfonds ebenso wie die übrigen Investmentfonds mit ihren inländischen Beteiligungseinnahmen, inländischen Immobilienerträgen und sonstigen inländischen Einkünften partiell der KSt (§ 29 Abs. 1 i.V.m. § 6 Abs. 2 InvStG).[185] Der Gesetzgeber räumt Investmentfonds, die steuerrechtlich als Spezial-Investmentfonds qualifizieren, in §§ 30 Abs. 1 S. 1, 33 Abs. 1 InvStG allerdings die Möglichkeit ein, eine so genannte *„Transparenzoption"* auszuüben.[186] Übt der Spezial-Investmentfonds die Transparenzoption aus, ist die Folge, dass der Investmentfonds mit

181 Vgl. *Deutscher Bundestag*, BT-Drs. 18/8045, S. 95.

182 Vgl. *BMF*, Schreiben vom 20.1.2021, Anwendungsschreiben zum Investmentsteuergesetz in der ab dem 1. Januar 2018 geltenden Fassung (InvStG), BStBl I 2021, 527, Rn. 26.44; *Stadler/Bindl*, DStR 2016, S. 1961.

183 Vgl. *Buge* in: *Herrmann/Heuer/Raupach*, EStG/KStG, § 27 InvStG, Rn. 5.

184 Vgl. *Stadler/Bindl*, DStR 2016, S. 1954, 1961.

185 Vgl. *BMF*, Schreiben vom 29.10.2020, BStBl I 2020, 527, Rn. 29.1; *Stadler/Bindl*, DStR 2016, S. 1961.

186 Vgl. *Lechner*, RdF 2016, S. 216.

den von ihm bezogenen Beteiligungseinnahmen und sonstigen dem Steuerabzug unterliegenden Einnahmen (§ 30 Abs. 1 InvStG) und/oder den von ihm bezogenen Immobilienerträge und sonstigen nicht dem Steuerabzug unterliegenden Erträge (§ 33 Abs. 1 InvStG) keiner Besteuerung unterliegt.[187] Die Erträge gelten stattdessen als vom Anleger bezogen (§ 30 Abs. 1 S. 2 in Verbindung mit (i.V.m.) § 36 Abs. 4 S. 2 InvStG).[188]

Der Gesetzgeber hat die Option zur Steuerbefreiung für inländische Einkünfte mit Steuerabzug in § 30 InvStG gesondert von der Option zur Steuerbefreiung für die inländischen Einkünfte eines Investmentfonds (§ 33 InvStG) ohne Steuerabzug geregelt.

Um die Steuerbefreiung für *inländische Einnahmen, die dem Steuerabzug unterliegen*, in Anspruch zu nehmen (§ 30 InvStG) muss der Spezial-Investmentfonds gegenüber dem Entrichtungspflichtigen der Kapitalertragsteuer unwiderruflich erklären, dass eine Steuerbescheinigung zu Gunsten der Investmentfondsanleger ausgestellt werden soll.[189] Der Gesetzgeber geht davon aus, dass dies bei inländischen Spezial-Investmentfonds für Dividenden regelmäßig die Verwahrstelle (§ 44 Abs. 1 S. 4 Nr. 1 Buchst. a EStG) sei.[190] Bei ausländischen Investmentfonds ist Entrichtungspflichtiger die letzte inländische Stelle i.S.v. § 44 Abs. 1 S. 4 Nr. 3 EStG (z.B. Clearstream),[191] die die Dividende an eine ausländische Stelle auszahlt.[192]

Optiert der Spezial-Investmentfonds nicht zur Steuerbefreiung für inländische Einnahmen mit Steuerabzug gem. § 30 Abs. 1 InvStG, unterliegen die inländischen Beteiligungseinnahmen bei ihm einer abgeltenden Besteuerung. Dies gilt auch, soweit an ihm steuerbegünstigte Anleger beteiligt sind,

---

187 Vgl. *Buge* in: *Herrmann/Heuer/Raupach*, EStG/KStG, § 30 InvStG, Rn. 1.

188 *Lechner*, RdF 2016, S. 216.

189 Vgl. *Deutscher Bundestag*, BT-Drs. 18/8045, S. 98; *Lechner*, RdF 2016, S. 216; *Roth*, GWR 2016, S. 462; *Stadler/Bindl*, DStR 2016, S. 1962.

190 Vgl. *Deutscher Bundestag*, BT-Drs. 18/8045, S. 98; andere Auffassung (a.A.) *Buge* in: *Herrmann/Heuer/Raupach*, EStG/KStG, § 30 InvStG, Rn. 5.

191 Die Clearstream Banking AG mit Sitz in Frankfurt nimmt in Deutschland die zentrale Verwaltung und Verwahrung von Wertpapieren vor (sog. Zentralverwalter i.S.v. § 1 Abs. 6 Kreditwesengesetz (KWG), engl. central securities depository - CSD -), vgl. https://www.clearstream.com/clearstream-en/about-clearstream; *Braun* in: *Kümpel/Mülbert/Früh/Seyfried*, Bank- und Kapitalmarktrecht, Rn. 17.372.

192 Vgl. *Deutscher Bundestag*, BT-Drs. 18/8045, S. 98; *Lechner*, RdF 2016, S. 216; *Roth*, GWR 2016, S. 462.

da die für (Publikums-)Investmentfonds geltenden Regelungen der §§ 8 bis 14 InvStG nicht von der Verweisung in § 29 Abs. 1 InvStG umfasst sind.[193]

Voraussetzung für die Steuerbefreiung des Investmentfonds für die von ihm bezogenen *Immobilienerträge und/oder sonstigen inländischen Einkünfte* ist gem. § 33 Abs. 1 und Abs. 4 InvStG i.V.m. § 50 InvStG, dass der Investmentfonds auf ausgeschüttete und ausschüttungsgleiche inländische Erträge (§ 36 InvStG) aller seiner Anleger, soweit darin inländische Immobilienerträge und/oder sonstige inländische Erträge enthalten sind, Kapitalertragsteuer erhebt und abführt und den Anlegern gem. § 45a Abs. 2 EStG Steuerbescheinigungen ausstellt.[194] Jedenfalls nach dem Wortlaut des Gesetzes dürfte insoweit eine unabhängige Ausübung der Transparenzoption für sonstige inländische Einkünfte ohne Steuerabzug von der für Immobilienerträge möglich sein.[195] Für ausländische Spezial-Investmentfonds stellt der Kapitalertragsteuereinbehalt mit der Folge der Steuerbefreiung ein echtes Wahlrecht dar, da sie nicht der Verpflichtung nach § 50 Abs. 1 InvStG unterliegen.[196] Auch für inländische Investmentfonds dürfte es sich um ein echtes Wahlrecht handeln, wobei dies in der Literatur nicht unumstritten ist.[197] Zwar sind inländische Spezial-Investmentfonds gem. § 50 Abs. 1 InvStG zur Vornahme des Steuerabzugs auf Fondsausgangsseite verpflichtet.[198] Dem Steuerabzug unterliegen jedoch nur die nach Anwendung des § 42 Abs. 5 InvStG verbleibende Bemessungsgrundlage.[199] Hierzu zählen bei beschränkt steuerpflichtigen Anlegern die ausgeschütteten oder ausschüttungsgleichen Erträge im Fall der Nichtausübung der Transparenzoption gerade nicht, sodass insoweit keine Kapitalertragsteuer einbehalten und abgeführt werden darf.[200] Das Wahlrecht wird durch einen inländischen Spezial-Investmentfonds somit in

193 Vgl. *Buge* in: *Herrmann/Heuer/Raupach*, EStG/KStG, § 29 InvStG, Rn. 4.
194 Vgl. *Buge* in: *Herrmann/Heuer/Raupach*, EStG/KStG, § 33 InvStG, Rn. 5; *Lechner*, RdF 2016, S. 216; *Stadler/Bindl*, DStR 2016, S. 1962.
195 Vgl. *Buge* in: *Herrmann/Heuer/Raupach*, EStG/KStG, § 33 InvStG, Rn. 25; a.A. *Mann* in: *Blümich*, EStG/KStG/GewStG, § 33 InvStG, Rn. 11.
196 Vgl. *Buge* in: *Herrmann/Heuer/Raupach*, EStG/KStG, § 33 InvStG, Rn. 5; *Stadler/Bindl*, DStR 2016, S. 1962.
197 Vgl. *Buge* in: *Herrmann/Heuer/Raupach*, EStG/KStG, § 33 InvStG, Rn. 5; a.A. *Stadler/Bindl*, DStR 2016, S. 1962.
198 Vgl. *Stadler/Bindl*, DStR 2016, S. 1962.
199 Vgl. *Buge* in: *Herrmann/Heuer/Raupach*, EStG/KStG, § 33 InvStG, Rn. 5.
200 Vgl. *Buge* in: *Herrmann/Heuer/Raupach*, EStG/KStG, § 33 InvStG, Rn. 5.

der Weise ausgeübt, als dass er sich dazu entscheidet oder nicht entscheidet gegenüber diesen ausländischen Anlegern auf die inländischen Immobilienerträge und sonstige Erträge einen Steuerabzug vorzunehmen.[201]

Auch der Spezial-Investmentfonds ermittelt seine Einkünfte – ebenso wie der (Publikums-)Investmentfonds – als Überschuss der Einnahmen über die Werbungskosten und muss sie nach den steuerlichen Wirkungen beim Anleger gliedern (§ 37 InvStG).[202] Hierbei hat er grundsätzlich das Zu- und Abflussprinzip des § 11 EStG zu beachten (§ 38 Abs. 1 InvStG), soweit sich aus § 38 Abs. 2 ff InvStG keine vorrangigen Sonderregelungen ergeben.[203] Hinsichtlich der Abzugsfähigkeit von Werbungskosten ist bei der *Einkünfteermittlung* zwischen Direktkosten, die in einem unmittelbaren wirtschaftlichen Zusammenhang mit Einnahmen stehen, und den Allgemeinkosten zu unterscheiden (§§ 39 f. InvStG).[204] Die Verlustverrechnung auf Ebene des Investmentfonds ist gesondert in § 41 InvStG geregelt.[205]

2.3.3 Die Besteuerung des Anlegers eines Spezial-Investmentfonds

Das InvStG enthält neben den Vorschriften zur Besteuerung des Spezial-Investmentfonds Regelungen zur Besteuerung der Anleger von Spezial-Investmentanteilen betreffend die Einkommensteuer (ESt), die KSt sowie die Gewerbesteuer (GewSt).

2.3.3.1 ESt und KSt

Anleger eines Spezial-Investmentfonds müssen die ausgeschütteten Erträge (§ 35 Abs. 1 InvStG), die ausschüttungsgleichen Erträge (§ 36 InvStG) und die Gewinne aus der Veräußerung von Anteilen an Spezial-Investmentfonds (§ 49 InvStG) versteuern (§ 34 Abs. 1 InvStG).[206]

Unter die *ausgeschütteten Erträge* fallen die von dem Spezial-Investmentfonds zur Ausschüttung verwendeten Einkünfte, welche abzugrenzen sind

201 Vgl. *Buge* in: *Herrmann/Heuer/Raupach*, EStG/KStG, § 33 InvStG, Rn. 5.
202 Vgl. *Buge* in: *Herrmann/Heuer/Raupach*, EStG/KStG, § 37 InvStG, Rn. 1.
203 Vgl. *Buge* in: *Herrmann/Heuer/Raupach*, EStG/KStG, § 38 InvStG, Rn. 1.
204 Vgl. *Buge* in: *Herrmann/Heuer/Raupach*, EStG/KStG, § 38 InvStG, Rn. 1 ff.
205 Vgl. *Buge* in: *Herrmann/Heuer/Raupach*, EStG/KStG, § 41 InvStG, Rn. 1.
206 Vgl. *Buge* in: *Herrmann/Heuer/Raupach*, EStG/KStG, § 34 InvStG, Rn. 5; *Lechner*, RdF 2016, S. 216; *Stadler/Bindl*, DStR 2016, S. 1962.

von Beträgen, die steuerneutral ausgeschüttet werden können, wie z.B. bereits besteuerte ausschüttungsgleiche Erträge der Vorjahre oder steuerneutrale Substanzbeträgen (§ 35 InvStG).[207] Ausgangspunkt zur Ermittlung der ausgeschütteten Erträge ist somit zunächst die Ermittlung der Einkünfte des Spezial-Investmentfonds nach den §§ 37 bis 41 InvStG.[208] Zur Festlegung, welche Beträge der Investmentfonds ausschüttet, hat der Gesetzgeber in § 35 Abs. 2 InvStG folgende Reihenfolge festgelegt, in der ein möglicher ausschüttbarer Betrag als ausgeschüttet gilt:[209]

1. inländische Beteiligungseinnahmen und sonstige inländische Einkünfte mit Steuerabzug nach Abzug der Kapitalertragsteuer, wenn der Spezial-Investmentfonds die Transparenzoption nach § 30 Abs. 1 S. 1 InvStG wahrnimmt und sie daher bereits der Kapitalertragsteuer unterlegen haben (sog. Zurechnungsbeträge gem. § 35 Abs. 3 InvStG),
2. inländische Immobilienerträge und sonstige inländische Einkünfte ohne Steuerabzug, für die ein Dach-Spezial-Investmentfonds die Immobilien-Transparenzoption nach § 33 InvStG ausgeübt hat (sog. Immobilien-Zurechnungsbeträge gem. § 35 Abs 3a InvStG),
3. ausgeschüttete Einnahmen aus V&V von Grundstücken oder grundstücksgleichen Rechten, soweit auf diese Einnahmen Absetzungen für Abnutzung oder Substanzverringerung entfallen (sog. Absetzungsbeträge gem. § 35 Abs. 4 InvStG), welche im Geschäftsjahr ihrer Entstehung oder innerhalb von vier Monaten nach Ablauf des Geschäftsjahres ihrer Entstehung und nur zusammen mit den Einnahmen aus V&V steuerneutral ausgeschüttet werden können,
4. Erträge (Ausschüttungen und ausschüttungsgleiche Erträge) des laufenden und aller vorheriger Geschäftsjahre ab dem 1.1.2018, wobei ausgeschüttete ausschüttungsgleiche Erträge der Vorjahre bereits versteuert wurden und daher nicht erneut der Besteuerung unterliegen;[210]

---

207 Vgl. *Deutscher Bundestag*, BT-Drs. 18/8045, S. 103.

208 Vgl. *Buge* in: *Herrmann/Heuer/Raupach*, EStG/KStG, § 35 InvStG, Rn. 5.

209 Siehe zur Ausschüttungsreihenfolge auch: *Deutscher Bundestag*, BT-Drs. 18/8045, S. 103; *BMF*, Schreiben vom 20.1.2021, Anwendungsschreiben zum Investmentsteuergesetz in der ab dem 1. Januar 2018 geltenden Fassung (InvStG), BStBl I 2021, 527, Rn. 35.5; *Stadler/Bindl*, DStR 2016, S. 1962 f.

210 Vgl. *Buge* in: *Herrmann/Heuer/Raupach*, EStG/KStG, § 35 InvStG, Rn. 5 f.

der Gesetzestext lässt allerdings die Verwendungsreihenfolge innerhalb dieser Gruppe der steuerfreien ausgeschütteten ausschüttungsgleichen Erträge der Vorjahre und der steuerpflichtigen Ausschüttungen offen;[211] der Gesetzgeber nimmt in seiner amtlichen Begründung einen Vorrang der steuerfreien Ausschüttungen an.[212]

5. steuerneutrale Substanzbeträge i.S.v. § 35 Abs. 5 InvStG, die insbesondere dann anfallen, wenn der Spezial-Investmentfonds von den Anlegern eingelegtes Kapital an diese zurückzahlt.[213]

Zusätzlich zu den steuerpflichtigen ausgeschütteten Erträgen muss der Anleger eines Spezial-Investmentfonds gem. § 36 InvStG die *ausschüttungsgleichen Erträge* jährlich versteuern.[214] Dies sind bestimmte positive Einkünfte des Investmentfonds, die dieser nicht zur Ausschüttung verwendet, die dem Anleger gleichwohl zugerechnet werden, obwohl sie ihm tatsächlich noch nicht zugeflossen sind, sondern im Spezial-Investmentfonds verbleiben (sog. Thesaurierung).[215] Hierzu zählen gem. § 36 Abs. 1 InvStG die Kapitalerträge des Spezial-Investmentfonds i.S.v. § 20 EStG mit Ausnahme der sog. steuerfrei thesaurierbaren Kapitalerträge i.S.v. § 36 Abs. 2 InvStG, die Erträge aus V&V und die Gewinne aus der Veräußerung von Grundstücken und grundstücksgleichen Rechten sowie die sonstigen Erträge, die nicht unter die §§ 20, 21 und 23 Abs. 2 Nr. 1 EStG fallen (sog. sonstige Erträge).[216] Steuerfrei thesauriert werden können gem. § 36 Abs. 2 InvStG grundsätzlich Erträge aus Stillhalterprämien, Gewinne i.S.v. § 20 Abs. 2 S. 1 Nr. 1, 3 und 7 EStG mit Ausnahme von Erträgen aus Swap-Verträgen und Gewinne aus der Veräußerung von Investmentanteilen und Spezial-Investmentanteilen.[217] Die Möglichkeit der steuerfreien Thesaurierung bestimmter Erträge hat der Gesetzgeber in § 36 Abs. 5 InvStG allerdings nunmehr zeitlich beschränkt.[218]

211 Vgl. *Buge* in: *Herrmann/Heuer/Raupach*, EStG/KStG, § 35 InvStG, Rn. 10.
212 *Deutscher Bundestag*, BT-Drs. 18/8045, S. 103.
213 Vgl. *Deutscher Bundestag*, BT-Drs. 18/8045, S. 104.
214 Vgl. *Roth*, GWR 2016, S. 462
215 Vgl. *Roth*, GWR 2016, S. 462.
216 Vgl. *Buge* in: *Herrmann/Heuer/Raupach*, EStG/KStG, § 35 InvStG, Rn. 10; *Stadler/Bindl*, DStR 2016, S. 1963.
217 Vgl. *Buge* in: *Herrmann/Heuer/Raupach*, EStG/KStG, § 36 InvStG, Rn. 10; *Lechner*, RdF 2016, S. 217.
218 Vgl. *Stadler/Bindl*, DStR 2016, S. 1963.

Nach Ablauf von 15 Geschäftsjahren nach dem Geschäftsjahr des Zuflusses gelten die (positiven) thesaurierten Erträge als ausschüttungsgleiche Erträge bei dem Anleger als zugeflossen, wenn sie nicht zuvor ausgeschüttet wurden.[219]

Macht der Investmentfonds von der Transparenzoption für inländische Einnahmen, die dem Steuerabzug unterliegen Gebrauch, zählen die inländische Dividenden und anderen inländische Beteiligungseinnahmen gem. § 36 Abs. 1 S. 2 InvStG nicht zu den ausschüttungsgleichen Erträgen, da für diese Erträge die Anleger gem. § 30 Abs. 1 S. 2 InvStG ohnehin als Gläubiger der Investmenterträge i.S.v. § 6 Abs. 2 bis 5 InvStG und ggf. als Schuldner der Kapitalertragsteuer gelten.[220] Es erfolgt bereits aufgrund der Ausübung der Transparenzoption eine unmittelbare Zurechnung bei den Anlegern.[221] Auch insoweit bleibt es allerdings bei einer Zurechnung der Bruttoeinnahmen vor Abzug von Werbungskosten, sodass die Aufwendungen auf Fondsebene durch den Anleger nur im Fall der Anteilsveräußerung realisiert werden können.[222] Dies ist für die inländischen Immobilienerträge und sonstigen Erträge i.S.v. § 33 InvStG anders; diese bleiben Einkünfte des Spezial-Investmentfonds und werden dem Anleger nicht unmittelbar zugerechnet, sondern von diesem als Ausschüttung oder ausschüttungsgleiche (Netto-)Erträge versteuert.[223]

Ist die Summe der ausschüttungsgleichen Erträge negativ, erfolgt keine Zurechnung bei dem Anleger.[224] § 36 Abs. 1 InvStG schließt eine Zurechnung von Verlusten aus.[225] Verluste eines Spezial-Investmentfonds kann der Anleger daher steuerlich nur durch Veräußerung des Anteils oder wenn aus den Verlusten eine dauerhafte Wertminderung des Spezial-Investmentanteils resultiert, im Wege einer Teilwertabschreibung realisieren.[226]

219 Vgl. *Buge* in: *Herrmann/Heuer/Raupach*, EStG/KStG, § 36 InvStG, Rn. 25; *Roth*, GWR 2016, S. 462; *Stadler/Bindl*, DStR 2016, S. 1963.
220 Vgl. *Buge* in: *Herrmann/Heuer/Raupach*, EStG/KStG, § 30 InvStG, Rn. 5.
221 Vgl. *BMF*, Schreiben vom 20.1.2021, Anwendungsschreiben zum Investmentsteuergesetz in der ab dem 1. Januar 2018 geltenden Fassung (InvStG), BStBl I 2021, 527, Rn. 3.15; *Deutscher Bundestag*, BT-Drs. 18/8045, S. 105.
222 Vgl. *Buge* in: *Herrmann/Heuer/Raupach*, EStG/KStG, § 30 InvStG, Rn. 5; *Stadler/Bindl*, DStR 2016, S. 1962.
223 Vgl. *Buge* in: *Herrmann/Heuer/Raupach*, EStG/KStG, § 33 InvStG, Rn. 1.
224 Vgl. *Buge* in: *Herrmann/Heuer/Raupach*, EStG/KStG, § 36 InvStG, Rn. 5.
225 Vgl. *Deutscher Bundestag*, BT-Drs. 18/8045, S. 104.
226 Vgl. *Deutscher Bundestag*, BT-Drs. 18/8045, S. 104.

Die ausschüttungsgleichen Erträge gelten dem Anleger mit Ablauf des Geschäftsjahres als zugeflossen, in dem sie vereinnahmt wurden (§ 36 Abs. 4 S. 2 InvStG).[227] Bei der Ermittlung der ausschüttungsgleichen Erträge für Zwecke der Zurechnung sind Einnahmen und Werbungskosten den Anlegern gem. § 34 Abs. 4 S. 1 InvStG besitzzeitanteilig zuzurechnen, um Gestaltungsspielräume einzuschränken.[228] Außerdem erfolgt eine Zurechnung gem. § 36 Abs. 4 S. 2 InvStG auch in dem Jahr der Anteilsveräußerung. Auch diese Regelung soll der Verhinderung von Steuerumgehungen dienen.[229]

Veräußert der Anleger seinen Spezial-Investmentanteil muss der Anleger die positive oder negative Differenz zwischen dem Fonds-Gewinn bei Veräußerung und dem Fonds-Gewinn bei Anschaffung des Spezial-Investmentanteils versteuern (§ 49 InvStG), d.h. den sog. *besitzzeitabhängigen Anleger-Gewinn*.[230] Aus diesen Anleger-Gewinnen sind diejenigen besitzzeitanteiligen Fonds-Gewinne herauszufiltern, die auf nicht ausgeschütteten bzw. nicht als ausgeschüttet geltenden Beträgen beruhen, welche im Falle ihrer Ausschüttung zu einer Steuerbefreiung geführt hätten. Dies ist zunächst der Anleger-Aktiengewinn, der auf besitzzeitanteiligen nicht ausgeschütteten bzw. nicht als ausgeschüttet geltenden Gewinnen aus der Veräußerung von Anteilen an Kapitalgesellschaften, deren Einnahmen zu solchen nach § 20 Abs. 1 Nr. 1 EStG zählen, auf Wertveränderungen solcher Anteile und auf solchen Gewinnen eines Dach-Spezial-Investmentfonds beruht (§§ 49 Abs. 2 S. 1, 48 Abs. 3 InvStG).[231] Auf diesen Anleger-Aktiengewinn sind bei Vorliegen der weiteren Voraussetzungen die § 8b KStG, § 3 Nr. 40 EStG anwendbar und es ist § 44 InvStG anzuwenden.[232] Des Weiteren zählt hierzu der sog. Anleger-Abkommensgewinn, der auf besitzzeitanteiligen nicht ausgeschütteten bzw. als ausgeschüttet geltenden Erträgen und Wertveränderungen, welche im Falle ihrer Ausschüttung aufgrund eines DBA gem. § 43 Abs. 1 InvStG von der

227 Vgl. *Buge* in: *Herrmann/Heuer/Raupach*, EStG/KStG, § 36 InvStG, Rn. 20; *Stadler/Bindl*, DStR 2016, S. 1963.

228 Vgl. *Deutscher Bundestag*, BT-Drs. 18/8045, S. 106; *Buge* in: *Herrmann/Heuer/Raupach*, EStG/KStG, § 36 InvStG, Rn. 20.

229 Vgl. *Deutscher Bundestag*, BT-Drs. 18/8045, S. 106.

230 Vgl. *Deutscher Bundestag*, BT-Drs. 18/8045, S. 120; *Link* in: *Herrmann/Heuer/Raupach*, EStG/KStG, § 49 InvStG, Rn. 1.

231 Vgl. *Link* in: *Herrmann/Heuer/Raupach*, EStG/KStG, § 48 InvStG, Rn. 15.

232 Vgl. *Link* in: *Herrmann/Heuer/Raupach*, EStG/KStG, § 49 InvStG, Rn. 5.

Besteuerung freizustellen wären, sowie auf solchen Erträgen und Wertveränderungen eines Dach-Spezial-Investmentfonds beruht (§§ 49 Abs. 2 S. 2, 48 Abs. 5 InvStG).[233] Schließlich ist der Anleger-Teilfreistellungsgewinn herauszurechnen, der auf nicht ausgeschütteten und nicht als ausgeschüttet geltenden Erträgen und Wertveränderungen eines Investmentanteils bzw. solchen Erträgen und Wertveränderungen eines Dach-Spezial-Investmentfonds entfällt (§§ 49 Abs. 2 S. 2, 48 Abs. 5 InvStG).[234] Sowohl der Anleger-Abkommensgewinn als auch der Anleger-Teilfreistellungsgewinn sind gem. § 49 Abs. 1 Nr. 2 und 3 InvStG von der Besteuerung freizustellen und § 44 InvStG ist anzuwenden.[235]

Ist der Anleger des Spezial-Investmentfonds ausnahmsweise eine natürliche Person, die den *Spezial-Investmentanteil im Privatvermögen* hält, zählen die bezogenen Erträge zu den Einkünften aus Kapitalvermögen i.S.v. § 20 Abs. 1 Nr. 3a EStG[236] und unterliegen gem. § 34 Abs. 2 S. 1 InvStG nicht dem gesonderten Steuertarif für Einkünfte aus Kapitalvermögen gem. § 32d Abs. 1 EStG, sondern dem persönlichen Steuersatz.[237] Mit dieser Regelung möchte der Gesetzgeber sicherstellen, dass es nicht zu einer unangemessenen Privilegierung gegenüber den Anlegern von (Publikums-)Investmentfonds kommt, die durch die Möglichkeit zur steuerneutralen Thesaurierung von Veräußerungsgewinnen und Gewinnen aus Termingeschäften bei Spezial-Investmentfonds entstehen könnten.[238] Bei *gewerblichen Anlegern* zählen die Spezial-Investmenterträge gem. § 20 Abs. 8 EStG zu den Einkünften aus Gewerbebetrieb.[239] Die Erträge sind auf Anlegerebene gem. § 8b KStG bzw. § 3 Nr. 40 EStG nur in den in § 42 InvStG genannten Ausnahmefällen steuerfrei (§ 34 Abs. 2 InvStG).[240] Bei beschränkt steuerpflichtigen Anlegern sind Spezial-Investmenterträge grundsätzlich nicht steuerbar.[241]

---

233 Vgl. *Link* in: *Herrmann/Heuer/Raupach*, EStG/KStG, § 48 InvStG, Rn. 25.
234 Vgl. *Link* in: *Herrmann/Heuer/Raupach*, EStG/KStG, § 4 InvStG, Rn.30.
235 Vgl. *Link* in: *Herrmann/Heuer/Raupach*, EStG/KStG, § 49 InvStG, Rn. 5.
236 Vgl. *Buge* in: *Herrmann/Heuer/Raupach*, EStG/KStG, § 34 InvStG, Rn. 5.
237 Vgl. *Buge* in: *Herrmann/Heuer/Raupach*, EStG/KStG, § 34 InvStG, Rn. 10; *Lechner*, RdF 2016, S. 216; *Stadler/Bindl*, DStR 2016, S. 1961.
238 Vgl. *Deutscher Bundestag*, BT-Drs. 18/8045, S. 102.
239 Vgl. *Buge* in: *Herrmann/Heuer/Raupach*, EStG/KStG, § 34 InvStG, Rn. 5; *Lechner*, RdF 2016, S. 216.
240 Vgl. *Lechner*, RdF 2016, S. 216.
241 Vgl. *Buge* in: *Herrmann/Heuer/Raupach*, EStG/KStG, § 34 InvStG, Rn. 5.

Wenn der Investmentfonds die *Transparenzoption* für inländische Immobilienerträge nutzt, gelten diese bei beschränkt steuerpflichtigen Anlegern je nach Art des Anlegers als Einkünfte i.S.d. § 49 Abs. 1 Nr. 2 Buchst. f, Nr. 6 oder Nr. 8 EStG, auch für die Anwendung der Regelungen in DBA (§ 33 Abs. 3 InvStG).[242] Mit dieser Regelung wird das Besteuerungsrecht Deutschlands abkommensrechtlich gesichert (sog. Treaty Override).[243] Der Steuerabzug hat keine abgeltende Wirkung (§ 33 Abs. 3 S. 3 InvStG), sodass die ausländischen Anleger für die umqualifizierten Einkünfte eine Steuererklärung abgeben müssen.[244] Ist der Anleger eines Spezial-Investmentfonds ein (Publikums-)Investmentfonds werden die Einkünfte gem. § 33 Abs. 2 S. 1 InvStG als inländische Immobilienerträge i.S.v. § 6 Abs. 4 InvStG eingeordnet.[245] Im Fall der Ausübung der Transparenzoption für Beteiligungseinnahmen werden diese dem Anleger materiell-rechtlich unmittelbar im Sinne von § 2 Abs. 1 S. 1 EStG zugerechnet und behalten ihren ursprünglichen Charakter,[246] sodass Beteiligungseinnahmen des Spezial-Investmentfonds in diesem Fall auch bei beschränkt steuerpflichtigen Anlegern gem. § 49 EStG der Besteuerung unterliegen. Die § 8b KStG und § 3 Nr. 40 EStG sind im Fall der Direktzurechnung grundsätzlich auf Anlegerebene anwendbar (vgl. § 30 Abs. 2 i.V.m. § 42 Abs. 2 S. 1 InvStG).[247] Die Anwendung des § 8b KStG kommt allerdings für über einen Spezial-Investmentfonds bezogene Dividenden nur in Betracht bei einem Bezug von Gesellschaften i.S.v. § 26 Nr. 6 S. 2 InvStG, da Spezial-Investmentfonds an anderen Gesellschaften nur weniger als 10 % des Kapitals halten dürfen und somit die Voraussetzungen des § 8b Abs. 4 KStG nicht erfüllt sind.[248] Eine Anwendung der § 8b KStG, § 3 Nr. 40 EStG ist gem. § 30 Abs. 3 InvStG in den Fällen ausgeschlossen, in denen der Anleger ein Lebens- oder Krankenversicherungsunternehmen ist bei dem der Spezial-Investmentanteil den Kapitalanlagen zuzurechnen ist oder in denen

242 *Deutscher Bundestag*, BT-Drs. 18/8045, S. 101.
243 Vgl. *Buge* in: *Herrmann/Heuer/Raupach*, EStG/KStG, § 33 InvStG, Rn. 20.
244 Vgl. *Buge* in: *Herrmann/Heuer/Raupach*, EStG/KStG, § 33 InvStG, Rn. 20.
245 Vgl. *Buge* in: *Herrmann/Heuer/Raupach*, EStG/KStG, § 33 InvStG, Rn. 20.
246 Vgl. *Buge* in: *Herrmann/Heuer/Raupach*, EStG/KStG, § 30 InvStG, Rn. 5.
247 Vgl. *Buge* in: *Herrmann/Heuer/Raupach*, EStG/KStG, § 30 InvStG, Rn. 15; *Stadler/Bindl*, DStR 2016, S. 1964.
248 Vgl. *BMF*, Schreiben vom 20.1.2021, Anwendungsschreiben zum Investmentsteuergesetz in der ab dem 1. Januar 2018 geltenden Fassung (InvStG), BStBl I 2021, 527, Rn. 30.23; *Lechner*, RdF 2016, S. 216; *Stadler/Bindl*, DStR 2016, S. 1964.

der Anleger ein Institut oder Unternehmen nach § 3 Nr. 40 S. 3 EStG oder nach § 8b Abs. 7 KStG ist und der Spezial-Investmentfonds im wesentlichen Umfang Anteile hält, die dem Handelsbestand i.S.v. § 340e Abs. 3 Handelsgesetzbuch (HGB) zuzuordnen wären oder zum Zeitpunkt des Zugangs zum Betriebsvermögen als Umlaufvermögen auszuweisen wären.

Macht der Spezial-Investmentfonds nicht von der Transparenzoption für Beteiligungserträge Gebrauch, unterliegen inländische Beteiligungserträge auf Fondsebene einer Vorbelastung mit Kapitalertragsteuer.[249] Auf Anlegerebene sind gem. § 42 Abs. 4 InvStG bei unbeschränkt steuerpflichtigen betrieblichen Anlegern oder natürlichen Personen 60 % der inländischen Beteiligungserträge steuerfrei[250] und auf ausländische Dividenden und Veräußerungsgewinne aus der Veräußerung von (in- oder ausländischen) Kapitalgesellschaftsbeteiligungen oder Investmentanteilen findet gem. § 42 Abs. 1 InvStG grundsätzlich – bei ausreichender steuerlicher Vorbelastung (§ 42 Abs. 3 InvStG) – § 3 Nr. 40 EStG Anwendung.[251]

Versteuert ein Spezial-Investmentfonds inländische Immobilienerträge deshalb, weil er nicht von der Immobilien-Teilfreistellung Gebrauch macht, sind bei unbeschränkt steuerpflichtigen betrieblichen Anlegern oder natürlichen Personen 20 % der Spezial-Investmenterträge steuerfrei.[252]

Bei unbeschränkt steuerpflichtigen Körperschaften als Anleger ist, wenn der Spezial-Investmentfonds von der Transparenzoption für Beteiligungserträge keinen Gebrauch macht, auf ausländische Dividenden und Veräußerungsgewinne aus der Veräußerung von (in- oder ausländischen) Kapitalgesellschaftsbeteiligungen oder Investmentanteilen gem. § 42 Abs. 2 und 3 InvStG ggf. § 8b KStG anwendbar.[253] Ausgeschüttete oder ausschüttungsgleiche inländische Beteiligungserträge und / oder Immobilienerträge sind, wenn dem (ausländischen) Spezial-Investmentfonds kein Quellensteuerermäßigungsanspruch aufgrund eines DBA von unter 15 % zusteht, in voller Höhe steuerfrei (§ 42 Abs. 4 S. 2, Abs. 5 S. 2 InvStG).[254]

249 Vgl. *Stadler/Bindl*, DStR 2016, S. 1963.
250 Vgl. *Stadler/Bindl*, DStR 2016, S. 1963.
251 Vgl. *Link* in: *Herrmann/Heuer/Raupach*, EStG/KStG, § 42 InvStG, Rn. 1.
252 Vgl. *Stadler/Bindl*, DStR 2016, S. 1963.
253 *Link* in: *Herrmann/Heuer/Raupach*, EStG/KStG, § 42 InvStG, Rn. 1.
254 Vgl. *Link* in: *Herrmann/Heuer/Raupach*, EStG/KStG, § 42 InvStG, Rn. 8; *Stadler/Bindl*, DStR 2016, S. 1963 f.

Bei beschränkt steuerpflichtigen Anlegern kommt die Freistellung inländischer Beteiligungs- und Immobilienerträge nicht zur Anwendung, da die Spezial-Investmenterträge im Falle der Nichtausübung der Transparenzoption in Deutschland nicht der Besteuerung unterliegen.[255]

Die Steuerbefreiungen nach § 42 Abs. 1 bis 3 InvStG setzen zudem voraus, dass der Spezial-Investmentfonds bei jeder Bewertung seines Vermögens pro Spezial-Investmentanteil den Fonds-Aktiengewinn, den Fonds-Abkommensgewinn und den Fonds-Teilfreistellungsgewinn als absolute Werte in Euro ermittelt und dem Anleger bekannt macht (§ 48 InvStG).[256]

Soweit Spezial-Investmenterträge auf Anlegerebene freizustellen sind, dürfen – entsprechend der Regelung des § 3c Abs. 2 EStG – Betriebsvermögensminderungen, Betriebsausgaben, Veräußerungskosten oder Werbungskosten, die mit diesen Investmenterträgen in wirtschaftlichem Zusammenhang stehen, unabhängig davon wann sie anfallen, bei der Ermittlung der Einkünfte in dem prozentualen Umfang nicht abgezogen werden (§§ 44, 21 InvStG).[257]

Sämtliche für die Besteuerung des Anlegers relevante Besteuerungsgrundlagen sind gegenüber dem Spezial-Investmentfonds und seinen Anlegern gesondert und einheitlich festzustellen (§ 51 InvStG).[258]

2.3.3.2 GewSt

Da sich die im Einkommen- und Körperschaftsteuerrecht ergebenden Steuerbefreiungen unmittelbar auch auf den Gewerbeertrag auswirken, dies für Zwecke der Gewerbesteuer jedoch nicht zu sachgerechten Ergebnissen führen würde, hat der Gesetzgeber in § 45 InvStG spezielle Regelungen geschaffen, nach denen bestimmte Spezial-Investmenterträge, die auf Anlegerebene von der Ertragsbesteuerung ganz oder teilweise freigestellt wurden, für Zwecke der Gewerbesteuer wieder hinzugerechnet werden.[259] Dies sind für in ausgeschütteten oder ausschüttungsgleichen Erträgen enthaltene Kapitalerträgen im Sinne von § 43 Abs. 1 S. 1 Nr. 1, 1a und 6 sowie S. 2 EStG

255 Vgl. *Buge* in: *Herrmann/Heuer/Raupach*, EStG/KStG, § 34 InvStG, Rn. 5.
256 Vgl. *Link* in: *Herrmann/Heuer/Raupach*, EStG/KStG, § 48 InvStG, Rn. 8.
257 Vgl. *BMF*, Schreiben vom 20.1.2021, Anwendungsschreiben zum Investmentsteuergesetz in der ab dem 1. Januar 2018 geltenden Fassung (InvStG), BStBl I 2021, 527, Rn.44.1; *Link* in: *Herrmann/Heuer/Raupach*, EStG/KStG, § 44 InvStG, Rn. 1.
258 Vgl. *Klein* in: *Herrmann/Heuer/Raupach*, EStG/KStG, § 51 InvStG, Rn. 1.
259 Vgl. *Deutscher Bundestag*, BT-Drs. 18/8045, S. 114.

die Vorschriften des § 42 Abs. 4 InvStG, § 3 Nr. 40 EStG und § 8b KStG und für in ausgeschütteten oder ausschüttungsgleichen Erträgen enthaltene (Publikums-)-Investmenterträge die hälftige Teilfreistellung.[260]

2.4 Steuersystematische Stellung des InvStG

Vorfrage für eine systematische Untersuchung und der hierfür erforderlichen Herausarbeitung der Prinzipien, ist zunächst die Frage der Zugehörigkeit einer bestimmten Materie zu einem „Ordnungssystem".[261] Entscheidend für die Erarbeitung der gesetzgeberischen Prinzipien ist die Frage, ob das Investmentsteuerrecht ein eigenes System bildet oder ob es im Gesamtsystem des Einkommen-, Körperschaft- und Gewerbesteuer-Systems zu sehen ist.[262] Sollte letzteres der Fall sein, hätte der Gesetzgeber sich auch im Bereich des Investmentsteuerrechts zunächst für die im Körperschaftsteuer-, Einkommensteuer- und Gewerbesteuerrecht geltenden Prinzipien entschieden. Soweit der Gesetzgeber zusätzlich für das Investmentsteuerrecht eigene Prinzipien entwickelt haben sollte, könnte es sich dabei zum einen um Konkretisierungen der im Einkommensteuer-, Körperschaftsteuer- oder Gewerbesteuerrecht bestehenden Prinzipien handeln. Stünden Subprinzipien des Investmentsteuerrechts allerdings im Widerspruch zu solchen höherrangigen Prinzipien, wären in den Subprinzipien Durchbrechungen von Prinzipen des Einkommensteuer-, Körperschaftsteuer- oder Gewerbesteuerrecht zu sehen.

Bildet das Investmentsteuerrecht hingegen sein eigenes System, wären nur dessen eigene Wertungen zur Erarbeitung der Rechtsprinzipien maßgeblich und nicht die dem Einkommensteuer-, Körperschaftsteuer- und Gewerbesteuerrecht zu Grunde liegenden Prinzipien.

Man könnte schon deshalb annehmen, dass es sich bei dem Investmentsteuerrecht um ein eigenständiges Steuersystem handelt, weil die Regelung der Materie in einem gesonderten Gesetz erfolgt ist, dem InvStG. Diese Erwägung ist allerdings eine rein formalistische, die im Rahmen des äußeren Systembegriffs Beachtung fände. Für den hier zu Grunde gelegten Begriff des inneren Systems ist hingegen die gemeinsamen Ziel- und Zweckrich-

260 Vgl. *Klein* in: *Herrmann/Heuer/Raupach*, EStG/KStG, § 45 InvStG, Rn. 1 ff.
261 *Schwarz*, FS Isensee, S. 958.
262 Vgl. zu der Problematik der Bildung von Systemen am Beispiel des Deliktsrecht: *Payandeh*, AöR 2011, S. 590.

tung der dem System zugrundeliegenden Normen entscheidend.[263] Dieser gemeinsame Zweck im Steuerrecht liegt zunächst in dem für die Steuerart gewählten sachgerechten Lastenzuteilungsmaßstab,[264] also dem Einkommen,[265] dem Vermögen oder dem Konsum.[266] Daher kann für die Bestimmung des Systems nicht auf formelle Kriterien abgestellt werden.[267] Diese können ggf. Indizien bei der Abgrenzung des maßgeblichen Systems sein, stimmen mit diesem jedoch nicht zwingend überein.

Damit sind die Regelungen des InvStG nicht als eigenes System zu sehen, sondern sie gehören als Sonderregelungen für die Besteuerung von Investmentfonds und deren Anleger jeweils zu dem System der ESt, KSt, GewSt und Umsatzsteuer. Denn sie enthalten keine eigenständige neue Belastungsentscheidung, die zur Begründung einer neuen Steuerart führt. Vielmehr dienen sie der Verwirklichung der jeweils für die bereits bestehenden Steuerarten getroffenen Belastungsentscheidungen.

Auch soweit der Gesetzgeber mit dem InvStG zumindest innerhalb dieser Systeme ein eigenes Subsystem „Investmentsteuer" mit zusätzlichen, eigenen Prinzipien geschaffen haben sollte, bedarf es eines Grundes dafür, wenn er in diesem Subsystem von einer für das gesamte Bezugssystem getroffenen Grundentscheidung – wie beispielsweise eine für das gesamte Einkommensteuerrecht getroffene Belastungsentscheidung – abweicht.[268] Allerdings muss an dieser Stelle genau untersucht und abgegrenzt werden, wie weit die getroffene Belastungsentscheidung des Gesetzgebers (noch) reicht. Denn z.B im Rahmen eines Systemwechsels kann eine zuvor für das gesamte frühere System getroffene Belastungsentscheidung so eingeschränkt werden, dass aus dem früheren einheitlichen System zwei neue (Teil-)Systeme entstehen. Ob dies der Fall ist, muss für jedes Prinzip im Einzelfall untersucht werden. Hierbei kann eine vorherige Einordnung des Investmentsteuerrechts

---

263 So auch *Dieterich*, Systemgerechtigkeit und Kohärenz, S. 129.

264 So auch *Englisch*, FS Lang, S. 217.

265 Vgl. *Maitzen*, Grundsatz der Gleichbehandlung der Einkunftsarten, S. 34.

266 So z.B. bei Aufwandssteuern *BVerfG*, Beschluss v. 15.01.2014, 1 BvR 1656/09, BVerfGE 135, 126 (145 f).

267 So auch *Dieterich*, Systemgerechtigkeit und Kohärenz, S. 129 u. S. 163, der zutreffend feststellt, dass es bei der Systembindung nicht um formelle Kategorisierungen im Wege der Bildung äußerer Systeme geht.

268 So auch zu der Geltung des objektiven Nettoprinzips für das Subsystem der Kapitaleinkünfte *Drüen*, StuW 2008, S. 11; Zweifel hieran äußert *Hey*, BB 2007, S. 1309.

zunächst helfen, die möglicherweise relevanten Prinzipien zu identifizieren. Die Reichweite ihrer Bindungswirkung im Detail, d.h. die Frage der späteren Modifikation eines Prinzips bzw. Beschränkung, wird anschließend im Einzelnen bei der Feststellung eines Prinzips bzw. bei der Feststellung einer Durchbrechung eines Prinzips durch eine Regelung des InvStG geprüft.

2.4.1 Bindung an die Belastungsentscheidung des KStG

Nach § 6 Abs. 1 InvStG gelten alle unter das InvStG fallenden inländischen Investmentfonds als Zweckvermögen i.S.v. § 1 Abs. 1 Nr. 5 KStG unabhängig von ihrer konkreten zivilrechtlichen Ausgestaltung.[269] Sie unterliegen mithin grundsätzlich der unbeschränkten Körperschaftsteuerpflicht in Deutschland. Ausländische Investmentfonds unterliegen gem. § 6 Abs. 2 InvStG als Vermögensmassen i.S.v. § 2 Nr. 1 KStG der beschränkten Steuerpflicht in Deutschland. Das Investmentsteuerrecht knüpft für die Besteuerung des Investmentfonds selbst mithin zunächst an die KSt an. Soweit im InvStG keine Sonderregelungen getroffen werden, finden daher die Regelungen des KStG Anwendung. Damit trifft der Gesetzgeber zugleich auch für die Investmentfonds grundsätzlich die Belastungsentscheidung, dass das Einkommen von Investmentfonds einer eigenständigen Besteuerung unterliegt, neben der Ertragsbesteuerung der Investmenterträge auf Anlegerebene.

Auch auf Ebene solcher Anleger des Investmentfonds, die gem. § 1 Abs. 1 KStG unter das Körperschaftsteuerrecht fallen, hat der Gesetzgeber zunächst die dort geltenden Prinzipien zu Grunde gelegt, indem er für diese Erträge keine eigene Belastungsentscheidung getroffen hat, sondern sie bei den Anlegern der KSt unterwirft. Denn bei diesen Anlegern zählen die Investmenterträge zu dem Einkommen der Körperschaft i.S.v. § 8 Abs. 1 S. 1 KStG.

Die für das Körperschaftsteuerrecht getroffenen Belastungsentscheidung, welche er in weiteren Prinzipien konkretisiert hat, sind daher auch im Investmentsteuerrecht maßgeblich.

2.4.2 Bindung an die Belastungsentscheidung des EStG

Auch für die Besteuerung natürlicher Personen und Personengesellschaften als Anleger trifft der Gesetzgeber keine neue Belastungsentscheidung, son-

269 Vgl. *BMF*, Schreiben v. 21.05.2019, BStBl I 2019, Rn. 6.1 ff.

dern knüpft an seine für das Einkommensteuerrecht getroffene Belastungsentscheidung an, nach welcher natürliche Personen ihr Einkommen zu versteuern haben. Der Gesetzgeber hat die aus Investmentfonds resultierenden Erträge bei den Kapitalerträgen eingeordnet, indem er die Investmenterträge i.S.v. § 16 InvStG in den Katalog des § 20 Abs. 1 EStG unter der Nr. 3 und die Spezial-Investmenterträge gem. § 34 InvStG in die Nr. 3a EStG aufgenommen hat. Für betriebliche Anleger stellen die Investment- und Spezial-Investmenterträge i.S.v. §§ 16, 34 InvStG nach § 20 Abs. 8 EStG betriebliche Einkünfte dar.[270] Investmenterträge sind daher (weiterhin) Teil des Leistungsfähigkeitsindikators Einkommen i.S.v. § 2 EStG, der grundsätzlich einen einheitlichen Steuergegenstand bildet.[271] Damit knüpft der Gesetzgeber auch im Investmentsteuerrecht an seine für das EStG getroffene Belastungsentscheidung an und trifft keine neue Grundentscheidung. Abweichungen von den im Einkommensteuerrecht geltenden Prinzipien durch Regelungen des InvStG stellen daher grundsätzlich Durchbrechungen dieser Prinzipien dar.

2.4.3 Bindung an die Belastungsentscheidung des GewStG

Schließlich knüpft der Gesetzgeber für Investmentfonds auch an das bestehende System der Gewerbesteuer an, indem er in § 15 Abs. 1 InvStG Investmentfonds als sonstige juristische Personen des Privatrechts i.S.v. § 2 Abs. 3 GewStG fingiert. Damit legt der Gesetzgeber hinsichtlich der Besteuerung von Investmentfonds zunächst auch im Rahmen der GewSt die für diese geltenden Prinzipien zu Grunde. Auch für die Anleger von Investmentfonds trifft er keine eigenständige, neue Belastungsentscheidung für die GewSt, sondern regelt mit der Teilfreistellung in § 20 Abs. 5 InvStG eine teilweise Steuerbefreiung des Anlegers für dessen Investmenterträge. Auch für nach den allgemeinen Grundsätzen gewerbesteuerpflichtige Anleger hat der Gesetzgeber mithin die im Gewerbesteuerrecht geltenden Prinzipien für Zwecke der Besteuerung von Investmenterträgen zu Grunde gelegt.

270 Vgl. *Wenzel* in: *Blümich*, EStG/KStG/GewStG, § 16 InvStG, Rn. 10; So auch schon vor Einführung der Abgeltungsteuer: *Bujotzek*, Offene Immobilienfonds im InvStR, S. 131.
271 Vgl. *Englisch*, StuW 2007, S. 224.

Kapitel 3

Analyse einzelner Vorschriften auf Systemkonsequenz

Im nun folgenden Hauptteil der Arbeit werden an ausgewählten Vorschriften die im Investmentsteuerrecht geltenden Besteuerungsprinzipien erarbeitet und diese Vorschriften darauf überprüft, ob der Gesetzgeber die Besteuerungsprinzipien folgerichtig umgesetzt hat. Liegt ein Systembruch vor, wird auch untersucht, ob es für diesen Systembruch einen sachlichen Grund gibt. Das InvStG regelt – wie in dem Überblick dargestellt – sowohl die Besteuerung der Investmentfonds selbst,[1] als auch die Besteuerung der Investmentfondsanleger.[2] Die Untersuchung beginnt mit den Besteuerungsregelungen für die Investmentfonds.

3.1 (Nur) beschränkte Körperschaftsteuerpflicht der Investmentfonds

Schon seit der Gesetzgeber im Jahr 1957 den Investmentfonds als Form der gemeinschaftlichen Kapitalanlage kodifiziert hat, ist dessen steuerrechtliche Einordnung im deutschen Steuersystem, welches Personengesellschaften und Kapitalgesellschaften unterschiedlich steuerlich behandelt, umstritten.[3] Mit dem neuen ab dem 1.1.2018 geltenden Investmentsteuerrecht, in welchem der Gesetzgeber Investmentfonds i.S.v. § 1 InvStG nicht nur – wie bereits auch schon nach alter Rechtslage – zum Steuersubjekt macht (§ 6 Abs. 1 InvStG), sondern ihre Erträge auf Fondsebene zumindest auch einer partiellen Besteuerung (§ 6 Abs. 2 InvStG) unterwirft, erlangt diese Frage neue Bedeutung.

3.1.1 Steuersubjekteigenschaft des Investmentfonds

Die Beantwortung dieser Frage ist eng mit der Frage nach der Rechtfertigung dafür verknüpft, dass der Gesetzgeber neben der ESt auf Ebene des Anteilseigners eine eigenständige KSt für die in § 1 Abs. 1 KStG genannten Kör-

1 Siehe Kapitel 2.2.1.
2 Siehe Kapitel 2.2.2.
3 Vgl. dazu mit Blick auf die Frage, ob die Fiktion in § 11 Abs. 1 InvStG a.F. deklaratorisch oder konstitutiv ist: *Kirchmayr*, DStJG 30 (2007), S. 255 ff.

perschaften, Personenvereinigungen und Vermögensmassen – nicht jedoch für die in der Vorschrift nicht genannten übrigen Personenvereinigungen und Vermögensmassen – erhebt.[4] Insoweit wird in diesem Kapitel zunächst herausgearbeitet, was den in § 1 Abs. 1 KStG genannten Personenvereinigungen und Vermögensmassen ihre Steuersubjekteigenschaft gibt, im Gegensatz zu den transparent besteuerten übrigen Personenvereinigungen und Vermögensmassen. Davon losgelöst ist die Folgefrage, ob sich bei den Körperschaftsteuersubjekten eine eigene Leistungsfähigkeit ergibt und ob diese temporär oder dauerhaft ist.[5] Diese Folgefrage ist zur Beurteilung relevant, ob und inwieweit eine Doppelbelastung auf Gesellschafts- und Gesellschafterebene zulässig ist. Im Rahmen dieser Ausarbeitung kann diese Folgefrage jedoch offen bleiben, da hier nur die Einordnung des Investmentfonds untersucht werden soll.

3.1.1.1 Zuordnungskriterium der Körperschaftsteuersubjekte

Der Gesetzgeber hat seine Entscheidung, ob Personenmehrheiten als eigenständige Körperschaftsteuersubjekte qualifizieren, nicht nach der sog. Theorie des wirtschaftlichen Eigentums der Anteilseigner an der Kapitalgesellschaft getroffen, welche eine eigene Leistungsfähigkeit der Kapitalgesellschaft völlig negiert und eine direkte Erfassung der anteiligen Gewinne der Körperschaft bei den Anteilseignern für sachgerecht erachtet.[6] Er hat sich mit dem KStG vielmehr gegen eine solche Konzeption der unmittelbaren Besteuerung bei den Anlegern einer Körperschaft und für eine gesonderte Besteuerung der in § 1 Abs. 1 KStG genannten Steuersubjekte entschieden. Ebenso hat er eine Zuordnung der Steuersubjektfähigkeit nicht von der Grö-

---

4 Einen Rechtfertigungsbedarf dafür, dass nur diese Subjekte und nicht alle Unternehmen zusätzlich belastet werden, sieht z.B.: *Tipke*, Die Steuerrechtsordnung Bd. II, S. 1174.

5 Eine eigene Leistungsfähigkeit der Körperschaft bejahen u.a. *BVerfG*, Beschluss v. 21.06.2006, 2 BvL 2/99, BVerfGE 116, 164 (199); *BVerfG*, Beschluss v. 12.10.2010, 1 BvL 12/07, BVerfGE 127, 224 (250); *Frotscher* in: *Frotscher*, KStG/GewStG/UmwStG, § 8 KStG, Rn. 28; *Rasenack*, Die Theorie der Körperschaftsteuer, S. 312; a.A. *Bareis*, BB 2003, S. 2315; *Engels/Stützel*, Teilhabersteuer, S. 27 f.; eine temporäre eigene Leistungsfähigkeit bejahen u.a. *Drüen*, AL 2015, S. 288; *Hey* in: *Tipke/Lang*, Steuerrecht, Rn. 11.6; *Jachmann*, DStJG 23 (2000), S. 24.

6 So *Engels/Stützel*, Teilhabersteuer, S. 28; siehe auch mit weiteren Nachweisen (m.w.N.) *Desens* in: *Herrmann/Heuer/Raupach*, EStG/KStG, Einf. KSt, Rn. 33.

ße der Personenvereinigung abhängig gemacht,[7] da er im KStG gerade nicht nach der konkreten Organisation von Personenmehrheiten unterscheidet.

Entgegen der Rechtsprechung des BVerfG liegt der negativen Entscheidung des Gesetzgebers, dass Personengesellschaften nicht bei den Körperschaftsteuersubjekten einzuordnen sind, jedenfalls mittlerweile nicht mehr die Wertung zu Grunde, dass Personengesellschaften rechtlich nicht selbstständig seien und ihr Vermögen gegenüber den Gesellschaftern nicht abgeschirmt sei. Dieses zivilrechtliche Argument von der Abschirmwirkung des Vermögens der Körperschaft gegenüber dem Vermögen der Gesellschaft rechtfertigt vor dem Hintergrund der mittlerweile ständigen Rechtsprechung des Bundesgerichtshofes zur Rechtsnatur der Personenhandelsgesellschaft eine unterschiedliche Besteuerung von Körperschaften und Personenhandelsgesellschaften nicht überzeugend.[8] Denn nach herrschender Auffassung ist auch die Personenhandelsgesellschaft selbst Träger des Vermögens und die Vermögenssphären der Gesellschaft und der Gesellschafter sind ebenso getrennt wie bei den Kapitalgesellschaften.[9] Es gilt mithin zivilrechtlich sowohl für die Kapitalgesellschaft, wie auch für die Personenhandelsgesellschaft das Trennungsprinzip.[10] Ob es daher sachgerechter wäre das Körperschaftsteuersystem auch auf Personenhandelsgesellschaften wegen der vergleichbaren Rechtsfähigkeit auszudehnen, ist nicht Thema dieser Ausarbeitung.[11] Jedenfalls scheidet die Rechtsfähigkeit einer Personenmehrheit als gemeinsames Merkmal aller Körperschaftsteuersubjekte in Abgrenzung zu Personengesellschaften aus[12] ebenso wie die Selbstständigkeit des Vermögens gegenüber den Gesellschaftern,[13] da sich aus diesen Kriterien schon nicht ergibt, dass

7 Dies erachtet *Lang*, DStJG 24 (2001), S. 99 f., als sachgerecht; siehe zu dieser Auffassung m.w.N. auch *Desens* in: *Herrmann/Heuer/Raupach*, EStG/KStG, Einf. KSt, Rn. 34.

8 Vgl. *Hennrichs*, StuW 2007, S. 20.

9 So mit umfassenden Belegen: *Hennrichs*, StuW 2007, S. 19 f.

10 Vgl. *Hennrichs*, StuW 2007, S. 19.

11 Dem zugeneigt: *Hennrichs*, StuW 2007, S. 19.

12 So auch: *Neumann*, Besteuerung von Publikums-Investmentvermögen, S. 184; Bei der Einordnung ausländischer Personenmehrheiten kommt auch *Münch* in: *Dötsch/Pung/Möhlenbrock*, Die KSt, § 1 KStG, Rn. 87a dazu, dass die Merkmale, wie die Lebensdauer des Rechtsgebildes, der Status der Beteiligten bzw. Mitglieder, die Gewinnverteilung und -zurechnung, formale Vorgaben wie die Registereintragung und auch die Rechtsfähigkeit ungeeignet sind.

13 A.A. *Neumann*, Besteuerung von Publikums-Investmentvermögen, S. 182 f., der die Ab-

Personengesellschaften nicht den Körperschaftsteuersubjekten zuzuordnen sind. Dass die Rechtsfähigkeit irrelevant sein muss, ergibt sich auch daraus, dass die in § 1 Abs. 1 KStG genannten Steuersubjekte selbst nicht alle voll rechtsfähig sind.[14] So ist z.B der in § 1 Abs. 1 Nr. 5 genannte nichtrechtsfähige Verein i.S.v. § 54 Bürgerliches Gesetzbuch (BGB) nach dem Zivilrecht nicht vollständig rechtsfähig, da er nicht ins Vereinsregister eingetragen wurde.[15] Er ist nach überwiegender Auffassung in der Literatur und Rechtsprechung hinsichtlich der Rechtsfähigkeit vielmehr der Gesellschaft bürgerlichen Rechts (GbR) gleichzustellen[16] und kann beispielsweise nicht allein unter seinem Namen in das Grundbuch eingetragen werden. Vielmehr müssen gem. § 54 S. 1 BGB i.V.m. § 47 Abs. 2 Grundbuchordnung (GBO) neben dem nichtrechtsfähigen Verein auch sämtliche Vereinsmitglieder eingetragen werden.[17] Demgegenüber sind die Offene Handelsgesellschaft (OHG) und die Kommanditgesellschaft (KG), welche nach der gesetzgeberischen Konzeption selbst gerade keine Körperschaftsteuersubjekte darstellen, in vollem Umfang rechtsfähig.

Zur Ermittlung des Prinzips, nach welchem der Gesetzgeber die Körperschaftsteuersubjekteigenschaft vergibt, muss vielmehr mittels einer Zusammenschau der körperschaftsteuerlichen und der einkommensteuerlichen Vorschriften herausgearbeitet werden, welche Kriterien der Gesetzgeber dafür als maßgeblich erachtet hat, dass eine Personenmehrheit selbst zum Steuersubjekt wird.[18]

3.1.1.2 Bedeutung des Realisationsprinzips für die Steuersubjektfähigkeit

Die Erkenntnis des BVerfG hinsichtlich einer Abschirmwirkung enthält den richtigen Ansatz zur Ermittlung der gesetzgeberischen Zuordnungsentscheidung. Allerdings kam es dem Gesetzgeber für seine Zuordnungsentschei-

spaltung der Vermögensmasse als Voraussetzung für das Entstehen einer eigenen steuerlichen Leistungsfähigkeit ansieht.

14 So auch: *Stolterfoht*, FS Ludwig Schmidt, S. 499.

15 Vgl. *Klein* in: *Herrmann/Heuer/Raupach*, EStG/KStG, § 1 KStG, Rn. 57.

16 Vgl. *Weick* in: *Staudinger*, BGB, Buch 2, § 54, Rn. 2.

17 Vgl. *BGH*, Urteil v. 21.1.2016, V ZB 19/15, ZIP 2016, 1163.

18 So zur Abgrenzung von Körperschaftsteuersubjekten auch *Münch* in: *Dötsch/Pung/Möhlenbrock*, Die KSt, § 1 KStG, Rn. 87a, nach welchem „eine steuerliche Einordnung nach den Leitgedanken des deutschen KSt- und ESt-Rechts vorzunehmen ist.“

dung nicht auf die Abschirmung des Vermögens an, wie es das BVerfG mit seinem Verweis auf § 718 BGB annimmt, sondern es ging dem Gesetzgeber um die Frage der Ergebniszurechnung.

Die gesonderte Besteuerung der Einkünfte der Körperschaftsteuersubjekte nimmt der Gesetzgeber deshalb vor, weil ansonsten aufgrund des Realisationsprinzips, für welches er sich im Rahmen der Ertragsbesteuerung auch für Anleger von Körperschaften entschieden hat, Erträge bei einer Thesaurierung weder auf Ebene der in § 1 Abs. 1 KStG genannten Gesellschaften noch auf Ebene ihrer Gesellschafter besteuert werden könnten.[19]

Das Realisationsprinzip konkretisiert das Leistungsfähigkeitsprinzip im Hinblick auf den Besteuerungszeitpunkt.[20] Steuerpflichtige sind je nach ihrer finanziellen Leistungsfähigkeit nicht nur der Höhe nach, sondern auch in der Zeitenfolge gleichmäßig zu belasten.[21]

Der Gesetzgeber hat sich im Rahmen der ESt für Überschusseinkünfte mit dem § 11 Abs. 1 S. 1 bis 4, Abs. 2 S. 1 bis 4 EStG und auch für die Gewinneinkünfte mit dem § 11 Abs. 1 S. 5 i.V.m. § 5 Abs. 1 EStG i.V.m. § 252 Abs. 1 Nr. 4 Halbs. 2 HGB dazu entschieden, die ESt als Ertragsteuer auszugestalten, die nur den Erwerb besteuert, der auch realisiert wurde und nicht den Sollertrag, der hätte erzielt werden können.[22] Für die KSt hat der Gesetzgeber diese Entscheidung für das Realisationsprinzip durch den Verweis in § 8 Abs. 1 S. 1 KStG auf die Einkommensermittlungsvorschriften des EStG übernommen.

Das Realisationsprinzip verhindert eine Besteuerung der Eigentumssubstanz.[23] Hinter diesem Prinzip steht die gesetzgeberische Wertung, möglichst sichere Werte zu besteuern, sodass es nicht zu einer Übermaßbesteuerung kommt.[24] Die Frage, zu welchem genauen Zeitpunkt ein Vermögenszuwachs realisiert ist, bedarf der weiteren Konkretisierung durch den Gesetzge-

19 So auch: *Stolterfoht*, FS Ludwig Schmidt, S. 506 f.; ähnlich: *Rasenack*, Die Theorie der Körperschaftsteuer, S. 197 ff., der diesen Effekt allerdings nur als Nebenzweck ansieht.
20 Vgl. *Tipke*, Die Steuerrechtsordnung Bd. I, S. 70.
21 Vgl. *Kirchhof*, Besteuerung im Verfassungsstaat, S. 41.
22 Vgl. *Hey* in: *Tipke/Lang*, Steuerrecht, Rn. 8.52; *Kirchhof* in: *Kirchhof*, EStG, Einl., Rn. 12; so explizit für die Gewinneinkünfte *Bundesfinanzhof (BFH)*, Urteil v. 27.6.2001, I R 45/97, BStBl II 2003, 121 (123); *Hennrichs*, DStJG 24 (2001), S. 315 f.
23 Vgl. *Danz*, FR 2018, S. 166; *Jachmann*, DStJG 23 (2000), S. 56.
24 Vgl. *Danz*, FR 2018, S. 166; *Jachmann*, DStJG 23 (2000), S. 56; *Lang*, Die Bemessungsgrundlage der Einkommensteuer, S. 174.

ber.[25] Er hat diesen Zeitpunkt für das jeweilige Subsystem der Gewinn- und der Überschusseinkünfte unterschiedlich geregelt. Insoweit gilt für die Überschusseinkünfte grundsätzlich das in § 11 EStG verankerte Zu- und Abflussprinzip, während im Rahmen der Gewinneinkünfte grundsätzlich das Prinzip der Periodenabgrenzung gilt.[26] Die Realisation orientiert sich bei den Überschusseinkünften mithin an Zahlungsströmen, während sie bei den Gewinneinkünften grundsätzlich zum Zeitpunkt der wirtschaftlichen Verursachung zu erfassen ist.[27] Eine Besteuerung ist nach beiden Subprinzipien im Rahmen des Realisationsprinzips jedenfalls noch nicht hinsichtlich allgemeiner künftiger Gewinnerwartungen möglich.[28]

Solche allgemeinen Gewinnerwartungen ergeben sich auf Ebene des Anlegers eines der in § 1 Abs. 1 KStG genannten Körperschaftsteuersubjekten jedoch im Fall der Thesaurierung der Erträge auf Ebene der Gesellschaft. Den vom Gesetzgeber zu Körperschaftsteuersubjekten bestimmten Personenvereinigungen ist mithin gemein, dass sie ihre Erträge gegenüber den Anlegern bis zur Fassung eines förmlichen Ausschüttungsbeschlusses abschirmen.[29] Denn es besteht im Fall der Thesaurierung mangels formellen Ausschüttungsbeschlusses noch keine Forderung der Gesellschafter gegenüber einer solchen in § 1 Abs. 1 KStG genannten Gesellschaft[30] und es findet daher

25 Vgl. *Schulze-Osterloh*, DStJG 23 (2000), S. 71.
26 Vgl. *Hennrichs*, DStJG 24 (2001), S. 310; *Musil* in: *Herrmann/Heuer/Raupach*, EStG/KStG, § 2 EStG, Rn. 12.
27 *Hennrichs*, DStJG 24 (2001), S. 313; *Hey* in: *Tipke/Lang*, Steuerrecht, Rn. 8.58 f.
28 Vgl. *Schulze-Osterloh*, DStJG 23 (2000), S. 71.
29 So im Ergebnis auch: *Lang*, Brühler Empfehlungen, S. 20.
30 Vgl. z.B. zur Aktiengesellschaft: *Hennrichts/Pöscke* in: *Goette/Habersack/Kalss*, MüKo AktG, § 174 AktG, Rn. 43; ebenso: *Pezzer*, FS Tipke, S. 428; vgl. zur GmbH: *Altmeppen* in: *Altmeppen*, GmbHG, § 29 Gesetz betreffend die Gesellschaft mit beschränkter Haftung (GmbHG), Rn. 1; vgl. zur Genossenschaft: *Pöhlmann* in: *Pöhlmann/Fandrich/Bloehs*, GenG, § 19 Genossenschaftsgesetz (GenG), Rn. 2; zur Stiftung: Bei dieser gibt es keine Mitglieder und die Erträge des Stiftungsvermögens werden nicht ausgeschüttet, sondern dienen allein der Verwirklichung des Stiftungszwecks, sodass sie grundsätzlich im Stiftungsvermögen verbleiben oder von diesem zur Zweckerreichung verwendet werden (vgl. *Hüttemann/Rawert* in: *Staudinger*, BGB, Buch 1, § 81, Rn. 66); zum Verein: auch bei diesem verbleiben die Erträge regelmäßig im Vereinsvermögen und die mitgliedschaftlichen Rechte erschöpfen sich in der Nutzung des Vereinsvermögens (vgl. *Leuschner* in: *Säcker/Rixecker/Oetker/Limperg*, MüKo BGB, § 38 BGB, Rn. 13).

kein Ertragszufluss bei den Gesellschaftern statt.[31] Auch die mit der Thesaurierung üblicherweise verbundene Wertsteigerung der Anteile ist ebenfalls mangels Realisation durch Veräußerung sowohl bei den Gewinn- wie auch bei den Überschusseinkünften noch nicht zu erfassen.[32] Denn die Wertsteigerung ist vor der tatsächlichen Veräußerung nicht endgültig und kann bei künftigen Verlusten der Gesellschaft wieder vollständig entfallen.

Das ist bei den Personengesellschaften anders. Bei diesen hängen Zeitpunkt und Höhe der Ergebniszurechnung nicht von einem (jährlich neu zufassenden) formellen Ausschüttungsbeschluss ab.[33] Das HGB sieht besondere Beschlüsse zur Ergebnisverwendung gerade nicht vor,[34] sondern die auf den Gesellschafter einer Personengesellschaft entfallenden Gewinne und Verluste werden diesem jährlich durch Gutschrift auf einem Gesellschafterkapital- oder -darlehenskonto zugeteilt.[35] Der so zugeschriebene Gewinn kann von den Gesellschaftern einer Personengesellschaft grundsätzlich nach den gesetzlichen Regelungen voll entnommen werden – d.h. das Gesetz sieht für Personengesellschaften die Vollausschüttung als Regelfall vor.[36] Der Gewinnanspruch des Gesellschafters einer Personengesellschaft – und damit eine Forderung – entsteht mithin bereits mit Feststellung des Jahresabschlusses grundsätzlich, ohne dass es eines Auszahlungsverlangens des Gesellschafters bedarf.[37] Darauf, ob der Gesellschafter den ihm zustehenden Gewinn tatsäch-

---

31 Vgl. *Rasenack*, Die Theorie der Körperschaftsteuer, S. 198; *Jachmann*, DStJG 23 (2000), S. 24.

32 Vgl. *Desens* in: *Herrmann/Heuer/Raupach*, EStG/KStG, Einf. KSt, Rn. 31; *Jachmann*, DStJG 23 (2000), S. 24.

33 Vgl. *Schnittker/Lemaitre*, GmbHR 2003, S. 1317.

34 Vgl. *Priester* in: *Schmidt*, MüKo HGB, § 120 HGB, Rn. 80.

35 Vgl. *Schnittker/Lemaitre*, GmbHR 2003, S. 1317; zur OHG: *Priester* in: *Schmidt*, MüKo HGB, § 120 HGB, Rn. 80; zum Kommanditisten der KG: *Grunewald* in: *Schmidt*, MüKo HGB, § 169 HGB, Rn. 2; auch bei der einkommensteuerpflichtigen GbR erfolgt die Gewinnzuteilung jährlich, da es sich bei Zusammenschlüssen, die Erwerbszwecken dienen, um Dauergesellschaften i.S.v. § 721 Abs. 2 BGB handelt (Vgl. *Schäfer* in: *Säcker/Rixecker/Oetker/Limperg*, MüKo BGB, § 721 BGB, Rn 2); zur US-Amerikanischen LLC: *Hey*, FS Debatin, S. 129.

36 Vgl. zur GbR: *Kilian* in: *Henssler/Strohn*, GesR, § 721 BGB, Rn. 9; zur OHG: *Priester* in: *Schmidt*, MüKo HGB, § 122 HGB, Rn. 1; zum Kommanditisten der KG: *Roth* in: *Baumbach/Hopt*, HGB, § 169 HGB, Rn. 2.

37 Vgl. zur OHG: *Priester* in: *Schmidt*, MüKo HGB, § 121 HGB, Rn. 10; zur GbR: *Schäfer* in: *Säcker/Rixecker/Oetker/Limperg*, MüKo BGB, § 721 BGB, Rn 13; zum Komman-

lich entnimmt, kann es insoweit – wie bei Einzelunternehmer – nicht ankommen. Soweit gesellschaftsrechtlich unter strengen Voraussetzungen zulässige Einschränkungen des Entnahmerechts[38] von den Gesellschaftern vereinbart wurden, lässt der Gesetzgeber diese aus Vereinfachungsgründen unberücksichtigt und knüpft an den sich aus den gesetzlichen Vorschriften des Gesellschaftsrechts ergebenden Regelfall an. Ob diese Vereinfachung für jeden Einzelfall von Personengesellschaften gerechtfertigt ist, ist nicht Thema dieser Arbeit und kann hier offen bleiben.

Da jedenfalls nach der gesetzlichen Konzeption des Gesellschaftsrechts eine Nichtbesteuerung des Körperschaftsteuersubjekts aufgrund der *Abschirmung der Erträge* zu Wettbewerbsvorteilen führen würde, welche diese gegenüber dem Einzelunternehmen hätten und gegenüber solchen Personenvereinigungen, bei denen die Erträge unmittelbar den Gesellschaftern zuzurechnen sind,[39] erschöpft sich die Funktion der KSt in der Ergänzung der ESt, um die Erfassung von – der ESt entzogenen – thesaurierten Gewinnen zu gewährleisten.[40] Im Hinblick auf diese Funktion, die der Gesetzgeber der KSt gegeben hat, muss auch das Prinzip bestimmt werden, nach welchem eine Personenvereinigung den Körperschaftsteuersubjekten zuzuordnen ist. Danach sieht es der Gesetzgeber als sachgerecht an, dass nichtrechtsfähige Personenvereinigungen und Vermögensmassen u.a. nur dann der KSt unterliegen, wenn ihr Einkommen nicht nach dem EStG unmittelbar bei einem Steuerpflichtigen zu versteuern ist, weil es diesem auch zivil- bzw. gesellschaftsrechtlich ohne formellen Ausschüttungsbeschluss zugerechnet wird.[41] Dass der Gesetzgeber der KSt nur eine Ergänzungsfunktion zur ESt beimisst, um Besteuerungslücken zu vermeiden, zeigt sich auch an § 3 Abs. 1 KStG. Danach ordnet der Gesetzgeber Personenmehrheiten nur subsidiär[42]

ditisten der KG: *Grunewald* in: *Schmidt*, MüKo HGB, § 169 HGB, Rn. 2.

38 Vgl. zu den Anforderungen bei der GbR: *Schäfer* in: *Säcker/Rixecker/Oetker/Limperg*, MüKo BGB, § 721 BGB, Rn. 9 ff.

39 Vgl. *Desens* in: *Herrmann/Heuer/Raupach*, EStG/KStG, Einf. KSt, Rn. 31; *Tipke*, Die Steuerrechtsordnung Bd. II, S. 1200.

40 So auch: *Desens* in: *Herrmann/Heuer/Raupach*, EStG/KStG, Einf. KSt, Rn. 1.

41 A.A. wohl: *Stolterfoht*, FS Ludwig Schmidt, S. 514, der zu dem Ergebnis kommt, es gebe keine aus der Natur der Sache ableitbare Abgrenzung zwischen Körperschaftsteuersubjekten und Mitunternehmerschaften.

42 Siehe zur Subsidiarität auch: *Rengers* in: *Blümich*, EStG/KStG/GewStG, § 3 KStG, Rn. 20 f.; *Pfirrmann* in: *Gosch*, KStG, § 3 KStG, Rn. 3.

den Körperschaftsteuersubjekten zu, wenn eine Besteuerung ihrer Einkünfte im Rahmen der ESt nicht ohne Durchbrechung des Realisationsprinzips möglich ist (sog. „Vorrang der transparenten Besteuerung“).[43]

Ob dieses Zuordnungsprinzip nach der gesellschaftsrechtlichen Ergebniszurechnung, nach welchem der Gesetzgeber Personenmehrheiten die Steuersubjekteigenschaft zuordnet, selbst sachgerecht ist, kann im Rahmen dieser Ausarbeitung offen bleiben. Es soll in dieser Arbeit nicht geprüft werden, ob beispielsweise eine Konzeption im Sinne der Theorie vom wirtschaftlichen Eigentum der Anteilseigner an der Kapitalgesellschaft in Form einer Teilhabersteuer, eine Zuordnung nach der Größe der Personenvereinigung oder nach den Haftungsvorschriften[44] oder eine völlig eigenständige Unternehmensteuer auf unternehmerisch reinvestierte Gewinne[45] sachgerechter wäre.

Gegenstand dieser Ausarbeitung ist allein die Frage, ob eine Einordnung der Investmentfonds als Körperschaftsteuersubjekte nach der gesetzgeberischen Zurordnungsentscheidung folgerichtig erfolgt ist. Das ist der Fall, wenn bei den Investmentfondsanlegern eine Ergebniszurechnung von einem formellen Ausschüttungsbeschluss abhängt.[46] Nur dann besteht das Bedürfnis des Gesetzgebers, diese Erträge – jedenfalls zumindest bis zur tatsächlichen Ausschüttung – im Wege der KSt zu besteuern.

3.1.1.3 Einordnung des Investmentfonds

Es ist somit im Folgenden für Investmentvermögen i.S.v. § 1 InvStG zu prüfen, ob die in diesen Vermögen erzielten Erträge den Anlegern qua Gesetz oder vertraglicher Vereinbarung zivilrechtlich unmittelbar zum Jahresende zugeordnet werden können, oder ob es dafür eines formellen Ausschüttungsbeschlusses bedarf. Insoweit ist zu beachten, dass Investmentvermögen keine eigenständige Gesellschaftsform mit eigenständigen Regelungen sind, son-

43 *Martini*, DStR 2012, S. 388.

44 Als sachgerechter sieht eine solche Zuordnung *Lang*, DStJG 24 (2001), S. 99 f.; a.A. *BFH*, Beschluss v. 25.06.1984, GrS 4/82, BStBl. II 1984, 751 (760), nach dem diese Kriterien in der Praxis keine klare Grenzziehung ermöglichen würden.

45 So: *Pezzer*, FS Tipke, S. 430.

46 *Schnittker/Lemaitre*, GmbHR 2003, S. 1317, kommen auch zu dem Ergebnis, dass es sich bei dem Kriterium der Ergebniszurechnung jedenfalls um ein geeignetes Kriterium (unter mehreren) für die Zuordnung einer ausländischen Personenvereinigung zu den Körperschaftsteuersubjekten handelt.

dern dass es sich hierbei um eine durch das Aufsichtsrecht definierte Kategorisierung handelt. Das Aufsichtsrecht legt insoweit die gesellschaftsrechtlich möglichen Organisationsformen fest, in denen Investmentvermögen errichtet werden dürfen. Die Ergebniszurechnung bei Investmentfonds muss mithin für die möglichen gesellschaftsrechtlichen Organisationsformen von Investmentfonds, die unter § 1 InvStG fallen können, gesondert untersucht werden.

Zu den nach § 6 Abs. 1 und Abs. 2 InvStG zu Körperschaftsteuersubjekten erklärten Investmentfonds zählen gem. § 1 Abs. 2 InvStG zunächst die Investmentvermögen nach § 1 Abs. 1 KAGB, wobei hierzu auch solche gehören, die allein deshalb nicht unter § 1 Abs. KAGB fallen, weil die Zahl ihrer möglichen Anleger auf einen Anleger begrenzt ist. Desweiteren zählen nach dieser Vorschrift Kapitalgesellschaften, denen nach dem Recht des Staates, in dem sie ihren Sitz oder ihre Geschäftsleitung haben, eine operative unternehmerische Tätigkeit untersagt ist und die keiner Ertragsbesteuerung unterliegen oder die von der Ertragsbesteuerung befreit sind, und von AIF-Kapitalverwaltungsgesellschaften verwaltete Investmentvermögen nach § 2 Abs. 3 KAGB zu den Kapitalgesellschaften.[47]

Das Aufsichtsrecht erlaubt für solche Investmentfonds, soweit sie dem inländischen Aufsichtsrecht unterliegen, folgende Rechtsformen:

Zunächst kann der Investmentfonds gem. § 92 Abs. 1 S. 1 KAGB als Sondervermögen ausgestaltet sein, d.h. als verselbstständigte Vermögensmasse ohne eigene Rechts- und Handlungsfähigkeit.[48] Das Sondervermögen entsteht durch den Investmentvertrag zwischen der Kapitalverwaltungsgesellschaft und den einzelnen Anlegern.[49] Zivilrechtlich handelt es sich bei diesem Vertrag nach herrschender Auffassung um einen Geschäftsbesorgungsvertrag i.S.v. §§ 675, 611 BGB.[50] Das Sondervermögen ist Zweckvermögen, das die Kapitalanlagegesellschaft vom eigenen Vermögen getrennt zu halten hat (§ 92 Abs. 1 S. 2 KAGB) und welches nicht für die Verbindlichkeiten

---

47 Vgl. Kapitel 2.1.
48 Vgl. *Hoch/Preller*, BKR 2019, S. 22.
49 Vgl. *Beckmann* in: *Beckmann/Scholz/Vollmer*, Investment-Handbuch, 405, § 92 KAGB, Rn. 100; *Moroni* in: *Moritz/Klebeck/Jesch*, KAGB, § 92 KAGB, Rn. 10.
50 Vgl. *Bachmann/Kunschke* in: *Beckmann/Scholz/Vollmer*, Investment-Handbuch, 405, § 162 KAGB, Rn. 18; *Moroni* in: *Moritz/Klebeck/Jesch*, KAGB, § 92 KAGB, Rn. 10; *v. Ammon/Izzo-Wagner* in: *Baur/Tappen*, InvG, § 162, Rn. 15.

der Kapitalanlagegesellschaft haftet (§ 93 Abs. 2 KAGB).[51] Es kann entweder im treuhänderischem Eigentum der Kapitalanlagegesellschaft stehen (sog. Treuhandlösung oder Vollrechtstreuhand) oder im Miteigentum der Anleger (sog. Miteigentumslösung oder auch Ermächtigungstreuhand).[52] Unabhängig von den formellen Eigentumsverhältnissen (Treuhand- oder Miteigentumslösung), stehen die Verwaltungs- und Dispositionsrechte über das Sondervermögen allerdings ausschließlich der Kapitalanlagegesellschaft zu (§ 93 Abs. 1 KAGB).[53] Insoweit verschafft die Regelung des § 93 Abs. 1 KAGB der Kapitalverwaltungsgesellschaft Verfügungsmacht entsprechend § 185 BGB.[54]

Ein Investmentfonds kann zudem als Investmentgesellschaft (§ 1 Abs. 11 KAGB) ausgestaltet werden, d.h. in der Rechtsform einer Investmentaktiengesellschaft oder einer Investmentkommanditgesellschaft. Das Aufsichtsrecht verbietet diese Form jedoch für inländische Immobilieninvestmentvermögen (§ 91 Abs. 3 KAGB). Für diese kommt daher nur die Ausgestaltung als Sondervermögen in Betracht.

Letztlich gibt es in dem Anwendungsbereich des InvStG keine Investmentfonds,[55] die dem inländischen Aufsichtsrecht unterliegen und welche in der Rechtsform der Investmentkommanditgesellschaft errichtet wurden. Zwar werden durch das InvStG Personengesellschaften vom Anwendungsbereich nur ausgenommen, soweit es sich nicht um OGAW i.S.v. § 1 Abs. 2 KAGB handelt. Allerdings dürfen inländische OGAW nach dem Aufsichtsrecht als offene Investmentvermögen i.S.v. § 1 Abs. 4 Nr. 1 KAGB nur in der Rechtsform des Sondervermögens oder der Investmentaktiengesellschaft mit veränderlichem Kapital errichtet werden (§ 91 Abs. 1 KAGB).[56] Investment-

51 Siehe zum Grundsatz der Vermögenstrennung auch: *Lichtentstein* in: *Baur/Tappen*, InvG, § 92 KAGB, Rn. 23 f.

52 Vgl. *Hoch/Preller*, BKR 2019, S. 24; *Moroni* in: *Moritz/Klebeck/Jesch*, KAGB, § 92 KAGB, Rn. 12 u. 16; vgl. zum InvG: *Kirchmayr*, DStJG 30 (2007), S. 247.

53 Vgl. *Hoch/Preller*, BKR 2019, S. 24; *Moroni* in: *Moritz/Klebeck/Jesch*, KAGB, § 92 KAGB, Rn. 12; vgl. auch zum InvG: *Kirchmayr*, DStJG 30 (2007), S. 247.

54 Vgl. *Moroni* in: *Moritz/Klebeck/Jesch*, KAGB, § 93 KAGB, Rn. 4.

55 Einzige Ausnahme sind sog. Altersvorsorgevermögensfonds i.S.v. § 53 InvStG, die in Fortführung der früheren Rechtslage Spezial-Investmentfonds sein können.

56 Vgl. *Beckmann* in: *Beckmann/Scholz/Vollmer*, Investment-Handbuch, 405, § 91 KAGB, Rn. 23; *Schneider-Deters* in: *Patzner/Döser/Kempf*, HK-InvestmentR, § 1 KAGB, Rn. 26.

kommanditgesellschaften stellen aufsichtsrechtlich stets Alternative Investmentfonds (AIF) dar.[57] Somit können Investmentfonds im Sinne des Investmentsteuergesetzes, wenn sie inländischem Aufsichtsrecht unterliegen, nur Investment-Aktiengesellschaften oder Sondervermögen sein.

Ob und welche weiteren ausländischen Rechtsformen es gibt, die ausländischem Aufsichtsrecht unterliegen und die in den Anwendungsbereich des Investmentsteuerrecht fallen, wird hier zunächst offen gelassen[58] und die Untersuchung auf die beiden nach nationalem Aufsichtsrecht möglichen Rechtsformen beschränkt.

3.1.1.3.1 Investmentaktiengesellschaften

Ist der Investmentfonds als Investmentaktiengesellschaft errichtet worden, kommt es zur Abschirmung der Erträge auf Ebene der Gesellschaft bis zur Fassung eines formellen Ausschüttungsbeschlusses. Die Vorschriften zur Gewinnverwendung (§§ 58, 174 AktG) gelten gem. § 108 Abs. 2 KAGB entsprechend, sodass eine Forderung des Fondsanlegers auf eine Ausschüttung der anteiligen Investmenterträge bis zum Wirksamwerden eines ordnungsgemäß gefassten Ausschüttungsbeschlusses (§§ 174 Abs. 2 Nr. 2, 58 Abs. 3 AktG) nicht besteht.[59] Die Einordnung der Investmentaktiengesellschaft bei den Körperschaftsteuersubjekten entspricht mithin der gesetzgeberischen Zuordnungsentscheidung.

3.1.1.3.2 Sondervermögen

Wie und zu welchem Zeitpunkt sich ein zivilrechtlicher Anspruch der Fondsanleger gegenüber der Kapitalverwaltungsgesellschaft auf Auszahlung der Erträge des Investmentfonds ergibt, wenn dieser als Sondervermögen ausgestaltet worden ist, wurde bisher in der Literatur nicht thematisiert. Zivilrechtlich bilden die Anteilsinhaber in Bezug auf das Sondervermögen eine Bruchteilsgemeinschaft i.S.v. §§ 1008, 741 ff. BGB.[60] Zwischen den einzelnen Anlegern und der Fondsgesellschaft besteht zudem ein entgeltlicher

---

57 Vgl. *Wallach*, zgr 2014, S. 294.

58 Der Gesetzgeber geht jedenfalls davon aus, dass ausländischen OGAW in der Rechtsform einer Personengesellschaft existieren, vgl. *Deutscher Bundestag*, BT-Drs. 18/8045, S. 68; *Lechner*, RdF 2016 hält OGAW in der Rechtsform einer Personengesellschaft für einen wenig praxisrelevanten Fall.

59 *Bayer* in: *Goette/Habersack/Kalss*, MüKo AktG, § 58 AktG, Rn. 105

60 Vgl. *Schädermeier/Baltzer* in: *Brinkhaus/Scherer*, KAGG, § 11 KAGG, Rn. 1;

Geschäftsbesorgungsvertrag i.S.v. §§ 675, 611 BGB, der sog. Investmentvertrag.[61] Den Anlegern könnten daher Ansprüche auf Auszahlung der Erträge gem. §§ 667, 675 BGB (ggf. i.V.m. § 743 BGB) zustehen.

Allerdings sind die Vorschriften des KAGB vorrangig vor den allgemeinen Regelungen des BGB, wenn sich aus diesen abweichende Sonderregelungen ergeben, oder wenn die Vorschriften den durch das Aufsichtsrecht vorgegebenen Merkmalen nicht gerecht werden.[62] Daher dürfte sich der Anspruch der Anleger auf Auszahlung der Erträge nicht aus den Vorschriften des BGB ergeben.[63] Denn in § 92 Abs. 2 KAGB ist eine umfassende Surrogation geregelt, die das Wesen des Sondervermögens ausmacht.[64] Nach dieser Regelung gehört zum Sondervermögen auch alles, was die Kapitalverwaltungsgesellschaft aufgrund eines zum Sondervermögen gehörenden Rechts oder durch Rechtsgeschäft erwirbt, das sich auf das Sondervermögen bezieht, oder was derjenige, dem das Sondervermögen zusteht, als Ersatz für ein zum Sondervermögen gehörendes Recht erwirbt. Zum Sondervermögen gehören daher auch alle unmittelbaren und mittelbaren Sach- und Rechtsfrüchte, die nicht auf einem Rechtsgeschäft beruhen, wie z.B. Zinsen, Dividenden und sonstige Früchte i.S.v. § 99 BGB.[65] Damit werden die Erträge des Sondervermögens kraft gesetzlicher Anordnung Teil des Sondervermögens und gehen in diesem auf. Für das (gemeinschaftliche) Sondervermögen ist wiederum gem. § 99 Abs. 5 KAGB ein Anspruch auf Aufhebung der bestehenden Bruch-

---

Beckmann in: *Beckmann/Scholz/Vollmer*, Investment-Handbuch, 405, § 92, Rn. 41; ob dies auch anzunehmen ist, wenn das Sondervermögen im treuhänderischen Eigentum der Kapitalverwaltungsgesellschaft steht, ist umstritten; dies bejahend: *Beckmann* in: *Beckmann/Scholz/Vollmer*, Investment-Handbuch, 405, § 92 KAGB, Rn. 43; *Lichtenstein* in: *Baur/Tappen*, InvG, § 92 KAGB, Rn. 22; a.A. *v. Proff* in: *Staudinger*, BGB, Buch 2, § 741 BGB, Rn. 152, der zu dem Ergebnis kommt, es liege keine Rechtsgemeinschaft vor, da die Anleger als Treuhandbegünstigte nur parallel gerichtete Ansprüche gegen die Gesellschaft und die Verwahrstelle hätten.

61 Vgl. *Chromek* in: *Kümpel/Mülbert/Früh/Seyfried*, Bank- und Kapitalmarktrecht, Rn. 16.182.

62 Vgl. *Patzner/Schneider-Deters* in: *Moritz/Klebeck/Jesch*, KAGB, § 162 KAGB, Rn. 18; *v. Ammon/Izzo-Wagner* in: *Baur/Tappen*, InvG, § 162, Rn. 16 ff.

63 Vgl. dazu: *v. Proff* in: *Staudinger*, BGB, Buch 2, § 741 BGB, Rn. 200, nachdem die Bestimmungen der §§ 742 ff. auf das Sondervermögen von Kapitalverwaltungsvermögen niemals anzuwenden sind.

64 Vgl. *Lichtenstein* in: *Baur/Tappen*, InvG, § 92 KAGB, Rn. 25.

65 *Beckmann* in: *Beckmann/Scholz/Vollmer*, Investment-Handbuch, 405, § 92, Rn. 83.

teilsgemeinschaft (§ 749 Abs. 3 BGB) ausgeschlossen.[66] Daher kann der einzelne Anleger auch die Aufteilung und Auszahlung der Erträge als Teil des Sondervermögens nicht verlangen.[67] An die Stelle des Anspruches auf Auflösung der Bruchteilsgemeinschaft tritt das jederzeitige Rückgaberecht des Fondsanteils an die Kapitalverwaltungsgesellschaft, um dem Anleger ein Ausscheiden aus der Rechtsgemeinschaft zu ermöglichen (§ 98 KAGB).[68] Erst mit der Rückgabe könnte der Anleger auch die bis dahin vom Sondervermögen erwirtschafteten Erträge realisieren. Aus diesen aufsichtsrechtlichen Regelungen ergibt sich somit, dass der Anleger die Auszahlung der Erträge gerade nicht nach den Vorschriften des BGB verlangen kann.

Der Auszahlungsanspruch muss sich daher aus den Regelungen des KAGB in Verbindung mit dem mit der Kapitalverwaltungsgesellschaft geschlossenen Investmentvertrag (= Anlagebedingungen des Investmentfonds)[69] ergeben.[70] Ausdrückliche Regelungen zur Forderungsentstehung finden sich allerdings weder im KAGB noch in den üblichen geschlossenen Investmentverträgen.[71] Die Kapitalverwaltungsgesellschaft ist jedenfalls bei inländischen Publikumsinvestmentvermögen gem. § 162 Abs. 1, Abs. 2 Nr. 5 u. 6 KAGB[72] verpflichtet, in ihren Anlagebedingungen schriftlich vor Ausgabe der Anteile am Sondervermögen u.a. festzulegen, in welcher Weise und zu welchen Stichtagen der Jahresbericht und der Halbjahresbericht über die Entwicklung des Investmentvermögens und seine Zusammensetzung erstellt und der Praxis zugänglich gemacht werden, ob Erträge des Investmentvermögens auszuschütten oder wieder anzulegen sind und ob die Ausschüttung von Veräu-

66 Vgl. *Lichtenstein* in: *Baur/Tappen*, InvG, § 92 KAGB, Rn. 17; *Beckmann* in: *Beckmann/Scholz/Vollmer*, Investment-Handbuch, 405, § 95 KAGB, Rn. 1.

67 Vgl. *Chromek* in: *Kümpel/Mülbert/Früh/Seyfried*, Bank- und Kapitalmarktrecht, Rn. 16.91.

68 Vgl. *Chromek* in: *Kümpel/Mülbert/Früh/Seyfried*, Bank- und Kapitalmarktrecht, Rn. 16.91.

69 Vgl. zu den Begriffsbezeichnungen *v. Ammon/Izzo-Wagner* in: *Baur/Tappen*, InvG, § 162 KAGB, Rn. 12 f.

70 Vgl auch *Beckmann* in: *Beckmann/Scholz/Vollmer*, Investment-Handbuch, 405, § 95, Rn. 1, nachdem sich das Recht auf Ausschüttung aus den Anlagebedingungen ergibt.

71 Vgl. zu den Mustervertragsbedingungen *Baur/Ziegler*, Das Investmentgeschäft, Rn. 9/307 ff.

72 Siehe zum Anwendungsbereich des § 162 KAGB: *Bachmann/Kunschke* in: *Beckmann/Scholz/Vollmer*, Investment-Handbuch, 405, § 162 KAGB, Rn. 11.

ßerungsgewinnen vorgesehen ist.[73] Zudem machen die Anlagebedingungen Angaben dazu, wie häufig und innerhalb welcher Frist die Ausschüttungen vorgenommen werden.[74] Die Höchstfristen ergeben sich für Sondervermögen aus § 107 Abs. 1 KAGB, welche in der Praxis regelmäßig so übernommen werden.[75] Auch soweit keine entsprechende Pflicht der Kapitalverwaltungsgesellschaft besteht, wird sie die Rechte des Anlegers auf Ausschüttung zum Zwecke der Rechtsklarheit vorab festlegen.[76] Ein Anspruch des Fondsanlegers auf Auszahlung könnte daher – zumindest bei Sondervermögen, für die eine Voll-Ausschüttung in den Anlagebedingungen festgelegt wäre – entweder mit Ablauf des Geschäftsjahres oder im Zeitpunkt der Erstellung der Ertragsrechnung automatisch entstehen, ohne dass es hierfür eines förmlichen Ausschüttungsbeschlusses bedarf. Die Erträge wären dem Anleger dann mit Forderungsentstehung (bilanzierender Anleger) oder mit tatsächlicher Auszahlung jährlich zuzurechnen, sodass keine Abschirmwirkung des Sondervermögens hinsichtlich der Erträge bestünde. Dies ist allerdings anders, sobald der Fonds auch nur einen Teil der Erträge thesauriert – was der Regelfall in der Praxis ist.[77] Oft ist der Anteil, der in das nächste Geschäftsjahr vorgetragen wird, in den Anlagebedingungen auch noch nicht konkret festgelegt, sondern es wird nur ein maximaler Anteil festgelegt.[78] Schon die Muster-Anlagebedingungen sehen im Falle der Ausschüttung von Erträgen vor, dass die Verwaltungsgesellschaft ausschüttbare Erträge zur Ausschüttung in spätere Geschäftsjahre vortragen kann, maximal jedoch 15 % des Werts des jeweiligen Investmentvermögens.[79] Die konkrete Höhe des Teils, der thesauriert wird, und des Teils, der ausgeschüttet wird, wird von der Kapitalverwaltungsgesellschaft selbst erst festgelegt.[80] In diesem Fall, könnte die

---

73 Vgl. *v. Ammon/Izzo-Wagner* in: *Baur/Tappen*, InvG, § 162, Rn. 61 ff.
74 *v. Ammon/Izzo-Wagner* in: *Baur/Tappen*, InvG, § 162 KAGB, Rn. 64.
75 *Bachmann/Kunschke* in: *Beckmann/Scholz/Vollmer*, Investment-Handbuch, 405, § 162 KAGB, Rn. 51.
76 Die aktuellen Muster-Anlagebedingungen, welche der BVI mit der BaFin abgestimmt hat, sind hier abrufbar: https://www.bvi.de/service/muster-und-arbeitshilfen/kapitalanlagegesetzbuch-muster-anlagebedingungen.
77 Vgl. *v. Ammon/Izzo-Wagner* in: *Baur/Tappen*, InvG, § 162, Rn. 61 ff.
78 Vgl. *v. Ammon/Izzo-Wagner* in: *Baur/Tappen*, InvG, § 162, Rn. 64.
79 Vgl. *Bachmann/Kunschke* in: *Beckmann/Scholz/Vollmer*, Investment-Handbuch, 405, § 162 KAGB, Rn. 53.
80 Vgl. *Baur/Ziegler*, Das Investmentgeschäft, Rn. 9/137.

Forderung des Anlegers hinsichtlich der Ausschüttung frühestens mit Festlegung durch die Kapitalgesellschaft im Rahmen der Aufstellung der Ertrags- und Verwendungsrechnung entstehen.

Soweit ein Fonds thesauriert, entsteht allerdings keine Forderung der Anleger auf Auszahlung, sodass es auf Anlegerebene nicht zu einer Realisation kommt.[81] Das Sondervermögen schirmt die in ihm erzielten Erträge ab. Auch eine wirtschaftliche Betrachtung der Thesaurierung ergibt nichts anderes. Es liegt auch keine Realisation im Wege des abgekürzten Zahlungsweges bei Thesaurierung durch das Sondervermögen in der Form vor, dass der Fondsanleger – anstatt dass er zunächst eine Ausschüttung der Erträge erhält, um diese anschließend an die Kapitalverwaltungsgesellschaft zurückzuzahlen, damit diese die Erträge wieder anlegt – die Kapitalverwaltungsgesellschaft stattdessen diese Ausschüttungen direkt einbehält. Denn der Investmentfondsanleger erwirbt in Höhe der anteiligen Erträge keine neuen Anteile. Denn die Wiederanlage der Erträge unter Ausgabe neuer Anteile wäre keine Thesaurierung sondern eine Sachausschüttung i.S.v. § 2 Abs. 11 InvStG.[82] Bei der Thesaurierung verbleiben die Erträge des Investmentfonds schlicht in seinem Vermögen, führen ggf. zu einer Steigerung des Werts der Anteile – wie bei der Aktiengesellschaft – ohne dass diese sich bereits realisieren.[83] Allein die durch das Aufsichtsrecht eingeräumte jederzeitige Rückgabemöglichkeit der Investmentfondsanteile führt nicht zu einer Realisation dieser Erträge, bevor der Anleger nicht auch tatsächlich von diesem Recht Gebrauch macht – häufig verbunden mit nachteiligen Folgen, wie der bloßen Auszahlung des unter dem Kurswert liegenden Rückkaufswert.[84] In Höhe der Thesaurierungsbeträge schirmt das Sondervermögen den Fonds daher sehr wohl ab. Da der Investmentfonds in der Praxis regelmäßig zumindest nur einen Teil seiner Erträge thesauriert, ist die Zuordnung von Investmentfonds in der Rechtsform des Sondervermögens zu den Körperschaftsteuersubjekten somit sachgerecht.[85]

---

81 Insoweit hinkt der Vergleich von *Kirchmayr*, DStJG 30 (2007), S. 241, die das Sondervermögen mit einer Personengesellschaft vergleicht.

82 Vgl. *BMF*, Schreiben v. 21.05.2019, BStBl I 2019, 527 (538).

83 Vgl. *Trencsik*, StuW 2014, S. 290.

84 Vgl. zum Unterschied zwischen dem Veräußerungspreis und dem Rückkaufswert: BFH, Urteil v. 10.11.2015, IX R 3/15, BStBl II 2016, 351 (352 f.).

85 A.A. *Kirchmayr*, DStJG 30 (2007), S. 243, die zu dem Ergebnis gelangt, dass Sonder-

Selbst wenn es in der Praxis dennoch Investmentfonds in der Rechtsform von Sondervermögen geben sollte, die eine Totalausschüttung aller Erträge des Sondervermögens verbindlich in den Anlagebedingungen vorsehen, sodass insoweit mit Ablauf des Jahres eine zivilrechtliche Forderung entstünde und eine Ertragszurechnung zu den Investmentfondsanlegern nach den allgemeinen Grundsätzen des EStG tatsächlich erfolgen könnte, wäre eine Zuordnung auch dieser Sondervermögen zu den Körperschaftsteuersubjekten aus Vereinfachungsgründen dennoch sachgerecht. Dies umso mehr vor dem Hintergrund, dass sich die Gesamtbelastung zwischen Gesellschaftern von Personengesellschaften und Kapitalgesellschaften insgesamt betrachtet, stark aneinander angenähert hat, sodass die Nachteile aus einer möglicherweise systemwidrigen Zuordnung gegenüber der erreichten Vereinfachung nicht schwer wiegen. Denn ansonsten müsste die Finanzverwaltung zur Abgrenzung in den Anlagebedingungen prüfen, ob tatsächlich eine Vollausschüttung sämtlicher Erträge verbindlich vorgesehen ist, was in der Praxis einen deutlichen Mehraufwand bedeutete. Neben der aufsichtsrechtlichen Einordnung von Investmentvermögen, die ohnehin durch die BaFin erfolgt, müsste anhand der Anlagebedingungen für der Fonds eine gesonderte steuerliche Einordnung vorgenommen werden, die ansonsten entbehrlich wäre – jedenfalls soweit der Anwendungsbereich des InvStG und des KAGB übereinstimmen. Die Besonderheiten der Investmentfondsanlage (§§ 6 bis 15, 25 bis 33 InvStG) können so steuerrechtlich durch einheitliche Regelungen berücksichtigt werden. Zudem bleibt eine systemwidrige Zuordnung der Einzelfall, da Investmentfonds in der Regel ihre Erträge nicht vollständig ausschütten.

Aus den gleichen Erwägungen ist auch eine ggf. systemwidrige Zuordnung von ausländischen Investmentvermögen, welche in den Anwendungsbereich des Investmentsteuergesetzes fallen, aus Vereinfachungsgründen gerechtfertigt. Deshalb kann auch die zuvor offen gelassene Frage der möglichen ausländischen Rechtsformen, welche in den Anwendungsbereich des Investmentsteuergesetzes fallen können, im Rahmen dieser Ausarbeitung endgültig offen bleiben.

---

vermögen ohne gesetzgeberische Fiktion keine Zweckvermögen i.S.v. § 1 Abs. 1 Nr. 5 KStG darstellen; offen gelassen vom *BFH*, Urteil v. 11.10.2000, I R 99/96, BStBl II 2001, 22 (23).

3.1.2 Sachliche Steuerbefreiungen des Investmentfonds

Indem der Gesetzgeber in § 6 Abs. 2 bis 5 InvStG abschließend – und abweichend von § 8 Abs. 1 S. 1 KStG – regelt, welche Einkünfte des Fonds der Besteuerung unterliegen, trifft er zugleich die Entscheidung, dass die Fonds mit den übrigen nicht genannten Einkünften nicht der Besteuerung unterliegen. Auf Fondsebene unterliegen im Wesentlichen die folgende Einkünfte nicht der Besteuerung:[86]

- Jegliche ausländischen Einkünfte, d.h. solche die nicht inländische Einkünfte i.S.v. § 49 Abs. 1 EStG sind,
- inländische Zinserträge, soweit sie nicht durch inländischen Grundbesitz, inländische grundstücksgleiche Rechte oder durch ein in ein inländisches Schiffsregister eingetragenes Schiff gesichert sind,
- sämtliche Gewinne aus der Veräußerung inländischer Kapitalgesellschaften, auch dann, wenn der Anleger innerhalb der letzten 5 Jahren zu mindestens 1 % beteiligt gewesen ist (§ 6 Abs. 5 Nr. 1 InvStG i.V.m. §§ 17, 49 Abs. 1 Nr. 2 Buchst. e EStG),
- sämtliche Gewinne aus Termingeschäften und
- Investmenterträge i.S.v. § 20 Abs. 1 Nr. 3 oder 3a EStG.

Zudem hat der Gesetzgeber in § 8 Abs. 1 InvStG eine weitere Steuerbefreiung des Investmentfonds geregelt, soweit an dem Fonds bestimmte begünstigte Anleger beteiligt sind. Schließlich räumt der Gesetzgeber in den §§ 30 Abs. 1 S. 1, 33 Abs. 1 InvStG Investmentfonds, die steuerrechtlich als Spezial-Investmentfonds qualifizieren, die Möglichkeit einer vollständigen Steuerbefreiung ein.

Die Systematik der unterschiedlichen in § 6 Abs. 2 bis 5 InvStG enthaltenen Steuerbefreiungen des Investmentfonds wird im Folgenden getrennt untersucht, da die Vorschriften in unterschiedlichem Maße mit Besteuerungsprinzipien in Widerspruch treten und sie der Verwirklichung unterschiedlicher Ziele dienen und damit unterschiedliche mögliche sachliche Gründe zur

86 Eine Aufzählung der steuerfreien Erträge des Investmentfonds findet sich u.a. auch bei: *Geringhoff* in: *Pelka/Petersen*, StB-Hdb 19/20, G. Die einzelnen Steuerarten, Rn. 451 ff.; *Hillebrand/Scharenberg* in: *Beckmann/Scholz/Vollmer*, Investment-Handbuch, 415, § 6 InvStG (2018), Rn. 16; *Mann* in: *Blümich*, EStG/KStG/GewStG, § 6 InvStG, Rn. 27.

Rechtfertigung eines möglichen Systembruchs in Betracht kommen. Gleiches gilt für die Untersuchung der Steuerbefreiung steuerbegünstigter Anleger, bei der zwischen den verschiedenen Arten von Anlegern unterschieden werden muss. Schließlich wird wegen der unterschiedlichen gesetzgeberischen Zielsetzung die subjektive Steuerbefreiung des Spezial-Investmentfonds auch gesondert geprüft. Die in dieser Ausarbeitung geprüften Steuerbefreiungen des Investmentfonds sind mithin die Folgenden:

Steuerbefreiung von...	**Betroffenes Prinzip**	**Möglicher Grund**
Ausländischen Erträgen	Totalitäts- und Welteinkommensprinzip	Steuervereinfachung und Kompensation
Veräußerungserlösen aus inländischen Beteiligungen	Totalitäts-, Welteinkommens- und Territorialitätsprinzip	Steuervereinfachung und Kompensation
Der Ertragsbesteuerung aufgrund von Anlegern i.S.v. § 44a Abs. 7 S. 1 EStG	Totalitäts-, Universalitäts- und Trennungsprinzip	Lenkungszweck
Der Ertragsbesteuerung aufgrund von Anlegern i.S.v. §§ 5, 5a AltZertG	Totalitäts-, Universalitäts- und Trennungsprinzip	Kompensation und Lenkungszweck
Der Ertragsbesteuerung für Spezial-Investmentfonds	Totalitäts-, Universalitäts- und Trennungsprinzip	Kompensation und Lenkungszweck

Tabelle 3.1: Steuerbefreiungen des Investmentfonds

3.1.2.1 Verhältnis zum Totalitäts-, Welteinkommens- und Territorialitätsprinzip

Die Regelungen des § 6 Abs. 2 bis 5 InvStG durchbrechen als sachliche Steuerbefreiungen das *Totalitätsprinzip*,[87] nach welchem die ESt bzw. die KSt die Einkünfte aus den Einkunftsarten des EStG vollständig erfassen. Das Totalitätsprinzip korrespondiert insoweit auf der Einnahmenseite mit dem auf der Ausgabenseite geltenden objektiven Nettoprinzip[88] und präzisiert das Prinzip

87 Siehe zu dieser Bezeichnung z.B. *Hey* in: *Tipke/Lang*, Steuerrecht, Rn. 8.1; *Lang*, Die Bemessungsgrundlage der Einkommensteuer, S. 168 f.; *Lang*, Brühler Empfehlungen, S. 31; *Lang*, DStJG 24 (2001), S. 61.

88 So *Hey*, DStR-Beih 2009, S. 111.

der Besteuerung nach der finanziellen Leistungsfähigkeit.[89] Über den Verweis in § 8 Abs. 1 KStG auf den Einkommensbegriff des EStG, hat der Gesetzgeber das Totalitätsprinzip in seiner dortigen Konkretisierung auch für das Körperschaftsteuerrecht übernommen. Sachliche Steuerbefreiungen durchbrechen das Totalitätsprinzip, da aufgrund der Befreiungen nicht mehr sämtliche Einkünfte der Besteuerung unterliegen.[90]

Das Totalitätsprinzip wird vom Welteinkommens- und vom Territorialitätsprinzip ergänzt und dient ebenfalls der Besteuerung nach der finanziellen Leistungsfähigkeit.[91] Das *Welteinkommensprinzip* besagt, dass Einkommen von unbeschränkt steuerpflichtigen Personen von der ESt erfasst wird unabhängig davon, wo auf der Welt es verdient wurde.[92] Im Einkommensteuerrecht hat der Gesetzgeber die Besteuerung nach dem Welteinkommensprinzip für natürliche Personen an deren Wohnsitz bzw. gewöhnlichen Aufenthalt geknüpft.[93]

Auch im Körperschaftsteuerrecht unterliegen inländische Körperschaften gem. § 1 Abs. 2 KStG grundsätzlich der unbeschränkten Körperschaftsteuerpflicht, d.h. der Besteuerung mit ihren weltweiten Einkünften.[94] Es gilt somit auch hier das Welteinkommensprinzip. Anders als im EStG hat der Gesetzgeber in Konkretisierung dieses Prinzips für das Körperschaftsteuerrecht in § 1 Abs. 1 S. 1 KStG nicht allein an die tatsächlichen Verhältnisse angeknüpft und die unbeschränkte Steuerpflicht an eine inländische Geschäftsleitung geknüpft.[95] Vielmehr besteht eine unbeschränkte Steuerpflicht für Körperschaftsteuersubjekte auch, wenn diese ihren Sitz im Inland haben, welcher durch formale Kriterien, wie z.B. der Satzung oder des Gesellschaftsvertrages bestimmt wird.[96]

Den Gegensatz zu dem Welteinkommensprinzip bildet das *Territorialitätsprinzip*, auch Quellenprinzip genannt,[97] welches für beschränkt steuerpflich-

89 Vgl. *Hermenns/Hey*, AL 2015, S. 279.
90 So auch: *Desens* in: *Herrmann/Heuer/Raupach*, EStG/KStG, § 5 KStG, Rn. 13.
91 So nur für das Welteinkommensprinzip: *Lang*, DStJG 24 (2001), S. 68; für beide Prinzipien: *Schaumburg*, DStJG 24 (2001), S. 237 f.
92 Vgl. *Hey* in: *Tipke/Lang*, Steuerrecht, Rn. 8.26.
93 Vgl. *Hey* in: *Tipke/Lang*, Steuerrecht, Rn. 8.25.
94 Vgl. *Hey* in: *Tipke/Lang*, Steuerrecht, Rn. 11.31.
95 Vgl. *Desens* in: *Herrmann/Heuer/Raupach*, EStG/KStG, Einf. KStG, Rn. 73.
96 Vgl. *Desens* in: *Herrmann/Heuer/Raupach*, EStG/KStG, Einf. KStG, Rn. 73.
97 *Lang*, DStJG 24 (2001), S. 68.

tige Einkommen- und Körperschaftsteuersubjekte gilt. Nach diesem Prinzip unterliegen nur die inländischen Einkünfte der Besteuerung (§§ 1 Abs. 4, 49 EStG, § 2 KStG).[98] Das Welteinkommens- und das Territorialitätsprinzip grenzen im Einkommen- und Körperschaftsteuerrecht das Subsystem der Besteuerung von unbeschränkt und beschränkt steuerpflichtigen Steuersubjekten voneinander ab und stellen damit für das jeweilige Subsystem eine unterschiedliche Konkretisierung des Leistungsfähigkeitsprinzips dar.

Da sich der Gesetzgeber mit der Regelung des § 6 Abs. 2 bis 5 InvStG nicht nur für ausländische, beschränkt steuerpflichtige Investmentfonds, sondern grundsätzlich auch für inländische, unbeschränkt steuerpflichtige Investmentfonds an dem Besteuerungsumfang von beschränkt steuerpflichtigen Körperschaften orientiert, tangiert die Vorschrift auch das Welteinkommensprinzip. Soweit der Gesetzgeber darüber hinaus auch von dem Besteuerungsumfang der beschränkt steuerpflichtigen Körperschaften abweicht, schränkt er möglicherweise das Territorialitätsprinzip ein.

Die Regelungen des § 6 Abs. 2 bis 5 InvStG sind auch am Totalitäts-, Welteinkommens- und Territorialitätsprinzip zu messen, da der Gesetzgeber mit der Bestimmung des Besteuerungsumfangs für Investmentfonds kein neues Besteuerungsprinzip etabliert oder diese Prinzipien nunmehr anders konkretisiert oder sogar aufgegeben hat. Denn der Gesetzgeber hat die Beschränkung, des steuerpflichtigen Einkommens auf die in § 6 Abs. 2 bis 5 InvStG genannten Erträge nicht insgesamt für alle Körperschaftsteuersubjekte vorgenommen, sondern nur für die Investmentfonds i.S.v. § 1 Abs. 2 InvStG. Zum vom Gesetzgeber ausgewählten Steuergegenstand gehören nach § 8 Abs. 1 S. 1 KStG für alle Körperschaftsteuersubjekte sämtliche Erträge aus den in § 2 Abs. 1 EStG genannten Einkunftsarten. Von dieser für alle Körperschaftsteuersubjekte einheitlich getroffenen Entscheidung für ein Totalitätsprinzip weicht er nur für Investmentfonds i.S.v. § 1 Abs. 2 InvStG ab, indem er bestimmte Erträge von der Steuerpflicht ausnimmt.

3.1.2.2 Steuerbefreiung ausländischer Erträge

Die sich aus § 6 Abs. 2 bis 5 InvStG ergebende Befreiung sämtlicher Investmentfonds mit ihren ausländischen Erträgen stellt lediglich für inländische

98 Vgl. *Hey* in: *Tipke/Lang*, Steuerrecht, Rn. 8.27.

Investmentfonds eine sachliche Steuerbefreiung dar. Ausländische Investmentfonds unterlägen – auch ohne diese Regelung – nach dem Territorialitätsprinzips ohnehin nur mit ihren inländischen Einkünften i.S.v. § 8 Abs. 1 KStG i.V.m. §§ 1 Abs. 4, 49 EStG der Besteuerung. Ein Unterschied hinsichtlich der sachlichen Steuerpflicht ergibt sich daher nur für inländische Investmentfonds, die ansonsten mit ihrem Welteinkommen i.S.v. § 2 Abs. 1 EStG der KSt unterlägen. Die sachliche Steuerbefreiung inländischer Investmentfonds mit ihren ausländischen Erträgen stellt eine Durchbrechung des Totalitätsprinzips dar, nach welchem die Nettoerträge einer Körperschaft vollständig der Besteuerung unterliegen und auch eine Durchbrechung des Welteinkommensprinzips, nach dem unbeschränkt steuerpflichtige Körperschaften der KSt mit ihren weltweit erzielten Nettoerträgen unterliegen.

Diese Durchbrechung ist aus Gründen der Steuervereinfachung gerechtfertigt. Denn diese sachliche Steuerbefreiung nimmt eine Quellensteueranrechnung gem. § 26 KStG i.V.m. §§ 34c, 50d Abs. 10 EStG und eine Freistellung von Einkünften nach bestehenden DBA in typisierender Weise vorweg. Selbst wenn der Gesetzgeber die sachliche Steuerbefreiung des Investmentfonds nicht angeordnet hätte, stünde ihm für diese ausländischen Erträge nach den geschlossenen DBA das Besteuerungsrecht regelmäßig nicht zu, sondern dem ausländischen Staat. So steht das Besteuerungsrecht an ausländischen Vermietungseinkünften nach Art. 6 Abs. 1 des OECD-Musterabkommen (OECD-MA) 2017,[99] an welchem sich die von Deutschland abgeschlossenen DBA mit anderen Staaten regelmäßig orientieren, dem Belegenheitsstaat (Art. 6 u. Art. 13 Nr. 1 OECD-MA 2017), das Besteuerungsrecht für Unternehmensgewinne inklusive von Veräußerungserlösen aus beweglichem Vermögen dem Staat, in welchem die Betriebsstätte liegt (Art. 7 u. Art. 13 Nr. 2 OECD-MA 2017), und für sonstige Veräußerungsgewinne, soweit es nicht um Beteiligungen mit mehr als 50 % unbeweglichem Vermögen geht, ebenfalls dem Staat des Veräußerers zu (Art. 13 Nr. 5 OECD-MA 2017). Diese Einkünfte werden in Deutschland entsprechend des Art. 23 A Nr. 1 OECD-MA 2017 grundsätzlich von der Besteuerung freigestellt. Ausländische Dividenden und Zinsen unterlägen gem. Art. 10, 11, 23 A Nr. 2

99 Das OECD-MA 2017 ist online abrufbar unter: https://www.oecd-ilibrary.org/taxation/model-tax-convention-on-income-and-on-capital-condensed-version-2017_mtc_cond-2017-en.

OECD-MA 2017 zwar grundsätzlich der Besteuerung mit einer KSt von 15 %, wenn es die Sonderregelung des § 6 Abs. 2 InvStG nicht gäbe. Allerdings müsste die ausländische Quellensteuer in Deutschland angerechnet werden, die nach dem Musterabkommen für Dividenden aus Streubesitz 15 % des Bruttobetrages der Dividende betragen darf (Art. 10 Nr. 2 Buchst. b OECD-MA 2017) und für Zinsen auf 10 % beschränkt ist (Art. 11 Nr. 2 OECD-MA 2017). Bei einem Körperschaftsteuersatz von 15 % verbleibt nach Anrechnung, wenn überhaupt, nur eine sehr geringe Steuer.

Auch wenn die ausländischen Erträge aus einem Staat stammen, mit dem kein DBA besteht, rechnet Deutschland eine auf diese Erträge im ausländischen Staat erhobene Quellensteuer gem. § 26 KStG i.V.m. §§ 34c, 50d Abs. 10 EStG an. Auch insoweit dürfte auf die ausländischen Erträge daher in Deutschland aufgrund des niedrigen Körperschaftsteuersatzes von 15 %, wenn überhaupt, nur eine niedrige Steuer entstehen. Tatsächlich bewirkt die Regelung in § 6 Abs. 2 bis 5 InvStG nur dann auch wirtschaftlich im Ergebnis eine Steuerbefreiung, soweit die ausländischen Erträge nach den allgemeinen Besteuerungsregelungen nicht aufgrund eines DBA freizustellen wären und sie im ausländischen Staat keiner oder nur einer niedrigeren Besteuerung als 15 % unterliegen.[100] Im Übrigen ergibt sich ein Unterschied für inländische Investmentfonds im Vergleich zu den übrigen inländischen Körperschaftsteuersubjekten allein daraus, dass die Anwendbarkeit eines DBA und das Nichtvorliegen von § 50d Abs. 9 EStG oder die im Drittstaat gezahlten ausländischen Steuern nicht mehr im Rahmen einer Veranlagung nachgewiesen werden müssen, sondern dies typisierend unterstellt wird. Insoweit bringt die Regelung das Prinzip der Steuervereinfachung mit dem Welteinkommens- und Totalitätsprinzip zu einem sachgerechten Ausgleich.

Nicht begründet wird diese sachliche Steuerbefreiung des Investmentfonds durch das Prinzip der Steuervereinfachung, soweit die sachliche Steuerbefreiung auch ausländische Erträge erfasst, die im Ausland keiner oder nur einer geringeren Quellenbesteuerung als 15 % unterlagen und die nicht nach einem DBA steuerfrei zu stellen wären. Insoweit kommt es tatsächlich zu

---

100 Möglicherweise wird der Gesetzgeber eine solche wirtschaftliche Steuerbefreiung im Zusammenhang mit der noch ausstehenden Umsetzung des ATAD-Umsetzungsgesetzes künftig ausschließen, falls er im Rahmen der Reform der Hinzurechnungsbesteuerung an der Regelung des § 7 Abs. 7 AStG nicht mehr festhalten sollte.

einer Besserstellung der Investmentfonds hinsichtlich des sachlichen Steuerumfangs im Vergleich zu den übrigen Körperschaftsteuersubjekten und zu einer Durchbrechung des Totalitäts- und Welteinkommensprinzips, welche sich im Ergebnis auch wirtschaftlich auswirkt. Diese Durchbrechung könnte als steuerlicher Vorteil allerdings durch einen steuerlichen Nachteil auf Ebene des Investmentfondsanlegers kompensiert werden.

Legt man für die Frage der Kompensation eine streng formalistische Betrachtung zu Grunde, scheidet eine Kompensation aus, weil der ausgleichende Vorteil hier einem anderen Personenkreis – nämlich dem Investmentfonds selbst – und nicht dem Anleger zugute kommt. Nach der für die Beurteilung einer Rechtfertigung im Wege der Kompensation zutreffenden wirtschaftlichen Betrachtung ist eine Kompensation jedoch möglich, da Vor- und Nachteile bei der Besteuerung von Körperschaften letztendlich die Leistungsfähigkeit des Anlegers betreffen. Dabei ist der Investmentfonds ein bloßes Instrument zur Verfolgung der wirtschaftlichen Interessen des Anlegers.[101] Bei der vorzunehmenden wirtschaftlichen Betrachtung muss die Belastung auf Fondsebene hinsichtlich Bemessungsgrundlage und Höhe der Steuer mithin zusammen mit der Steuerbelastung des Fondsanlegers für Investmenterträge betrachtet werden.

Steuerlicher Nachteil, der den Vorteil auf Ebene der KSt durch Beschränkung der Bemessungsgrundlage kompensieren könnte, wäre die sog. Vorabpauschale[102] in Kombination mit der Teilfreistellung.[103] Eine Prüfung der Kompensation durch die Vorabpauschale, auf welche wiederum die Teilfreistellungssätze angewandt werden, mit der teilweisen sachlichen Steuerbefreiung des Investmentfonds muss an dieser Stelle noch offen gelassen werden und erfolgt später in dieser Arbeit in dem Kapitel über die Vorabpauschale,[104] da erst an dieser Stelle die Systematik dieser drei Komponenten des Investmentsteuerrechts beleuchtet worden sind. Dies ist für die Prüfung der wirtschaftlichen Kompensation nicht anders möglich, da im Investmentsteuerrecht alle drei Komponenten, die sachliche Steuerbefreiung, die Vorabpauschale und die Teilfreistellung ineinander greifen und die endgültige wirt-

101 Vgl. *Hey*, DStJG Sonderband (2001), S. 14.
102 Siehe hierzu: Kapitel 3.6.
103 Siehe Kapitel 3.4.
104 Vgl. Kapitel 3.6.

schaftliche Belastung der Erträge des Anlegers mit Ertragsteuern bestimmen.

3.1.2.3 Steuerbefreiung von Veräußerungserlösen aus inl. Beteiligungen

Anders als die sachliche Steuerbefreiung der Investmentfonds mit ihren ausländischen Erträgen bewirkt die Steuerbefreiung der Investmentfonds mit sämtlichen Erlösen aus der Veräußerung von Beteiligungen an Kapitalgesellschaften sowohl für inländische als auch für ausländische Investmentfonds eine Änderung im Besteuerungsumfang. Denn insofern regelt der Gesetzgeber nicht nur eine Steuerbefreiung der Investmentfonds mit ihren Erlösen aus ausländischen Kapitalbeteiligungen, sondern auch eine Befreiung für entsprechende inländische Veräußerungserlöse. Beschränkt steuerpflichtigen Investmentfonds unterlägen nach dem in § 49 EStG konkretisierten Territorialitätsprinzip – ohne die Sonderreglung des § 6 Abs. 5 Nr. 1 InvStG – grundsätzlich auch mit ihren Veräußerungserlösen aus inländischen Kapitalbeteiligungen gem. § 49 Abs. 1 Nr. 2 Buchst. e EStG der Besteuerung, soweit sie zu mindestens 1 % beteiligt sind. Damit durchbricht der Gesetzgeber für ausländische Investmentfonds mit dieser Regelung für Kapitalgesellschaftsbeteiligungen von mindestens 1 % sowohl das Totalitäts- als auch das Territorialitätsprinzip

Wirtschaftlich ergäbe sich allerdings auch ohne die Sonderregelung in § 6 Abs. 1 Nr. 5 InvStG für die meisten beschränkt steuerpflichtigen Investmentfonds, die in einem Staat ansässig sind, mit dem Deutschland ein DBA geschlossen hat, kein Unterschied in dem Besteuerungsumfang. Denn die mit Deutschland geschlossenen DBA weisen das Besteuerungsrecht für Gewinne aus der Veräußerung von mindestens einprozentigen Beteiligungen an Kapitalgesellschaften regelmäßig dem Staat zu, in dem der Veräußerer ansässig ist (vgl. Art. 13 Abs. 5 OECD-MA).[105] Insoweit ist zur Vermeidung einer Doppelbesteuerung regelmäßig die Freistellungsmethode vorgesehen, sodass Deutschland als Quellenstaat auch kein Quellensteuerrecht zustünde. Die Erträge unterlägen in Deutschland ohnehin nicht der Besteuerung.[106]

---

105 Eine Übersicht zu der für Gewinne aus der Veräußerung von Gesellschaftsanteilen in den einzelnen von Deutschland geschlossenen DBA findet sich bei: *Reimer* in: *Lehner/Vogel*, DBA, Art. 13, Rn. 225.

106 Vgl. *Deutscher Bundestag*, BT-Drs. 18/8045, S. 74.

Wirtschaftlich betrachtet liegt eine Steuerbefreiung für ausländische Investmentfonds daher regelmäßig nur vor, soweit diese nicht in einem DBA-Staat ansässig sind und im Ausland keiner Besteuerung von 15 % unterliegen, welche in Deutschland als Quellensteuer angerechnet würde. Im Übrigen bewirkt die Regelung nur insofern einen Unterschied, als dass nicht zunächst die Kapitalertragsteuer auf die inländischen Veräußerungsgewinne einbehalten wird und der Fonds sich diese durch Nachweis seiner DBA-Berechtigung bzw. der gezahlten Quellensteuer wieder erstatten lassen muss. Dieser Liquiditätsvorteil ist – wie bei der Steuerbefreiung des Fonds von ausländischen Erträgen – aufgrund einer damit erreichten Steuervereinfachung begründet.

Für inländische Investmentfonds durchbricht der Gesetzgeber, indem er sämtliche in- und ausländischen Erträge aus der Veräußerung von Beteiligungen an Kapitalgesellschaften von der Besteuerung ausnimmt, hingegen sowohl das Totalitäts- als auch das Welteinkommensprinzip. Soweit es um die Veräußerung einer ausländischen Beteiligung an einer Kapitalgesellschaft geht, greift der Vereinfachungsgedanke, eine Freistellung nach einem DBA bzw. ein Anrechnung von Quellensteuer typisierend mitzuberücksichtigen regelmäßig nicht. Denn insofern stünde Deutschland als Ansässigkeitsstaat des Veräußerers nach den DBA das Besteuerungsrecht regelmäßig zu und es ist auch kein Quellensteuerrecht des ausländischen Staates vorgesehen. Zu einer Steueranrechnung könnte es mithin nur gegenüber einem Drittstaat kommen, der entgegen der üblichen Abkommenspraxis eine Quellensteuer auf den Gewinn aus der Veräußerung einer Beteiligung an einer in seinem Staat ansässigen Kapitalgesellschaft erhebt. Das wäre dann jedoch ein atypischer Fall. Für den inländischen Investmentfonds stellt diese Regelung, auch soweit es um Gewinne aus der Veräußerung von ausländischen Beteiligungen geht, daher regelmäßig auch wirtschaftlich eine Steuerbefreiung dar.

Die verbleibenden steuerlichen Vorteile könnten aufgrund eines Ansatzes einer Vorabpauschale auf Anlegerebene (negativ) kompensiert werden. Insoweit gilt das zur Steuerbefreiung von inländischen Fonds mit ausländischen Erträgen Gesagte ebenfalls: Die Frage der wirtschaftlichen Kompensation muss hier zunächst offen gelassen werden und wird abschließend im Rahmen der Prüfung der Vorabpauschale geklärt.[107]

---

107 Siehe hierzu: Kapitel 3.6.

3.1.3 Steuerbefreiung aufgrund steuerbegünstigter Anleger

Gem. § 8 Abs. 1 InvStG sind Einkünfte des Investmentfonds auf Antrag steuerbefreit, soweit an dem Fonds entweder Anleger beteiligt sind, die die Voraussetzungen des § 44a Abs. 7 S. 1 EStG erfüllen, bzw. vergleichbare ausländische Anleger mit Sitz und Geschäftsleitung in einem Amts- und Beitreibungshilfe leistenden ausländischen Staat oder solche Anleger, die die Anteile im Rahmen von Altersvorsorge- oder Basisrentenverträgen halten, die nach den §§ 5, 5a des AltZertG zertifiziert wurden.

3.1.3.1 Verhältnis zum Totalitäts- und Universalitätsprinzip

Soweit der Gesetzgeber Investmentvermögen von der KSt befreit, durchbricht er zunächst das *Totalitätsprinzip*, da diese Einnahmen nun anteilig auf Fondsebene nicht mehr der Besteuerung unterliegen.

Sind an einem Investmentfonds ausschließlich steuerbegünstigte Fondsanleger beteiligt, durchbricht der Gesetzgeber auch das *Universalitätsprinzip*, da der Investmentfonds in diesem Fall insgesamt nicht mehr der KSt unterliegt. Das Universalitätsprinzip besagt zunächst, dass alle natürlichen Personen ohne Ausnahme Steuersubjekt der ESt sind.[108] Denn das geltende Einkommensteuerrecht kennt keine subjektiven Steuerbefreiungen von natürlichen Personen.[109] Es konkretisiert das Leistungsfähigkeitsprinzips[110] und dient der gerechten Lastenverteilung.[111] Das Universalitätsprinzip gilt ebenso für die KSt, denn grundsätzlich unterliegen alle Körperschaftsteuersubjekte der KSt gem. §§ 1 Abs. 1, 2 KStG. Anders als das EStG kennt das KStG allerdings auch subjektive Steuerbefreiungen.[112] Diese Befreiungen erfolgen jedoch nicht aus dem Grund, dass der Gesetzgeber diese Unterscheidung zwischen den Körperschaften als gerecht empfindet im Hinblick auf die gleichmäßige Lastenverteilung, sondern sie erfolgen weit überwiegend, um Sozialzwecke d.h. Lenkungszwecke zu erreichen oder aus Vereinfachungsgründen.[113] Es handelt sich bei diesen Vorschriften daher um Aus-

108 Vgl. *Hey* in: *Tipke/Lang*, Steuerrecht, Rn. 8.1; *Lang*, Die Bemessungsgrundlage der Einkommensteuer, S. 167 f.; *Tipke*, StuW 1971, S. 7.
109 Vgl. *Tipke*, StuW 1971, S. 7.
110 Vgl. *Hermenns/Hey*, AL 2015, S. 279; *Lang*, DStJG 24 (2001), S. 130.
111 Vgl. *Hey* in: *Tipke/Lang*, Steuerrecht, Rn. 3.123.
112 Vgl. *Desens* in: *Herrmann/Heuer/Raupach*, EStG/KStG, Einf. KSt, Rn. 45.
113 So auch: *Desens* in: *Herrmann/Heuer/Raupach*, EStG/KStG, Einf. KSt, Rn. 5.

nahmevorschriften, welche das Universalitätsprinzip zur Erreichung anderer politischer Ziele aufgrund eines sachlichen Grundes durchbrechen.

3.1.3.2 Verhältnis zum Trennungsprinzip

Schließlich durchbricht der Gesetzgeber mit der Regelung des § 8 Abs. 1 InvStG das Trennungsprinzip.[114] Dieses Prinzip ist der prägende Grundsatz des Körperschaftsteuerrechts.[115] Es besagt zunächst, dass die Körperschaft und der Anteilseigner über jeweils getrennte Vermögenssphären verfügen und sich grundsätzlich wie zwei fremde Dritte gegenüberstehen.[116] Insoweit nimmt das Steuerrecht die zivilrechtliche Grundentscheidung auf, nach der eine Kapitalgesellschaft rechtlich selbstständig ist.[117] Es beinhaltet ferner, dass beide Rechtssubjekte – die Körperschaft und ihre Anteilseigner – eigenständige Steuersubjekte sind.[118] Die Besteuerung dieser beiden Steuersubjekte muss nach dem Trennungsprinzip unabhängig voneinander erfolgen, es darf also grundsätzlich nicht auf die Verhältnisse des anderen Steuersubjekts zurückgegriffen werden.[119]

Nach § 8 Abs. 1 InvStG ist für die Besteuerung auf Ebene des Investmentfonds ein steuerliches Merkmal, das den Fondsanleger betrifft, maßgeblich. Denn wenn es sich bei dem Investmentfondsanleger um einen der in der Vorschrift genannten begünstigten Anleger handelt, führt dies zu einer (anteiligen) sachlichen Steuerbefreiung des Investmentfonds selbst. Hinsichtlich der Prüfung des Grundes für diese Durchbrechungen ist zwischen den beiden Anlegergruppen, die den Investmentfonds zu einer Steuerbefreiung berechtigten, zu unterscheiden.

3.1.3.3 Begründung der Steuerbefreiung für Anleger i.S.v. § 44a Abs. 7 EStG

Die Steuerbefreiung des Fonds, soweit an ihm steuerbegünstigte Anleger i.S.v. § 44a Abs. 7 S. 1 EStG oder mit diesen vergleichbare ausländische

114 Vgl. *Carlé*, ErbStB 2017, S. 21; *Kempf/Müller*, SteuK 2016, S. 518.
115 Vgl. *BVerfG*, Beschluss v. 12.10.2010, 1 BvL 12/07, BVerfGE 127, 224 (250); *Böhmer*, StuW 2012, S. 35.
116 *Hey* in: *Tipke/Lang*, Steuerrecht, Rn. 11.2; *Pezzer*, DStJG 25 (2002).
117 *BVerfG*, Beschluss v. 12.10.2010, 1 BvL 12/07, BVerfGE 127, 224 (250).
118 *Böhmer*, StuW 2012, S. 35; *Drüen*, AL 2015, S. 288.
119 *Böhmer*, StuW 2012, S. 35.

Fondsanleger beteiligt sind, erfolgt aus Lenkungszwecken. Wirtschaftlich begünstigt werden letztlich gemeinnützig tätige Körperschaften i.S.v. § 5 Abs. 1 Nr. 9 KStG, welche die Voraussetzungen der §§ 51 bis 68 AO erfüllen. Die Steuerbefreiung ist geeignet, gemeinnützige Tätigkeiten zu fördern. Der Gesetzgeber verhindert mit dieser Regelung, dass eine auf Fondsebene zu erhebende KSt für den gemeinnützigen Anleger zu einer definitiven Steuerbelastung wird und dessen Erträge aus der Vermögensverwaltung, mit welchen er u.a. die gemeinnützigen Zwecke verwirklicht, geschmälert werden. Da gemeinnützige Anleger vollständig von der KSt befreit sind, würde die Teilfreistellung bei ihnen nicht zu einer Kompensation führen, sondern liefe leer. Ein anderes genauso effektives Mittel, um dies zu verhindern, existiert nicht. Denn eine Erhebung der KSt auf Fondsebene verbunden mit einer anschließenden Erstattung an Anleger i.S.d. § 8 Abs. 1 InvStG, würde zu einem Liquiditätsnachteil für die begünstigen Anleger und zu einem höheren Verwaltungsaufwand sowohl bei den Anlegern als auch bei der Finanzverwaltung führen, zumal die Anleger zur Antragstellung auf die Überlassung erforderlicher Daten durch den Investmentfonds angewiesen wären.

Steuersystematische Zweifel an der folgerichtigen Umsetzung dieses Lenkungsziels ergeben sich jedoch, weil die Regelung nicht für sämtliche Kapitalgesellschaften eine Durchschau auf den begünstigten Endanleger zulässt. Würde der von § 8 Abs. 1 InvStG begünstigte Anleger seine zur Verfolgung der begünstigten Zwecke notwendigen Erträge nicht über einen Investmentfonds, sondern über eine sonstige Körperschaft beziehen (reine Vermögensverwaltung oder Zweckbetrieb),[120] wären seine inländischen Erträge regelmäßig mit 15 % KSt vorbelastet. Insoweit könnte die Regelung zu einem Wettbewerbsnachteil für sonstige Körperschaftsteuersubjekte führen.

Letztlich kommt es zu diesem von der Rechtsform abhängigen Ergebnis, weil der Gesetzgeber mit Übergang zum Halbeinkünfteverfahren – jetzt Teileinkünfteverfahren – eine definitive KSt von derzeit 15 % erhebt. Soweit er dafür auf Anlegerebene eine Kompensation gewährt, läuft diese für Anleger, die ohnehin keine Steuern zahlen müssen, leer. Enthalten die Erträge Ausschüttungen einer weiteren vorgeschalteten Kapitalgesellschaft (Beteili-

120 Siehe zu den steuerfreien Tätigkeitsbereichen gemeinnütziger Körperschaften: *Martini* in: *Winheller*, Gemeinnützigkeitsrecht, § 5 Abs. 1 Nr. 9 KStG, Rn. 26 ff.

gungshöhe mindestens 10 %), erhöht sich die steuerliche Vorbelastung aufgrund von § 8b Abs. 5 KStG im Ergebnis um 15 % KSt auf 5 % des ausgeschütteten Betrags, sodass sich insgesamt eine steuerliche Vorbelastung von 15,64 % ergibt.[121] Folgende Unterschiede ergeben sich hinsichtlich der steuerlichen Vorbelastung, abhängig davon, ob der steuerbegünstigte Anleger über einen Investmentfonds oder eine sonstige Körperschaft investiert:[122]

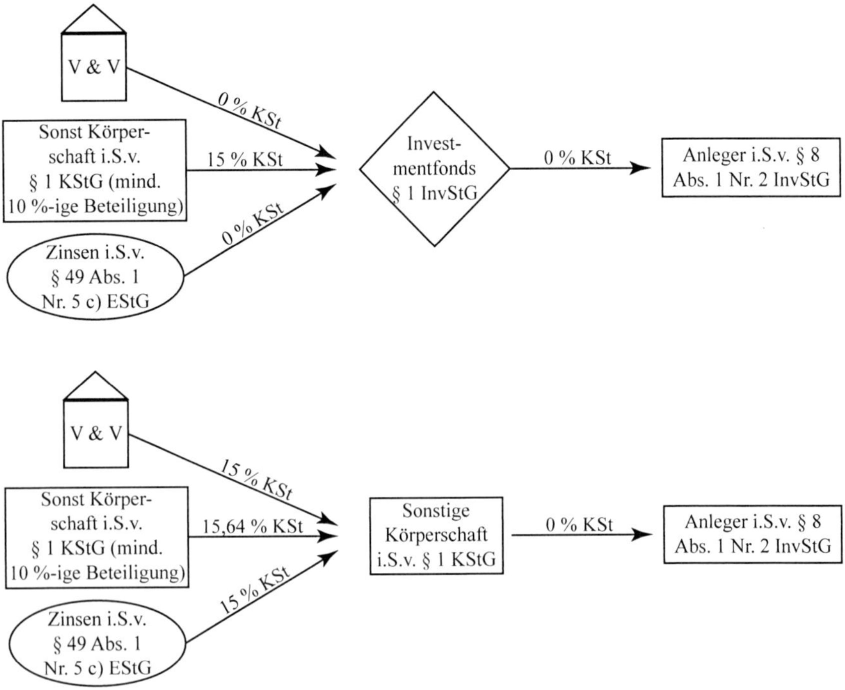

Abbildung 3.1: Steuerbelastung des gemeinnützigen Anlegers bei Anlage über einen Investmentfonds/ über eine sonstige Körperschaft

121 Für die Berechnung wurde eine etwaige Belastung der Körperschaft mit GewSt, welche den ausschüttbaren Betrag vermindern würde, außer Betracht gelassen.

122 GewSt und SolZ bleiben zur Vereinfachung unberücksichtigt; es wird von einer mind. 10 %-igen Beteiligung ausgegangen.

Eine definitive steuerliche Vorbelastung hat der Gesetzgeber bei Implementierung des Halbeinkünfteverfahrens aufgrund der niedrigen Höhe des Körperschaftsteuersatzes wohl auch für steuerbegünstigte Anleger in Kauf genommen. Für das InvStG sieht er dies nun anders. Dies dürfte wohl daran liegen, dass steuerbegünstigte Anleger ihr Vermögen überwiegend über Investmentfonds anlegen, wenn sie sich nicht ohnehin für eine Direktanlage entscheiden.[123] Ob diese historische Ausgangslage schon allein aufgrund steuerrechtlicher Gründe besteht, da sich mit Übergang zum Halbeinkünfteverfahren für steuerbegünstigte Anleger eine definitive Vorbelastung ausgeschütteter Erträge mit KSt mit der Wahl des Investmentfonds als Anlagevehikel vermeiden ließ oder ob es hierfür andere wirtschaftliche, gesellschaftsrechtliche oder zivilrechtliche Gründe gibt, kann dahinstehen. Ohne die anteilige sachliche Steuerbefreiung von Investmentfonds, soweit an ihm steuerbefreite Anleger beteiligt sind, würde für diese Anleger die Möglichkeit der Vermögensverwaltung über ein Anlagevehikel jedenfalls unattraktiv. Es bliebe nur noch die Direktanlage.

Da eine Steuerbefreiung des gemeinnützigen Anlegers zudem nur soweit besteht, wie er steuerbegünstigte Zwecke verfolgt, somit ein wirtschaftlicher Geschäftsbetrieb nicht steuerbefreit ist, konkurrieren als Anlagevehikel mit dem Investmentfonds nur solche Körperschaften, auf deren Geschäftsführung der steuerbegünstigte Anleger – unabhängig von der Beteiligungshöhe – keinen tatsächlichen Einfluss hat.[124] Solche Kapitalgesellschaften qualifizieren teilweise bereits als Investmentfonds i.S.v. § 1 InvStG. Der Teil der sonstigen Körperschaften, die nicht als Investmentfonds qualifizieren, und der mit Investmentfonds in wirtschaftlicher Konkurrenz steht, dürfte daher gering sein. Insgesamt ist die Regelung des Gesetzgebers trotz der unterschiedlichen Behandlung von Investmentfonds und den übrigen Körperschaftsteuersubjekten zur Verwirklichung des Lenkungsziels der Förderung gemeinnütziger Zwecke auch unter punktueller Durchbrechung des Totalitätsprinzips und des Trennungsprinzips sachgerecht. Allerdings dürfte im Körperschaftsteuerrecht die Diskussion über die definitive Belastungswirkung für die Fälle, in denen eine Kompensation auf Anlegerebene leer läuft, mit Blick auf diese investmentsteuerrechtlichen Regelungen insgesamt neu zu führen sein,

123 Vgl. etwa *Bundesverband Deutscher Stiftungen*, Stellungnahme zum InvStRefG, S. 2.
124 *Martini* in: *Winheller*, Gemeinnützigkeitsrecht, § 5 Abs. 1 Nr. 9 KStG, Rn. 31.

unabhängig von dem Grund, aus dem die Kompensation leer läuft.

3.1.3.4 Begründung der Steuerbefreiung für Anleger nach §§ 5, 5a AltZertG

Für die Durchbrechung des Totalitäts-, Trennungs- und ggf. auch des Subjektsteuerprinzips aufgrund der sachlichen Steuerbefreiung des Investmentfonds, soweit an ihm Anleger beteiligt sind, die die Anteile an den Investmentfonds im Rahmen von nach den §§ 5 oder 5a AltZertG zertifizierten Altersvorsorge- oder Basisrentenversicherungsverträge halten (§ 8 Abs. 1 Nr. 2 InvStG), ergibt sich eine andere Begründung.

Zunächst ergibt sich – unter Berücksichtigung der gesetzgeberischen Entscheidung für eine Gesamtbetrachtung von Körperschafts- und Anteilseignerebene, nach welcher durch einen pauschalierenden Ausgleich eine Mehrfachbelastung des bei wirtschaftlicher Betrachtung selben Einkommens verschiedener Steuersubjekte abgemildert wird[125] – im Ergebnis als wirtschaftlicher Vorteil des Versicherungsnehmers als letzter Empfänger dieses Einkommens, lediglich der Vorteil eines späten Besteuerungszeitpunktes. Denn die Investmenterträge unterliegen zwar auf Ebene des Investmentfonds keiner Besteuerung und in Ergänzung dazu unterliegen sie auch auf Ebene des Anlegers im Sinne von § 8 Abs. 1 Nr. 2 InvStG gem. § 16 Abs. 2 S. 1 InvStG keiner Besteuerung,[126] sie werden jedoch auf Ebene des Versicherungsnehmers im Zeitpunkt der Auszahlung (nachgelagert) in voller Höhe besteuert.[127] Die Erträge aus zertifizierten Altersvorsorgeverträgen unterliegen nach § 22 Nr. 5 EStG, die Erträge aus zertifizierten Basisrentenversicherungsverträgen nach § 22 Nr. 1 S. 3 Buchst. a Doppelbuchst. aa EStG, jedenfalls soweit die Rente ab dem Jahr 2040 beginnt, zumindest in Höhe des Ertragsanteils vollständig der Besteuerung.[128] Ein dadurch erzielter höhere Gewinne durch Zinseszinseffekte in der Ansparphase von Versicherungsverträgen i.S.v. §§ 5 oder 5a AltZertG ist aufgrund von Lenkungszwecken gerechtfertigt. Denn dieser Vorteil kommt weit überwiegend den Versicherten zu Gute. Denn nach § 1 Abs. 5 AltZertG steht dem Versicherungsnehmer qua Gesetz eine Beteiligung an dem Überschuss und an den Bewertungsreserven zu. Die Regelungen der

125 Dazu ausführlich in Kapitel 3.4.1.
126 Vgl. *Remmel* in: *Herrmann/Heuer/Raupach*, EStG/KStG, § 16 InvStG, Rn. 10.
127 Vgl. *Remmel* in: *Herrmann/Heuer/Raupach*, EStG/KStG, § 16 InvStG, Rn. 10.
128 Vgl. BMF, Schreiben v. 6.3.2012, BStBl I 2012, 238.

§§ 8 Abs. 1 Nr. 2, 16 Abs. 2 S. 1 InvStG dienen der Förderung des Aufbaus der privaten Altersvorsorge, die aufgrund der bestehenden Mängel im derzeitigen System der gesetzlichen Rentenversicherung notwendig geworden sind, um eine Altersarmut zu verhindern.[129]

Die Regelung ist auch nicht deshalb systemwidrig, weil sie zu einer unterschiedlichen Behandlung der verschiedenen Formen der privaten Altersvermögensvorsorge führt. Der Gesetzgeber überschreitet nicht seinen gesetzgeberischen Ermessensspielraum, wenn er nur Versicherer von Riester- und Rürup-Rentenversicherungsverträgen und damit letztlich auch die Versicherungsnehmer solcher Produkte begünstigt. Denn die besonderen Anforderungen, die Versicherungsverträge erfüllen müssen, um als Riester- oder Rürup-Vertrag zu qualifizieren, dienen u.a. dazu, sicherzustellen, dass das Vermögen tatsächlich nur für die spätere Altersvorsorge aufgebaut und als Rente – vergleichbar mit der gesetzlichen Rente – ausbezahlt wird. Es ergibt sich schon aus dem Lenkungszweck, dass sichergestellt sein muss, dass die Begünstigung nicht jeglichen Aufbau von Kapitalvermögen fördert.

Im Hinblick auf die Rechtsformneutralität ergeben sich allerdings auch bei dieser Regelung Probleme. Denn letztlich wird die Fondsanlage gegenüber der Anlage über eine sonstige vermögensverwaltende Körperschaft für Versicherer von zertifizierten Altersvorsorgeverträgen begünstigt. Um dies zu verdeutlichen, bedarf es zunächst einer kurzen Erläuterung der steuerlichen Gewinnermittlung von Lebensversicherungsunternehmen. Diese bilden gem. § 341f HGB, § 88 Abs. 3 des Gesetzes über die Beaufsichtigung der Versicherungsunternehmen (VAG) i.V.m. der Deckungsrückstellungsverordnung[130] eine sog. Deckungsrückstellung. Diese wird in Höhe des versicherungsmathematisch errechneten Wertes einschließlich bereits zugeteilter Überschussanteile gebildet.[131] Neben der Deckungsrückstellung müssen sie auch Rückstellungen für Beitragsrückerstattungen bilden, da in der Anfangsphase des Versicherungsvertrages hoch kalkulierte Prämien zu zahlen sind, welche – wenn negative Entwicklungen ausbleiben – den Versicherungsneh-

129 Siehe zum Absinken des Rentenniveaus: *Deutsche Rentenversicherung Bund*, Rentenversicherung in Zeitreihen 2019, S. 250.

130 BGBl I. 1996, 670.

131 Vgl. *Küppers* in: *Langheid/Wandt*, MüKo VVG, 2. Teil, Abschnitt 150, Rn. 13 ff.

mern zurück gewährt werden müssen.[132] In Höhe der Partizipation der Versicherungsnehmer erhöhen Erträge, die der Versicherer erzielt diese Rückstellungen und sind insoweit erfolgsneutral.[133] Nach § 145 VAG i.V.m. §§ 6, 7 der Verordnung über die Mindestbeitragsrückerstattung in der Lebensversicherung (MindZV)[134] muss die Zuführung zu der Beitragsrückerstattungsrückstellung mindestens 90 % des auf überschussberechtigte Versicherungsverträge entfallenden Risikoergebnisses sowie der nach § 3 Abs. 1 MindZV anzurechnenden Kapitalerträge abzüglich der rechnungsmäßigen Zinsen ohne die anteilig auf die überschussberechtigten Versicherungsverträge entfallenden Zinsen auf die Pensionsrückstellungen betragen. Diese Rückstellungen mindert auch den steuerrechtlichen Gewinn, wobei §§ 21, 21a KStG Regelungen bezüglich der Höhe dieser Rückstellungen enthalten.[135] Nur der verbleibende Teil, welcher auch Aktionärsteil genannt wird,[136] führt auf Ebene des Versicherers zu einem steuerpflichtigen Ertrag. Dieser Aktionärsteil wird für das folgende Beispiel zum Vergleich – entsprechend des gesetzlichen Mindesterfordernisses für die Beitragsrückerstattungsrückstellung – der Vereinfachung halber auf 10 % der gesamten Erträge festgelegt. Es ergeben sich mithin folgende Unterschiede in der steuerlichen Belastung, abhängig davon, ob der Versicherer über einen Investmentfonds investiert oder über eine sonstige Körperschaft, die nicht als Investmentfonds qualifiziert:

---

132 Vgl. *Roser* in: *Gosch*, KStG, § 21 KStG, Rn. 1c.
133 *Küppers* in: *Langheid/Wandt*, MüKo VVG, 2. Teil, Abschnitt 150, Rn. 251 ff.
134 BGBl I 2016, 831.
135 Vgl. *Roser* in: *Gosch*, KStG, § 21 KStG, Rn. 1d.
136 Zum Begriff: *Küppers* in: *Langheid/Wandt*, MüKo VVG, 2. Teil, Abschn. 150, Rn. 258.

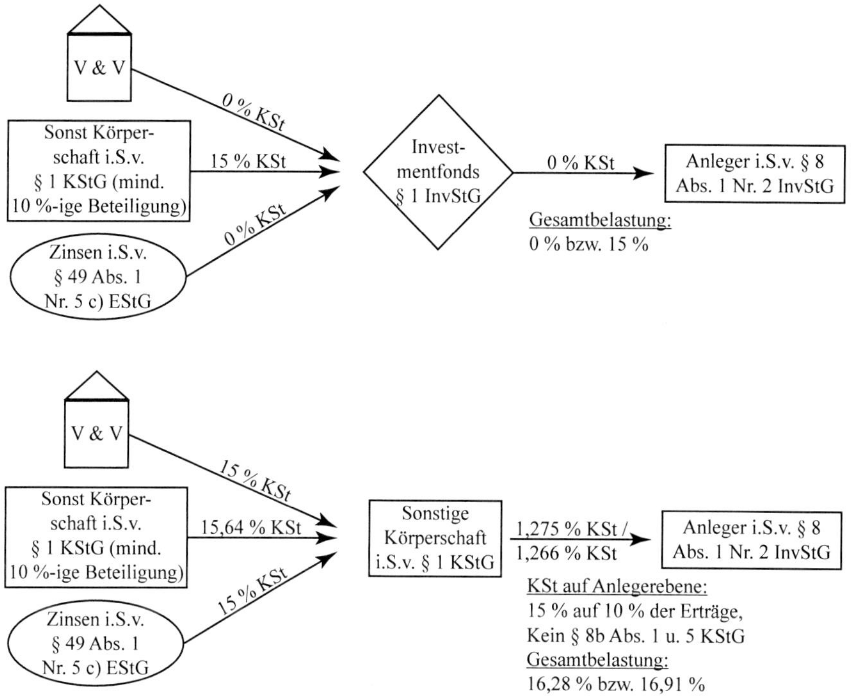

Abbildung 3.2: Vergleich der steuerlichen Belastung von Anlegern im Rahmen von zertifizierten Altersvorsorge- oder Basisrentenversicherungsverträgen

Die Unterschiede ergeben sich auch hier aus dem Grund, dass sich der Gesetzgeber im Körperschaftsteuerrecht für eine definitive Vorbelastung auf Ebene der Körperschaft entschieden hat, während er im Investmentsteuerrecht eine Steuerbegünstigung des Anlegers unter Durchbrechung des Trennungsprinzips auch auf der Ebene der ausschüttenden Körperschaft berücksichtigt und auf dieser vorgelagerten Ebene ebenfalls von einer Besteuerung absieht. Zwar sind die in § 8 Abs. 1 Nr. 2 InvStG bezeichneten Versicherer – anders als die gemeinnützigen Körperschaftsteuersubjekte – formal nicht von der KSt befreit, sie zahlen aufgrund der bestehenden Sonderregelung zur Ermittlung der steuerlichen Bemessungsgrundlage jedoch deutlich weniger KSt als die übrigen Körperschaftsteuersubjekte, da bei ihnen letztlich nur der Aktionärsteil der Besteuerung unterliegt. Insoweit gilt das oben zu den steuerbegünstigten Anlegern gesagte: Der Gesetzgeber verwirklicht den Lenkungszweck der Förderung von zertifizierten Altersversorgevermögen im Investmentsteuerrecht und dem allgemeinen Körperschaftsteuerrecht unterschiedlich effektiv.

Problematisch ist in diesem Zusammenhang für Körperschaften auch die Regelung des § 8b Abs. 8 KStG, nach welchem das Teileinkünfteverfahren für die Versicherer nicht anzuwenden ist.[137] Die Regelung hat der Gesetzgeber eingefügt, da bei dem Versicherer ansonsten laufend nur steuerliche Verluste entstünden, weil die bezogenen Beteiligungserträge zu 95 % steuerfrei wären, während die Rückstellungen voll zu berücksichtigen wären.[138] Bei Teilwertabschreibungen würde sich dieses steuerliche Ergebnis hingegen umkehren und es entstünden aufgrund des § 8b Abs. 3 S. 3 KStG steuerrechtliche Gewinne, selbst wenn es handelsrechtlich zu einem Verlust käme.[139] Steuerlich unsystematisch ist es jedenfalls, dass der Gesetzgeber die Steuerbefreiung des § 8b KStG nicht wenigstens auf den Aktionärsteil gewährt, um hinsichtlich dieses Teils eine wirtschaftlichen Doppelbelastung mit Ertragsteuern zu vermeiden.[140]

Letztlich unterfällt die Entscheidung, wie weitgehend der Gesetzgeber eine steuerliche Begünstigung aus Lenkungszwecken trifft, jedoch dem gesetzgeberischen Entscheidungsspielraum. Dieser dürfte hier im Ergebnis, trotz der sich ergebenden wirtschaftlichen Verzerrungen, noch nicht überschritten sein.

3.1.4 Subjektive Steuerbefreiung von Spezial-Investmentfonds

Der Gesetzgeber räumt Investmentfonds, die steuerrechtlich als ein Spezial-Investmentfonds qualifizieren, in §§ 30 Abs. 1 S. 1, 33 Abs. 1 InvStG die Möglichkeit der Ausübung der „Transparenzoption" ein.[141] Den Begriff

137 Vgl. *Küppers* in: *Langheid/Wandt*, MüKo VVG, 2. Teil, Abschnitt 150, Rn. 254.
138 Vgl. *Desens*, Halbeinkünfteverfahren, S. 244 f.; *Küppers* in: *Langheid/Wandt*, MüKo VVG, 2. Teil, Abschnitt 150, Rn. 252; *Otto*, Besteuerung gewinnausschüttender Körperschaften, S. 577.
139 Vgl. *Küppers* in: *Langheid/Wandt*, MüKo VVG, 2. Teil, Abschnitt 150, Rn. 253.
140 Vgl. *Küppers* in: *Langheid/Wandt*, MüKo VVG, 2. Teil, Abschnitt 150, Rn. 258.
141 Vgl. Kapitel 2.3.

des Spezial-Investmentfonds hat der Gesetzgeber in den §§ 26, 27 InvStG[142] abweichend von dem aufsichtsrechtlichen Begriff des Spezial-Investmentfonds definiert.[143] Das Aufsichtsrecht grenzt in § 1 Abs. 6 KAGB die Spezial-Investmentfonds von den Publikumsinvestmentfonds im Hinblick auf die Schutzbedürftigkeit der Anleger ab.[144] An Spezial-Investmentfonds im aufsichtsrechtlichen Sinne, bei welchen es sich stets um alternative Investmentfonds i.S.v. § 1 Abs. 3 KAGB handelt, dürfen sich nur professionelle und semiprofessionelle Anleger beteiligen.[145] Zu den professionellen Anlegern zählen gem. § 1 Abs. 19 Nr. 32 KAGB u.a. Kreditinstitute, Wertpapierfirmen, Versicherungsgesellschaften, Pensionsfonds, sowie große Unternehmen.[146] Semi-Professionelle Anleger gem. § 1 Abs. 19 Nr. 33 KAGB sind u.a. solche, die sich entweder zu einer Anlage von 200.000 € in Investmentfonds verpflichten, eine Kompetenzerklärung abgeben und eine positive Bewertung durch die Kapitalverwaltungsgesellschaft oder die Vertriebsgesellschaft über ihren Sachverstand erhalten, oder Anleger, die sich verpflichten mindestens 10.000.000 € in Investmentfonds zu investieren. An weitere Kriterien knüpft das Aufsichtsrecht die Unterscheidung von Publikums- und Spezial-Investmentfonds nicht an. Das InvStG knüpft jedoch anders als das Aufsichtsrecht[147] u.a. weiterhin an die bis zum Jahr 2013 geltenden Voraussetzungen des § 1 S. 2 InvG an[148] und nicht an das nach dem KAGB geltende aufsichtsrechtliche Kriterium der Professionalität der Anleger. Aufgrund dieser eigenständigen und abschließenden steuerrechtlichen Definition ist ein Rückgriff auf den aufsichtsrechtlichen Begriff gem. § 2 Abs. 1 InvStG nicht

142 Siehe zu dem Begriff Kapitel 2.3.1.
143 Vgl. *Haase*, IStR 2019, S. 617; siehe zu den aufsichtsrechtlichen Fondskategorien: *Weitnauer* in: *Weitnauer*, Handbuch Venture Capital, Teil B., Rn. 6 ff.
144 Vgl. *Chromek* in: *Kümpel/Mülbert/Früh/Seyfried*, Bank- und Kapitalmarktrecht, Rn. 16.164; *Emde* in: *Emde/Dornseifer/Dreibus*, KAGB, Einl., Rn. 76 u. 104.
145 Vgl. *Chromek* in: *Kümpel/Mülbert/Früh/Seyfried*, Bank- und Kapitalmarktrecht, Rn. 16.164; *Emde* in: *Emde/Dornseifer/Dreibus*, KAGB, Einl., Rn. 90 u. 104; *Haase*, IStR 2019, S. 617.
146 Siehe im Detail zur Definition des professionellen Anlegers Anhang II der RL 2014/65/EU des Europäischen Parlaments und des Rates v. 15.5.2014 über Märkte für Finanzinstrumente (Markets in Financial Instruments Directive - MiFID II).
147 Vgl. *Chromek* in: *Kümpel/Mülbert/Früh/Seyfried*, Bank- und Kapitalmarktrecht, Rn. 16.164; *Haase*, IStR 2019, S. 617.
148 Vgl. *Buge* in: *Herrmann/Heuer/Raupach*, EStG/KStG, § 26 InvStG, Rn. 1.

möglich. An einem steuerrechtlichen Spezial-Investmentfonds kann sich mithin grundsätzlich auch ein aufsichtsrechtlicher Privatanleger i.S.v. § 1 Nr. 31 KAGB beteiligen, solange er seine Beteiligung im Betriebsvermögen hält (§ 26 Nr. 8 Buchst. a InvStG).

Der zwecks Unterscheidung im InvStG gewählte Begriff des Spezial-Investmentfonds ist insoweit unglücklich gewählt, da der steuerrechtliche und der aufsichtsrechtliche Begriff des Spezial-Investmentfonds völlig unterschiedlich sind. Wenn im weiteren Verlauf dieser Ausarbeitung ohne nähere Spezifizierung von einem Spezial-Investmentfonds gesprochen wird, so ist der investmentsteuerrechtliche Begriffe im Sinne von §§ 26, 27 InvStG gemeint. Ansonsten erfolgt eine ausdrückliche Klarstellung, wenn der aufsichtsrechtliche Begriff des Spezial-Investmentfonds verwendet wird.

Übt der Spezial-Investmentfonds die Transparenzoption aus, unterliegt der Fonds selbst keiner Besteuerung mit den von ihm bezogenen dem Steuerabzug unterliegenden Einnahmen (§ 30 Abs. 1 InvStG) und/oder den nicht dem Steuerabzug unterliegenden Einnahmen (§ 33 Abs. 1 InvStG). Stattdessen gelten die Erträge bei dem Anleger als zugeflossen (§ 30 Abs. 1 S. 2 i.V.m. § 36 Abs. 4 S. 2 InvStG).[149]

3.1.4.1 Verhältnis zum Universalitäts-, Realisations- und Trennungsprinzip

Diese Regelungen durchbrechen jedenfalls in ihrer Kombination bei Ausübung beider Optionsmöglichkeiten als subjektive Steuerbefreiung für Spezial-Investmentfonds zunächst das *Universalitätsprinzip*,[150] nach welchem alle Steuersubjekte des KStG ihr Einkommen zu versteuern haben. Denn der Fonds muss die ihm zufließenden Erträge nun gar nicht mehr versteuern. Er ist damit vollständig von der KSt befreit.[151] Zugleich durchbricht die Regelung das *Realisationsprinzip*, da der Anleger eines Spezial-Investmentfonds die auf Fondsebene angefallenen Erträge bereits versteuern muss, unabhängig davon, ob er diese selbst tatsächlich schon realisiert hat. Schließlich wird auch das körperschaftsteuerrechtliche *Trennungsprinzip* durchbrochen, da für die Besteuerung des Anlegers die von der Gesellschaft erzielten Erträge maßgeblich sind.

---

149 Vgl. Kapitel 2.3.2.
150 A.A. *Buge* in: *Herrmann/Heuer/Raupach*, EStG/KStG, § 30 InvStG, Rn. 1.
151 Vgl. *Buge* in: *Herrmann/Heuer/Raupach*, EStG/KStG, § 30 InvStG, Rn. 1.

Der Vorteil der Nichtbesteuerung auf Ebene des Investmentfonds könnte unter Berücksichtigung der Zielsetzung des Gesetzgebers, das selbe Einkommen auch bei verschiedenen Steuersubjekten zumindest nicht in voller Höhe erneut zu besteuern, aufgrund einer vollständigen Besteuerung auf Anlegerebene gerechtfertigt sein. Zudem könnten diese Durchbrechungen aufgrund eines Förder- und Lenkzwecks begründet sein.

3.1.4.2 Kompensation durch Besteuerung auf Anlegerebene

Der Gesetzgeber hat sich im Verhältnis von Einkommen- und Körperschaftsteuerrecht dafür entschieden, die Erträge nicht auf beiden Ebenen – auf Ebene des Anlegers und der Körperschaft – in voller Höhe zu besteuern. Diese Belastungsentscheidung liegt jedenfalls in seinem gesetzgeberischen Gestaltungsspielraum. Auch für die Besteuerung von Investmentfonds hat er diese Belastungsentscheidung übernommen. Hier verwirklicht er diese grundsätzlich, indem er auf Ebene des Investmentfonds nur für bestimmte inländische Erträge eine KSt mit einem niedrigen Steuersatz von 15 % erhebt und dem Anleger bei Versteuerung der Erträge aus dem Investmentfonds eine prozentuale teilweise Steuerbefreiung gewährt.[152] Bei Spezial-Investmentfonds verzichtet er vollständig auf die Besteuerung auf Ebene des Investmentfonds, wenn dieser von der Transparenzoption vollumfänglich Gebrauch macht. Dafür unterliegen Investmenterträge auf Ebene der Anleger grundsätzlich in voller Höhe der Besteuerung. Eine Steuerbefreiung nach § 8b KStG und § 3 Nr. 40 EStG der Investmenterträge erhalten die Anleger grundsätzlich nur, soweit in den Investmenterträgen entsprechende steuerlich vorbelastete Beteiligungserträge enthalten sind, die dem Anleger direkt zugerechnet werden (§ 30 Abs. 2 i.V.m. § 42 Abs. 2 S. 1 InvStG).[153] Bei privaten Anlegern, bei denen der Gesetzgeber eine Abmilderung der mehrfachen steuerlichen Belastung von Beteiligungserträgen grundsätzlich über den (meist) niedrigeren Abgeltungsteuersatz in Höhe von 25 % vornimmt, hat er die Erträge aus Spezial-Investmentfonds den tariflichen Einkünften zugeordnet (§ 34 Abs. 2 S. 1 InvStG), um eine Besteuerung in Höhe des tariflichen Einkommensteuersatzes für die steuerlich nicht vorbelasteten, über einen Investmentfonds

152 Siehe zum System der Teilfreistellung: Kapitel 3.4.
153 Vgl. Kapitel 2.3.3.

bezogenen Erträge sicherzustellen.[154]

Eine solche Gesamtbetrachtung der Besteuerung auf Fondsebene und auf Anlegerebene – unter Durchbrechung des Trennungsprinzips – ist im Rahmen der von dem Gesetzgeber zu Grunde gelegten wirtschaftlichen Gesamtbetrachtung von Beteiligungserträgen möglich.

Auch bei einer solchen Betrachtung erfolgt aber keine vollständige Kompensation des Vorteils der Nichtbesteuerung auf Ebene des Investmentfonds durch die Besteuerung auf Anlegerebene. Denn im Jahr des Zuflusses der Investmenterträge auf Ebene des Investmentfonds hat der Anleger – soweit es sich um einen thesaurierenden Investmentfonds handelt – nur die ausschüttungsgleichen Erträge i.S.v. § 36 Abs. 1 InvStG und die dem Steuerabzug unterliegenden Erträge (§ 30 Abs. 1 S. 2 InvStG) zu versteuern. Erträge nach § 20 Abs. 1 Nr. 11, Abs. 2 S. 1 Nr. 1, 3 und 7 EStG sowie Veräußerungsgewinne aus Investmentanteilen und Spezial-Investmentanteilen unterliegen bei ihm erst in dem Zeitpunkt der Besteuerung, in welchem sie ausgeschüttet werden oder im Falle der Nichtausschüttung spätestens nach 15 Jahren (vgl. § 36 Abs. 5 InvStG). Damit wird im Ergebnis der Vorteil der Nichtbesteuerung auf Ebene des Investmentfonds durch die Besteuerung auf Anlegerebene nicht vollständig kompensiert. Diese Besteuerung wird allerdings im Zeitpunkt der Ausschüttung in voller Höhe nachgeholt. Damit beläuft sich der verbleibende Vorteil des Anlegers auf das Privileg, die in § 36 Abs. 2 InvStG genannten Erträge steuerfrei thesaurieren zu können, also einem Steuerstundungseffekt auf diese Einkünfte. Wie groß dieser verbleibende Vorteil einer aufgeschobenen Besteuerung tatsächlich ist, lässt sich nicht allgemein sagen, da er u.a. von den aktuell am Markt erzielbaren Renditen auf Kapital abhängt. Bezieht man die Inflation mit ein, verbleibt ggf. bei langer Anlage des Kapitals kein Vorteil, wenn die Inflationsrate die Investmenterträge übersteigt. Die Inflation lässt das Ertragsteuerrecht, dem das Nominalwertprinzip zu Grunde liegt, jedoch außer Betracht.[155] Jedenfalls bedarf es für ggf. verbleibende Steuerstundungseffekte einer Begründung. Insoweit könnten Förder- und Lenkzwecke in Betracht kommen.

154 Vgl. Kapitel 2.3.3; *Deutscher Bundestag*, BT-Drs. 18/8045, S. 102.

155 Vgl. *Lang*, Die Bemessungsgrundlage der Einkommensteuer, S. 176; *Reutershan*, Die Besteuerung der Gewinne aus privaten Beteiligungsveräußerungen, S. 96; zur Kritik am Nominalwertprinzip siehe schon: *Kröger/Klaus*, JZ 1979.

3.1.4.3 Steuervereinfachung

Die subjektive Steuerbefreiung ist nicht aus Gründen der Steuervereinfachung begründet, da das Bestehenlassen des modifizierten früheren Besteuerungsregimes als Wahlmöglichkeit für Spezial-Investmentfonds neben dem neuen Besteuerungsregime zu zusätzlichem Verwaltungsaufwand führt und die Rechtslage aufgrund dieses Wahlrechts auch für Investmentfonds und ihre Anleger verkompliziert wird.[156] Der Gesetzgeber räumt insoweit selbst ein, dass die Besteuerungsregelungen für Spezial-Investmentfonds einen hohen Komplexitätsgrad und damit verbundenen administrativen Aufwand aufweisen.[157]

3.1.4.4 Förder- und Lenkungszwecke

Als Gründe für die Einräumung dieser Option für Anleger von Spezial-Investmentfonds nach §§ 26, 27 InvStG, nennt der Gesetzgeber in der Begründung zum Gesetzesentwurf der Bundesregierung „berechtigte Interessen der Wirtschaft".[158] Was das für Interessen sein sollen, führt er nicht weiter aus. Er sieht die Fortführung des früheren Besteuerungsregimes für Spezial-Investmentfonds allein deshalb als unproblematisch an, weil die aufwendige Ermittlung der Besteuerungsgrundlagen der Einkünfte des Fonds, die von dem Anleger zum Jahresende zu versteuern sind, hier keine Probleme bereite. Denn die Qualifikation als steuerrechtlicher Spezial-Investmentfonds setze voraus, dass sich nur maximal 100 Anleger beteiligen dürfen, die dem Fonds jeweils auch bekannt sein müssten, sodass hier – wie bei Personengesellschaften – ein Feststellungsverfahren möglich sei.[159] Allein die bestehende Durchführbarkeit in der Praxis gibt jedoch keine Begründung dafür, dass natürliche Personen, die den Investmentfonds nicht in ihrem Betriebsvermögen halten, von dem Wahlrecht ausgeschlossen werden. Es bleibt mithin die Frage nach dem gesetzgeberischen Ziel, also den „berechtigten Interessen der Wirtschaft"[160] aufgrund welcher der Gesetzgeber den Spezial-Investmentfonds und ihren Anlegern eine Sonderbehandlung zukommen lassen möchte.

---

156 So im Ergebnis auch: *Anzinger*, FR 2016, S. 111.
157 *Deutscher Bundestag*, BT-Drs. 18/8045, S. 53 f.
158 Vgl. *Deutscher Bundestag*, BT-Drs. 18/8045, S. 53.
159 Vgl. *Deutscher Bundestag*, BT-Drs. 18/8045, S. 53.
160 *Deutscher Bundestag*, BT-Drs. 18/8045, S. 53.

Aufschluss über das verfolgte Differenzierungsziel können hier der Gesetzestext selbst sowie dessen Entstehungsgeschichte und die Gesetzessystematik geben.

3.1.4.4.1 Förderung steuerbegünstigter Anleger

Aus der Gesetzessystematik ergibt sich durch die Steuerbefreiung des Spezial-Investmentfonds insbesondere für die Anleger eine Begünstigung, die von der Ertragsbesteuerung befreit sind, oder deren Steuerbelastung dauerhaft unter 15 % liegt. Die subjektive Steuerbefreiung des Fonds führt bei ihnen dann zu einer maximalen Steuerbelastung der Investmenterträge in Höhe des persönlichen Steuersatzes. Das allgemeine Besteuerungsregime für (Publikums-)Investmentfonds würde hingegen grundsätzlich zu einer definitiven Besteuerung der inländischen Investmenterträge in Höhe von 15 % führen.

Zumindest sämtliche steuerbefreite Anleger haben die Möglichkeit in Spezial-Investmentfonds anstatt in (Publikums-)Investmentfonds zu investierten. Denn subjektive Steuerbefreiungen gibt es nur im Körperschaftsteuerrecht.[161] Den Körperschaften ist die Anlage in Spezial-Investmentfonds gem. § 26 Nr. 8 InvStG uneingeschränkt eröffnet. Demgegenüber ist die Anlage in Spezial-Investmentfonds schon nicht allen Anleger, deren Steuerbelastung dauerhaft unter 15 % liegt, möglich. Denn § 26 Nr. 8 Buchst. a InvStG schließt grundsätzlich schon die Anleger aus, die ihren Investmentanteil nicht im Betriebsvermögen halten, unabhängig von deren persönlichem Steuersatz.

Auch auf steuerbefreite Anleger hat der Gesetzgeber die subjektive Steuerbefreiung des Investmentfonds jedoch nicht zugeschnitten, sondern er gewährt sie allen Investmentfonds, an denen im Wesentlichen Anleger beteiligt sind, bei denen die Investmenterträge zu den Gewinneinkünften zählen. Der Gesetzgeber hat daher die Begünstigung weit gefasst. Einem weitgefassten Begünstigungstatbestand muss ein weit gefasster Lenkungszweck zu Grunde liegen, da es ansonsten an der für Subvention erforderlichen Zielgenauigkeit fehlt.[162] Ein solch weit gefasster Lenkungszweck ist nicht erkennbar. Ein enger – hier möglicher – Lenkungszweck der Förderung steuerbegünstigter oder wirtschaftlich schwacher Anleger scheidet aus, weil die Regelung nicht auf diese Anleger zugeschnitten ist.

161 Vgl. *Desens* in: *Herrmann/Heuer/Raupach*, EStG/KStG, Einf. KSt, Rn. 45.
162 So auch: *Hüttemann*, DStJG 23 (2000), S. 148.

3.1.4.4.2 Absicherung betrieblicher Altersvorsorge

Zu dem gleichen Ergebnis kommt man hinsichtlich der von der Literatur angeführten Begründung, nach welcher die Sonderregelungen für Spezial-Investmentfonds notwendig seien, damit betrieblichen Anlegern die Möglichkeit erhalten bleibe, ihre betrieblichen Altersvorsorgeverpflichtungen abzudecken.[163] Ein solcher Lenkungszweck könnte zwar eine Sonderregelung begründen, er hat sich aber nicht ausreichend in den §§ 26, 27 InvStG niedergeschlagen. Denn Voraussetzung für die Beteiligung an einem Spezial-Investmentfonds ist es gerade nicht, dass dieser zur Absicherung betrieblicher Altersvorsorgeverpflichtungen erworben wird. Die Regelung des § 26 Nr. 8 InvStG setzt jedoch allein voraus, dass der Investmentfondsanteil im Betriebsvermögen gehalten wird. Damit kann jeder Kleinunternehmer – selbst wenn er keinen einzigen Mitarbeiter beschäftigt – in den Genuss der Regelung kommen.

Nichts anderes gilt, soweit als Lenkungszweck angeführt wird, betrieblichen Anlegern müsste eine Beteiligungsmöglichkeit an Spezial-Investmentfonds deshalb eröffnet sein, weil sie größere Geldbeträge rentierlich für spätere Investitionen oder Entwicklungsvorhaben anlegen können müssen.[164] Auch insoweit findet sich in den Zugangsvoraussetzungen des § 26 InvStG keine Vorschrift, die eine entsprechende Verwendung absichert. Zudem können Privatanleger ein ebenso schutzwürdiges und gemeinnütziges Interesse an dem Zugang zu einer Fondsanlage in Spezial-Investmentfonds haben. Auch bei diesen können größere Geldbeträge anfallen, die für spätere Investitionen erforderlich sind (z.B. den Bau eines Eigenheims, den die Regierung derzeit als förderungswürdig betrachtet).

3.1.4.4.3 Stärkung des Fondsstandorts Deutschland

Der Gesetzgeber geht in seiner Gesetzesbegründung davon aus, dass in Spezial-Investmentfonds grundsätzlich nur institutionelle Anleger investieren dürften,[165] bei denen es sich regelmäßig um Großanleger handele.[166] Das spiegelt sich allerdings im Gesetz nicht wieder. Die §§ 26, 27 InvStG stellen

163 So z.B. *Patzner/Kempf* in: *Patzner/Döser/Kempf*, HK-InvestmentR, § 26 InvStG, Rn. 12.
164 So z.B. *Patzner/Kempf* in: *Patzner/Döser/Kempf*, HK-InvestmentR, § 26 InvStG, Rn. 12.
165 *Deutscher Bundestag*, BT-Drs. 18/8045, S. 1.
166 *Deutscher Bundestag*, BT-Drs. 18/8045, S. 2.

gerade keine Anforderungen an die Professionalität des Anlegers oder an seine Größe. Der nahezu völlige Ausschluss nach § 26 Nr. 8 S. 2 InvStG von – auch mittelbaren – Beteiligungen natürlicher Personen, welche die Beteiligung nicht im Betriebsvermögen halten, bedeutet weder, dass ausschließlich institutionelle Anleger in einen steuerrechtlichen Spezial-Investmentfonds investieren können, noch führt die Regelung dazu, dass typischerweise institutionelle Anleger in einen solchen Fonds investieren.

Nach der gesetzgeberischen Konzeption steht das Thesaurierungsprivileg zunächst allen natürlichen Personen offen, die Gewinneinkünfte i.S.v. § 2 Abs. 2 Nr. 1 EStG erzielen und deren Investmentanteile dem Betriebsvermögen zuzurechnen sind. Gleiches gilt für juristischen Personen, die überwiegend aufgrund der in § 8 Abs. 2 KStG geregelten Fiktion ausschließlich Einkünfte aus Gewerbebetrieb und damit ebenfalls Gewinneinkünfte erzielen. Eine Ausnahme gilt lediglich bei juristische Personen i.S.v. § 1 Abs. 1 Nr. 4 bis 6 KStG. Diese können sämtliche Einkunftsarten erzielen, auch Überschusseinkünfte i.S.v. § 2 Abs. 2 Nr. 2 EStG. Ihnen steht dennoch die Investitionsmöglichkeit in Spezial-Investmentfonds offen. Bei dieser Anlegergruppe dürfte es sich jedoch im Vergleich zu den restlichen Anlegern, welchen eine Anlage in Spezial-Investmentfonds möglich ist nur um eine geringe Anzahl handeln.[167] Im Ergebnis bezweckt der Gesetzgeber mit der Regelung jedenfalls nach ihrer Konzeption daher, Anlegern mit Gewinneinkünften eine Geldanlagemöglichkeit in Fonds zu verschaffen, bei welcher eine Versteuerung der Erträge teilweise aufgeschoben wird. Fraglich bleibt aber, welcher Gemeinwohlbelang mit dieser Begünstigung gefördert werden soll, da ein Thesaurierungsprivileg für betriebliche Anleger von Spezial-Investmentfonds zunächst einmal nur diese Gruppe von Anlegern begünstigt und nicht automatisch der Allgemeinheit nützlich ist.

Der Vorteil der Stundung der auf die in § 36 Abs. 2 InvStG genannten Einkünfte entfallende Steuer im Fall der Thesaurierung durch den Spezial-Investmentfonds führt möglicherweise zu künftig höheren Investmenterträgen bei den zugelassenen Anlegern aufgrund von Zinseszinseffekten. Es handelt sich dabei allerdings nur um eine Chance, da die erwirtschafteten

167 Im Jahr 2014 haben die juristischen Personen i.S.v. § 1 Abs. 1 Nr. 4 bis 6 KStG laut *Statistisches Bundesamt*, Körperschaftsteuerstatistik, lediglich einen Anteil von knapp 10 % ausgemacht.

Erträge aus Zinseszinsen des Investmentfonds durch künftige Verluste des Investmentfonds wieder aufgezehrt werden können. Denn die steuerfrei thesaurierbaren Erträge i.S.v. § 36 Abs. 2 InvStG unterliegen nur dann keiner Besteuerung, wenn sie nicht ausgeschüttet werden (vgl. § 34 Abs. 1 Nr. 1 i.V.m. § 35 InvStG). Daher führt die Regelung nicht zu einer Kapitalstärkung der Unternehmen, sondern allein zu einer Kapitalstärkung des Fonds, verbunden mit der bloßen Chance aufgrund von Zinseszinseffekten höhere Erträge zu erwirtschaften. Damit wird die Investmentfondsanlage womöglich attraktiver und der Fondsstandort Deutschland für Spezial-Investmentfonds gestärkt. Mittelbar beeinflusst dies im internationalen Wettbewerb um Kapital auch die Attraktivität von Investitionen in Deutschland.[168] Dass der Gesetzgeber dieses Ziel mit der Investmentsteuerreform insgesamt bezweckt, wird an einigen Stellen der Gesetzesbegründung deutlich[169] und spricht dafür, dass es sich hierbei um den eigentlichen Grund handelt, aus dem der Gesetzgeber für Spezial-Investmentfonds, das vor dem InvStRefG geltende Besteuerungsregime nur mit geringen Modifikationen weiter fortführt.

3.1.4.4.4 Eignung zur Zweckerreichung

Die subjektive Steuerbefreiung des Spezial-Investmentfonds und die daraus resultierenden Sonderregelungen zur Anlegerbesteuerung dürften zwar noch geeignet sein, höhere Investitionen in deutsche Spezial-Investmentfonds zu erreichen. Zweifel bestehen an der Eignung zur Stärkung des Fondsstandortes für Spezial-Investmentfonds höchstens deshalb, weil das Besteuerungsregime der Spezial-Investmentfonds nicht unbedingt Vorteile für die betrieblichen Anleger bringt, sodass es künftig auch so sein könnte, dass ein Großteil der Anleger, die in Spezial-Investmentfonds investieren könnten, dies dennoch nicht tun, da eine Anlage in (Publikums-)Investmentfonds aufgrund der Teilfreistellung für sie steuerlich noch günstiger ist.[170] Jedenfalls dürf-

168 Vgl. *Anzinger*, FR 2016, S. 102.

169 Vgl. *Deutscher Bundestag*, BT-Drs. 18/8045, S. 74, 76, 84.

170 Vgl. dazu z.B. die Aussage von Herrn Thumbs für Die Familienunternehmer – ASU e. V., *Deutscher Bundestag*, Wortprotokoll der 78. Sitzung des Finanzausschusses zum Investmentsteuerreformgesetz, Protokoll-Nr. 18/78, S. 24, nach dem eigene Berechnungen dazu kommen, dass es sehr viel günstiger sei, aufsichtsrechtliche Spezial-Investmentfonds zu haben, die dem allgemeinen Besteuerungsregime für (Publikums-) Investmentfonds unterfallen.

te es auch Anleger geben, für die die Anlage in steuerliche Spezial-Investmentfonds günstiger ist, sodass die Regelungen über Spezial-Investmentfonds wohl zur Stärkung des Fondstandortes Deutschland noch geeignet sind. Auch wenn eine solche Förderung keine Beschränkung des Zugangs zu Spezial-Investmentfonds allein auf betriebliche Anleger erfordert, nimmt diese Beschränkung der Regelung nicht die Eignung, den Lenkungszweck zu erreichen.

Allerdings würde die Regelung auch zu einer Förderung des Fondsstandortes Deutschland führen, wenn das Recht, sich an solchen Fonds zu beteiligen, auch natürlichen Personen eröffnet wäre, die den Investmentanteil nicht im Betriebsvermögen halten. Der Gesetzgeber könnte das gleiche Ziel auch erreichen, ohne weitere Unterscheidungen zwischen betrieblichen Anlegern und sonstigen natürlichen Personen zu bewirken.[171] Hiergegen spräche auch nicht die Praktikabilität. Die Durchführbarkeit des Verwaltungsverfahrens wird – wie der Gesetzgeber selbst festgestellt hat[172] – dadurch sichergestellt, dass sich an einem Spezial-Investmentfonds maximal 100 Anleger beteiligen dürfen. Ob es sich dabei um betriebliche Anleger, oder um natürliche Personen handelt, die ihre Fonds im Privatvermögen halten, spielt für die praktische Anwendung keine Rolle. Eine Feststellung der zuzurechnenden Einkünfte wäre in beiden Fällen mit gleichem Verwaltungsaufwand möglich.

3.1.4.4.5 Gründe für den Ausschluss nicht betrieblicher Anleger

Eine Eignung eine *Vereinfachung* herbeizuführen und damit eine Begründung für den grundsätzlichen Ausschluss von natürlichen Personen, die den Spezial-Investmentanteil nicht im Betriebsvermögen halten, könnte sich allenfalls deshalb ergeben, weil es durch diese Beschränkung möglicherweise weniger Spezial-Investmentfonds gibt. So scheint auch der Gesetzgeber zu denken, wenn er in seiner Gesetzesbegründung das Besteuerungsverfahren für (Publikums-)Investmentfonds als „Massenverfahren“ bezeichnet[173]

171 Als rechtlich nicht nachvollziehbar sieht die Unterscheidung zwischen der Besteuerung von (Publikums-) Investmentfonds und Spezial-Investmentfonds auch: *Höring*, DStZ 2015, S. 846.

172 Vgl. *Deutscher Bundestag*, BT-Drs. 18/8045, S. 53.

173 *Deutscher Bundestag*, BT-Drs. 18/8045, S. 53.

und ausführt, in (Publikums-) Investmentfonds investierten mitunter zehntausende Anleger, vorwiegend Kleinanleger.[174] Diese Überlegungen stehen schon im Widerspruch zum Lenkungszweck der wirtschaftlichen Förderung des Fondsstandortes Deutschland. Allerdings könnte die nur eingeschränkte Verwirklichung des Ziels wiederum aus Vereinfachungszwecken gerechtfertigt sein.

Die Administrierbarkeit stellt der Gesetzgeber allerdings schon mit seiner Regelung sicher, dass an einem Spezial-Investmentfonds nur 100 Anleger beteiligt sein dürfen, sodass ein Feststellungsverfahren, welches für die Anleger von Spezial-Investmentfonds gem. § 51 InvStG durchzuführen ist, von der Finanzverwaltung in der Praxis noch gehandhabt werden kann. Ob es sich bei diesen 100 Anlegern um Anleger mit Gewinneinkünften und juristische Personen einerseits handelt oder um Privatpersonen andererseits, spielt für die praktische Handhabe keine Rolle. Im Gegenteil haben große Wirtschaftsunternehmen deutlich höhere Anlagevolumina, als einzelne Privatanleger. Investmentfonds mit maximal 100 Anlegern, bei denen es sich ausschließlich um Kleinanleger handelt, würden wohl einen geringen Verwaltungsaufwand bedeuten als solche von großen Wirtschaftsunternehmen. Der Gesetzgeber verkennt hier im Rahmen seiner Gesetzesbegründung, dass der Verwaltungsaufwand nicht allein von der Anzahl der beteiligten Anleger des Investmentfonds abhängt, sondern auch von der Gesamthöhe des Investmentfondsvermögens d.h. dem investierten Kapital und den Geschäften, die der Fonds vornimmt. Das zeigt auch das Ergebnis des Untersuchungsausschusses zu den Cum-Ex-Geschäften, für die vor allem in der späteren Phase Investmentfonds als Vehikel genutzt wurden.[175] Die gesetzgeberische Schwachstelle lag allerdings gar nicht im Investmentsteuerrecht, sondern in den Regelungen zum allgemeinen Kapitalertragsteuerrecht im EStG.[176] Die Investmentfonds haben allerdings so große Anlagevolumina und führen zahlreiche Transaktionen in kürzester Zeit durch, in denen hohe Beträge transferiert werden, dass rechtsmissbräuchliche Geschäfte zwischen regulären Fondsgeschäften weni-

174 *Deutscher Bundestag*, BT-Drs. 18/8045, S. 1.
175 Vgl. *Deutscher Bundestag*, BT-Drs. 18/12700, S. 170, 203.
176 Siehe zur detaillierten Analyse der gesetzgeberischen Schwachstelle: *Spengel*, Sachverständigengutachten zu Cum/Ex-Geschäften, S. 27; ebenso: *Anzinger*, Stellungnahme zu dem Gesetzentwurf der Bundesregierung zum InvStRefG, S. 5.

ger auffallen.[177] Damit ist es gerade bei hohen Anlagevolumina erforderlich, ein leicht administrierbares System zu schaffen unabhängig von der Anzahl der beteiligten Anleger.[178] Die Beschränkung des Zugangs zu Spezial-Investmentfonds auf betriebliche Anleger und Körperschaften ist daher nicht geeignet, eine Vereinfachung des Besteuerungsverfahrens herbeizuführen.

Schließlich gibt auch die *Systematik der Abgeltungssteuer* den Ausschluss natürlicher Personen an Spezial-Investmentfonds, die diesen Anteil nicht im Betriebsvermögen halten, nicht vor. Mit der Einführung der Abgeltungssteuer bezweckte der Gesetzgeber für Anleger, die ihre Kapitalerträge nicht im Rahmen einer anderen Einkunftsart erzielen, in möglichst vielen Fällen eine endgültige Besteuerung schon durch Erhebung der Kapitalertragsteuer zu erreichen, sodass für diese Anleger insoweit eine Steuerveranlagung entbehrlich ist.[179]

Wäre eine Beteiligung natürlicher Personen an Spezial-Investmentfonds möglich, wenn diese ihre Beteiligung im Privatvermögen halten, könnte es möglicherweise zu einem höheren Verwaltungsmehraufwand durch eine steigende Anzahl von Steuerpflichtigen kommen, die aufgrund der Erzielung von Erträgen aus einem Spezial-Investmentfonds zur Abgabe einer Steuererklärung oder zu einer sonst nicht erforderlichen Erklärung der Kapitalerträge verpflichtet sind, da Spezial-Investmenterträge der tariflichen ESt unterliegen[180] und die Einbeziehung in eine Steuerveranlagung erforderlich machen würden.

Dem steht die gesetzgeberische Konzeption der Abgeltungsteuer jedoch nicht entgegen. Denn der Gesetzgeber verfolgt das Ziel der abgeltenden Besteuerung von Kapitalerträgen bei Privatanlegern mit der Folge, dass aufgrund von Kapitalerträgen keine Verpflichtung zur Abgabe einer Steuererklärung besteht, nicht absolut. Vielmehr hat er selbst Ausnahmen zugelassen, in denen Kapitalerträge im Rahmen eine Veranlagung gem. § 32d Abs. 3 EStG

177 Vgl. *Deutscher Bundestag*, BT-Drs. 18/12700, S. 380, wo ebenfalls festgestellt wird, dass Fondsgestaltungen zwecks Verschleierung gewählt worden seien.
178 Siehe insoweit auch die Kritik von *Jarass*, Investmentsteuerreformgesetz: Legalisierung von künstlichen Steuergestaltungen, S. 3, der ebenfalls anmerkt, dass Spezial-Investmentfonds mit wenigen gut beratenen Großanlegern besonders anfällig für Steuergestaltungen sind.
179 Vgl. *Weber-Grellet*, DStR 2013, S. 1360.
180 Vgl. Kapitel 2.3.3.1.

besteuert werden (vgl. z.B. Kapitalerträge im Zusammenhang von bestimmten Näheverhältnissen gem. § 32d Abs. 2 EStG). Auch für natürliche Personen, die ausnahmsweise an einem Spezial-Investmentfonds beteiligt sind, räumt er dem Ziel der gerechten Lastenverteilung den Vorrang ein vor dem Ziel der Steuervereinfachung, da die Anwendung des Abgeltungsteuersatzes ansonsten zu einer unangemessenen Privilegierung führen könnte.[181] Ein Prinzip der ausnahmslosen abgeltenden Besteuerung von Kapitalerträgen bei Privatanlegern gibt es mithin nicht.

Zudem ist zu berücksichtigen, dass der Gesetzgeber mit dem Feststellungsverfahren gem. § 51 InvStG die Basis dafür geschaffen hat, dass die festgestellten Besteuerungsgrundlagen in der Veranlagung ohne weitere Prüfung übernommen werden können. Der Mehraufwand durch eine möglicherweise höhere Anzahl an Steuererklärungseingängen oder einer Erklärung über Kapitalerträge in der sog. Anlage KAP ist daher so gering, dass er den Ausschluss von Privatpersonen an Spezial-Investmentfonds auch aus Vereinfachungsgründen nicht begründen kann. Die Belastung der Verwaltung lässt sich nicht allein anhand der Zahl der Eingänge von Steuererklärungen bzw. dem Umfang der in der Steuererklärung enthaltenen Anlagen messen. Vielmehr ist auch zu berücksichtigen, wie aufwendig die Prüfung einer einzelnen Steuererklärung ist. Ein Verbot der Beteiligung von Privatpersonen an steuerlichen Spezial-Investmentfonds bringt das Prinzip der Steuervereinfachung mit dem Prinzip der Steuergerechtigkeit nicht in einen sachgerechten Ausgleich. Letztlich muss dem Steuerpflichtigen im Rahmen seiner Privatautonomie die Entscheidung obliegen, ob er Einkünfte aus eine Einkunftsart erzielt, welche ggf. mit weiteren steuerlichen Pflichten verbunden sind.

Die aus den Regelungen der Spezial-Investmentfond resultierende Durchbrechung des Universalitätsprinzips bzw. des Totalitätsprinzips im Fall der teilweisen Ausübung der Transparenzoption und des Trennungsprinzips ist daher – soweit Anleger mit einer Fondsanlage im Privatvermögen von einer Beteiligung an Spezial-Investmentfonds ausgeschlossen werden – steuersystematisch nicht begründet. Insgesamt bleibt schon der gesetzgeberisch verfolgte Zweck des Sonderregimes der Besteuerung von Spezial-Investmentfonds unklar.

---

181 Vgl. *Deutscher Bundestag*, BT-Drs. 18/8045, S. 102.

3.1.4.5 Möglichkeiten zur Beseitigung des Systembruchs

Um die mit den Regelungen der Transparenzoption verbundenen Systembrüche aufzulösen, gibt es grundsätzlich drei verschiedene Ansatzmöglichkeiten:

Zum einen könnte der Gesetzgeber die Möglichkeit, Vermögen in steuerliche Spezial-Investmentfonds anzulegen, allen Anlegern eröffnen, sodass den verschiedenen Anlegern die gleichen steuerlichen Chancen eröffnet werden. Insoweit würde der Gesetzgeber einen sachgerechten Ausgleich zwischen dem Prinzip der Steuervereinfachung, den wie auch immer gearteten „berechtigten Interessen der Wirtschaft“ und der Steuergerechtigkeit erreichen. Denn dann wäre es allen Investmentfondsanlegern möglich, sich aufgrund der starken Typisierung ggf. ergebende Härten des allgemeinen Besteuerungsregimes für Investmentfonds zu vermeiden. Jeder könnten das für ihn günstigere Besteuerungsregime selbst wählen. Diese Lösung würde das Ziel der Steuervereinfachung am stärksten einschränken zugunsten der beiden anderen verfolgten Ziele.

Alternativ könnte der Gesetzgeber die Voraussetzungen, unter denen ein Investmentfonds als Spezial-Investmentfonds qualifiziert, zielgerichteter festlegen. Dann würde der von ihm verfolgte Lenkungszweck erkennbar und der Steuervorteil des Regimes der Spezial-Investmentfonds in Form des Thesaurierungsprivilegs käme tatsächlich nur denjenigen Anlegern zu Gute, bei denen für eine solche Besteuerung ein Bedürfnis besteht. Das bleibt in der jetzigen Reglung unklar. Diese Lösung würde alle drei verfolgten gesetzgeberischen Prinzipien am besten miteinander in Einklang bringen, erfordert aber eine politische Befassung des Gesetzgebers mit dem konkreten politischen Wirtschaftsziel.

Die dritte Möglichkeit des Gesetzgeber wäre, auf das gesondert Besteuerungsregime für Spezial-Investmentfonds neben dem allgemeinen für Investmentfonds vollständig zu verzichten und alle Investmentfonds nach den allgemeinen Regelungen für Investmentfonds zu besteuern. Diese Lösung ginge primär zu Lasten der von dem Gesetzgeber ausgemachten „berechtigten Interessen der Wirtschaft“.

3.2 Erweiterung des Besteuerungsumfangs von Investmentfonds

Mit dem InvStG schränkt der Gesetzgeber den Besteuerungsumfang von den Investmentfonds im Vergleich zu den sonstigen Zweckvermögen i.S.v. § 1 Abs. 1 Nr. 5 KStG nicht nur ein, sondern er erweitert ihn teilweise auch.[182]

3.2.1 Immobilienveräußerungserlösen

In § 6 Abs. 4 S. 1 Nr. 2 InvStG hat der Gesetzgeber festgelegt, dass der Gewinn aus Veräußerungen von im Inland belegenden Immobilien zu den auf Ebene des (Publikums-)Investmentfonds steuerpflichtigen Einkünften zählt, unabhängig von einer 10-jährigen Haltefrist wie sie in § 23 Abs. 1 Nr. 1 EStG Voraussetzung für die Steuerbarkeit der Veräußerung ist.[183] Auch für Spezial-Investmentfonds hat der Gesetzgeber mittels des Verweises in § 29 Abs. 1 InvStG auf § 6 InvStG eine Steuerpflicht jeglicher Immobilienveräußerungsgewinne unabhängig von Haltefristen normiert.[184]

Er stellt mit dieser Regelung Investmentfonds im Vergleich zu nicht in den Anwendungsbereich des InvStG fallende Zweckvermögen schlechter. Denn diese können alle Einkunftsarten erzielen und ermitteln ihrer Einkünfte im Bereich der Überschusseinkünfte durch Einnahmen-Überschuss-Rechnung. Über § 8 Abs. 1 KStG i.V.m. § 23 Abs. 1 Nr. 1 EStG sind bei sonstigen Zweckvermögen Gewinne und Verluste aus Veräußerungsgeschäften nur steuerbar, wenn die Mindesthaltedauer von 10 Jahren nicht eingehalten wird. Dadurch dass der Gesetzgeber Investmentfonds diesen Zweckvermögen gleichstellt und für die Ermittlung ihrer Einkünfte in § 6 Abs. 7 InvStG die Einnahmen-Überschuss-Rechnung anordnet, liegt in der punktuellen Abweichung von dem in § 23 Abs. 1 Nr. 1 EStG geregelten Besteuerungstatbestand, nach welcher die Besteuerung von Veräußerungserlösen auch nach Ablauf der Mindesthaltefrist von 10 Jahren möglich ist, ein Systembruch vor.

Die entscheidende Frage ist jedoch, ob der Systembruch in der investmentsteuerrechtlichen Regelung liegt oder ob ein solcher nicht bereits – unabhängig von der investmentsteuerrechtlichen Regelung – im Vorfeld schon in der

182 Vgl. Kapitel 2.2.1.1.

183 *Elser/Thiede*, NWB-EV 2016, S. 302; *Klein* in: *Herrmann/Heuer/Raupach*, EStG/KStG, § 6 InvStG, Rn. 25; *Mann* in: *Blümich*, EStG/KStG/GewStG, § 6 InvStG, Rn. 53; *Patzner/Nagler* in: *Patzner/Döser/Kempf*, HK-InvestmentR, § 6 InvStG, Rn. 13.

184 Vgl. dazu auch: *Deutscher Bundestag*, BT-Drs. 18/8045, S. 105.

Regelung des § 23 Abs. 1 Nr. 1 EStG besteht.

3.2.1.1 Verhältnis zum Totalitätsprinzip

Wo der Systembruch zu verorten ist, hängt letztlich davon ab, wie der Gesetzgeber das Totalitätsprinzip[185] konkretisiert hat. Auch wenn sich der Gesetzgeber mit dem Totalitätsprinzip für eine vollständige Besteuerung der Erwerbseinkünfte entschieden hat, so hat er bei der Ausgestaltung des Begriffs dieser Einkünfte Gestaltungsfreiheit.[186] Er kann den bestehenden Theorien,[187] wie z.B. der Reinvermögenstheorie oder der Quellentheorie folgen, oder auch einen völlig eigenen Begriff der Einkünfte schaffen.[188]

Der Gesetzgeber hat sich, indem er in § 2 Abs. 1 EStG die der ESt unterliegenden Einkünfte geregelt hat, in Konkretisierung des Totalitätsprinzips für eine Anknüpfung an Erwerbseinkünfte entschieden.[189] Besteuert werden nur Einkünfte, die der Steuerpflichtige durch eine mit Gewinnabsicht ausgeübte Erwerbstätigkeit erwirtschaftet hat.[190] Wann dies der Fall ist, hat der Gesetzgeber typisierend durch Aufzählung der sieben verschiedenen, der ESt unterliegenden, Einkunftsarten in § 2 Abs. 1 Nr. 1 bis 7 EStG festgelegt.[191]

Nicht umfasst wird von der ESt mithin die eigene Wertschöpfung für private Zwecke, wie beispielsweise die Nutzung der eigenen Wohnung oder der

---

185 Siehe zum Begriff des Totalitätsprinzips im Allgemeinen: Kapitel 3.1.2.1.

186 Vgl. *Hey* in: *Tipke/Lang*, Steuerrecht, Rn. 8.1; *Lang*, Die Bemessungsgrundlage der Einkommensteuer, S. 168 f.; *Lang*, Brühler Empfehlungen, S. 31; *Lang*, DStJG 24 (2001), S. 61.

187 Siehe zu den verschiedenen Einkommenstheorien im Überblick *Ratschow* in: *Blümich*, EStG/KStG/GewStG, § 2 EStG, Rn. 43 ff.

188 So *Tipke*, StuW 1971, S. 10; a.A. wohl: *Lang*, Die Bemessungsgrundlage der Einkommensteuer, S. 169 ff., nach dem das Totalitätsprinzip auf der Reinvermögenszugangstheorie basiert.

189 Vgl. *Kirchhof*, FS Lang, S. 464.

190 Vgl. *Hey* in: *Tipke/Lang*, Steuerrecht, Rn. 7.30 ff.; a.A.*Kirchhof*, EStG, Einl., Rn. 5, der in seinem äquivalenztheoretischen Ansatz das Erwerbseinkommen auf das Markteinkommen verengt, d.h. die am Markt gewonnene Zahlungsfähigkeit; vgl. zur Kritik an der Markteinkommenstheorie auch: *Ratschow* in: *Blümich*, EStG/KStG/GewStG, § 2 EStG, Rn. 45; teilweise wird zwischen dem Begriff des Erwerbseinkommens und des Markteinkommens auch nicht differenziert und beide Termini synonym verwendet, so z.B. *Reutershan*, Die Besteuerung der Gewinne aus privaten Beteiligungsveräußerungen, S. 80.

191 Vgl. *Kirchhof*, FS Lang, S. 464.

Bau des eigenen Hauses durch Einsatz eigener Arbeitskraft.[192]

Der Gesetzgeber hat sich hinsichtlich des Umfangs der Besteuerung in § 2 Abs. 2, 4 ff. und 13 ff. EStG jedoch nicht für einen einheitlichen Begriff der Einkünfte entschieden, sondern hat den Begriff dualistisch gespalten.[193] Im Rahmen der Einkünfte aus Land- und Forstwirtschaft, Gewerbebetrieb und selbstständige Arbeit ist der Gewinn maßgeblich. Insoweit orientiert sich der Gesetzgeber mehr an der Reinvermögenstheorie, welche den gesamten periodische Zuwachs an Gütern erfasst, die für die Befriedigung von Bedürfnissen geeignet sind.[194] Die übrigen Einkünfte sind als Überschuss der Einnahmen über die Werbungskosten zu ermitteln und historisch mehr an der Quellentheorie ausgerichtet, nach welcher im Wesentlichen nur laufende Einkünfte der Besteuerung unterliegen.[195] Dies führt dazu, dass realisierte Wertsteigerungen grundsätzlich nur innerhalb der Gewinneinkünfte der Besteuerung unterliegen.[196] Die Art der Einkünfteermittlung ist hierfür jedoch nicht zwingend ursächlich, sondern auch im Rahmen der Überschusseinkünfte ließen sich Reinvermögensmehrungen erfassen, wenn der Gesetzgeber dies entsprechend normiert.[197]

Wie weit der Gestaltungsspielraum des Gesetzgebers zur Erschließung von Steuerquellen tatsächlich geht, insbesondere ob es noch innerhalb des gesetzgeberischen Gestaltungsspielraumes liegt, für verschiedene Einkunftsarten unterschiedliche Einkommensbegriffe zur Anwendung zu bringen, ist umstritten[198]

---

192 Vgl. *Hey* in: *Tipke/Lang*, Steuerrecht, Rn. 8.124; *Kirchhof*, FS Lang, S. 466.

193 Vgl. *Söhn*, DStJ 30 (2007), S. 13 f.; *Tipke*, StuW 1971, S. 8.

194 Vgl. *Hey* in: *Tipke/Lang*, Steuerrecht, Rn. 8.50 f. u. 8.181; *Maitzen*, Grundsatz der Gleichbehandlung der Einkunftsarten, S. 12; *Musil* in: *Herrmann/Heuer/Raupach*, EStG/KStG, § 2 EStG, Rn. 10; *Reutershan*, Die Besteuerung der Gewinne aus privaten Beteiligungsveräußerungen, S. 30 f; *Söhn*, DStJ 30 (2007), S. 14.

195 Vgl. *Hey* in: *Tipke/Lang*, Steuerrecht, Rn. 8.50 f. u. 8.182; *Musil* in: *Herrmann/Heuer/Raupach*, EStG/KStG, § 2, Rn. 10; *Reutershan*, Die Besteuerung der Gewinne aus privaten Beteiligungsveräußerungen, S. 31.

196 Vgl. *Söhn*, DStJ 30 (2007), S. 14; *Tipke*, StuW 1971, S. 8.

197 Vgl. *Dechant*, Die Besteuerung privater Veräußerungsgeschäfte, S. 61, 73; *Hey* in: *Tipke/Lang*, Steuerrecht, Rn. 8.187; *Lang*, Die Bemessungsgrundlage der Einkommensteuer, S. 222; *Reutershan*, Die Besteuerung der Gewinne aus privaten Beteiligungsveräußerungen, S. 37.

198 In einer dualistischen Spaltung sehen z.B. *Hey* in: *Tipke/Lang*, Steuerrecht, Rn. 8.185; *Söhn*, DStJ 30 (2007), S. 24; *Tipke*, StuW 1971, S. 10 f., einen Systembruch; so im Er-

Der Streit, ob ein *Dualismus der Einkunftsarten* grundsätzlich innerhalb des gesetzgeberischen Gestaltungsspielraumes liegt, kann in dieser Ausarbeitung offen bleiben, da der Gesetzgeber auch für die Überschusseinkünfte den Einkommensbegriff (zumindest mittlerweile) dahingehend konkretisiert hat, dass auch Veräußerungserlöse unter diesen Begriff fallen.

Dafür wird teilweise in der Literatur angeführt, dass der Gesetzgeber generell den Besteuerungsumfang der Gewinn- und der Überschusseinkünfte mittlerweile weitgehend aneinander angenähert hat.[199] Auch im Rahmen der Überschusseinkünfte unterliegen gem. §§ 17, 20 Abs. 2, 23 EStG mittlerweile die wesentlichen Erträge aus der Veräußerung der Einkunftsquelle der Besteuerung.[200] Doch auch insoweit ist umstritten, wie diese gesetzgeberische Annäherung, insbesondere infolge der umfassenden Veräußerungsgewinnbesteuerung i.S.v. § 20 Abs. 2 EStG mit Einführung der Abgeltungssteuer zum 1.1.2009,[201] im Hinblick auf die Bestimmung des Einkommensbegriffs steuersystematisch zu bewerten ist.[202]

Teilweise wird in der umfassenden Veräußerungsgewinnbesteuerung in § 20 Abs. 2 EStG ein steuersystematischer Umbruch gesehen, nach dem nun auch für die Überschusseinkünfte eine Trennung von Quellen- und Veräußerungseinkünften nicht mehr gilt, sondern die Veräußerungsgewinnbesteuerung den Regelfall darstellt, während die Steuerfreiheit des Vermögensstamms die (rechtfertigungsbedürftige) Ausnahme bildet.[203] Dann wäre auch die Besteuerung privater Grundstücksveräußerungen der Regelfall.

---

gebnis auch: *Jachmann*, DStJG 23 (2000), S. 49; Siehe zur Rechtfertigungsprüfung des Dualismus auch: *Reutershan*, Die Besteuerung der Gewinne aus privaten Beteiligungsveräußerungen, S. 53 ff.; demgegenüber gehen z.B. *Schlotter*, FR 2007, S. 953, davon aus, dass der Dualismus der Einkunftsarten sich innerhalb des weitreichenden Gestaltungsspielraums des Gesetzgebers halte; letztgenannte Ansicht dürfte auch das BVerfG vertreten, auch wenn es dies bisher nicht ausdrücklich entschieden hat (vgl. *Söhn*, DStJ 30 (2007), S. 21).

199 Vgl. *Reutershan*, Die Besteuerung der Gewinne aus privaten Beteiligungsveräußerungen, S. 38 ff.

200 Vgl. *Ratschow* in: *Blümich*, EStG/KStG/GewStG, § 2 EStG, Rn. 72; *Weber-Grellet* in: *Schmidt 2020*, EStG, § 2 EStG, Rn. 1.

201 Vgl. Unternehmensteuerreformgesetz 2008 v. 14.8.2007, BGBl I 2007, 1912.

202 Siehe zu dieser Frage auch: *Hamacher/Dahm* in: *Korn*, EStG, § 20 EStG, Rn. 41 ff.

203 *Reutershan*, Die Besteuerung der Gewinne aus privaten Beteiligungsveräußerungen, S. 40; so wohl auch: *Pezzer*, DStJG 34 (2011), S. 211; *Weber-Grellet* in: *Schmidt 2020*, EStG, § 2 EStG, Rn. 3.

Die Gegenauffassung hält am dualistischen Einkünftebegriff fest und geht für die Überschusseinkünfte weiterhin davon aus, dass die gesetzgeberische Grundentscheidung nur die Besteuerung der Quelleneinkünfte ist und nicht die Besteuerung der Veräußerung des Vermögensstamms selbst.[204] Dass der Gesetzgeber dennoch punktuell bestimmte Veräußerungsgewinne besteuere, basiere auf dessen Vorstellung, in der Veräußerung manifestiere sich auch ein nicht ausgeschütteter laufender Ertrag.[205] Die Besteuerung solcher Veräußerungsgewinne ist nach dieser Auffassung weiterhin eine Durchbrechung des Prinzips der Besteuerung nur der Quelleneinkünfte. Nach dieser Auffassung wäre die Besteuerung privater Grundstücksveräußerungsgewinne schon der Systembruch und nicht das Absehen hiervon.

Letztlich überzeugt steuersystematisch nur die Auffassung, nach welcher die Steuerfreiheit von Veräußerungsgewinnen eine Durchbrechung des Totalitätsprinzips bewirkt. Ob dies erst seit Einführung der Abgeltungsteuer so ist, oder schon bereits zuvor nur ein solches steuersystematisches Verständnis zutreffend gewesen ist, kann offen bleiben. Denn das InvStRefG ist erst unter Geltung der Abgeltungsteuer in Kraft getreten.

Gesetzgeberische Grundentscheidung im Rahmen des Totalitätsprinzips ist die vollumfängliche Besteuerung von Veräußerungserlösen, die der Veräußerer aufgrund einer mit Gewinnerzielungsabsicht ausgeübten Erwerbstätigkeit erzielt hat,[206] während das Absehen von einer solchen Besteuerung die Durchbrechung dieses Prinzips ist.[207] Der Gesetzgeber hat den Einkommensbegriff für die Überschusseinkünfte nicht nur auf die Besteuerung der laufenden Erträge im Sinne der Quellentheorie bestimmt.

Dies wird schon aus der *historischen Gesetzesbegründung* des EStG von 1974 deutlich.[208] Der Gesetzgeber hat im Rahmen der Erarbeitung des Ge-

---

204 So *Hamacher/Dahm* in: *Korn*, EStG, § 20 EStG, Rn. 45; *Hensel* in: *Lademann*, EStG, § 23 EStG, Rn. 27; So wohl auch: *Bachem* in: *Bordewin/Brandt/Bode*, EStG, § 23 EStG, Rn. 25a; *Schmidt* in: *Schmidt 2019*, EStG, § 20 EStG, Rn. 370 ff.; *Wernsmann/Neudenberger* in: *Kirchhof/Söhn/Mellinghoff*, EStG, § 22 EStG, Rn. A 1.

205 Vgl. *Hamacher/Dahm* in: *Korn*, EStG, § 20 EStG, Rn. 44.

206 So auch: *Reutershan*, Die Besteuerung der Gewinne aus privaten Beteiligungsveräußerungen, S. 86.

207 So im Ergebnis auch: *Reutershan*, Die Besteuerung der Gewinne aus privaten Beteiligungsveräußerungen, S. 52.

208 Siehe Entwurf eines Dritten Steuerreformgesetzes v. 9.1.1974, *Deutscher Bundestag*, BT-Drs. 7/1470.

setzesentwurfs geprüft, ob sämtliche private Veräußerungsgeschäfte der Besteuerung unterworfen werden könnten und kommt zu folgendem Ergebnis:

„Eine vollständige Erfassung dieser Erträge dürfte jedoch selbst bei erheblichem Verwaltungsaufwand unmöglich sein. Die Beschränkung der Besteuerung auf Gewinne aus der Veräußerung bestimmter privater Wirtschaftsgüter in bestimmten genau umschriebenen Fällen hat sich bewährt und wird deshalb beibehalten.“[209]

Die Begründung zeigt, dass der Gesetzgeber selbst damals schon davon ausging, dass sämtliche privaten Veräußerungsgewinne nach seinem Konzept von der finanziellen und wirtschaftlichen Leistungsfähigkeit[210] eigentlich vollständig erfasst werden müssten. Soweit er die Veräußerungsgewinne nicht zu den steuerbaren Einkünften zählt, durchbricht er diese Entscheidung allein aus Nützlichkeitserwägungen, nämlich Vereinfachungszwecken.

Noch deutlicher wird dies im Rahmen der Begründung des damaligen Gesetzgebers im Zusammenhang mit der Besteuerung von Gewinnen aus der Veräußerung von wesentlichen Beteiligungen:

„Die steuerliche Erfassung privater Veräußerungsgewinne muß deshalb auf die Fälle beschränkt bleiben, bei denen die Veräußerungsvorgänge verhältnismäßig leicht feststellbar und nachprüfbar sind, die Veräußerungsgewinne in der Regel einen erheblichen Umfang haben und bei denen besondere Gründe eine Besteuerung gebieten.“[211]

Solche allgemeinen Nützlichkeitserwägungen sind jedoch nicht geeignet eine gerechte Lastenverteilung zu erreichen. Sie vermögen das Totalitätsprinzip als Prinzip der gerechten Lastenverteilung daher nicht zu konkretisieren, sondern durchbrechen dieses Prinzip.

Dass der Gesetzgeber die Veräußerungsgewinne aus Kapitalanlagen in § 20 Abs. 2 EStG mittlerweile vollumfänglich der Besteuerung unterwirft, ist somit die Folge der gesetzgeberischen Erkenntnis, dass es für eine Ausnahme von der Besteuerung dieser Erträge keine Rechtfertigung (mehr) gibt.[212] Nicht überzeugend ist insoweit die Behauptung, der Gesetzgeber gehe von der Quellentheorie aus und besteuere punktuell bestimmte Veräußerungser-

---

209 *Deutscher Bundestag*, BT-Drs. 7/1470, S. 278.
210 Vgl. *Deutscher Bundestag*, BT-Drs. 7/1470, S. 211 f.
211 *Deutscher Bundestag*, BT-Drs. 7/1470, S. 263.
212 Dazu ausführlich im folgenden Kapitel 3.2.1.2.

löse nur deshalb, weil in ihnen auch laufende Erträge enthalten sind.[213] Dieser Gedanke findet sich weder in den Gesetzgebungsmaterialien wieder, noch hat er sich im EStG niedergeschlagen. Denn einem solchen Verständnis entspräche eine gesetzliche Regelung, nach welcher ausschließlich thesaurierte Erträge der Besteuerung im Zeitpunkt der Veräußerung unterliegen. Preisbildender Faktor bei der Bestimmung des Verkaufspreis sind allerdings regelmäßig auch bloße künftige Gewinnerwartungen, die sich noch nicht realisiert haben und ggf. künftig auch nicht realisieren werden.[214]

Über den Verweis in § 8 Abs. 1 KStG auf den Einkommensbegriff des EStG, hat der Gesetzgeber das Totalitätsprinzip in seiner dortigen Konkretisierung auch für das Körperschaftsteuerrecht übernommen.

Danach stellt schon die Steuerfreiheit von Grundstücksveräußerungsgewinnen nach Ablauf der zehnjährigen Haltefrist im Bereich der Überschusseinkünfte gem. § 23 Abs. 1 Nr. 1 EStG einen Systembruch dar,[215] welcher einer steuersystematischen Begründung bedarf.

3.2.1.2 Begründung des Systembruchs

Eine Begründung für die Steuerfreiheit von Grundstücksveräußerungen außerhalb der Spekulationsfrist durch ein solches Prinzip gibt es jedoch nicht.[216]

Vereinfachungsgründe scheiden schon deshalb aus, weil eine Besteuerung aller Grundstücksveräußerungen auch außerhalb der Spekulationsfrist leicht durchführbar wäre – sogar noch leichter als die Ermittlung der Erträge aus der Veräußerung von Kapitalanlagen i.S.v. § 20 Abs. 2 EStG.[217] Denn Grundstücksveräußerungsgeschäfte bedürfen gem. § 311b Abs. 1 BGB der notariellen Beurkundung. Der beurkundende Notar ist nach § 18 Abs. 1 Nr. 1 Grunderwerbsteuergesetz (GrEStG) verpflichtet, einen Rechtsvorgang betreffend eines in Deutschland gelegenen Grundstücks anzuzeigen, sodass die Finanz-

---

213 So *Hamacher/Dahm* in: *Korn*, EStG, § 20 EStG, Rn. 44.
214 Vgl. dazu *Desens*, Halbeinkünfteverfahren, S. 142 f.
215 Im Ergebnis auch: *Lang*, Die Bemessungsgrundlage der Einkommensteuer, S. 514.
216 Vgl. *Lang*, Die Bemessungsgrundlage der Einkommensteuer, S. 58 ff.; a.A. *Musil* in: *Herrmann/Heuer/Raupach*, EStG/KStG, § 23 EStG, Rn. 10.
217 Auch *Bleschick* in: *Kirchhof*, EStG, § 20 EStG, Rn. 5, stellt fest, dass es bei der Besteuerung von Grundstücksveräußerungserlösen kein Vollzugsdefizit gebe; ebenso sieht *Tipke*, Die Steuerrechtsordnung Bd. II, S. 722 in der Besteuerung privater Veräußerungsgeschäfte keine technischen Schwierigkeiten.

verwaltung regelmäßig Kenntnis von Grundstücksveräußerungen und den beurkundeten Veräußerungspreisen erhält.[218] Mithin kann der Gesetzgeber sich nicht auf die Undurchführbarkeit der Besteuerung von Grundstücksveräußerungserlösen berufen.[219] Dies gilt erst Recht, wenn er selbst die Besteuerung von Wertpapierveräußerungsgeschäften – sogar unabhängig von irgendwelchen Haltefristen – für praktikabel hält.

Auch die bedeutende Höhe der Erträge aus Grundstücksveräußerungen erfordert gerade eine Besteuerung dieser Erträge. Insoweit überzeugt der teilweise in der Literatur vorgenommene Begründungsversuch, nach welchem bei Grundvermögen die Umschichtung gegenüber der bloßen Fruchtziehung der atypische Fall sein solle,[220] nicht.[221] So fanden allein im Jahr 2017 in Deutschland 86.659 Veräußerungen von Bauland mit einer Kaufsumme von insgesamt 16,6 Milliarden Euro statt.[222]

Ebenso scheiden *Lenkungszwecke* zur Begründung der Durchbrechung des Totalitätsprinzips aus. Soweit der historische Gesetzgeber in seiner Gesetzesbegründung des EStG von 1974 zu der Spekulationsfrist von damals noch 2 Jahren ausführt, eine andere Lösung führe „zu einer Erstarrung des Grundstücksverkehrs und nicht zu einem Sinken der Bodenpreise“, da sich Grundstücksgeschäfte auf „nicht vermehrbare Wirtschaftsgüter“ bezögen,[223] ist diese Argumentation jedenfalls für die heutige Spekulationsfrist von 10 Jahren nicht als Begründung geeignet. Denn diese Regelung führt gerade zu der vom damaligen Gesetzgeber unerwünschten Erstarrung des Grundstücksverkehrs, da es für Investoren lukrativer ist, nicht innerhalb der 10-Jahres-Frist zu veräußern. Demgegenüber wäre die Abschaffung der Frist und damit die unbegrenzte Erfassung solcher Geschäfte zumindest geeigneter, eine Erstarrung zu verhindern, weil dann das Halten von Grundstücken über mehr als 10 Jahre keinen steuerlichen Vorteil mehr bringt.

Schließlich lässt sich die Nichtbesteuerung privater Grundstücksveräuße-

218 Vgl auch: *Maitzen*, Grundsatz der Gleichbehandlung der Einkunftsarten, S. 46.
219 So auch: *Maitzen*, Grundsatz der Gleichbehandlung der Einkunftsarten, S. 48.
220 So z.B.: *Oertel* in: *Kirchhof*, EStG, § 20 EStG, Rn. 5.
221 So auch: *Dechant*, Die Besteuerung privater Veräußerungsgeschäfte, S. 120.
222 Vgl. *Statistisches Bundesamt*, Kaufwerte für Bauland, S. 7; dazu wie viele Veräußerungen in den gewerblichen Bereich fallen, und wie viele in den des Privatvermögens, gibt es keine Daten.
223 *Deutscher Bundestag*, BT-Drs. 7/1470, S. 278.

rungsgeschäfte außerhalb der 10-Jahres-Frist auch nicht damit begründen, dass diese letztlich vor einer *inflationsbedingten Übermaßbesteuerung* schütze.[224] Im Steuerrecht bleibt die Veränderung des Geldwertes nach dem Nominalwertprinzip unberücksichtigt.[225] Das führt dazu, dass der Veräußerungsgewinn, wenn sich der Geldwert verändert hat, nicht nur auf einer Wertsteigerung des Wirtschaftsguts beruht, sondern teilweise auch darau, dass für das Wirtschaftsgut aufgrund der Inflation ein höherer Preis für dessen Wiederbeschaffung zu zahlen ist.[226] Letztlich liegt in Höhe des inflationsbedingten Wertzuwachses ein Scheingewinn vor. Dieser Scheingewinneffekt verstärkt sich bei Veräußerungen nach einer langen Haltedauer.[227]

Diesem Begründungsansatz liegt letztlich der Kompensationsgedanke zu Grunde. Es wird versucht den Vorteil der Nichtbesteuerung mit dem Nachteil der Erfassung von inflationsbedingten Scheingewinnen zu begründen. Ob insoweit eine Verpflichtung des Gesetzgebers besteht, keine Scheingewinne zu besteuern, ist in der Literatur umstritten.[228]

Teil der Literatur sehen in der Besteuerung von Scheingewinnen einen Verstoß gegen das Leistungsfähigkeitsprinzip, da nach diesem lediglich der Nettozuwachs an Kaufkraft innerhalb eines Veranlagungszeitraumes zu besteuern sei.[229]

Teilweise wird in der Besteuerung von inflationsbedingten Scheingewinnen ein Verstoß gegen die Eigentumsgarantie des Art. 14 GG gesehen.[230] Wenn der Veräußerungsgewinn allein in einem inflationsbedingten Scheingewinn bestehe, komme es zu einer Substanzbesteuerung.[231] Die Besteuerung führe dann zusammen mit der Geldentwertung zu einer realen Vermögens-

224 So auch: *Lang*, Die Bemessungsgrundlage der Einkommensteuer, S. 182; *Maitzen*, Grundsatz der Gleichbehandlung der Einkunftsarten, S. 53 f.

225 Vgl. *Lang*, Die Bemessungsgrundlage der Einkommensteuer, S. 176; *Reutershan*, Die Besteuerung der Gewinne aus privaten Beteiligungsveräußerungen, S. 96.

226 Vgl. *Reutershan*, Die Besteuerung der Gewinne aus privaten Beteiligungsveräußerungen, S. 101.

227 Vgl. *Reutershan*, Die Besteuerung der Gewinne aus privaten Beteiligungsveräußerungen, S. 103.

228 Eine ausführliche Darstellung des Streits findet sich bei: *Reutershan*, Die Besteuerung der Gewinne aus privaten Beteiligungsveräußerungen, S. 104 ff.

229 *Englisch*, StuW 2007, S. 228; *Kröger/Klaus*, JZ 1979, S. 632; Zweifel äußert insoweit auch: *Djanani/Krenzin/Grossmann*, StuW 2014, S. 147.

230 So z.B. *Kröger/Klaus*, JZ 1979, S. 633; *Papier*, AöR 1973, S. 558.

231 *Papier*, AöR 1973, S. 554 f.

minderung.[232]

Nach Ansicht des BVerfG bestehe eine Pflicht zur Vermeidung der Besteuerung von Scheingewinnen nicht.[233] Eine Ungleichbehandlung im Hinblick auf das Leistungsfähigkeitsprinzip läge u.a. deshalb nicht vor, weil der Gesetzgeber alle Wirtschaftsgüter gleich schlecht behandele, da es aufgrund des im Steuerrechts geltenden Nominalwertprinzips, einem tragenden Ordnungsprinzip[234], unterschiedslos zu einer Besteuerung von inflationsbedingten Scheingewinnen komme.[235] Im Hinblick auf Art. 14 Abs. 1 GG trennt das Gericht zwischen dem Stammrecht, mit dem Erträge erzielt werden, und den Erträgen selbst als Rechtsfrüchte.[236] Da eine Besteuerung nur einen Bruchteil der Rechtsfrüchte erfasse, könne es nicht zu einer Substanzbesteuerung kommen.[237] Die Entwertung des Stammrechts durch die Inflation sei von der Besteuerung unabhängig und dessen Entwertung gerade nicht Gegenstand der Besteuerung.[238] Nach dieser Betrachtung ist ein Substanzeingriff solange ausgeschlossen, wie der Steuersatz nicht 100 % übersteigt.[239]

Letztlich kann der Streit offen bleiben, da eine Kompensation – selbst wenn sie aus steuersystematischen oder verfassungsrechtlichen Gründen nicht erforderlich wäre – sie jedenfalls aus wirtschaftspolitischen Lenkungszwecken möglich wäre. In der Nichtbesteuerung von Grundstücksveräußerungsgewinnen außerhalb der Spekulationsfrist könnte die Verwirklichung eines entsprechenden gesetzgeberischen Lenkungszwecks gesehen werden.

Eine vollumfängliche Begründung des Systembruchs mittels des Kompensationsgedankens gelingt jedoch nicht, da es sich bei Grundstücksveräuße-

232 Vgl. dazu mit Beispielen: *Reutershan*, Die Besteuerung der Gewinne aus privaten Beteiligungsveräußerungen, S. 114.
233 *BverfG*, Beschluss v. 19.12.1978, 1 BvR 335/76, 1 BvR 427/76, 1 BvR 811/76, BVerfGE 50, 57 (77 f.); Siehe zur Kritik an diesem Urteil: *Kröger/Klaus*, JZ 1979.
234 *BverfG*, Beschluss v. 19.12.1978, 1 BvR 335/76, 1 BvR 427/76, 1 BvR 811/76, BVerfGE 50, 57 (92 f).
235 *BverfG*, Beschluss v. 19.12.1978, 1 BvR 335/76, 1 BvR 427/76, 1 BvR 811/76, BVerfGE 50, 57 (78 f).
236 Vgl. dazu auch: *Kröger/Klaus*, JZ 1979, S. 633.
237 *BverfG*, Beschluss v. 19.12.1978, 1 BvR 335/76, 1 BvR 427/76, 1 BvR 811/76, BVerfGE 50, 57 (105 f).
238 *BverfG*, Beschluss v. 19.12.1978, 1 BvR 335/76, 1 BvR 427/76, 1 BvR 811/76, BVerfGE 50, 57 (105).
239 Vgl. *Reutershan*, Die Besteuerung der Gewinne aus privaten Beteiligungsveräußerungen, S. 118.

rungsgewinnen nach Ablauf der Spekulationsfrist regelmäßig nicht nur um inflationsbedingten Scheingewinne handelt.[240] Dass bei Grundstücksveräußerungen keine Realgewinne mehr erzielt werden, kann auch nicht typisierend angenommen werden,[241] da die Wertsteigerungen des Grundstücks regelmäßig die durch die Inflation bedingte Entwertung deutlich übersteigen. Dies zeigt eine Gegenüberstellung der Inflationsrate der Jahre 1997 bis 2017 und der sich daraus ergebenden Veränderungsraten zum Vorjahr in Prozent[242] mit den Kaufwerten von Bauland in Euro pro m^2 der gleichen Jahre[243] und der sich hieraus ergebenden Veränderungsrate zum Vorjahr in Prozent:

Jahr	**Verbrauchspreisindex Deutschland**		**Kaufwert Bauland Deutschland**	
	Index 2010 = 100	Veränderung in %	Preis in €\m^2	Veränderung in %
1997	83,2	2,0	44,47	7,1
1998	84,0	1,0	48,25	8,5
1999	84,5	0,6	49,60	2,8
2000	85,7	1,4	51,79	4,4
2001	87,4	2,0	50,18	-3,1
2002	88,6	1,4	58,43	16,4
2003	89,6	1,1	76,90	31,6
2004	91,0	1,6	76,93	0
2005	92,5	1,6	85,97	11,75
2006	93,9	1,5	81,93	-4,7
2007	96,1	2,3	83,64	2,1
2008	98,6	2,6	80,38	-3,9
2009	98,9	0,3	81,78	1,7
2010	100	1,1	90,76	11,0
2011	102,1	2,1	90,92	0,2
2012	104,1	2,0	94,14	3,5
2013	105,7	1,5	98,61	4,75
2014	106,6	0,9	106,04	7,5
2015	106,9	0,3	110,11	3,8
2016	107,4	0,5	119,38	8,4
2017	109,3	1,8	131,19	9,8

Tabelle 3.2: Gegenüberstellung Verbrauchspreisindex und Baulandpreis-Erhöhung

240 So auch: *Dechant*, Die Besteuerung privater Veräußerungsgeschäfte, S. 135.
241 Vgl. *Dechant*, Die Besteuerung privater Veräußerungsgeschäfte, S. 136 ff.
242 Vgl. *Statistisches Bundesamt*, Verbrauchspreisindex 2017, S. 10 ff.
243 Vgl. *Statistisches Bundesamt*, Kaufwerte für Bauland, S. 45.

Die Daten zeigen, dass vom Jahr 1997 bis zum Jahr 2017 die Inflation insgesamt 31,4 %[244] betrug, während sich der Preis für Bauland im gleichen Zeitraum um 195 %[245] gesteigert hat. Über den gesamten Zeitraum gesehen, lag die Preissteigerung ganz erheblich über der Inflationsrate. Im Übrigen müsste man in die Kompensationsbetrachtung auch die üblicherweise erfolgende Fremdfinanzierung der Immobilien einbeziehen. Insoweit kompensiert die Geldentwertung eine Scheingewinnbesteuerung teilweise, da der Finanzierende von dieser auch im Bezug auf den Rückzahlungsbetrag des Darlehens profitiert.[246] Eine vollständige Nichtbesteuerung kann mithin nicht mit der Geldentwertung begründet werden. Eine Steuerbefreiung der verbleibenden Realgewinne bedarf daher einer zum Kompensationsgedanken hinzutretenden Begründung. Ein solcher ist allerdings nicht ersichtlich.

Insbesondere sind inflationsbereinigte Gewinne nicht derart gering, dass aus Vereinfachungsgründen auf eine Besteuerung verzichtet werden könnte – wie die oben dargestellte Preisentwicklung schon verdeutlicht. Es kann mithin nicht typisierend angenommen werden, dass nach Ablauf von 10 Jahren ein Grundstücksveräußerungserlös regelmäßig nur noch aus inflationsbedingten Scheingewinnen besteht. Eine solche Regelung wäre jedenfalls allein zugunsten von Grundstücksveräußerungsgeschäfte auch nicht angemessen, da sie zu schwerwiegenden Ungleichbehandlungen mit den Gewinneinkünften führt, wo sämtliche Veräußerungsgewinne unabhängig von der Haltedauer erfasst werden.[247]

Die Steuerfreiheit der Grundstücksveräußerungsgeschäfte ist somit systemwidrig.[248] Dieses steuersystematische Ergebnis steht auch nicht im Widerspruch zur Rechtsprechung des BVerfG im Zusammenhang mit privaten Veräußerungsgeschäften.[249] Denn das BVerfG hatte sich bisher mit Fällen zu beschäftigen, in denen sich die Kläger nur gegen die Verfassungsmäßig-

244 $109{,}3 \div 83{,}2 \cdot 100\,\% - 100\,\%$

245 $131{,}19 \div 44{,}47 \cdot 100\,\% - 100\,\%$

246 So auch: *Lang*, Die Bemessungsgrundlage der Einkommensteuer, S. 181.

247 Vgl. *Reutershan*, Die Besteuerung der Gewinne aus privaten Beteiligungsveräußerungen, S. 121.

248 So im Ergebnis auch *Lang*, Die Bemessungsgrundlage der Einkommensteuer, S. 58; *Mössner*, DStZ 1990, S. 136.

249 *BVerfG*, Beschluss v. 07.10.1969, 2 BvL 3/66, BVerfGE 27, 111; *BVerfG*, Beschluss v. 09.07.1969, 2 BvL 20/65, BVerfGE 26, 302; Siehe zur Kritik an diesen Urteilen: *Söhn*, DStJ 30 (2007), S. 21 f.

keit der Sondertatbestände der §§ 17, 23 EStG wandten und ebenfalls die Steuerfreiheit begehrt wurde.[250] Insoweit ist der Aussage des BVerfG, dass in der Besteuerung von Veräußerungsgewinnen auch im Privatvermögen keine Durchbrechung des Systems des Einkommensteuerrechts läge, und dass der Gesetzgeber auch jegliche Veräußerungen von Gegenständen des Privatvermögens besteuern könne, zuzustimmen.[251] Der Dualismus der Einkunftsarten generell und damit die Frage, ob auch private Veräußerungsgeschäfte allgemein steuerbar sein müssten, war nicht entscheidungserheblich und ist auch nicht entschieden worden.[252]

Zur Beseitigung dieser Systemwidrigkeit stünden dem Gesetzgeber verschiedene Wege offen, wie er eine systemkonforme Besteuerung von Grundstücksveräußerungsgewinnen vornehmen könnte, ggf. auch unter Berücksichtigung typischerweise bei langen Haltezeiträumen auftretenden inflationsbedingten Scheingewinne. Die Lösungsmöglichkeiten waren bereits Thema verschiedener Dissertationen, weshalb in dieser Ausarbeitung auf die dortigen Entwicklungen und Vorschläge zur Beseitigung des Systembruchs – welcher im allgemeinen Ertragsteuerrecht und nicht im InvStG behoben werden muss – verwiesen wird.[253] Jedenfalls für das InvStG hat der Gesetzgeber für Investmentfonds eine nicht begründete Subvention abgebaut und gerade die folgerichtige Ausgestaltung der für das Körperschaftsteuerrecht getroffenen steuerlichen Belastungsentscheidung – dem Totalitätsprinzip – erreicht. Zu diesem Ergebnis kommt auch der Gesetzgeber in seiner Begründung zu dem Investmentsteuerreformgesetzes, wenn er zu der Regelung des § 6 Abs. 4 Satz 2 und 3 InvStG schreibt, dass diese „insbesondere einer enger am Leistungsfähigkeitsprinzip orientierten Besteuerung" diene.[254]

Ein Systembruch liegt auch nicht darin, dass Investmentfonds aufgrund

250 *BVerfG*, Beschluss v. 07.10.1969, 2 BvL 3/66, BVerfGE 27, 111 (115); *BVerfG*, Beschluss v. 09.07.1969, 2 BvL 20/65, BVerfGE 26, 302 (303 f).

251 So *BVerfG*, Beschluss v. 09.07.1969, 2 BvL 20/65, BVerfGE 26, 302 (312); *BVerfG*, Beschluss v. 07.10.1969, 2 BvL 3/66, BVerfGE 27, 111 (127).

252 So auch: *Söhn*, DStJ 30 (2007), S. 21.

253 Siehe *Dechant*, Die Besteuerung privater Veräußerungsgeschäfte, S. 305 ff.; *Reutershan*, Die Besteuerung der Gewinne aus privaten Beteiligungsveräußerungen, S. 121 ff.

254 *Deutscher Bundestag*, BT-Drs. 18/8045, S. 73; diese Auffassung teilen *Patzner/Nagler* in: *Patzner/Döser/Kempf*, HK-InvestmentR, § 6 InvStG, Rn. 17; Siehe zu einer vergleichbaren Konstellation des Abbaus einer steuerrechtlichen Subvention: *BVerfG*, Beschluss v. 05.02.2002, 2 BvR 305/93, BVerfGE 105, S. 53.

dieser Regelung gegenüber der Direktanlage schlechter gestellt werden. Denn der Gesetzgeber hat schon keine Belastungsentscheidung dahingehend getroffen, die Investmentfondsanlage mit der Direktanlage gleichzustellen. Soweit die Literatur dem Gesetzgeber einen dahingehenden Vorwurf macht, mag dies unter wirtschaftlichen Aspekten möglicherweise eine berechtigte Kritik sein.[255] Möchte der Gesetzgeber die Schaffung von Wohnraum mittels einer steuerlichen Subvention fördern, müsste er allgemein – sowohl im Ertragsteuerrecht, als auch im Investmentsteuerrecht – eine zielgerichtetere Regelung schaffen, die geeignet ist diesen Subventionszweck zu erreichen. Die Steuerfreiheit nach Ablauf einer 10-jährigen Haltefrist ist zur Erreichung dieses Ziels nicht geeignet. Steuersystematisch ist die Besteuerung von Grundstücksveräußerungsgewinnen gerade folgerichtig.

3.2.2 Erträge i.S.v. § 2 Nr. 2 Buchst. a bis c KStG

Neben den Gewinnen aus der Veräußerung von Immobilien außerhalb der zehnjährigen Haltefrist erweitert der Gesetzgeber den Besteuerungsumfang des Investmentfonds nach § 6 Abs. 3 Nr. 2 InvStG auch um die Entgelte, Einnahmen und Bezüge nach § 2 Nr. 2 Buchts. a bis c KStG.[256] Er beabsichtigte mit dieser Regelung durch die Steuerpflicht von Dividendenkompensationszahlungen aus Wertpapierleihgeschäften eine Umgehung der Besteuerung von Dividenden u.a. mittels einer Wertpapierleihe zu verhindern.[257]

Insoweit handelt es sich nur für ausländische Investmentfonds um eine echte Erweiterung des Besteuerungsumfangs, während die Einbeziehung von Einnahmen i.S.v. § 2 Nr. 2 Buchst. a bis c KStG bei inländischen Investmentfonds lediglich zu einem geringeren Umfang der in § 6 InvStG geregelten sachlichen Steuerbefreiung führt. Denn bei inländischen Investmentfonds als Zweckvermögen i.S.v. § 1 Abs. 1 Nr. 5 KStG unterlägen diese Erträge gem.

---

255 Vgl. *Bundesverband Investment und Asset Management e.V.*, Stellungnahme zum InvStRefG, S. 10; *Böcker*, NWB Steuer und Wirtschaftsrecht 2016, S. 2791; *Faller/Wolf/Brielmaier*, DB 2016, S. 489; *Zentraler Immobilien Ausschuss e.V.*, Stellungnahme zum Referententwurf des InvStRefG, S. 4.

256 Vgl. *Hahne*, DStR 2018, S. 557; *Hahne*, DStR 2017, S. 2312; *Klein* in: *Herrmann/Heuer/Raupach*, EStG/KStG, § 6 InvStG, Rn. 20.

257 *Deutscher Bundestag*, BT-Drs. 18/8045, S. 73; *Hahne*, DStR 2018, S. 557; *Roth*, GWR 2016, S. 458.

§ 22 Nr. 3 EStG ohnehin der Besteuerung.[258] Indem der Gesetzgeber die Erträge nach § 2 Nr. 2 Buchst. a bis c KStG den inländischen Beteiligungserträgen zuordnet, hält er lediglich an dieser Besteuerung fest. Ein Systembruch liegt insoweit nicht vor. Die sich hieraus ergebende steuerliche Vorbelastung berücksichtigt er im Rahmen der Besteuerung auf Anlegerebene im Rahmen der Teilfreistellung mit welcher er einen gewissen Ausgleich für die steuerliche Vorbelastung zu erreichen beabsichtigt.[259]

Bei ausländischen Investmentfonds wären die Einnahmen i.S.v. § 2 Nr. 2 Buchst. a bis c KStG ohne die Sonderregelung des § 6 Abs. 3 Nr. 2 InvStG hingegen steuerfrei. Denn sie unterfallen nicht den inländischen Einkünften i.S.v. § 49 Abs. 1 EStG,[260] insbesondere nicht § 49 Abs. 1 Nr. 9 EStG. Sie wären auch nicht gem. § 2 Nr. 2 KStG steuerpflichtig, da sich die Vorschrift ausschließlich auf inländische Steuersubjekte und nicht auf ausländische Steuersubjekte bezieht.[261]

3.2.2.1 Verhältnis zum Territorialitätsprinzip

Nach dem Territorialitiätsprinzip[262] unterliegen nur die inländischen Einkünfte der Besteuerung. Den Umfang dieser inländischen Einkünfte hat der Gesetzgeber in den § 49 EStG i.V.m. § 2 KStG[263] festgelegt und hier die territorialen Anknüpfungspunkte umschrieben, nach denen inländische von nicht inländischen Einkünften abzugrenzen sind.[264] Das Territorialitätsprinzip wäre verletzt, wenn der Gesetzgeber Einkünfte als inländisch qualifizieren würde, die über keinen hinreichenden Inlandsbezug verfügen.[265] Ein solcher Bezug liegt vor, wenn entweder das Steuerobjekt im Inland belegen ist,

258 Vgl. *Hahne*, DStR 2017, S. 2312 f.; So auch zur Steuerpflicht der Wertpapierleihgebühr bzw. der Kompensationszahlungen im Privatvermögen *Ebner/Helios*, BB 2010, S. 1642; *Häuselmann*, FR 2010, S. 203; *Killat* in: *Herrmann/Heuer/Raupach*, EStG/KStG, § 22 EStG, Rn. 430, „Wertpapierleihe"; *Oho/v. Hülst*, DB 1992, S. 2583; *Schmid/Mühlhäuser*, BB 2001, S. 2614.

259 Vgl. Kapitel 3.4.

260 Vgl. *Häuselmann*, FR 2010, S. 206.

261 Vgl. *Häuselmann*, FR 2010, S. 206; *Witt* in: *Herrmann/Heuer/Raupach*, EStG/KStG, § 2 KStG, Rn. 101.

262 Siehe Kapitel 3.1.2.1.

263 Vgl. *Hey* in: *Tipke/Lang*, Steuerrecht, Rn. 8.27.

264 Vgl. *Bärsch* in: *Herrmann/Heuer/Raupach*, EStG/KStG, § 49 EStG, Rn. 5.

265 Vgl. *Gosch* in: *Kirchhof*, EStG, § 49 EStG, Rn. 4; *Koblenzer*, BB 1996, 933, S. 934.

wenn eine Dienstleistung im Inland erbracht wird, wenn die Ergebnisse einer Tätigkeit im Inland nutzbar werden und sich im Inland auswirken oder sich eine unternehmerische Tätigkeit in Gestalt fester Geschäftseinrichtungen oder Anlagen nach Außen manifestiert (Betriebsstätte).[266]

Daran dass mit der Regelung des § 6 Abs. 3 Nr. 2 InvStG ein solcher Inlandsbezug sicher gestellt ist, bestehen schon Zweifel. Denn nach dem Wortlaut der Vorschrift unterläge eine Wertpapierleihgebühr, die ein ausländischer Investmentfonds von einem ausländischen Verleiher bezieht in Deutschland allein dann der Besteuerung, wenn Gegenstand der Leihe eine deutsche Aktie ist.[267] Der einzige inländische Bezug ist in diesem Fall, dass es sich bei dem Emittenten der verliehenen Aktie um eine deutsche Kapitalgesellschaft handelt.[268] Diese wird weder durch die Wertpapierleihgebühr wirtschaftlich belastet, noch gibt es einen wirtschaftlichen Zusammenhang zwischen der Höhe der Wertpapierleihgebühr und der wirtschaftlichen Situation der Kapitalgesellschaft, deren Aktie verliehen wurde.[269] Allerdings besteht auch in den Fällen des § 49 Abs. 1 Nr. 5 Buchst. c Doppelbuchst. cc EStG ein inländischer Bezug allein deshalb, weil das Sicherungssubstrat im Inland belegen ist. Teilweise wird daher vertreten, dass die Besteuerung nach § 6 Abs. 3 Nr. 2 InvStG bei ausländischen Investmentfonds noch einen ausreichenden Inlandsbezug habe.[270]

Unabhängig von der Frage des ausreichenden Inlandsbezugs liegt allerdings deshalb eine Durchbrechung des Territorialitätsprinzips vor, weil der Gesetzgeber dieses in § 49 EStG für das EStG und über die Verweisung in § 8 Abs. 1 KStG auch für das Körperschaftsteuerrecht durch abschließende Aufzählung konkretisiert.[271] Die Einnahmen i.S.v. § 2 Nr. 2 Buchst. a bis c KStG hat er nicht in den Einkunftskatalog des § 49 EStG mit einbezogen und diese daher selbst nicht als inländisch qualifiziert.[272] Jedenfalls deshalb

266 Vgl. *Koblenzer*, BB 1996, 933, S. 935.

267 Vgl. *Klein* in: *Herrmann/Heuer/Raupach*, EStG/KStG, § 6 InvStG, Rn. 1; *Neumann*, FR 2018, S. 459.

268 Vgl. *Klein* in: *Herrmann/Heuer/Raupach*, EStG/KStG, § 6 InvStG, Rn. 1; *Neumann*, FR 2018, S. 459.

269 Vgl. *Neumann*, FR 2018, S. 459.

270 So *Neumann*, FR 2018, S. 459.

271 Vgl. *Bärsch* in: *Herrmann/Heuer/Raupach*, EStG/KStG, § 49 EStG, Rn. 5; *Gosch* in: *Kirchhof*, EStG, § 49 EStG, Rn. 7a.

272 *Hahne*, DStR 2017, S. 2312.

durchbricht er mit der nur für Investmentfonds als Körperschaftsteuersubjekte i.S.v. § 1 Abs. 1 Nr. 5 KStG geregelten Erweiterung der Steuerpflicht für ausländische Investmentfonds das Territorialitätsprinzip.

3.2.2.2 Verhältnis zum Verifikationsprinzip

Eine Gleichheit im Belastungserfolg erfordert eine gleichmäßige Anwendung der Gesetze d.h. eine gleichmäßige Steuererhebung.[273] Um eine Gleichheit im Belastungserfolg zu erreichen, muss der Gesetzgeber daher sicherstellen, dass eine Regelung normativ auch durchsetzbar ist und durch gewährleistende Kontrollmöglichkeiten abgestützt wird (sog. Verifikationsprinzip).[274] Das BVerfG nimmt ein strukturelles Vollzugsdefizit mit der Folge eines Gleichheitsverstoßes allerdings nur ausnahmsweise an.[275] Eine bloß empirische Ineffizienz von Rechtsnormen, also der faktischer Nichtvollzug, genüge nicht; hinzukommen müsse eine gegenläufige Erhebungsregel, also ein Widerspruch in der Normstruktur.[276]

Die Regelung des § 6 Abs. 3 Nr. 2 InvStG ist im Hinblick auf das Verifikationsprinzip in dem Beispiel, indem ein Steuerausländer sich eine deutsche Aktie von einem ausländischen Investmentfonds leiht deshalb problematisch, weil der deutsche Fiskus weder auf den Schuldner der Kompensationszahlung noch auf den Gläubiger der Kompensationszahlung zugreifen kann, da beide im Ausland ansässig sind.[277] Die Finanzverwaltung kann die Abgabe von Kapitalertragsteueranmeldungen oder von Steuererklärungen der ausländischen Beteiligten nicht durchsetzen und sie kann eine solche Pflicht auch schon nicht erkennen, da ihr hierfür keine Daten zur Verfügung stehen.[278] Auch die Regelungen zum Kapitalertragsteuerabzug stellen die Erhebung der Steuer auf Einkünfte i.S.v. § 6 Abs. 3 Nr. 2 InvStG jedenfalls in der im Beispielfall dargestellten Konstellation nicht sicher. Der Gesetzgeber hat für Zwecke des Steuerabzugs gem. § 6 Abs. 3 S. 2 InvStG die Regelung des § 32 Abs. 3 KStG für entsprechend anwendbar erklärt. Danach beträgt der Steu-

273 Vgl. *Hey* in: *Tipke/Lang*, Steuerrecht, Rn. 3.111.
274 Vgl. *BVerfG*, Urteil v. 27.6.1991, 2 BvR 1493/89, BVerfGE 84, 239 (273).
275 Vgl. *Birk*, DStR 2009, S. 878.
276 Vgl. *BVerfG*, Urteil v. 27.6.1991, 2 BvR 1493/89, BVerfGE 84, 239 (272); *Birk*, DStR 2009, S. 878.
277 Vgl. *Hahne*, DStR 2017, S. 2316.
278 Vgl. *Hahne*, DStR 2017, S. 2316.

ersatz 15 % des Entgelts (§ 32 Abs. 3 S. 2 KStG).[279] Entrichtungspflichtiger der Kapitalertragsteuer ist gem. § 32 Abs. 3 KStG i.V.m. § 43 Abs. 1 S. 1 Nr. 1 EStG i.V.m. § 44 Abs. 1 S. 3 EStG der Schuldner der Kapitalerträge d.h. der Entleiher oder Wertpapierpensionsnehmer, auch wenn dieser im Ausland sitzt.[280] Einen Kapitalertragsteuerabzug durch einen Steuerausländer kann die deutsche Finanzverwaltung jedoch rechtlich nicht durchsetzen.[281]

Die Erhebung der Steuer hinge somit allein von der Erklärungsbereitschaft der ausländischen Beteiligten ab und von deren Kenntnis einer Steuerpflicht in Deutschland. Probleme im Hinblick auf das Erkennen der Steuerpflicht ergeben sich schon deshalb, weil neben ausländischen Investmentfonds kein anderer Steuerausländer mit den in § 2 Nr. 2 KStG genannten Einnahmen in Deutschland einer Ertragsbesteuerung unterliegt.[282] Der Entleiher muss daher, um zu erkennen, dass er zu einem Kapitalertragsteuereinbehalt verpflichtet ist, richtig beurteilen, ob sein Vertragspartner ein Investmentfonds i.S.v. § 1 InvStG ist.[283] Dies wird in der Praxis weiter dadurch erschwert, dass bei Wertpapierleihgeschäften und Wertpapierpensionsgeschäften häufig zentrale Gegenparteien eingeschaltet werden, die als Darlehensnehmer und Darlehensgeber in das Wertpapierdarlehen eintreten.[284] Häufig kennen die Vertragspartner nur die zentrale Gegenpartei und ihr eigentlicher Vertragspartener ist ihnen nicht bekannt, sodass sie in diesen Fällen schon nicht erkennen können, ob sie zum Steuereinbehalt verpflichtet sind.

Ob durch die Regelung des § 6 Abs. 3 Nr. 2 InvStG die Qualität eines strukturellen Defizits erreicht wird, oder es sich um ein bloß steuersystematisch kritikwürdiges Vollzugsdefizit handelt, kann hier offen bleiben, da diese Arbeit keine verfassungsrechtliche Prüfung zum Gegenstand hat. Die sich ergebenden Vollzugsschwierigkeiten beruhen hier im Wesentlichen auf dem Auslandssachverhalten bei welchem der Gesetzgeber schon aufgrund des Territorialitätsprinzips an die Grenzen des ihm rechtlich und tatsächlich möglichen stößt; so kann er z.B. Steuerausländer nicht zum Steuerabzug ver-

279 Vgl. *Klein* in: *Herrmann/Heuer/Raupach*, EStG/KStG, § 6 InvStG, Rn. 20.
280 Vgl. *Klein* in: *Herrmann/Heuer/Raupach*, EStG/KStG, § 6 InvStG, Rn. 20.
281 Vgl. *Hahne*, DStR 2018, S. 558.
282 Vgl. *Klein* in: *Herrmann/Heuer/Raupach*, EStG/KStG, § 6 InvStG, Rn. 20.
283 Vgl. *Klein* in: *Herrmann/Heuer/Raupach*, EStG/KStG, § 6 InvStG, Rn. 20.
284 *Hahne*, DStR 2018, S. 558 f.

pflichten.[285] Der vorliegend festgestellte Systembruch aufgrund der Regelung des § 6 Abs. 3 Nr. 2 InvStG besteht mithin im Kern in einem Bruch des Territorialitätsprinzip aufgrund der unzureichenden Inlandsanknüpfung. Die sich ergebenden Vollzugsprobleme sind lediglich weitere Folge der unzureichenden territorialen Anknüpfung.

3.2.2.3 Begründung des Systembruchs

Einen ausreichenden sachlichen Grund für die Durchbrechung des Territorialitätsprinzips gibt es nicht.

Soweit der Gesetzgeber die Vorschrift mit einer *Missbrauchsvermeidung* begründet, so kann dieser Zweck die Regelung des § 6 Abs. 3 Nr. 2 InvStG jedenfalls nicht in der hier normierten Weise rechtfertigen. Denn die Regelung erfasst gerade nicht nur den „Missbrauchsfall", in dem ein Investmentfonds vor Dividendenausschüttung die Kapitalanlage im Wege der Wertpapierleihe auf einen Dritten überträgt und damit eine steuerfreie Wertpapierleihgebühr bezieht, die wirtschaftlich der Dividende entspricht. Vielmehr greift die Regelung auch bei einer Wertpapierleihe, die völlig losgelöst von einer Ausschüttung stattfindet.[286] Die Vorschrift hat somit deutlich überschießenden Charakter.[287] Im Übrigen hat der Gesetzgeber im Zuge des InvStRefG zugleich in die Regelungen zum allgemeinen Kapitalertragsteuerrecht die Regelung des § 36a EStG eingeführt mit welcher er die gerade dargestellte Gestaltung zu verhindern sucht, sodass es schon keinen Bedarf mehr für eine weitere Missbrauchsvermeidungsregelung geben dürfte.[288] Jedenfalls gibt es keinen Grund eine solche Regelung ausschließlich für ausländische Investmentfonds als Körperschaftsteuersubjekte zu treffen. Denn die Umqualifizierung von steuerpflichtigen Dividenden in steuerfreie Wertpapierleihgebühren durch ausländische Anleger hat ihre Ursache gerade in dem Katalog des § 49 Abs. 1 EStG. Sie kann ebenso von natürlichen Personen, die die Kapitalbeteiligung im Privat- oder Betriebsvermögen halten, wie auch von Körperschaftsteuersubjekten, die keine Investmentfonds sind, vorgenommen werden. Ein

285 Vgl. *Scheurle*, DStJ 30 (2007), S. 42.
286 Vgl. *Klein* in: *Herrmann/Heuer/Raupach*, EStG/KStG, § 6 InvStG, Rn. 20; *Hahne*, DStR 2017, S. 2314.
287 So auch: *Hahne*, DStR 2018, S. 557.
288 So auch: *Hahne*, DStR 2017, S. 2312.

Ansetzen einer Missbrauchsvermeidungsregelung allein bei den Investmentfonds ist daher steuersystematisch nicht nachvollziehbar. Aus diesem Grund hat der Gesetzgeber z.B. die Regelung des § 36a EStG in den für die gesamte Ertragsbesteuerung geltenden Regelungen zur Kapitalertragsteuer integriert.

Die steuerlichen Mehrbelastung, die sich aufgrund des § 6 Abs. 3 S. 1 Nr. 2 InvStG für ausländische Investmentfonds ergibt, wird auch nicht durch eine anderweitige begünstigende Regelung vollständig *kompensiert*. Jedenfalls für ausländische Anleger, die in einen ausländischen Investmentfonds investieren, wird die auf Einnahmen i.S.v. § 2 Nr. 2 KStG erhobene KSt in Höhe von 15 % definitiv, soweit zugunsten des Investmentfonds kein DBA greift.[289] Hat der ausländische Investmentfonds seinen Sitz in einem Staat mit dem Deutschland ein DBA geschlossen hat, dürfte Deutschland regelmäßig für diese Einnahmen kein Besteuerungsrecht zustehen.[290] Insoweit dürfte auf diese Einnahmen Art. 21 OECD-MA anwendbar sein, nach welchem nur der Wohnsitzstaat ein Besteuerungsrecht hat.[291] Einzubehaltende Kapitalertragsteuer wäre dem Investmentfonds somit gemäß § 50d Abs. 1 S. 1 EStG zu erstatten.[292] Ist kein DBA anwendbar, bleibt es bei einer Besteuerung dieser Einnahmen auf Ebene des Investmentfonds. Bei einem ausländischen Anleger kommt es zu keiner Kompensation dieser steuerlichen Belastung, da auf ihn die Teilfreistellung gem. § 20 InvStG nicht anwendbar ist. Denn die Ausschüttungen des Investmentfonds an ihn unterliegen in Deutschland nicht der Besteuerung. Letztlich weitet der Gesetzgeber das deutsche Steueraufkommen somit auf die in § 2 Nr. 2 KStG genannten Einnahmen eines ausländischen Investmentfonds ohne Abkommensschutz aus, auch wenn keine missbräuchliche Umqualifizierung von in Deutschland steuerpflichtigen Dividenden in Einnahmen i.S.v. § 2 Nr. 2 KStG stattgefunden hat.[293]

---

289 Siehe zum Problem der Anwendbarkeit eines DBA auf Investmentfonds: *Hahne*, DStR 2018, S. 559.

290 Vgl. *Klein* in: *Herrmann/Heuer/Raupach*, EStG/KStG, § 6 InvStG, Rn. 1; *Hahne*, DStR 2018, S. 559.

291 Vgl. *Klein* in: *Herrmann/Heuer/Raupach*, EStG/KStG, § 6 InvStG, Rn. 1; *Hahne*, DStR 2018, S. 559.

292 Vgl. *Klein* in: *Herrmann/Heuer/Raupach*, EStG/KStG, § 6 InvStG, Rn. 1.

293 Vgl. *Klein* in: *Herrmann/Heuer/Raupach*, EStG/KStG, § 6 InvStG, Rn. 1.

3.2.2.4 Möglichkeit zur Beseitigung des Systembruchs

In der Literatur wird zur Beseitigung des Systembruchs überwiegend eine einschränkende Auslegung vorgeschlagen, nach der § 6 Abs. 3 S. 1 Nr. 2 InvStG lediglich Dividendenkompensationszahlungen erfasst, sodass insbesondere Geschäfte mit Anteilen an inländischen Kapitalgesellschaften, die nicht über den Dividendenstichtag laufen, nicht zu den steuerpflichtigen Beteiligungseinnahmen des Investmentfonds zählen.[294] Ob die Beseitigung des Systembruchs noch mittels teleologischer Reduktion möglich ist, ist mit Blick auf den Grundsatz der Gesetzmäßigkeit der Verwaltung gem. Art. 20 Abs. 3 GG zweifelhaft,[295] insbesondere auch im Hinblick auf kürzlich ergangene Entscheidungen des BFH zum sog. Sanierungserlass,[296] welcher einen gesetzlich nicht normierten Verzicht auf eine Besteuerung darstellt.[297]

Das BMF hält eine solche Korrektur der Regelung im Wege der Auslegung noch für möglich und schreibt in seinem Erlass vom 21.05.2019,[298] dass Einnahmen i.S.v. § 2 Abs. 2 KStG nach § 6 Abs. 3 S. 1 Nr. 2 InvStG dann keiner Besteuerung zu unterwerfen seien, wenn im Zeitraum der Überlassung oder Übertragung keine Ansprüche auf inländische Beteiligungseinnahmen i.S.v. § 6 Abs. 3 S. 1 Nr. 1 InvStG aus den überlassenen oder übertragenen Anteilen entstünden. Darüber hinaus soll die Höhe der nach § 6 Abs. 3 S. 1 Nr. 2 InvStG steuerpflichtigen Erträge auf die Höhe der dem Investmentfonds entgangenen Einnahmen nach § 6 Abs. 3 S. 1 Nr. 1 InvStG einschließlich etwaiger Steuerabzugsbeträge („Brutto-Dividende") beschränkt sein. Ein Steuerabzug nach § 6 Abs. 3 S. 2 InvStG soll nicht vorzunehmen sein, wenn es sich bei dem entrichtungspflichtigen Schuldner der Kapitalerträge um einen Steuerausländer handele.

Aus Gründen der Rechtssicherheit ist eine Neuformulierung des § 6 Abs. 3 S. 1 Nr. 2 InvStG geboten, die sich ausdrücklich nur auf solche Fälle erstreckt, in denen die Besteuerung einer in Deutschland steuerpflichtigen Dividende umgangen werden soll. Eine solche Regelung sollte der Gesetzgeber

294 So z.B. *Klein* in: *Herrmann/Heuer/Raupach*, EStG/KStG, § 6 InvStG, Rn. 20; *Hahne*, DStR 2017, S. 2314.

295 Vgl. *Hahne*, DStR 2018, S. 558.

296 *BMF*, Schreiben v. 27.03.2003, IV A 6-S2140-8/03, BStBl I. 2003, 240

297 Vgl. *BFH*, Urteil v. 28.11.2016, GrS 1/15, BStBl II 2017, 393; *BFH*, Urteil v. 23.08.2017, I R 52/14, BStBl. II 2018, 232; *BFH*, Beschluss v. 11.07.2018, BStBl II 2019, 258.

298 *BMF*, Schreiben v. 21.05.2019, BStBl I 2019, 527 (542).

nicht im InvStG treffen, sondern er sollte sie bereits in den Einkünftekatalog des § 49 Abs. 1 EStG aufnehmen, dort z.B. unter Nr. 5, um insoweit eine gleichmäßige Besteuerung aller der ESt- und KSt unterliegenden Steuersubjekten zu erreichen. Die Regelung des § 36a EStG schließt eine solche Regelung nicht aus. Zwar soll auch diese eine missbräuchliche Umqualifizierung von Dividenden durch einen Steuerausländer in steuerfreie Kompensationszahlungen verhindern. Sie sanktioniert allerdings den Steuerinländer als Geschäftspartner des Steuerausländers, indem sie diesem die Anrechnung der Kapitalertragsteuer versagt, um die Bereitschaft von Steuerinländern zu solchen Umgehungsgeschäften zu verringern.[299] Eine Änderung des § 49 Abs. 1 Nr. 5 EStG würde hingegen auf den Steuerausländer selbst abzielen und dessen Besteuerung sicherstellen.

3.3 Sonderregelungen zur Kapitalertragsteuer

In § 7 InvStG hat der Gesetzgeber Sonderregelungen zur Erhebung von Kapitalertragsteuer gegenüber Investmentfonds getroffen.[300] Im Vergleich zum allgemeinen Ertragsteuerrecht ergeben sich durch das InvStG für die Erhebung von Kapitalertragsteuer gegenüber von Investmentfonds folgende abweichenden Sonderregelungen:

Allgemeine Regelungen gem. §§ 43 ff. EStG, § 32 KStG	**Sonderregelungen gem. § 7 InvStG**
§ 43a Abs. 1 S. 1 Nr. 1 EStG: Höhe der Kapitalertragsteuer = 25 %	§ 7 Abs. 1 S. 1 InvStG: Höhe der Kapitalertragsteuer = 15 %
§ 44a Abs. 8 Nr. 1, Abs. 9 EStG, §§ 32, 23 Abs. 1 KStG, § 4 S. 1 SolZG: KSt = 15 % zzgl. 0,825 % SolZ	§ 7 Abs. 1 S. 3 InvStG: KapEst = KSt = 14,218 % zzgl. 0,782 % SolZ
§ 32 Abs. 1 Nr. 2 KStG: abgeltende Bruttobesteuerung beim Steuerabzug nur für beschränkt steuerpflichtigen Körperschaften	§ 7 Abs. 2 InvStG: abgeltende Bruttobesteuerung beim Steuerabzug für in- und ausländische Investmentfonds

Tabelle 3.3: Vergleich: Regelungen zur Erhebung von Kapitalertragsteuer

299 Vgl. *Link* in: *Herrmann/Heuer/Raupach*, EStG/KStG, § 36a EStG, Rn. 3.
300 Vgl. Kapitel 2.2.1.2.

Diese nur für Investmentfonds geltenden Regelungen werden im Folgenden einzeln darauf untersucht, ob sie einen Systembruch darstellen und ggf. ob es eine Begründung für einen etwaigen Systembruch gibt.

3.3.1 Minderung des Kapitalertragsteuersatzes

Hinsichtlich der Regelung des § 7 Abs. 1 S. 1 InvStG stellt sich zunächst die Frage, ob diese überhaupt zu einem Systembruch führt, da sämtliche Körperschaftsteuersubjekte gem. § 23 Abs. 1 KStG einem einheitlichen Steuersatz von 15 % unterliegen. Die Erhebung einer Kapitalertragsteuer nur in dieser Höhe – und nicht wie ansonsten üblicherweise in Höhe von 25 % – könnte daher gerade folgerichtige Umsetzung des im Körperschaftsteuerrecht geltenden Prinzips der Erhebung eines einheitlichen proportionalen Steuersatzes sein.

3.3.1.1 Prinzip der Erhebung eines einheitlichen Körperschaftsteuersatzes

Anders als bei der ESt hat der Gesetzgeber sich im Körperschaftsteuerrecht für eine proportional zu den Einkünften steigende Steuer entschieden,[301] indem er in § 23 Abs. 1 KStG einen für alle Körperschaftsteuersubjekte einheitlichen Steuersatz von derzeit 15 % unabhängig von der Höhe der Einkünfte der Körperschaft festlegt. Diese Entscheidung zur Gleichbehandlung aller Körperschaftsteuersubjekte stellt ein das Leistungsfähigkeitsprinzip konkretisierendes Prinzip zur gerechten Lastenverteilung dar. Einen progressiven Steuertarif, um soziale Gerechtigkeit zu erreichen, wie der Gesetzgeber ihn für das Einkommensteuerrecht normiert hat,[302] hielt er für das Körperschaftsteuerrecht nicht für den zutreffenden Maßstab, da ethische Maßstäbe ausschließlich zwischen menschlichen Individuen existieren.[303] Ein Abstellen auf die hinter dem Körperschaftsteuersubjekt stehenden natürlichen Personen stünde im Widerspruch zu dem von dem Gesetzgeber für das Körperschaftsteuerrecht als sachgerecht empfundene Trennungsprinzip.[304]

---

301 *Burwitz* in: *Herrmann/Heuer/Raupach*, EStG/KStG, § 23 KStG, Rn. 9.

302 Vgl. *Lang*, StuW 1989, S. 9, der den progressiven Steuertarif als einen Weg zur gerechten Sozialordnung bezeichnet.

303 Vgl. *Desens* in: *Herrmann/Heuer/Raupach*, EStG/KStG, Einf. KSt, Rn. 7; *Pezzer*, FS Tipke, S. 430; siehe zur grundsätzlichen Kritik an einem progressiven Steuertarif: *Seer*, BB 2004, S. 2275 ff.

304 *Desens* in: *Herrmann/Heuer/Raupach*, EStG/KStG, Einf. KSt, Rn. 7.

Der Gesetzgeber hat das Prinzip der Erhebung eines einheitlichen Körperschaftsteuersatzes mit Einführung der Abgeltungssteuer auch nicht insoweit eingeschränkt, als dass es bei der Erhebung der KSt durch Kapitalertragsteuerabzug nicht mehr zur Anwendung käme. Zwar ist die Kapitalertragsteuer – jedenfalls im Einkommensteuerrecht – mittlerweile auch ein geschlossenes Binnensystem und sie wird nur in Ausnahmefällen in die Veranlagung zur ESt eingebunden.[305] Dies ist jedoch bei der KSt anders. Hier findet – jedenfalls bei unbeschränkt steuerpflichtigen Körperschaften – regelmäßig eine Einbindung der Kapitalertragsteuer in die Steuerveranlagung statt (§ 32 KStG, § 31 Abs. 1 KStG i.V.m. § 36 Abs. 2 Nr. 2 EStG). Die Erträge, von denen der Abzug vorgenommen wurde, fließen mit in die Veranlagung ein, eine ggf. überzahlte Kapitalertragsteuer wird auf die zu zahlende KSt der Körperschaft angerechnet.

Teilweise hat der Gesetzgeber auch für die Fälle, in denen der Kapitalertragssteuerabzug abgeltende Wirkung hat (§ 32 Abs. 1 Nr. 1 und Nr. 2 KStG) weitere Regelungen geschaffen, damit die Körperschaftsteuerbelastung letztlich auch in diesen Fällen nur 15 % beträgt. So hat er für Körperschaften, die trotz der Steuerbefreiung in § 5 Abs. 1 KStG mit den Einkünften weiterhin steuerpflichtig sind, von denen ein Steuerabzug vorgenommen wurde (§ 5 Abs. 2 Nr. 1 KStG),[306] eine Sonderregelung in § 44a Abs. 8 Nr. 1 EStG geschaffen, nach welcher der Steuerabzug nur i.H.v. 15 % anstatt i.H.v. 25 % vorzunehmen ist. Auch für beschränkt steuerpflichtige Körperschaftsteuersubjekte hat er in § 44a Abs. 9 EStG eine Regelung geschaffen, nach welcher sich diese 10 Prozentpunkte der einbehaltenen und abgeführten Kapitalertragsteuer erstatten lassen können, sodass auch diese nach Durchführung des Erstattungsverfahren nur dem einheitlichen Steuersatz von 15 % unterliegen. Aus den Vorschriften zum Kapitalertragsteuerabzug und aus § 23 Abs. 1 KStG lässt sich mithin die gesetzgeberische Grundentscheidung zu einem einheitlichen Steuersatz von 15 % für alle Körperschaftsteuersubjekte ableiten.

Bereits die Erhebung einer Kapitalertragsteuer i.H.v. 25 % gegenüber einer Körperschaft als Gläubigerin der Erträge durchbricht daher das Prinzip der Besteuerung von Körperschaften mit einem einheitlichen Körperschaftsteu-

305 Vgl. *Weber-Grellet*, DStR 2013, S. 1360.
306 Das sind alle Steuerbefreiungen des § 5 Abs. 1 KStG bis auf die Nr. 9.

ersatz von 15 %. Die (temporäre) Erhebung einer höheren Steuer – als es eine Sicherung des Steueraufkommens erfordert – wurde allerdings bisher als gerechtfertigt angesehen.[307] Die Erhebung einer Kapitalertragsteuer von 25 % gegenüber allen Anlegern macht insoweit weitere Unterscheidungen des zum Kapitalertragsteuerabzug Verpflichteten zwischen verschiedenen Typen von Anlegern entbehrlich. Von diesem Ziel der Steuervereinfachung weicht der Gesetzgeber nunmehr ab, wenn er die Erhebung einer niedrigeren Kapitalertragsteuer gegenüber Investmentfonds im Vergleich zu anderen Körperschaftsteuersubjekten und natürlichen Personen normiert.

3.3.1.2 Steuersystematische Beurteilung

Die Sonderregelung für Investmentfonds, bei denen auch im Rahmen des Kapitalertragsteuerabzugs bereits nur eine Kapitalertragsteuer von 15 % zu erheben ist, macht mithin eine Neubewertung der mit der Erhebung von 25 % Kapitalertragsteuer verbundenen Durchbrechung des körperschaftsteuerlichen Prinzips der Erhebung eines einheitlichen Steuersatzes von 15 % erforderlich, was dessen Begründung mit dem widerstreitenden Prinzip der Steuervereinfachung betrifft. Denn mit der anderweitigen Regelung im Investmentsteuerrecht zeigt der Gesetzgeber, dass zumindest für Investmentfonds eine Durchbrechung dieses Prinzips für Zwecke der Erhebung der Kapitalertragsteuer nicht aus Vereinfachungsgründen erforderlich ist oder dass es zumindest für Investmentfonds andere, gewichtigere Erwägungen als den Vereinfachungszweck gibt. Für Investmentfonds mutet er es den Banken zu, wenn die Investmentfonds gem. § 7 Abs. 3 InvStG eine Bescheinigung der Finanzbehörden über ihren Status als Investmentfonds vorlegen, bei dem Kapitalertragsteuerabzug eine Unterscheidung zu treffen und ausnahmsweise ihnen gegenüber nur 15 % Kapitalertragsteuer einzubehalten. Zugleich bürdet er es den Finanzbehörden auf, auf entsprechenden Antrag der Investmentfonds, deren rechtlichen Status zu prüfen und ggf. eine entsprechende Statusbescheinigung auszustellen. Vor diesem Hintergrund stellt sich die Frage, ob dann die anderweitige Behandlung der übrigen Körperschaftsteuersubjekte (weiterhin) aus Vereinfachungsgründen begründet ist.

Eine Begründung von einer über 15 % liegenden Kapitalertragsteuer für

307 Vgl. z.B. *Gosch* in: *Gosch*, KStG 2015, § 32 KStG, Rn. 8.

sonstige Körperschaften, die nicht in den Anwendungsbereich des InvStG fallen, ergibt sich jedenfalls nicht aus *Sicherungszwecken.* Denn auch für diese Körperschaften steht bereits mit Erhebung der Kapitalertragsteuer fest, dass auf diese Erträge keine höhere Steuer anfällt. Bei inländischen Körperschaften entfaltet die Kapitalertragsteuer nämlich schon keine Abgeltungswirkung (siehe § 32 Abs. 1 KStG). Diese bekommen derzeit die überzahlte Kapitalertragsteuer im Wege der Veranlagung erstattet. Bei einem beschränkt steuerpflichtigen Körperschaftsteuersubjekt hat die Kapitalertragsteuer gem. § 32 Abs. 1 Nr. 2 KStG grundsätzlich Abgeltungswirkung. Eine solche Körperschaft kann sich jedoch auf Antrag die Kapitalertragsteuer vom Bundeszentralamt für Steuern ebenfalls i.H.v. 10 % gem. § 44a Abs. 9 EStG erstatten lassen, unabhängig von dem Bestehen eines DBA.[308] Die von den anderen Körperschaften erzielten Kapitalerträge können daher maximal einer Besteuerung von 15 % auf den Bruttoertrag unterliegen. An der Erhebung einer höheren Kapitalertragsteuer, als sie später überhaupt entstehen kann, besteht kein Sicherungsinteresse.[309]

Die Erhebung einer Kapitalertragsteuer i.H.v. 25 % anstatt von 15 % könnte allerdings aus *Vereinfachungsgründen* gerechtfertigt sein. Denn bei natürlichen Personen, die ihre Beteiligung im Privatvermögen halten, entsteht die Kapitalertragsteuer regelmäßig i.H.v. 25 % (vgl. § 32d Abs. 1 EStG), sodass eine Erhebung in entsprechender Höhe gegenüber Privatanlegern aus Sicherungsgründen gerechtfertigt ist. Eine Erhebung in einheitlicher Höhe von 25 % auch gegenüber den übrigen Körperschaftsteuersubjekten könnte daher für die zum Kapitalertragsteuereinbehalt Verpflichteten i.S.v. § 44 Abs. 1 S. 3 u. 4 EStG einfacher sein.

Eine Eignung, eine Vereinfachung zu erreichen, dürfte jedenfalls noch gegeben sein, auch wenn der Effekt gering sein dürfte. Schon jetzt muss der zum Kapitalertragsteuereinbehalt Verpflichtete, Körperschaften von den übrigen Anlegertypen unterscheiden. Denn der Gesetzgeber hat in den §§ 43 ff. EStG bereits jetzt entsprechende Differenzierungen zwischen Körperschaf-

308 Aus einem DBA, der Mutter-Tochter-Richtlinie oder § 50g EStG kann sich ggf. aber eine weiter gehende Entlastung ergeben (vgl. *Intemann* in: *Herrmann/Heuer/Raupach*, EStG/KStG, § 44a EStG, Rn. 21).

309 So im Ergebnis auch hinsichtlich des Kapitalertragsteuerabzuges auf steuerfrei Erträge nach § 8b KStG *Otto*, Besteuerung gewinnausschüttender Körperschaften, S. 351.

ten und übrigen Anlegern getroffen, die es bei der Berechnung der einzubehaltenden Kapitalertragsteuer zu beachten gilt. Beispielsweise ist gem. § 43 Abs. 2 S. 3 Nr. 1 EStG für unbeschränkt steuerpflichtige Körperschaften kein Kapitalertragsteuerabzug vorzunehmen, wenn sie Gläubiger von Kapitalerträgen nach § 43 Abs. 1 S. 1 Nr. 6 und 8 bis 12 EStG sind. Zudem ist bei Körperschaften gem. § 43a Abs. 3 S. 8 EStG ebenso wie bei natürlichen Personen, bei denen die bezogenen Kapitalerträge vorrangig gem. § 20 Abs. 8 EStG zu einer anderen Einkunftsart zählen, keinen Verlustverrechnung durchzuführen, sodass ein Kreditinstitut für Körperschaften keinen Verlusttopf führen darf.[310] Dass die Anwendung eines niedrigeren Kapitalertragsteuersatzes auf Seiten des zum Kapitalertragsteuerabzug Verpflichteten eine Unterscheidung der Körperschaftsteuersubjekte erforderlich machen würde, erhöht deren Verwaltungsaufwand somit nicht weiter.

Ein Mehraufwand könnte sich jedoch aus der Zahl der Körperschaften ergeben. Allerdings wird der Kapitalertragsteuerabzug ohnehin computergestützt vorgenommen, sodass es für die Programmierung der entsprechenden Software prinzipiell keine Rolle spielt, wie viele Personen von einer Ausnahme betroffen sind, denn die Software muss angepasst werden, sobald sich auch nur für eine Person Änderungen ergeben. Allein die Tatsache, dass Unterscheidungen vorgenommen werden, verursacht hier den größten Aufwand. Da eine solche Anpassung für alle Körperschaftsteuersubjekte im Zusammenhang mit dem InvStRefG nicht erfolgt ist, müssten bei einer späteren Anpassung erneut die Software angepasst werden, was zu einem Mehraufwand für die zum Kapitalertragsteuerabzug Verpflichteten führen würde. Zudem würde eine Erhebung einer Kapitalertragsteuer von 15 % gegenüber sämtlichen Körperschaften es erforderlich machen, dass auch für die Körperschaftsteuersubjekte, die nicht als Investmentfonds qualifizieren, eine Statusbescheinigung erstellt wird. Auch insoweit ergäbe sich mithin eine gewisse Mehrbelastung der Steuerverwaltung.

Problematisch bleibt vor dem Hintergrund der Investmentsteuerreform die Frage, ob die erreichte Steuervereinfachung durch die Nichtabsenkung des Kapitalertragsteuersatzes für alle Körperschaften, die Gläubiger von Kapi-

---

310 Vgl. BMF-Schreiben vom 18.1.2016, Einzelfragen zur Abgeltungsteuer, BStBl I 2016, 85, Rn. 240.

talerträgen sind, *gewichtig genug* ist, die Durchbrechung des Grundsatzes der Erhebung eines einheitlichen Körperschaftsteuersatzes von 15 % zu begründen. Denn für Investmentfonds kommt der Gesetzgeber nunmehr selbst zu dem Ergebnis, dass ein Kapitalertragsteuereinbehalt von nur 15 % sachgerecht ist. Insoweit hält er eine Steuervereinfachung durch die Erhebung eines einheitlichen anlegerunabhängigen Kapitalertragsteuersatzes gerade für nicht ausreichend, um einen zunächst höheren Einbehalt von Kapitalertragsteuer, als der Investmentfonds später tatsächlich KSt schuldet, zu begründen. Eine andere Beurteilung für die übrigen Körperschaften, die nicht als Investmentfonds qualifizieren, scheint vor diesem Hintergrund widersprüchlich. Es gibt keine Gründe dafür, die sonstigen Körperschaftsteuersubjekte im Hinblick auf eine Steuervereinfachung anders zu behandeln als die Investmentfonds.

Zur Begründung scheidet auch die Annahme eines *Lenkungszwecks* im Sinne der Förderung des Investmentfonds-Standorts Deutschland aus, da es hier nicht um die Begründung einer Besserstellung der Investmentfonds geht, sondern um die Begründung einer Schlechterstellung der sonstigen Körperschaftsteuersubjekte, denen gegenüber eine höhere Kapitalertragsteuer einbehalten wird als sie tatsächlich später schulden. Die Schlechterstellung ist gerade nicht zur Erreichung des Förderungsziels notwendig.

Die Regelung des § 43a Abs. 1 Nr. 1 EStG ist mithin nicht folgerichtig soweit sie gegenüber sonstigen Körperschaftsteuersubjekten, die nicht als Investmentfonds qualifizieren, zu einem höheren Kapitalertragsteuereinbehalt führt als später für diese Erträge KSt geschuldet wird. Der sich hieraus ergebende Liquiditätsnachteil ist nicht mehr mit dem Prinzip der Steuervereinfachung zu begründen. Insoweit wäre es widersprüchlich, wenn der Gesetzgeber sich gegenüber den sonstigen Körperschaftsteuersubjekten auf Vereinfachungszwecke beruft und zunächst eine höhere Kapitalertragsteuer erhebt, als die Körperschaft später KSt schuldet, demgegenüber bei Investmentfonds auf eine Durchbrechung des Grundsatzes der Erhebung einer einheitlichen KSt von 15 % verzichtet und kein Bedürfnis zur Steuervereinfachung sieht.

3.3.2 Minderung des Kapitalertragsteuersatzes um den SolZ

Eine vergleichbare Problematik ergibt sich für die Regelung des § 7 Abs. 1 S. 3 InvStG. Danach beträgt die Kapitalertragsteuer und damit auch die KSt (aufgrund der abgeltenden Wirkung des Kapitalertragsteuerabzugs) bei Investmentfonds derzeit nur 14,218 % zuzüglich SolZ von 0,782 %, während er bei in- und ausländischen Körperschaftsteuersubjekten, die nicht als Investmentfonds qualifizieren, ggf. nach einer Veranlagung oder Steuererstattung durch das Bundeszentralamt für Steuern grundsätzlich 15 % KSt zuzüglich SolZ von 0,825 % beträgt.

Diese Durchbrechung des Prinzips der Erhebung eines einheitlichen Körperschaftsteuersatzes von 15 % könnte aus Gründen der Förderung des Wirtschaftsstandorts Deutschland als *Lenkungszweck* gerechtfertigt sein. Denn in der Gesetzesbegründung gibt der Gesetzgeber als Begründung für diese durchbrechende Regelung an, er habe Wettbewerbsnachteile für inländische Investmentfonds vermeiden wollen.[311]

Wie der Gesetzgeber zu dem Ergebnis gekommen ist, dass die Regelung *erforderlich* sei, um Besteuerungsnachteile inländischer Investmentfonds zu vermeiden, zeigt ein Vergleich der zu erhebenden Kapitalertragsteuer ohne und mit der Sonderregelung des § 7 Abs. 1 S. 3 InvStG:

Ohne die Regelung des § 7 Abs. 1 S. 3 InvStG wäre auf Kapitalerträge, deren Gläubiger inländische Investmentfonds sind, zusätzlich zu der Kapitalertragsteuer von 15 % der SolZ von 0,825 % einzubehalten, sodass die Steuerbelastung bei 15,825 % läge. Gleiches gilt grundsätzlich auch für ausländische Investmentfonds. Allerdings fehlt in dieser Betrachtung noch die Berücksichtigung der von Deutschland geschlossenen DBA. In den meisten von Deutschland geschlossenen DBA wird das Quellensteuerrecht bei Streubesitzdividenden auf insgesamt 15 % Quellensteuer begrenzt.[312] § 5 SolzG regelt insoweit, dass in den Fällen, in denen die Steuer vom Einkommen aufgrund eines DBA zu vermindern ist, sich der SolZ zuerst vermindert.[313]

---

311 Vgl. *Deutscher Bundestag*, BT-Drs. 18/8045, S. 76; entsprechend von der Gesetzesbegründung übernommen von: *Mann* in: *Blümich*, EStG/KStG/GewStG, § 7 InvStG, Rn. 12; *Patzner/Nagler* in: *Patzner/Döser/Kempf*, HK-InvestmentR, § 7 InvStG, Rn. 7; *Roth*, GWR 2016, S. 459; *v. Schweinitz/Thiems*, DStR 2016, S. 1200.

312 Vgl. *Hagen/Lang*, StbJb 16/17, S. 580; *v. Schweinitz/Thiems*, DStR 2016, S. 1200.

313 Vgl. dazu auch: *v. Schweinitz/Thiems*, DStR 2016, S. 1200.

Damit ergäbe sich in den Fällen, in denen ein DBA greift, insgesamt eine Steuerbelastung des ausländischen Investmentfonds von 15 %. Da mit einer Vielzahl der ausländischen Staaten DBA bestehen,[314] sieht es zunächst erst einmal so aus, als würden die inländischen Investmentfonds ohne eine entsprechende Regelung benachteiligt. Das ist allerdings zu kurz gedacht. Um eine Benachteiligung der Investmentfonds selbst dürfte es letztlich nicht gehen. Insoweit muss mit einbezogen werden, auf welche Erträge überhaupt eine Kapitalertragsteuer erhoben wird.

In § 6 Abs. 2 InvStG hat der Gesetzgeber gerade geregelt, dass inländische wie ausländische Investmentfonds nur mit ihren inländischen Einkünften der KSt unterliegen. In § 7 Abs. 1 S. 1 u. 4 InvStG hat er geregelt, dass auch nur auf diese Erträge eine Kapitalertragsteuer zu erheben ist, wenn diese nach den allgemeinen Regelungen einem Steuerabzug unterliegen. Auf ausländische Kapitalerträge wird auch gegenüber dem inländischen Investmentfonds mithin keine Kapitalertragsteuer erhoben.[315]

Soweit inländische Investmentfonds in ausländische Kapitalanlagen investieren, ergeben sich mithin für die Investmentfonds keine Nachteile. Der Wettbewerbsnachteil, der ohne die Sonderregelung des § 7 Abs. 1 S. 3 InvStG besteht, ist mithin der, dass Investitionen in inländische Kapitalanlagen weniger attraktiv sind, soweit sie nicht ausnahmsweise über einen ausländischen Investmentfonds in einem Staat mit DBA vorgenommen werden, da sich insoweit ein Steuernachteil des inländischen Investmentfonds in Höhe des SolZ von 0,825 % ergibt. Die Regelung dient daher eigentlich nicht der Förderung inländischer Investmentfonds, sondern der Förderung inländischer Kapitalanlagen in Beteiligungen über inländische Investmentfonds. Im Kern geht es somit wieder um die Attraktivität von Investitionen in deutsche Beteiligungen und die Frage, ob der Gesetzgeber Unterschiede in der Höhe der Besteuerung aus Wettbewerbsgründen rechtfertigen kann.

Der Erhalt der Wettbewerbsfähigkeit ist zwar grundsätzlich ein legitimes Interesse des Gesetzgebers.[316] Soweit der Gesetzgeber Durchbrechungen von

---

314 Eine Übersicht der DBA findet sich z.B. bei *Wassermeyer/Kaeser/Schwenke*, DBA, Übersicht, Stand der DBA.

315 *Niedrig* in: *Beckmann/Scholz/Vollmer*, Investment-Handbuch, 415, InvStG (2018), § 7 InvStG, Rn. 17, 19.

316 Siehe m.w.N. *Worgulla*, FR 2013, S. 927.

Besteuerungsprinzipien mit dem Abbau von Wettbewerbsnachteilen jedoch nur für eine bestimmte Gruppe begründen möchte, die von diesen Nachteilen ebenso betroffen sind, wie andere Steuerzahler, für die der Nachteil hingegen bestehen bleiben soll, kann ein Systembruch nicht mit dem Prinzip der Förderung des Wirtschaftstandortes Deutschland begründet werden. Vielmehr muss sich die Unterscheidung aus einer hinzutretenden Begründung ergeben.[317] Der *Nachteils-Abbau nur für einen Teil der Betroffenen* erfolgt dann allein aus fiskalischen Gründen, nämlich schlichtweg, weil der Abbau für alle Betroffenen zu teuer wäre.[318] Solche Fiskalzwecke sind jedoch nicht geeignet, einen Bruch des Leistungsfähigkeitsprinzips und seiner Konkretisierungen zu rechtfertigen.[319]

Für Investmentfonds hat der Gesetzgeber den Wettbewerbsnachteil i.H.v. 0,825 %, als geeignet eingeschätzt tatsächlich Wettbewerbsnachteile zu bewirken.[320] Er hat ihn daher in der Form abgebaut, dass er den Körperschaftsteuersatz um den SolZ gesenkt hat, sodass alle Investmentfonds mit ihren inländischen Erträgen in gleicher Höhe der Kapitalertragsteuer unterliegen. Der einzige Unterschied, der sich aufgrund des § 7 Abs. 1 S. 3 InvStG noch ergibt, ist, zu wessen Lasten der Nachteil abgebaut wird, d.h. wessen Steueraufkommen gemindert wird. Aufgrund der Regelung des § 7 Abs. 1 S. 3 InvStG dürfte es so sein, dass für ausländische Investmentfonds, für die ein DBA den Steuerabzug auf 15 % begrenzt, der SolZ gem. § 5 SolzG bereits wegfällt, während für alle anderen Investmentfonds sich der Körperschaftsteuersatz entsprechend verringert.[321] Der SolZ steht als Zuschlagssteuer gem. Art. 106 Abs.1 Nr. 6 GG allein dem Bund zu, während das Steueraufkommen der ESt dem Bund, den Ländern und den Kommunen gem. Art. 1 Abs. 3 und 5 GG gemeinschaftlich zusteht. Dies ist allerdings eine bloße Frage der internen Verteilung des Steueraufkommens im Staat, die wirt-

317 So auch *Hey*, StuW 2005, S. 324, zur Diskriminierung von immobilem Arbeitseinkommen gegenüber mobilem Kapitaleinkommen.

318 Vgl. *Hey*, StuW 2005, S. 324.

319 Vgl. *Hey*, BB 2007; *Hey* in: *Tipke/Lang*, Steuerrecht, Rn. 3.130; *Lehner*, DStR 2009, S. 191.

320 Zu einer anderen Einschätzung kommt *Hey*, DB 2018, S. 2955, die einer so geringfügigen Entlastung keine Signalwirkung beimisst.

321 Siehe zu dieser Problematik und der Kritik hieran *v. Schweinitz/Thiems*, DStR 2016, S. 1200.

schaftliche Belastung der Investmentfonds wird durch die unterschiedliche Regelung zur Erreichung einer einheitlichen Steuerbelastung nicht berührt.

An dieser Stelle zeigt sich jedoch deutlich, dass der Abbau von Wettbewerbsnachteilen nur für einen bestimmten Teil einer Gruppe, nicht jedoch für die übrigen gleichermaßen Betroffenen, grundsätzlich nicht allein mit der Begründung des Abbaus von Wettbewerbsnachteilen getroffen werden kann. Denn auch wenn der Erhalt der Wettbewerbsfähigkeit ein legitimes Interesse des Gesetzgebers ist, erfordert dieser die Ungleichbehandlung der verschiedenen von dem Wettbewerbsnachteil gleichermaßen betroffenen grundsätzlich nicht. Für die Unterscheidung zwischen Personen, die allesamt von diesem Wettbewerbsnachteil betroffen sind, und die daraus folgende unterschiedliche Behandlung bedarf es daher einer anderweitigen, hinzutretenden Begründung. Ansonsten führt die getroffene Regelung zu steuersystematischen Verwerfungen.

Investitionsnachteile ergäben sich – ohne die Regelung des § 7 Abs. 1 S. 3 InvStG – hier ebenso für inländische Investmentfonds, wie auch für inländische sonstige Körperschaftsteuersubjekte, wenn diese in inländische Beteiligungen investieren. Dafür, dass der Gesetzgeber diesen Wettbewerbsnachteil nur für die Kapitalanlage über Investmentfonds abbaut, ist kein Grund erkennbar.

Insbesondere kann die Regelung des § 8b Abs. 1 u. 5 KStG, nach der Beteiligungserträge i.S.v. § 20 Abs. 1 Nr. 1 EStG bei Körperschaftsteuersubjekten nicht der Besteuerung unterliegen, *keine Begründung für eine Unterscheidung* zwischen den Investmentfonds und den sonstigen Körperschaftsteuersubjekten liefern. Insoweit besteht zwar zwischen Investmentfonds und den sonstigen Körperschaftsteuersubjekten ein Unterschied, da § 8b KStG auf Investmentfonds gem. § 6 Abs. 6 InvStG nicht anwendbar ist. Allerdings ist die Regelung des § 8b Abs. 1 KStG auf Beteiligungserträge im Streubesitz gem. § 8b Abs. 4 KStG ohnehin nicht anwendbar.[322] Bei dem Vergleich der Investition in Beteiligungen über einen Investmentfonds oder über ein sonstiges Körperschaftsteuersubjekt geht es jedoch gerade um Streubesitz, da Investmentfonds aufsichtsrechtlich zur Risikostreuung verpflichtet sind.

322 Siehe zur berechtigten systematischen Kritik an § 8b Abs. 4 KStG u.a.: *Desens*, DStR-Beih 2013, S. 14.

Auch die niedrige Höhe des bestehenden Nachteils von 0,825 % verfängt nicht als Begründung für die unterschiedliche Behandlung. Denn es wäre widersprüchlich, für Investmentfonds diesen Unterschied in der Besteuerung als derart gravierend einzustufen, dass er abzubauen ist, ihn für die sonstigen Kapitalgesellschaften jedoch als vernachlässigbar einzuordnen. Auch sonstige Gründe – abgesehen von dem reinen Fiskalgrund, dass der Abbau insgesamt schlichtweg zu teuer wäre – sind für diese unterschiedliche Behandlung von Investmentfonds und der übrigen Körperschaftsteuersubjekte nicht ersichtlich.

Die sich aus der Regelung des § 7 Abs. 1 S. 3 InvStG ergebende Durchbrechung des Prinzips der Erhebung eines einheitlichen Körperschaftsteuersatzes von 15 % für alle Körperschaften ist somit nicht ausreichend begründet. Dem Gesetzgeber ist es nicht verwehrt, Wettbewerbsnachteile abzubauen – allerdings darf er dies nicht nur für einen Teil der von den Wettbewerbsnachteilen gleichermaßen Betroffenen tun. Er hätte den sich aus dem Zusammenspiel der Regelungen des Kapitalertragsteuerrechts, des Körperschaftsteuerrechts und der derzeit bestehenden DBA ergebenden Steuernachteil für inländische Körperschaftsteuersubjekte entweder auch für die Investmentfondsanlage in Kauf nehmen oder einheitlich abbauen müssen. Den Abbau der Wettbewerbsnachteile muss er auch nicht zwingend in der Weise vornehmen, dass er die Besteuerung der inländischen Körperschaftsteuersubjekte absenkt. Sondern er könnte auch über Verhandlungen mit den Abkommensstaaten eine Anpassung der bestehenden DBA erreichen, welche ihm eine höhere Besteuerung unter Berücksichtigung des SolZ ermöglichen.

3.3.3 Abgeltungswirkung des Steuereinbehalts auf Bruttoerträge

Mit der Regelung des § 7 Abs. 2 InvStG bewirkt der Gesetzgeber für alle inländischen und ausländischen Investmentfonds eine Bruttobesteuerung der inländischen Beteiligungseinnahmen i.S.v. § 6 Abs. 3 InvStG. Denn diese unterliegen gem. § 7 Abs. 1 InvStG i.V.m. § 43 Abs. 1 Nr. 1, 1a EStG dem Steuerabzug auf die Bruttoerträge (§ 43a Abs. 2 EStG). Da der Steuereinbehalt abgeltende Wirkung hat, bleibt es für alle Investmentfonds bei dieser Bruttobesteuerung. Mit den Beteiligungseinnahmen verbundene Aufwendungen können nicht abgezogen werden – auch nicht im Rahmen der Veranlagung.

Dies wird mit der Regelung § 6 Abs. 7 S. 3 InvStG noch einmal klargestellt.

3.3.3.1 Verhältnis zum objektiven Nettoprinzip

Der Gesetzgeber durchbricht mit dieser Regelung das objektive Nettoprinzip. Dieses Prinzip besagt, dass im Rahmen der ESt nur der Saldo aus Erwerbseinnahmen und Erwerbsaufwendungen der Besteuerung unterliegt (siehe u.a. § 2 Abs. 2 und § 4 Abs. 3, § 8 f. EStG).[323] Das objektive Nettoprinzip konkretisiert das Leistungsfähigkeitsprinzip, welches allgemein die Fähigkeit bezeichnet, Steuern zahlen zu können.[324] Das objektive Nettoprinzip dient daher dem Ziel, eine gerechte Lastenverteilung zu erreichen.[325] Es gehört auch im Körperschaftsteuerrecht zu den systemtragenden Prinzipien.[326] Dies folgt aus der Verweisung in § 8 Abs. 1 KStG auf das EStG, mit welcher der Gesetzgeber sich dazu entschieden hat, die finanzielle Leistungsfähigkeit der Körperschaftsteuersubjekte am Nettoeinkommen zu bemessen.[327] Diese gesetzgeberische Grundentscheidung gilt mithin auch für die Besteuerung von Investmentfonds, dadurch dass der Gesetzgeber für diese über § 6 Abs. 1 InvStG die Besteuerung nach den Grundsätzen des Körperschaftsteuerrechts angeordnet hat. Ein ausdrückliches Bekenntnis des Gesetzgebers zur grundsätzlichen Geltung des objektiven Nettoprinzips auch für die Besteuerung von Investmentfonds findet sich in § 6 Abs. 7 InvStG, nach welchem die Einkünfte als Überschuss der Einnahmen über die Werbungskosten zu ermitteln sind, die in wirtschaftlichem Zusammenhang zu den Einnahmen stehen.[328]

Aufgrund der Regelung des § 7 Abs 2 InvStG ist für Investmentfonds der Abzug von Erwerbsaufwendungen auf ihre Beteiligungserträge ausgeschlos-

323 Vgl. *Kirchhof* in: *Herrmann/Heuer/Raupach*, EStG/KStG, Einf. ESt, Rn. 295; *Lang*, Die Bemessungsgrundlage der Einkommensteuer, S. 60 ff.; *Tipke*, Die Steuerrechtsordnung Bd. II, S. 763.

324 Vgl. *Lang*, Die Bemessungsgrundlage der Einkommensteuer, S. 97; *Tipke*, Die Steuerrechtsordnung Bd. I, S. 480; siehe zur historischen Entwicklung des Leistungsfähigkeitsprinzips auch: *Hermenns/Hey*, AL 2015, S. 280.

325 Vgl. *Hermenns/Hey*, AL 2015, S. 279.

326 Vgl. *BVerfG*, Beschluss v. 12.10.2010, 1 BvL 12/07, BVerfGE 127, 224 (248); *Breinersdorfer*, DStR 2010, S. 2494; *Desens* in: *Herrmann/Heuer/Raupach*, EStG/KStG, Einf. KSt, Rn. 6.

327 Vgl. *Desens* in: *Herrmann/Heuer/Raupach*, EStG/KStG, Einf. KSt, Rn. 6; *Hey*, DStR-Beih 2009, S. 110; *Seiler*, DStJG 34 (2011), S. 67.

328 So zur alten Rechtslage auch: *Bujotzek*, Offene Immobilienfonds im InvStR, S. 160 f.

sen und es bleibt bei einer Besteuerung nur der Erwerbseinnahmen.

3.3.3.2 Gründe für den Systembruch

Dieser Systembruch könnte aus Gründen der *Steuervereinfachung* begründet sein. Die Regelung ist zumindest geeignet, eine Vereinfachung herbeizuführen. Der Verwaltungsaufwand wird dadurch gesenkt, dass die Finanzverwaltung Aufwendungen, die im Zusammenhang mit den Beteiligungsaufwendungen stehen, der Höhe und dem Grunde nach nicht auf ihre Abzugsfähigkeit zu prüfen braucht. Zweifelhaft ist allerdings, ob der Gesetzgeber beide Prinzipien miteinander zu einem sachgerechten Ausgleich gebracht hat, indem er das objektive Nettoprinzip mit dieser Regelung zugunsten des Prinzips der Steuervereinfachung durchbricht. Denn soweit der Investmentfonds ohnehin zur Abgabe einer Körperschaftsteuererklärung verpflichtet ist, da er noch Einkünfte erzielt, die nicht dem Steuerabzug unterliegen (so z.B. bei Erträgen aus inländischen Immobilien), ist der erreichte Vereinfachungseffekt nur marginal. Die Finanzverwaltung muss die Besteuerungsgrundlagen ohnehin prüfen. Selbst Aufwendungen, die im Zusammenhang mit Einkünften stehen, die dem Steuerabzug unterliegen, muss sie ggf. zumindest dem Grunde nach prüfen, um auszuschließen, dass diese zusammen mit den übrigen Aufwendungen von den Erträgen abgezogen werden. Insbesondere wenn der Veranlassungszusammenhang nicht eindeutig ist, ergibt sich insoweit sogar ein größerer Prüfungsaufwand, da nun eine Abgrenzung der verschiedenen Aufwendungen je nach ihrem Veranlassungszusammenhang voneinander nötig wird.

Anders ist dies allerdings, wenn der Investmentfonds ausschließlich Erträge erzielt, die dem Steuerabzug unterliegen. Dann ist der Vereinfachungszweck sowohl für die Finanzverwaltung, als auch für den Investmentfonds größer. Insoweit liegt es wohl auch noch im Ermessensspielraum des Gesetzgebers, wenn er dann eine abgeltende Wirkung für dem Steuerabzug unterliegende Erträge gegenüber allen Investmentfonds normiert und nicht nur für solche, bei denen es zu einer bedeutenden Vereinfachung kommt. Denn auch eine Unterscheidung würde hier wieder zu einer deutlichen Zunahme der Komplexität führen, auch für die Investmentfonds selbst. Es könnte dazu kommen, dass in einem Jahr die Kosten im Zusammenhang mit Beteiligungserträgen abzugsfähig wären, da eine Veranlagung durchzuführen ist, im nächsten Jahr wiederum nicht. Auch würde eine solche Regelung neue Ungleichbehandlungen zwischen den unterschiedlichen Investmentfonds bewirken. Insofern ist es nur konsequent, wenn sich der Gesetzgeber aus Vereinfachungsgründen für alle Investmentvermögen für eine Abgeltungswirkung entscheidet.

Die Durchbrechung des objektiven Nettoprinzips durch das Werbungskostenabzugsverbot auf Ebene des Investmentfonds zugunsten einer Steuervereinfachung ist auch nicht unangemessen. Im Regelfall führt das Werbungskostenabzugsverbot auf Ebene des Investmentfonds für dem Steuerabzug unterliegende Erträge nämlich nicht zu einer endgültigen wirtschaftlichen Belastung des Investmentfondsanlegers. Denn die nichtabzugsfähigen Kosten werden sich regelmäßig im Wert des Investmentanteils niederschlagen und mindern somit im Fall der späteren Veräußerung den Veräußerungsgewinn.[329] Soweit Anleger ihren Investmentanteil im Privatvermögen im Rahmen der Kapitaleinkünfte halten, trifft dies im Verlustfall wegen des Verlustverrechnungsverbot des § 20 Abs. 6 EStG ggf. jedoch nicht zu.[330] Die Ursache für eine sich in diesem Fall ergebende nicht begründete Durchbrechung des objektiven Nettoprinzips liegt jedoch nicht im InvStG, sondern in der Regelung des § 20 Abs. 6 EStG, welche auch die Nichtberücksichtigung finaler Verluste in Kauf nimmt.[331] Insoweit wäre ggf. eine Änderung des EStG für den Fall finaler Verluste erforderlich.[332]

Der Systembruch ist an dieser Stelle mithin durch das Prinzip der Steuervereinfachung begründet.

Allerdings sollte der Gesetzgeber vor diesem Hintergrund seine für die übrigen Körperschaften getroffene Regelung zur abgeltenden Wirkung des Steuerabzugs in *§ 32 Abs. 1 Nr. 2 KStG* überarbeiten. Denn hier hat er sich für eine inkonsequente Lösung entschieden. Er hat keine abgeltende Wirkung der Kapitalertragsteuer für sämtliche Einkünfte angeordnet die dem Steuerabzug unterliegen, anders als bei der Besteuerung von Investmentfonds.

329 Vgl. *Deutscher Bundestag*, BT-Drs. 18/8045, S. 75.

330 Vgl. *Klein* in: *Herrmann/Heuer/Raupach*, EStG/KStG, § 6 InvStG, Rn. 35.

331 Zweifel an der Verfassungsmäßigkeit äußert daher z.B. *Jochum* in: *Kirchhof/Söhn/Mellinghoff*, EStG, § 20 EStG, Rn. H 36.

332 Änderungsvorschläge findet sich z.B. bei *Geurts* in: *Bordewin/Brandt/Bode*, EStG, § 20 EStG, Rn. 771; *Jochum* in: *Kirchhof/Söhn/Mellinghoff*, EStG, § 20 EStG, Rn. H 41 f.

Ebenfalls hat er den von ihm verfolgten Vereinfachungszweck nicht konsequent umgesetzt, da er eine Abgeltungswirkung nicht allein für den Fall normiert hat, dass die Körperschaft ausschließlich Einkünfte erzielt, die dem Steuerabzug unterliegen. Vielmehr hat er eine Abgrenzung danach vorgenommen, ob eine Körperschaft unbeschränkt oder beschränkt steuerpflichtig ist. Diese Abgrenzung ist schon nicht geeignet den Vereinfachungszweck widerzuspiegeln, da es auch dann zu einer Abgeltungswirkung der Kapitalertragsteuer auf die Bruttoerträge kommt, wenn die beschränkt steuerpflichtigen Körperschaft ohnehin eine Steuererklärung abgeben muss, da sie weitere inländische Einkünfte erzielt, die nicht dem Steuerabzug unterliegen.[333] Bei einer unbeschränkt steuerpflichtige Körperschaft, die ausschließlich Erträge erzielt, die dem Steuerabzug unterliegen, kommt es hingegen nicht zu einer Abgeltungswirkung.

Die Durchbrechung des objektiven Nettoprinzips durch § 32 Abs. 1 Nr. 2 KStG ist nicht gerechtfertigt. Der Gesetzgeber sollte – auch um Unterschiede in der Besteuerung von Investmentfonds und sonstigen Körperschaftsteuersubjekten abzubauen – eine einheitliche Regelung treffen, die zu einer endgültigen Brutto- oder Nettobesteuerung der Beteiligungserträge für sämtliche Körperschaftsteuersubjekte führt unabhängig davon, ob diese beschränkt oder unbeschränkt steuerpflichtig sind.[334]

3.4 Teilfreistellung

Nachdem in den vorherigen Abschnitten dieses Kapitels die folgerichtige Umsetzung der Besteuerungsprinzipien bei der Besteuerung des Investmentfonds an ausgewählten Normen untersucht worden ist, wird nunmehr die Besteuerung des Anlegers eines Investmentfonds näher betrachtet. Herzstück der investmentsteuerrechtlichen Regelungen ist dabei die eng mit dem Besteuerungsumfang auf Ebene des Investmentfonds verknüpfte Regelung der Teilfreistellung.

Mit der Teilfreistellung von Investmenterträgen auf Anlegerebene bezweckt

333 Siehe zur Abgeltungswirkung auch in diesen Fällen: *Kögel* in: *Gosch*, KStG, § 32 KStG, Rn. 25.

334 Siehe auch zu der mit der derzeitigen Regelung verbundenen Ausländerdiskriminierung: *Endert* in: *Frotscher*, KStG/GewStG/UmwStG, § 32 KStG, Rn. 55; *Werning* in: *Blümich*, EStG/KStG/GewStG, § 32 KStG, Rn. 2.

der Gesetzgeber, einen auf Ebene des Investmentfonds bestehenden steuerlichen Nachteil aus einer Steuervorbelastung der Investmenterträge und der fehlenden Anrechnungsmöglichkeit ausländischer Steuer zumindest in pauschalierter Form abzumildern.[335] Eine steuerliche Vorbelastung der Investmenterträge kann sich sowohl durch eine in- oder ausländische Besteuerung auf Ebene des ausschüttenden Investmentfonds selbst ergeben als auch durch eine in- oder ausländische Besteuerung auf Ebene einer an den Investmentfonds ausschüttenden, als intransparent behandelten Gesellschaft. Ob eine Kompensation solch einer steuerlichen Vorbelastung mit in- und ausländischer Steuer auf Ebene einer als intransparent behandelten Gesellschaft vor dem Hintergrund des objektiven Nettoprinzips zwingend notwendig ist,[336] kann hier offen bleiben. Denn der Gesetzgeber hat sich im Einkommensteuer- und Körperschaftsteuerrecht mit den Vorschriften des § 8b KStG und des § 3 Nr. 40 EStG grundsätzlich dafür entschieden, aufgrund dieser Vorbelastung in pauschalierter Weise den Anleger durch teilweise Freistellung der Beteiligungserträge im Rahmen eines sog. Shareholder-Relief-Systems zu entlasten.[337] Auch für die Besteuerung von Erträgen aus Investmentfonds hält der Gesetzgeber an dieser Entscheidung fest und beabsichtigt mit der Regelung des § 20 InvStG, die steuerliche Vorbelastung auf Anlegerebene in pauschalierter Weise zu kompensieren.[338]

Um dies zu erreichen, schied eine vollständige Anrechnung der auf Ebene des Investmentfonds angefallenen KSt auf die ESt des Anlegers – wie sie

335 *Deutscher Bundestag*, BT-Drs. 18/8045, S. 58; siehe auch Kapitel 2.2.2.2.

336 Dies ist streitig (str.), vgl. *Englisch*, StuW 2007, S. 231; *Zentraler Immobilien Ausschuss e. V.*, Stellungnahme zum Referentenentwurf des InvStRefG, S. 3; siehe auch Kapitel 3.1; nach der formal-juristischen Betrachtung des BVerfG wäre dies nicht erforderlich (vgl. *BVerfG*, Beschluss v. 12.10.2010, 1 BvL 12/07, BVerfGE 127, 224 (250)); nach der überwiegend in der Literatur vertretenen wirtschaftlichen Betrachtung schon, da die Zwischenschaltung einer juristischen Person keine endgültig höhere Leistungsfähigkeit begründet, sondern die Körperschaft in Höhe des thesaurierten Gewinns nur temporär über eine eigene Leistungsfähigkeit verfügt (vgl. dazu: *Hey* in: *Tipke/Lang*, Steuerrecht, Rn. 11.6; so im Ergebnis auch: *Jachmann*, DStJG 23 (2000), S. 21).

337 Vgl. zur Steuersystematik des Halbeinkünfteverfahrens: *Hey*, DStJG Sonderband (2001), S. 7; siehe allgemein zum Begriff des Shareholder-Relief-Verfahrens: *Otto*, Besteuerung gewinnausschüttender Körperschaften; *Desens*, Halbeinkünfteverfahren, S. 103.

338 *Deutscher Bundestag*, BT-Drs. 18/8045, S. 58.

in den Jahren 1977 bis 2000 im Rahmen der KSt praktiziert wurde[339] – aus den selben europarechtlichen Gründen aus, die den Gesetzgeber schon zu der Abkehr vom Vollanrechnungsverfahren bewegt hatten.[340]

Der Gesetzgeber hat für das Investmentsteuerrecht unter Ausschluss von § 8b KStG und § 3 Nr. 40 EStG ein neues pauschales Entlastungsverfahren[341] etabliert, um die steuerliche Vorbelastung der Investmenterträge mit in- und ausländischer Steuer auf Ebene des Investmentfondsanlegers zumindest teilweise zu kompensieren.

3.4.1 Prinzip der Gleichstellung der Fonds- mit der Direktanlage

In dem bis zum 31.12.2017 geltenden Konzept der semi-transparenten Besteuerung hatte der Gesetzgeber sich bei der Besteuerung der Anleger von Investmentfonds für eine weitgehende Gleichstellung mit der Direktanlage entschieden.[342] Um eine solche Gleichstellung zu verwirklichen, hatte er von einer Besteuerung der Investmenterträge auf Ebene des Investmentfonds abgesehen und die Erträge nur auf Anlegerebene der Besteuerung unterworfen.

Ob der Gesetzgeber mit dem ab dem 1.1.2018 geltenden Investmentsteuerrecht weiterhin die Belastungsentscheidung, die Investmentfondsanlage mit der Direktanlage gleichzustellen, gesetzlich verankert hat, ist in der Literatur hinsichtlich des Grundfalles der Besteuerung von (Publikums-)Investmentfonds umstritten. Überwiegend wird in der Literatur angenommen, dass der Gesetzgeber dieses Prinzip – dessen früheres Bestehen vorausgesetzt[343] –

339 *Hey* in: *Tipke/Lang*, Steuerrecht, Rn. 11.8.

340 Siehe dazu u.a.: *Hey* in: *Tipke/Lang*, Steuerrecht, Rn. 11.17; *Pezzer*, StuW 2000, S. 145 f.; *Raber*, DStJG Sonderband (2001), S. 104 ff.; zur Kritik an dieser Entscheidung siehe: *Lang*, DStJG 24 (2001), S. 69 f.

341 Vgl. zum Trend zu pauschalen Entlastungsverfahren *Hey*, JZ 2006, S. 857.

342 Vgl. *Zinowsky/Grabowski*, IRZ 2017, S. 201.

343 Auch hinsichtlich der vor dem 1.1.2018 geltenden Rechtslage, war die Geltung des Transparenzprinzips als gesetzgeberische Grundentscheidung des Investmentsteuerrechts bereits umstritten; kritisch z.B.: *Neumann*, Besteuerung von Publikums-Investmentvermögen, S. 144 f.; *Trencsik*, StuW 2014, S. 287; eine zumindest eingeschränkte Geltung nehmen z.B. *Anzinger*, FR 2016, S. 105 f.; *Faller/Wolf/Brielmaier*, DB 2016, S. 489; *Höring*, DStZ 2015, S. 837; *Kirchmayr*, DStJG 30 (2007), S 241 f.; *Klein* in: *Herrmann/Heuer/Raupach*, EStG/KStG, Einf. zum InvStG, Rn. 3; *v. Schweinitz/Thiems*, DStR 2016, S. 1198, an.

zumindest nun aufgegeben habe.[344] Dies wird in der Literatur regelmäßig aufgrund der nunmehr geltenden beschränkten Steuerpflicht auf Ebene des Investmentfonds angenommen.[345] Denn in der Literatur wird das für die Investmentfondsbesteuerung bis zum 31.12.2017 geltende (eingeschränkte) Transparenzprinzip regelmäßig gleichgesetzt mit dem Prinzip der steuerlichen Gleichstellung der Investmentfondsanlage mit der Direktanlage.[346] Der Literatur ist insoweit zuzugeben, dass der bestehende steuerliche Nachteil bei der Investition über einen Investmentfonds im Vergleich zur Direktanlage, den der Gesetzgeber ausgleichen wollte, im Wesentlichen aus dem Körperschaftsteuersystem resultiert, bei dem es durch die Besteuerung sowohl auf Ebene der Körperschaft als auch auf Ebene des Anlegers zu einer Doppelbelastung der Gewinne kommt, welche durch das Teileinkünfteverfahren lediglich abgemildert wird.[347] Ein Verzicht auf die Besteuerung der Erträge auf Ebene des Investmentfonds durch den Gesetzgeber ist die einfachste Möglichkeit diesen Nachteil der Investmentfondsanlage zu beseitigen. Die Abkehr des Gesetzgebers vom Verzicht der Besteuerung auf Ebene des Investmentfonds – zumindest für einen Teil seiner Erträge – spricht mithin für eine Aufgabe dieses Grundsatzes.

Ob das Prinzip tatsächlich keine Gültigkeit mehr findet, kann allerdings nicht aufgrund einer einzelnen Norm beurteilt werden, sondern muss im Rahmen der Gesamtschau des Investmentsteuerrechts mittels der induktiven Methode geprüft werden.[348]

Aus der Schaffung der *Teilfreistellung* kann ein Prinzip der Gleichstellung der Investmentfondsanlage mit der Direktanlage jedenfalls nicht abgeleitet werden. Die Teilfreistellung der Investmenterträge auf Anlegerebene dient zwar – zumindest teilweise – der Kompensation einer vorherigen Besteuerung auf Ebene des Investmentfonds. Eine Gleichstellung mit der Direktanlage im Einzelfall kann[349] und will der Gesetzgeber selbst mit dieser typisierenden und pauschalierenden Regel auch nicht erreichen und nimmt

344 Vgl. *Elser/Stiegler*, IStR 2017, S. 568, 572; *Elser/Thiede*, NWB-EV 2016, S. 51.
345 Vgl. *Zinowsky/Grabowski*, IRZ 2017, S. 201; *Elser/Thiede*, NWB-EV 2016, S. 51.
346 So u.a.: *Zinowsky/Grabowski*, IRZ 2017, S. 201.
347 So auch: *Anzinger*, FR 2016, S. 104.
348 Vgl. zur Anwendung der induktiven Methode: *Tipke*, Die Steuerrechtsordnung Bd. I, S. 70 ff.
349 Vgl. *Elser/Stiegler*, IStR 2017, S. 568.

eine Besser- oder Schlechterstellung der Investmentfondsanlage aus Vereinfachungszwecken bewusst in Kauf.[350] Der Grad der Pauschalierung in den Regelungen zur Teilfreistellung gem. § 16 InvStG ist derart hoch, dass ein konkreter Ausgleich der steuerlichen Vorbelastung der Investmenterträge auf Anlegerebene nicht gelingen kann.[351] Es soll lediglich in generalisierender und pauschalierender Form ein abstrakter Ausgleich stattfinden, der im Gesamtergebnis, d.h. gesehen auf das Gesamtsteueraufkommen zu einer gleichen Steuerbelastung führt.

Das Prinzip der Gleichstellung der Investmentfondsanlage mit der Direktanlage könnte man möglicherweise in der Regelung des *§ 6 Abs. 2 InvStG* begründet sehen, nach welcher zumindest ein Teil der dem Investmentfonds zufließenden Erträge auf Ebene des Investmentfonds nicht der Besteuerung unterliegt, wie beispielsweise gewinnunabhängige und unbesicherte Zinsen i.S.v. § 20 Abs. 1 Nr. 7 EStG.[352] Der Verzicht auf eine Besteuerung dieser Erträge auf Investmentfondsebene könnte Mittel des Gesetzgebers sein, die gleiche Steuerbelastung bei der Anlage über den Investmentfonds zu erreichen, zu der es auch bei der Direktanlage käme. Denn auf Investmentfondsebene fällt auf diese Erträge keine Steuer an, sondern sie unterliegen nur auf Anlegerebene der Besteuerung abhängig von den Eigenschaften des jeweiligen Anlegers.

Allerdings kommt es für inländische Anleger auch insoweit regelmäßig zu einer unterschiedlichen Besteuerung der über einen Investmentfonds gehaltenen Erträge im Vergleich zur Direktanlage. Dies ist schon deshalb so, weil die Teilfreistellungssätze auch in den Fällen zu einer teilweisen Steuerbefreiung der Investmenterträge auf Anlegerebene führen, wenn diese nicht steuerlich vorbelastet sind, aber der Investmentfonds die Voraussetzungen für eine Teilfreistellung nach seinen Anlagebedingungen erfüllt. Denn die Teilfreistellungssätze sind auf sämtliche Investmenterträge anzuwenden, auch auf solche, die – isoliert betrachtet – weder auf Ebene des Investmentfonds, noch

---

350 Siehe *Deutscher Bundestag*, BT-Drs. 18/8045, S. 91, wo es heißt, eine hierfür notwendige Zuordnung beispielsweise der tatsächlichen vom Investmentfonds bezogenen Dividendenerträge anteilig bei dem jeweiligen Anleger, welche für eine Gleichstellung mit der Direktanlage erforderlich wäre, sei „dem Vereinfachungsgedanken [...] allerdings abträglich."

351 Siehe dazu ausführlich in Kapitel 3.4.2.1.2.

352 Vgl. *Mann* in: *Blümich*, EStG/KStG/GewStG, § 6 InvStG, Rn. 27.

auf Ebene einer vorgeschalteten Körperschaft einer steuerlichen Vorbelastung unterliegen. In diesem Fall kann es dann – bei isolierter Betrachtung der Erträge – zu einer Besserstellung gegenüber der Direktanlage kommen; auch dies vor dem Hintergrund der Vereinfachung in dem Sinne, dass die dem Investmentfonds zufließenden Erträge nicht mehr auf Anlegerebene separiert betrachtet werden müssen.[353]

Auch für beschränkt steuerpflichtige Anleger kann und will der Gesetzgeber mit der Nichtbesteuerung auf Ebene des Investmentfonds keine gleiche steuerlich Behandlung der Investmentfondsanlage und der Direktanlage erreichen, da er ansonsten das Ziel der Vereinfachung verfehlen würde. Eine solche ergibt sich daraus, dass der Gesetzgeber nur noch eine endgültige Steuer auf Ebene des Investmentfonds erhebt, und auf Ebene des ausländischen Anlegers auf eine Besteuerung verzichtet. Er hat insoweit die Investmenterträge nicht in den Katalog der inländischen Einkünfte i.S.v. § 49 EStG aufgenommen. Dadurch ergeben sich deutliche Unterschiede der Investmentfondsanlage zu der Direktanlage je nach Herkunftsstaat des Anlegers, Zielinvestment, Beteiligungsquote und Haltedauer.[354] Die Entscheidung des Gesetzgebers, auf die Besteuerung bestimmter Erträge zu verzichten, beruht mithin nicht auf einem dahinterstehenden Prinzip der Gleichstellung der Investmentfondsanlage mit der Direktanlage, sondern primär auf Praktikabilitätserwägungen.

Möglicherweise könnte man ein Prinzip der Gleichstellung der Investmentfondsanlage mit der Direktanlage auf Ebene des Anlegers in der Vorschrift des *§ 6 Abs. 7 InvStG* begründet sehen. Danach sind die Einkünfte des Investmentfonds – zumindest wenn der Investmentfonds in der Rechtsform einer Kapitalgesellschaft i.S.v. § 1 Abs. 1 Nr. 1 KStG errichtet wurde, abweichend von § 8 Abs. 1 und Abs. 2 KStG i.V.m. §§ 4 Abs. 1, 5 Abs. 1 EStG – als Überschuss der Einnahmen über die Werbungskosten zu ermitteln. Dies entspricht der Einkommensermittlungsart, die der private Anleger im Rahmen der Direktanlage regelmäßig anwenden würde. Allerdings würden betrieblichen Anleger oder Körperschaften i.S.v § 1 Abs. 1 Nr. 1 bis 3 KStG als Anleger, hielten sie die vom Investmentfonds gehaltenen Anlagen direkt, den Gewinn regelmäßig durch Bestandsvergleich gem. § 4

353 Siehe dazu ausführlich in Kapitel 3.4.2.2.
354 Siehe dazu ausführlich mit zahlreichen Vergleichen: *Elser/Stiegler*, IStR 2017, S. 567 ff.

Abs. 1 EStG ermitteln und eben nicht durch Einnahmen-Überschuss-Rechnung. Die Regelung, dass die Einkünfte generell im Wege der Einnahmen-Überschuss-Rechnung zu ermitteln sind, ist mithin nicht geeignet, eine steuerliche Gleichstellung mit der Direktanlage herzustellen. Vielmehr führt sie gerade auch zu einer unterschiedlichen Besteuerung im Verhältnis zur Direktanlage, da im Rahmen der Direktanlage für die Art der Gewinnermittlung die steuerliche Einordnung der Investmentfondsanlage bei dem Anleger entscheidend wäre. § 6 Abs. 7 InvStG ordnet die Anwendung der Einnahmen-Überschuss-Rechnung jedoch gerade anlegerunabhängig an.[355] Die gesetzgeberische Entscheidung hinsichtlich der Ermittlung der Investmenterträge auf Ebene des Investmentfonds ist vielmehr auch Folge der Fiktion des Gesetzgebers in § 6 Abs. 1 InvStG, nach welcher alle Investmentfonds im Anwendungsbereich des InvStG zu Zweckvermögen i.S.v. § 1 Abs. 1 Nr. 5 KStG bzw. § 2 Nr. 1 KStG fingiert werden. Denn für diese Zweckvermögen gilt die Fiktion des § 8 Abs. 2 KStG nicht, sodass diese sämtliche Einkunftsarten erzielen können, auch Überschusseinkünfte.[356] Ohne die Regelung des § 6 Abs. 7 InvStG müssten Investmentfonds eine Mischung aus Einnahmen-Überschuss-Rechnung und Gewinnermittlung mittels Bestandsvergleich vornehmen.[357] Deshalb hat der Gesetzgeber aus Vereinfachungsgründen eine einheitliche Art der Ermittlung der Einkünfte für Investmentfonds angeordnet.

Den Grundsatz einer Gleichstellung der Investmentfondsanlage mit der Direktanlage könnte man auch in *§ 7 Abs. 2 InvStG* begründet sehen: Denn die Vorschrift regelt die abgeltende Wirkung von Erträgen, die auf Ebene des Investmentfonds dem Steuerabzug unterliegen, mithin von laufenden Beteiligungserträgen i.S.v. § 43 Abs. 1 S. 1 Nr. 1 und Nr. 1a EStG. Dies führt zu einer Bruttobesteuerung ohne Berücksichtigung anteiliger Kosten. Auch Privatanleger unterlägen, wenn sie Beteiligungserträge statt über den Investmentfonds direkt halten würden, einer Bruttobesteuerung, da sie selbst im Rahmen der Veranlagung gem. § 20 Abs. 9 S. 1 EStG keine Werbungskosten abziehen dürfen. Allerdings ist die Vorschrift aus den gleichen Gründen, wie § 6 Abs. 7 InvStG ungeeignet, eine Gleichstellung mit der Direktanla-

355 Zum InvStG i.d.F. vom InvStRefG *Steinmüller* in: *Haase*, InvStG, § 3 InvStG, Rn. 71.
356 *Werner* in: *Dötsch/Pung/Möhlenbrock*, Die KSt, § 8 Abs.1 KStG, Rn. 51.
357 Vgl. *Steinmüller* in: *Haase*, InvStG, § 3 InvStG, Rn. 69.

ge für alle Anleger zu erreichen: Denn inländische betriebliche Anleger und die meisten inländischen Körperschaften wären in der Direktanlage berechtigt, die mit den Beteiligungserträgen im Zusammenhang stehenden Kosten abzuziehen, da das in § 20 Abs. 9 S. 1 EStG geregelte Verbot des Abzuges von tatsächlichen Werbungskosten nur gilt, soweit die Einkünfte nicht vorrangig den Gewinneinkünften i.S.v. § 2 Abs. 2 Nr. 1 EStG zuzuordnen sind. Mithin dient auch § 7 Abs. 2 InvStG nicht (zumindest auch) der Gleichstellung der Investmentfondsanlage mit der Direktanlage, sondern der Gesetzgeber bezweckt mit dieser Vorschrift allein die formal gleiche Besteuerung des ausländischen und inländischen Investmentfonds.[358]

Schließlich könnte der Gesetzgeber die Entscheidung zur Erhebung einer *Vorabpauschale* gem. § 16 Abs. 2 i.V.m. § 18 InvStG aufgrund der gesetzgeberischen Belastungsentscheidung einer Gleichstellung der Investmentfondsanlage mit der Direktanlage umgesetzt haben. Denn mit der Vorabpauschale bewirkt der Gesetzgeber – wenn diese Ersatz für die weggefallene Regelung zu den ausschüttungsgleichen Erträgen wäre[359] – eine Besteuerung, auch wenn der Investmentfonds die ihm zugeflossenen Erträge thesauriert. In der Direktanlage würden Anleger die Erträge, die der Investmentfonds in der Investmentfondsanlage realisiert, selbst direkt realisieren, sodass es bei ihnen unmittelbar zum Zufluss käme, ohne dass sie die Möglichkeit hätten, die Erträge langfristig steuerfrei anzusammeln. Der Gesetzgeber hat sich aber – anders als nach der früheren Rechtslage – dafür entschieden, nicht die tatsächlich auf Ebene des Investmentfonds thesaurierten Erträge der Besteuerung auf Anlegerebene zuzuführen, sondern er hat eine pauschale Mindestbesteuerung implementiert, die unabhängig von den tatsächlich auf Ebene des Investmentfonds zufließenden Erträgen ist.[360] Auch aus der Regelung des § 16 Abs. 1 Nr. 2 i.V.m. § 18 InvStG lässt sich mithin kein Prinzip der Gleichstellung der Investmentfondsanlage mit der Direktanlage ableiten.

Gegen das Bestehen eines entsprechenden Grundsatzes spricht auch, dass der Gesetzgeber in dem ab dem 1.1.2018 geltenden Investmentsteuergesetz nunmehr die Haltedauer von Grundstücken für die Frage der *Steuerbarkeit eines Veräußerungsgewinns* außer Acht lässt. Denn zumindest bei dem pri-

358 Vgl. Kapitel 3.3.3.
359 Siehe zu dieser Frage: Kapitel 3.6.1.
360 Siehe dazu ausführlich in Kapitel 3.6.3.

vaten Anleger und den nicht bilanzierenden Körperschaften i.S.v. § 1 Abs. 1 Nr. 4 und Nr. 5 KStG wären im Rahmen der Direktanlage erzielte Immobilienveräußerungsgewinne/ -verluste gem. § 23 Abs. 1 Nr. 1 S. 1 EStG (i.V.m. § 8 Abs. 1 KStG) nur steuerbar, wenn der Zeitraum zwischen Anschaffung und Veräußerung nicht mehr als 10 Jahre beträgt. Um für diese Anleger eine Gleichstellung mit der Direktanlage herzustellen, wäre wiederum eine Durchschau auf die Zusammensetzung der Investmenterträge erforderlich gewesen, damit die auf diesen Anleger anteilig entfallenden Immobilienveräußerungsgewinne/ -verluste ermittelt werden können. Zudem müsste dann im nächsten Schritt geprüft werden, ob der Anleger bis zur Veräußerung der entsprechenden Immobilie durch den Investmentfonds auch mehr als 10 Jahre an dem Investmentfonds beteiligt war und der Investmentfonds die Immobilie in diesem Zeitraum durchgehend gehalten hat. Dies widerspräche erneut dem Vereinfachungszweck des neuen Investmentsteuergesetzes, nach welchem gerade keine Durchschau von der Anlegerebene auf die Ebene des Investmentfonds im Hinblick auf die Zusammensetzung der Investmenterträge erfolgen soll. Insoweit nimmt der Gesetzgeber mithin eine Schlechterstellung gegenüber der Direktanlage[361] aus Vereinfachungszwecken bewusst in Kauf.[362]

Allein an einer Stelle im Investmentsteuergesetz trifft der Gesetzgeber – abweichend zum Körperschaftsteuerrecht – eine Sonderregelung, um bei gemeinnützigen Investmentfondsanleger und Anbietern von zertifizierten Altersvorsorgeverträgen i.S.v. §§ 5, 5a AltZertG eine Gleichstellung mit der Direktanlage zu erreichen, nämlich in *§ 8 Abs. 1 InvStG*.[363] Insoweit normiert der Gesetzgeber eine Steuerbefreiung des Investmentfonds, soweit solche steuerbegünstigten Anleger an ihm beteiligt sind, da bei diesen steuerbefreiten Anlegern die Steuerbelastung auf Ebene des Investmentfonds ansonsten definitiv wäre. Eine entsprechende Regelung hat er allgemein für das Körperschaftsteuerrecht jedoch nicht getroffen. Auch hier ist es so, dass die Erträge einer Körperschaft, an der ein gemeinnütziger Anleger beteiligt ist,

361 Vgl. zur Schlechterstellung des Privatanlegers wegen der Besteuerung von Veräußerungsgewinnen außerhalb der Spekulationsfrist auch: *Böcker*, NWB Steuer und Wirtschaftsrecht 2016, S. 2791.
362 Siehe ausführlich hierzu in Kapitel 3.2.1.
363 Siehe dazu im Detail: Kapitel 3.1.3.

mit 15 % KSt vorbelastet sind.[364] Diese punktuelle Regelung, mit welcher der Gesetzgeber die gleiche Besteuerung der in § 8 Abs. 1 InvStG genannten Anleger erreicht, wie sie sich ergäbe, wenn der Investmentfonds nicht existieren würde, hat der Gesetzgeber an dieser Stelle jedoch allein zur Förderung von Tätigkeiten mit Gemeinwohlzwecken vorgenommen[365] und nicht deshalb, weil er es generell als gerecht erachtet, Investmentfondsanleger genauso zu besteuern, wie Direktanleger.

Ein systemtragendes Prinzip der Gleichstellung der Investmentfondsanlage mit der Direktanlage lässt sich aus den Normen des Investmentsteuergesetzes i.d.F. ab dem 1.1.2018 somit nicht entnehmen. Der Gesetzgeber hat die Gleichstellung auf einen pauschalierenden Ausgleich reduziert, der das Steueraufkommen insgesamt in seiner Höhe nach nicht verändern soll, nimmt Verschiebungen der Belastung im Einzelfall jedoch in Kauf. Dabei hat er sich an dem heutigen Teileinkünfteverfahren bei der (betrieblichen) Aktienanlage orientiert.[366] Wie bei § 8b Abs. 1 und 2 KStG und § 3 Nr. 40 EStG[367] kommt in § 20 InvStG lediglich die Entscheidung des Gesetzgebers für eine Gesamtbetrachtung von Körperschafts- und Anteilseignerebene zum Ausdruck zur Vermeidung von Mehrfachbelastungen desselben Einkommens bei unterschiedlichen Steuersubjekten.

3.4.2 Teilfreistellung im EStG und KStG

Mit der Teilfreistellung als objektive Steuerbefreiung durchbricht der Gesetzgeber das im Einkommen- und Körperschaftsteuerrecht geltende Totalitätsprinzip, nach welchem natürliche Personen und Körperschaften ihr Einkommen vollständig versteuern müssen.[368] Zudem durchbricht er zugleich das Trennungsprinzip, indem er eine steuerliche Vorbelastung des Investmentfonds auf Ebene des Investmentfondsanlegers berücksichtigt.

Die Durchbrechungen könnten aufgrund der gesetzgeberischen Entschei-

364 Lediglich Dividenden, die die Körperschaft bezieht, an welcher der gemeinnützige Anleger beteiligt ist, wären aufgrund von § 8b KStG nur mit 0,75 % KSt vorbelastet, jedenfalls wenn diese nicht wiederum von einer vorgeschalteten Körperschaft ausgeschüttet wurden.

365 Vgl. *Märtens* in: *Gosch*, KStG, § 5 KStG, Rn. 1.

366 So auch: *Kammeter*, ISR 2016, S. 103.

367 Vgl. *Hey*, DStR-Beih 2009, S. 111.

368 Vgl. Kapitel 3.1.2.1.

dung begründet sein, eine Mehrfachbelastung des Einkommens der Körperschaft auf Ebene der Körperschaft und auf der Ebene der Anteilseignern zumindest abzumildern. Dann würde es sich nicht um einen echten wirtschaftlichen Vorteil des Investmentfondsanlegers handeln, sondern um eine Abmilderung einer Doppelbelastung. Dass die Kompensation auf Anlegerebene und damit bei formalistischer Betrachtung bei einem anderen Steuersubjekt erfolgt – unter Durchbrechung des Trennungsprinzips – steht der Kompensationsmöglichkeit nicht entgegen, da es insoweit auf eine wirtschaftliche Betrachtungsweise ankommt. Bei einer solchen wirtschaftlichen Betrachtung der Gesamtsteuerbelastung kommt es zwingend zu einer Durchbrechung des formalistischen Trennungsprinzips. Erfolgt eine ausreichende Abmilderung, ist die damit verbundene Durchbrechung des Trennungsprinzips ebenfalls begründet, da sie entweder zur Verwirklichung des Leistungsfähigkeitsprinzipis erfolgt[369] oder zur Verwirklichung einer legitimen finanz- und wirtschaftspolitischen Entscheidung des Gesetzgebers.[370] Denn letztlich ist der Investmentfonds ein bloßes Instrument zur Verfolgung der wirtschaftlichen Interessen des Anlegers.[371]

3.4.2.1 Abmilderung einer steuerlichen Doppelbelastung

Die Besteuerung auf Ebene des Investmentfonds wirkt sich auf Anlegerebene entweder durch verminderte Ausschüttungen oder – wenn es sich um einen thesaurierenden Investmentfonds handelt – schließlich in Form eines verminderten Veräußerungserlöses aus, da auch ein Erwerber des Investmentanteils bei der Bemessung des Kaufpreises u.a. die noch ausschüttbaren Erträge nach Steuern berücksichtigt. Diese Erträge unterliegen dann bei dem Anleger noch einmal der Besteuerung, sodass es bei wirtschaftlicher Betrachtung im Ergebnis insgesamt zu einer höheren Ertragsteuerbelastung der Investmenterträgen im Vergleich zu sonstigen von dem Anteilseigner unmittelbar und nicht über ein Körperschaftsteuersubjekt erzielten Einkünfte käme.

Um eine Abmilderung einer ansonsten entstehenden Mehrfachbelastung handelt es sich nur, wenn sich aus der gesetzlichen Systematik ein Funktionszusammenhang zwischen der Abmilderung und einer ansonsten entste-

---

369 So: *Hey* in: *Tipke/Lang*, Steuerrecht, Rn. 11.6.
370 Vgl. *BVerfG*, Beschluss v. 12.10.2010, 1 BvL 12/07, BVerfGE 127, 224 (250).
371 So für juristische Personen: *Hey*, DStJG Sonderband (2001), S. 14.

henden Mehrfachbelastung ergibt, d.h. die Teilfreistellung als begünstigende Regelung darf nur greifen, wenn es auch eine (nachteilige) steuerliche Vorbelastung auf Ebene des Investmentfonds gibt. Begünstigung und Nachteil treten in diesem Sinne zwingend gleichzeitig ein, wenn ihre Tatbestandsmerkmale identisch sind.

Die Besteuerung auf Ebene des Investmentfonds ist – bei rein nationaler Betrachtung – vorliegend an folgende Tatbestandsmerkmale geknüpft:

- Es liegt ein Investmentfonds i.S.v. § 1 Abs. 2 InvStG vor, der kein Spezial-Investmentfonds i.S.v. §§ 30 ff. InvStG ist,
- der Investmentfonds erzielt inländische Erträge i.S.v. § 6 Abs. 2 InvStG und
- der Investmentfonds ist nicht nach §§ 8 ff. InvStG steuerbefreit.

Die (volle) Realisierung der eine steuerliche Vorbelastung kompensierenden Teilfreistellung auf Anlegerebene ist demgegenüber an folgende Tatbestandsmerkmale geknüpft:

- Der Anleger ist an einem Investmentfonds i.S.v. § 1 Abs. 2 InvStG beteiligt,
- der Investmentfonds ist kein Spezial-Investmentfonds i.S.v. §§ 30 ff. InvStG,
- er erfüllt die Voraussetzungen des § 2 Abs. 6, Abs. 7 oder Abs. 9 InvStG,
- der Anleger erzielt Erträge aus diesem Investmentfonds i.S.v. § 16 Abs. 1 InvStG (= Ausschüttungen, Vorabpauschale oder einen Gewinn aus der Veräußerung des Investmentanteils),
- die Investmenterträge sind bei dem Investmentfondsanleger nicht steuerfrei,
- die Kapitalerträge des Anlegers liegen bereits ohne Berücksichtigung der Investmenterträge über dem Sparerpauschbetrag und
- sie übersteigen bereits ohne Berücksichtigung der Investmenterträge den Grundfreibetrag.

Die Tatbestandsmerkmale sind mithin nicht völlig identisch. Der notwendige Funktionszusammenhang besteht hier zumindest dann, wenn trotz der unterschiedlichen Ausgestaltung der Tatbestandsmerkmale grundsätzlich nur denjenigen Anlegern die Teilfreistellung als kompensierender Vorteil gewährt wird, bei denen die Erträge auf Ebene des Investmentfonds zumindest mit KSt vorbelastet sind. Dazu muss die pauschalierende und typisierende Regelung so ausgestaltet sein, dass sie geeignet ist, den auszugleichenden Nachteil abzubilden. Dies erfordert eine Untersuchung des Nachteils, der hier ausgeglichen werden soll, d.h. eine Analyse der steuerlichen Vorbelastung.

3.4.2.1.1 Steuerliche Vorbelastung der Investmenterträge (inl. Betrachtung)

Um die gesamte steuerliche Vorbelastung der Investmenterträge zu ermitteln, muss grundsätzlich neben der KSt die GewSt in die Betrachtung mit einbezogen werden, da diese auf die gleiche Steuerquelle – die Einkünfte der Körperschaft – zugreift.[372] Für das Investmentsteuerrecht besteht allerdings die Besonderheit, dass der Gesetzgeber eine eigenständige Regelung zu einer gewerbesteuerlichen Teilfreistellung getroffen hat.[373] Diese Sonderregelung und die gewerbesteuerliche Vorbelastung wird in dieser Arbeit deshalb gesondert untersucht. Dennoch muss bereits hier eine gewerbesteuerliche Vorbelastung der ausschüttenden Körperschaft mit berücksichtigt werden, da sich insoweit die ausschüttbaren Erträge verringern und sich dies auf die steuerliche Belastung auf Ebene des Investmentfonds auswirkt. Die GewSt beträgt gem. §§ 11 Abs. 2, 16 Abs. 4 GewStG mindestens 7 % (Steuermesszahl 3,5 % x Mindesthebesatz 200 %), soweit die Gemeinde keinen höheren Steuersatz bestimmt. Dies haben die meisten Gemeinden allerdings getan, sodass der durchschnittliche Gewerbesteuerhebesatz derzeit bei ca. 400 % liegt.[374] Die durchschnittliche Gewerbesteuerbelastung einer Körperschaft beträgt mithin 14 %.

Für *laufende Beteiligungserträge* ergibt sich eine steuerliche Vorbelastung auf Ebene der ausschüttenden Körperschaft in Höhe der KSt unter Berücksichtigung des SolZ (§ 23 Abs. 1 KStG, § 46 S. 1 SolzG i.d.F. der Bekanntmachung vom 15.10.2002)[375] i.H.v. 15,825 %. Der ausschüttbare Betrag liegt jedoch darunter, da noch die Gewerbesteuervorbelastung berücksichtigt wer-

372 Vgl. *Hey* in: *Tipke/Lang*, Steuerrecht, Rn. 11.19; *Jachmann*, DStJG 25 (2002), S. 205.
373 Siehe zur Teilfreistellung für die GewSt: Kapitel 3.4.3.
374 *Statistisches Bundesamt*, Pressemitteilung vom 21.8.2017 - 287/17, Grund- und Gewerbesteueraufkommen im Jahr 2016 um 8,2% gestiegen, S. 1.
375 BGBl I 2003, 4130.

den muss. Unter Berücksichtigung der GewSt ergibt sich eine durchschnittliche Gesamtbelastung auf Ebene der Körperschaft von 29,825 %.[376] Nur der verbleibende Betrag des Gewinns i.H.v. 70,175 % kann ausgeschüttet werden. Dieser unterliegt als inländischer laufender Beteiligungsertrag bei Ausschüttung an den Investmentfonds erneut der KSt in Form der Kapitalertragsteuer ggf. inklusive SolZ i.H.v. insgesamt 15 %. Diese Kapitalertragsteuer wird mit abgeltender Wirkung auf die Bruttoausschüttung einbehalten und an das Finanzamt abgeführt (§§ 6 Abs. 1 bis 3 InvStG, 7 Abs. 1 und 2 InvStG, 20 Abs. 1 Nr. 1 EStG, 43 Abs. 1 Nr. 1 EStG, 43a Abs. 2 S. 1 EStG). Einen Abzug von Werbungskosten, die im Zusammenhang mit diesen Ausschüttungen stehen, lässt der Gesetzgeber nicht zu, auch nicht im Wege der Veranlagung des Investmentfonds zur KSt unter Anrechnung der einbehaltenen Kapitalertragsteuer.[377] Soweit auf Ebene des Investmentfonds nichtabzugsfähige Kosten im Zusammenhang mit den Beteiligungseinnahmen anfallen, ergibt sich eine entsprechend höhere Steuerbelastung.

Bis zur Besteuerung beim Investmentfondsanleger unterliegen laufende inländische Beteiligungseinnahmen mithin einer definitiven Körperschaftsteuerbelastung von durchschnittlich 26,351 %.[378]

Ob bei *Gewinnen aus der Veräußerung eines Investmentanteils* zumindest eine wirtschaftliche Vorbelastung mit Steuern auf Ebene der Körperschaft besteht, an welcher der Investmentfonds beteiligt ist, ist umstritten.

Eine Vorbelastung besteht, soweit der Kaufpreis der Beteiligung durch bereits mit KSt belastete Rücklagen bestimmt wird.[379] Dann wäre in der Anteilsveräußerung eine Totalausschüttung zu sehen.[380] Daneben werden in dem Veräußerungspreis regelmäßig auch die stillen Reserven berücksichtigt, die seit der Anschaffung durch den Veräußerer entstanden sind, und daneben künftig erwartete Gewinne in Form des Geschäftswerts.[381]

---

376 Vgl. *Desens* in: *Herrmann/Heuer/Raupach*, EStG/KStG, § 23 KStG, Rn. 10; *Hey* in: *Tipke/Lang*, Steuerrecht, Rn. 11.19.

377 Vgl. Kapitel 2.2.1.2.

378 $15,825\% + 70,175 \cdot 15\%$; Im Falle weiterer vorgeschalteter Körperschaften, die die Erträge weiter geschüttet haben, erhöht sich diese Steuerbelastung aufgrund der Regelung des § 8b Abs. 1 und 4 bis 5 KStG.

379 *Bareis*, BB 2003, S. 2317; *Desens*, Halbeinkünfteverfahren, S. 140; *Hey* in: *Tipke/Lang*, Steuerrecht, Rn. 11.14; *Pezzer*, DStJG 25 (2002), S. 56.

380 Vgl. *Hey*, DStJG Sonderband (2001), S. 19.

381 Vgl. *Desens*, Halbeinkünfteverfahren, S. 138 f; *Otto*, Besteuerung gewinnausschüttender

Die stillen Reserven sind noch nicht mit einer KSt vorbelastet.[382] Sie werden jedoch im Fall der künftigen Realisation der KSt unterliegen, sodass es dann nachträglich zu einer Doppelbelastung mit KSt einmal auf Ebene des Anlegers im Rahmen der Veräußerungsgewinnbesteuerung und einmal auf Ebene der Körperschaft selbst käme.[383] Die These von der Totalausschüttung stimmt mithin auch für stille Reserven, soweit diese nicht untergehen,[384] gleichzeitig entsteht jedoch ein Steuerstundungseffekt bis zur Realisation dieser stillen Reserven.[385]

Ähnliches gilt für die Gewinnerwartungen. In dem Moment, in dem sie zukünftig eintreten, kommt es auf Ebene der Körperschaft zu einer Belastung mit KSt und damit zu einer mehrfachen Besteuerung dieses Gewinns, wenn man Veräußerungsgewinne in eine kompensierende Regelung nicht mit einbezöge.[386] Treten die Gewinnerwartungen hingegen nicht ein, bleibt die nachträgliche Besteuerung auf Ebene der KSt aus. Die These von der Totalausschüttung wäre insoweit falsch.[387] Letztlich ist es mithin eine Risikoentscheidung, ob man die These von der Totalausschüttung zu Grunde legt und Veräußerungsgewinne als steuerlich vorbelastet betrachtet.[388] Sie ist jedenfalls als Typisierung zur vollständigen Erfassung der steuerlichen Vorbelastung nicht ungeeignet und es liegt mithin im gesetzgeberischen Gestaltungsspielraum, auch Veräußerungsgewinne als steuerlich vorbelastet zu betrachten.[389]

Nimmt man dies an, ergibt sich für Beteiligungsveräußerungsgewinne die gleiche steuerliche Vorbelastung auf Ebene der Körperschaft in Höhe von 15,825 % wie für laufende Beteiligungserträge. Auf Ebene des Investment-

Körperschaften, S. 72; *Pezzer*, DStJG 25 (2002), S. 56.

382 *Hey*, DStJG 24 (2001), S. 200.

383 *Bareis*, BB 2003; *Desens*, Halbeinkünfteverfahren, S. 141; *Eisgruber*, DStR 2000, S. 1494.

384 Wegen der Möglichkeit, dass stille Reserven endgültig steuerfrei bleiben kritisch gegenüber der These: *Pezzer*, DStJG 25 (2002), S. 57.

385 Vgl. *Desens*, Halbeinkünfteverfahren, S. 142.

386 Vgl. *Desens*, Halbeinkünfteverfahren, S. 142 f.

387 *Desens*, Halbeinkünfteverfahren, S. 143.

388 So auch *Desens*, Halbeinkünfteverfahren, S. 144.

389 So *Desens*, Halbeinkünfteverfahren, S. 147; *Otto*, Besteuerung gewinnausschüttender Körperschaften, S. 331 f.; a.A. *Bareis*, BB 2003; *Hey*, DStJG 24 (2001), S. 200; Zweifelnd *Pezzer*, DStJG 25 (2002), S. 57.

fonds unterliegen inländische wie ausländische Veräußerungserlöse nicht der Besteuerung, sodass es bei dieser Steuerbelastung bis zur Besteuerung auf Ebene des Anlegers bleibt.

Immobilienerträge aus inländischen Grundstücken, unterliegen – sowohl in Form von laufenden Erträgen, als auch in Form von Veräußerungsgewinnen – auf Ebene des Investmentfonds gem. § 6 Abs. 4 InvStG der Besteuerung in Höhe von 15,825 %.[390]

Schließlich können Investmentfonds teilweise folgende weitere *sonstigen inländischen Erträge* i.S.v. § 6 Abs. 5 InvStG erzielen, die auf Ebene des Investmentfonds der Besteuerung i.H.v. 15 % KSt zuzüglich SolZ unterliegen:

- Einkünfte aus einem im Inland betriebenen land- und forstwirtschaftlichem Betrieb,
- einer inländischen Betriebsstätte,
- Einnahmen aus der Beteiligung an einem Handelsgewerbe als stiller Gesellschafter, wenn der Schuldner seinen Wohnsitz, die Geschäftsleitung oder seinen Sitz im Inland hat,
- Einnahmen aus Leistungen einer nicht von der KSt befreiten Körperschaft, Personenvereinigung oder Vermögensmasse i.S.v. § 1 Abs. 1 Nr. 3 bis 5 KStG, die Gewinnausschüttungen vergleichbar sind,
- Zinsen aus Hypotheken und Grundschulden, sowie Erträge aus sonstigen Kapitalforderungen, wenn sie mit inländischem Grundbesitz, inländischen Grundstücksrechten oder durch Schiffe gesichert sind.

Insgesamt sind die vom Investmentfondsanleger zu versteuernden Investmenterträge i.S.v. § 16 InvStG somit wie folgt vorbelastet:

390 Siehe dazu auch: Kapitel 3.2.1.

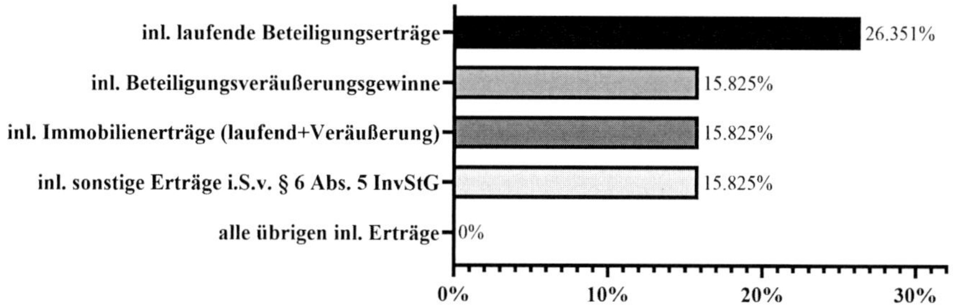

Abbildung 3.3: Durchschnittliche körperschaftsteuerliche Vorbelastung von Erträgen bis zur Ausschüttung an den Investmentfondsanleger

3.4.2.1.2 Eignung zur Abmilderung einer Mehrfachbesteuerung

Problematisch ist, ob die von dem Gesetzgeber gewählte Anknüpfung an die Werte des *Vermögens* des Investmentfonds für eine typisierende Kompensation einer steuerlichen Vorbelastung von Investment*erträgen* nicht schon von vornherein ungeeignet ist. Denn der Gesetzgeber gewährt die Teilfreistellung gem. § 20 InvStG abhängig von der jeweiligen Fondskategorie (Aktienfonds, Mischfonds, in- oder ausländischer Immobilienfonds). Die Einordnung in diese Fondskategorien nimmt er gem. § 2 Abs. 6 bis 9 InvStG danach vor, wie viel Prozent seines Wertes der Investmentfonds in entsprechende Vermögensgegenstände anlegt. Damit schließt der Gesetzgeber von der Vermögenszusammensetzung des Investmentfonds auf dessen Ertragszusammensetzung. Nur wenn ein solcher Rückschluss zumindest möglich und nachvollziehbar ist, kann die Regelung zu einer gewissen Kompensation führen.

Wie die Vermögensquote des Investmentfonds konkret zu ermitteln ist, war insoweit bei Inkrafttreten des InvStRefG umstritten, da sich dies nicht aus dem Gesetzestext ergab.[391]

Das BMF vertrat insoweit die Auffassung, es sei auf das *Aktivvermögen* des Investmentfonds ohne Berücksichtigung von Verbindlichkeiten und Rückstellungen abzustellen (Brutto-Berechnung).[392]

---

391 Siehe zu dem damaligen Streit: *Hartmann* in: *Bödecker/Ernst/Hartmann*, BeckOK InvStG, § 2, Rn. 62.1.

392 Vgl. *Bundesministerium der Finanzen*, unveröffentlichter Entwurf eines BMF-Schreiben vom 29.09.2017, S. 26.

Ein Teil der Literatur stellte hingegen auf die *Nettoinventarwerte* des Fonds ab (Netto-Berechnung).[393] Für diese letztgenannte Auffassung führte sie an, dass das Investmentsteuerrecht gem. § 2 Abs. 1 InvStG an die Begriffe des Aufsichtsrechts anknüpfe soweit sich aus dem InvStG keine abweichende Begriffsbestimmung ergebe.[394] § 168 Abs. 1 KAGB gehe regelmäßig vom Nettoinventarwert aus, wenn nicht ausdrücklich geregelt werde, dass die Verbindlichkeiten einzubeziehen seien.[395]

Das BMF führte für dessen Auffassung hingegen den Sinn und Zweck des § 20 InvStG an, der die steuerlichen Vorbelastung der Investmenterträge typisierend auf Anlegerebene berücksichtigen solle.[396] Dieser Zweck könne nur bei Anknüpfung an die Aktiva erreicht werden. Konsequenz dieser Auffassung ist eine größere Gestaltungsmöglichkeit des Investmentfonds, der entsprechende Aktiva fremdfinanziert erhöhen kann, um die nötige Mindestvermögensquote zu erreichen und damit seinen Anlegern die Teilfreistellung der Erträge zu ermöglichen.[397]

Wegen der bestehenden Auslegungsbedürftigkeit des Wortes „Vermögen" änderte der Gesetzgeber schließlich mit dem Gesetz zur Vermeidung von Umsatzsteuerausfällen beim Handel mit Waren im Internet und zur Änderung weiterer steuerlicher Vorschriften vom 11.12.2018[398] den Wortlaut des § 2 Abs. 6 bis 9 InvStG und ersetzte den Begriff des Vermögens durch den Begriff des Aktivvermögens. In § 2 Abs. 9a InvStG ergänzte er eine Regelung, wie die Höhe des Aktivvermögens zu bestimmen ist, nämlich grundsätzlich nach dem Wert der Vermögensgegenstände des Investmentfonds ohne Berücksichtigung von Verbindlichkeiten des Investmentfonds. Damit hat der Gesetzgeber die vorherige Verwaltungsauffassung nun kodifiziert.

Daher wird im Folgenden untersucht, ob unter Berücksichtigung dieser Definition des Wertes des Aktivvermögens im Rahmen einer Typisierung ein *Rückschluss auf die Ertragszusammensetzung* möglich ist.

393 *Wenzel* in: *Blümich*, EStG/KStG/GewStG, § 2 InvStG, Rn. 23d.
394 *Wenzel* in: *Blümich*, EStG/KStG/GewStG, § 2 InvStG, Rn. 23d.
395 *Wenzel* in: *Blümich*, EStG/KStG/GewStG, § 2 InvStG, Rn. 23d.
396 *Bundesministerium der Finanzen*, Schreiben vom 14.06.2017, DB 2017, 1485, S. 1486; *Bundesministerium der Finanzen*, unveröffentlichter Entwurf eines BMF-Schreiben vom 29.09.2017, S. 26.
397 *Kelterborn/Küpper*, BB 2017, S. 2265.
398 BGBl I 2018, 2338 (2349 ff.).

Generell ermöglicht die Anknüpfung an die Vermögensquote des Investmentfonds es, die Investmenterträge mit einer höheren steuerlichen Vorbelastung von solchen mit einer niedrigeren Vorbelastung zu unterscheiden.

Ein *Aktienfonds bzw. Mischfonds*, dessen Vermögen zu mehr als 50 % (bzw. zu mindestens 25 %) in Aktien investiert ist, und dessen Anleger daher in den Genuss der Aktienteilfreistellung (bzw. Mischfondsteilfreistellung) kommt, wird grundsätzlich entweder laufende Beteiligungserträge oder Beteiligungsveräußerungsgewinne erzielen. Beide sind – jedenfalls soweit es um inländische Beteiligungen geht – steuerlich vorbelastet, wobei jedoch Unterschiede in der Höhe der Vorbelastung bestehen. Die Frage, ob eine ausreichende Vorbelastung gegeben ist, welche durch die Teilfreistellung kompensiert wird, ist keine Frage der generellen Eignung der Typisierung. Sondern insoweit geht es um die Folgefrage, ob die Höhe der Typisierung zutreffend bestimmt wurde, d.h. noch innerhalb des gesetzgeberischen Gestaltungsspielraumes liegt.

In der Literatur wird in diesem Zusammenhang als Beispiel für einen Fall, in welchem keine steuerliche Vorbelastung vorläge, der Anleger dennoch in den Genuss der Teilfreistellung kommt, der sog. *Growth-Fonds* genannt.[399] Ein solcher Fonds investiert nur in Aktien, welche keine Dividenden ausschütten und daher keine vorbelasteten Erträge erzielen. Dass die Teilfreistellung in diesen Fällen zu einem unberechtigten Steuervorteil führt, trifft jedoch nicht zu. Denn diese in der Literatur vorgenommene Betrachtung stellt allein auf die laufenden Erträge ab, lässt jedoch die im vorherigen Abschnitt dargestellte These von der Totalveräußerung außer Betracht.[400] Denn spätestens bei der Veräußerung der gehaltenen Aktien schlagen sich die von der Kapitalgesellschaft erwirtschafteten, nicht ausgeschütteten Gewinne in dem Beteiligungsveräußerungsgewinn nieder. Der Veräußerungsgewinn besteht insoweit bereits aus versteuerten Erträgen. Unterschiede ergeben sich allein in der Höhe der steuerlichen Vorbelastung. Dies verdeutlicht folgendes (vereinfachtes) Beispiel, in welchem der SolZ ebenso wie die GewSt aus Vereinfachungsgründen unberücksichtigt bleiben:

Ein voll ausschüttender Aktienfonds hat sein Kapital i.H.v. 200.000 € in Aktien und i.H.v. 100.000 € in festverzinsliche Wertpapiere investiert. Die

399 Vgl. *Ebner*, RdF 2017, S. 306.
400 Siehe Kapitel 3.4.2.1.1.

Aktiengesellschaften erwirtschaften einen Gewinn vor Steuern i.H.v. 6 % (=12.000 €/Jahr), die Rendite aus festverzinslichen Wertpapieren beträgt 0,4 % (= 400 €/Jahr). Am Investmentfonds sind nur Privatanleger beteiligt, sodass sämtliche Investmenterträge bei diesen zu einer Teilfreistellung von 30 % führen. In Variante a) schütten die Aktiengesellschaften die gesamte Rendite nach Steuern im Jahr 1 an den Fonds aus, der diese wiederum noch im gleichen Jahr an seine Anleger ausschüttet. In Variante b) wird auf Ebene der Aktiengesellschaft vollständig thesauriert. Im Jahr 2 veräußert der Investmentfonds seine gesamten Wirtschaftsgüter und schüttet den Liquidationserlös aus. Der Liquidationserlös beträgt in Variante a) 0 €, da hier Anschaffungskosten und Veräußerungspreis der Wirtschaftsgüter identisch sind. In Variante b) würde ein Erwerber der Aktien in den Verkaufspreis auch die noch nicht ausgeschütteten Gewinne der Aktiengesellschaft (nach Steuern) von 10.200 € (12.000 € abzüglich 1.800 € KSt) berücksichtigen, sodass sich insoweit ein Veräußerungsgewinn ergäbe.

Es ergibt sich folgendes steuerliches Ergebnis:

	Var.	stl. Vorbelastung	Ausschüttungen	davon stpfl. 70 %	Steuer 25 %
Jahr 1	Var. 1	3.330 €	9.070 €	6.349 €	1587 €
	Var. 2	0 €	400 €	280 €	70 €
Jahr 2	Var. 1	0 €	0 €	0 €	0 €
	Var. 2	1.800 €	10.200 €	7.140 €	1.785 €
Total	Var. 1	3.330 €	9.070 €	6.349 €	1.587 €
	Var. 2	1.800 €	10.600 €	7.420 €	1.855 €

Tabelle 3.4: Beispiel: Vergleich Aktienfonds mit Growth-Fonds

Der von der Aktiengesellschaft erzielte Gewinn unterliegt im Beispielsfall unabhängig von der Gewinnverwendung einer KSt von 15 %, somit 1.800 €. Nur im Fall der Ausschüttung an den Investmentfonds unterliegt der Ausschüttungsbetrag nach Steuern i.H.v. 10.200 € auf Ebene des Investmentfonds ebenfalls i.H.v. der KSt i.H.v. 15 %. Realisiert der Fonds den von der Aktiengesellschaft erzielten Gewinn erst im Wege der Veräußerung der Beteiligung als Teil des Verkaufspreises, kommt es nicht zu einer Besteuerung auf Fondsebene. Denn Gewinne aus der Veräußerung von Kapitalgesellschaftsbeteiligungen unterliegen gem. § 6 Abs. 2 InvStG auf Ebene des

Investmentfonds nicht der Besteuerung. Die Erträge aus festverzinslichen Wertpapieren unterliegen auf Fondsebene ebenfalls nicht der Besteuerung.

Dass sich die steuerliche Vorbelastung insgesamt durch Veräußerung der Beteiligung anstelle der Vereinnahmung von Dividenden senken lässt, ist keine Frage der generellen Geeignetheit der Typisierung, eine steuerliche Vorbelastung abzubilden, sondern Teil der Frage, ob die Höhe der Teilfreistellung sachgerecht bemessen worden ist.

Der Anleger käme grundsätzlich nur in dem Fall in den Genuss einer Teilfreistellung, ohne dass die Investmenterträge steuerlich vorbelastet wären, in dem ein Investmentfonds trotz Investition seines Vermögens zu mehr als 50 % bzw. 25 % in Kapitalbeteiligungen dauerhaft keine Erträge aus diesen Beteiligungen erzielt. Das heißt, er dürfte weder Veräußerungsgewinne noch andere steuerlich vorbelasteten Erträge erzielen, müsste daneben jedoch andere steuerlich unvorbelastete Erträge realisieren, damit überhaupt ausschüttbare Erträge realisiert werden. Insoweit kann es sich regelmäßig auch nicht um einen Fall handeln, in dem der Investmentfonds mit seinen Kapitalbeteiligungen dauerhaft Verluste erleidet, da der Investmentfonds dann keine Erträge ausschütten könnte und sich sein Kurswert auch nicht erhöhen dürfte. Dies wäre nur anders in der Konstellation, in der der Verlust aus den Kapitalgesellschaftsbeteiligungen geringer wäre, als die steuerlich unvorbelasteten Erträge. Eine solche Konstellation ist – bei der hier zunächst immer noch vorgenommenen rein nationalen Betrachtung – unwahrscheinlich, da nur wenige Arten von inländischen Erträgen steuerlich gänzlich unbelastet sind (so z.B. Sparzinsen und Gewinne aus Termingeschäften) und eine Betrachtung über die Laufzeit des Investmentfonds vorgenommen werden muss. Die Anknüpfung an die Vermögenszusammensetzung der Aktien- und Mischfonds stellt mithin sicher, dass regelmäßig nur Anleger in den Genuss der Teilfreistellung kommen, wenn ihre Investmenterträge steuerlich vorbelastet sind.

Auch die Anknüpfung an Immobilienvermögen eines *Immobilienfonds* ist – in reinen Inlandskonstellationen – geeignet, eine steuerliche Vorbelastung auf Ebene des Investmentfonds zu erfassen. Wenn der Investmentfonds zu mindestens 50 % in (inländische) Immobilien investiert, sind die Erträge zwingend steuerlich vorbelastet, da sowohl die laufenden als auch die Veräußerungserträge auf Ebene des Investmentfonds der Besteuerung unterliegen. Insoweit ergibt sich nicht einmal ein Unterschied in der Höhe der steuerlichen Vorbelastung, da sowohl laufende Vermietungseinkünfte als auch Immobilienveräußerungsgewinne in gleicher Höhe steuerlich vorbelastet sind. Hinsichtlich des Verlustfalls gilt auch für Immobilienfonds das zuvor Gesagte: Es ist unwahrscheinlich, dass ein Immobilienfonds allein aus steuerlich unvorbelasteten Erträgen Überschüsse erwirtschaftet.

Die Anknüpfung an die Vermögensquote des Investmentfonds ist auch grundsätzlich geeignet, eine Vorbelastung zu erfassen, unabhängig davon, ob die Vermögensquote mittels einer *Brutto- oder Nettoberechnung* ermittelt wird.

Genauer dürfte die steuerliche Vorbelastung für *Aktien- und Mischfonds* jedoch abgebildet werden durch die Anknüpfung allein an das Aktivvermögen. Denn die Rendite in Form von Ausschüttungen bzw. Veräußerungsgewinnen, welche auf Ebene der Gesellschaft der Besteuerung unterliegen (werden), bezieht sich auf das Aktivvermögen. Ebenso ergibt sich die steuerliche Vorbelastung auf Ebene des Investmentfonds allein auf Basis der Brutto-Rendite. Denn insoweit ist zu berücksichtigen, dass die Kapitalertragsteuer auf die Brutto-Dividenden abgeltende Wirkung hat und ein Werbungskostenabzug ausscheidet. Der Veräußerungsgewinn unterliegt auf Ebene des Investmentfonds keiner Besteuerung, sodass es schon insoweit nicht zu einer steuerlichen Vorbelastung käme. Die Passiva lassen die steuerliche Vorbelastung somit unberührt. Daher ist mit Blick auf den Zweck der Teilfreistellung der nunmehr gesetzlich kodifizierten Auffassung des BMF zuzustimmen.

Weniger eindeutig ist die Beantwortung der zutreffenden Berechnung der Vermögensquote als Voraussetzungen für eine Teilfreistellung der Anleger von Investmentfonds hingegen bei den *Immobilienfonds*. Denn hier berühren die Passiva auch die Höhe der Erträge des Investmentfonds und mithin die steuerliche Vorbelastung auf Ebene des Investmentfonds. Dies zeigt folgendes Beispiel:

Ein Immobilienfonds hat 2.000.000 € seines Kapitals in im Inland belegende Vermietungsobjekte investiert und 1.000.000 € in festverzinsliche Wertpapiere. Die Brutto-Rendite beträgt im Beispiel jährlich durchschnittlich 5 % für die Vermietungsobjekte und 0,4 % für die festverzinslichen Wertpapiere. In Variante a) sind sämtliche Vermietungsobjekte durch das Investmentfondsvermögen finanziert worden, in Variante b) wurden die Vermietungsobjekte mit einem Darlehen i.H.v.ebenfalls 2.000.000 € fremdfinan-

ziert, welches jährlich mit 3 % zu verzinsen ist.

Die Fremdkapitalquote bei Immobilienfonds wirkt sich im Beispiel auf die steuerliche Vorbelastung wie folgt aus:

	Ertrag V & V	Zinsertrag	Stl. Vorbelastung auf Ebene des Investmentfonds
Var. 1	100.000 €	4.000 €	15.000 €
Var. 2	40.000 €	4.000 €	6.000 €

Tabelle 3.5: Beispiel: Vergleich Immobilienfonds mit und ohne Fremdfinanzierung

Das Beispiel verdeutlicht, dass für Immobilienfonds eine Anknüpfung an den Nettoinventarwert dem Sinn und Zweck der Teilfreistellung, die steuerliche Vorbelastung des Investmentfonds auf Anlegerebene zu kompensieren, eher entspricht. Denn die Anknüpfung an das Aktivvermögen könnte im Extremfall zu einer unberechtigten Inanspruchnahme der Teilfreistellung führen, wenn der Investmentfonds Immobilienvermögen fremd finanziert, obwohl die Finanzierungskosten die Erträge aus den Immobilien vollständig aufzehren und so die für die Immobilienteilfreistellung erforderliche Vermögensquote erreicht. Die Anleger könnten dann ggf. von einer Teilfreistellung profitieren, obwohl die Erträge steuerlich aufgrund des Abzuges von Werbungskosten nicht vorbelastet sind. Im Ergebnis wäre in Folge der unterschiedlichen Besteuerung der Erträge (Bruttobesteuerung für Beteiligungserträge und Nettobesteuerung von Immobilienerträgen) auch eine unterschiedliche Berechnung der Vermögensquote für Aktien- und Mischfonds gegenüber Immobilienfonds angezeigt. Allerdings gilt auch insoweit das zu der Eignung der Typisierung gesagte: Eine Betrachtung muss über die Laufzeit des Investmentfonds erfolgen. Dass ein Immobilienfonds über seine gesamte Laufzeit keine Immobilienerträge infolge der Fremdfinanzierung erzielt, daneben jedoch nennenswerte steuerlich nicht vorbelastete Erträge, ist sehr unwahrscheinlich und wäre daher der Ausnahmefall. Für die Frage der generellen Eignung ist jedoch auf den Regelfall abzustellen.

Die Anknüpfung an die Vermögenszusammensetzung des Investmentfonds ist daher grundsätzlich geeignet, trotz der einheitlichen Anknüpfung an das Aktivvermögen durch die gesetzgeberische Klarstellung, Investmenterträge mit einer steuerlichen Vorbelastung abzubilden.

Problematisch ist, dass der Gesetzgeber bei der Aktien- und Mischfonds-Kapitalbeteiligungsquote von dem Investmentfonds mittelbar *über Personengesellschaften gehaltene Kapitalbeteiligungen* unberücksichtigt lassen will, und dies auch mit dem sog. Jahressteuergesetz 2019 nunmehr in § 2 Abs. 8 S. 5 Nr. 1 InvStG ausdrücklich normiert hat.[401] Diese Regelung führt dazu, dass eine ertragsteuerliche Vorbelastung von Dividenden und Veräußerungsgewinnen ggf. auf Anlegerebene nicht abgemildert wird, sondern in vollem Umfang erneut der Besteuerung unterworfen wird.[402]

3.4.2.1.3 Abmilderung einer Mehrfachbelastung - internationale Betrachtung

Der Gesetzgeber beabsichtigt mit der Teilfreistellung neben einer Kompensation der steuerlichen Vorbelastung auf Ebene des Investmentfonds auch, in pauschaler Weise eine ausländische steuerliche Vorbelastung zu berücksichtigen, wobei er sich zur Berechnung dieser Kompensation an den Entlastungsmechanismen der DBA orientiert.[403]

Die Kompensation der ausländischen steuerlichen Vorbelastung funktioniert insoweit ähnlich, wie die *Kompensation* bei den übrigen Körperschaftsteuersubjekten nach den Regelungen *des § 8b KStG und § 3 Nr. 40 EStG* für die Dividenden und Veräußerungsgewinne – wobei im Bezug auf die Dividenden kein Streubesitz im Sinne von § 8b Abs. 4 KStG vorliegen darf:[404]

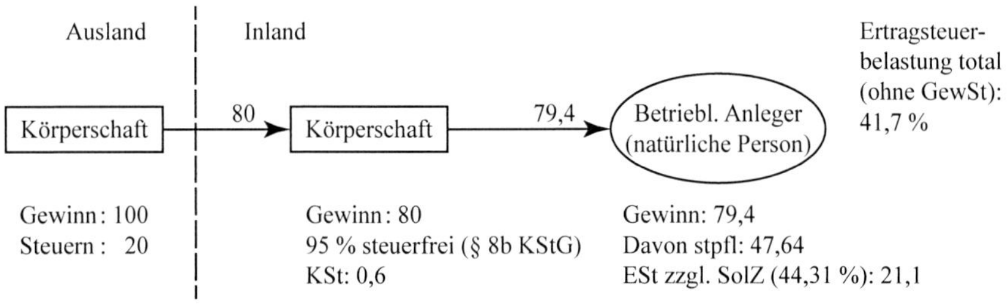

Abbildung 3.4: Kompensation der Vorbelastung mit ausländischer KSt von Beteiligungserträgen bei einem betrieblichen Anleger nach § 3 Nr. 40 EStG

401 Vgl. *Deutscher Bundestag*, BT-Drs. 19/13436, S. 170.
402 Dazu ausführlich in Kapitel 3.4.2.3.
403 Vgl. *Deutscher Bundestag*, BT-Drs. 18/8045, S. 91.
404 Für den Anleger wird im Beispiel eine ESt i.H.v. 42 % zzgl. SolZ angenommen.

Wenn es sich bei der Beteiligung nicht um Streubesitz i.S.v. § 8b Abs. 4 KStG handelt, verhindert § 8b Abs. 1 KStG aufgrund der Freistellung lediglich, dass auf Ebene der inländischen Körperschaft erneut auf die vereinnahmte Dividende eine nennenswerte KSt anfällt. Die Vorschrift kann die ausländische Vorbelastung auf Ebene der inländischen Körperschaft jedoch nicht neutralisieren. Eine solche Möglichkeit der Neutralisierung der ausländischen Vorbelastung auf Ebene der Körperschaft ergibt sich auch nicht aus anderen Vorschriften. Eine Anrechnung der ausländischen Steuer gem. § 26 Abs. 1 S. 1 Nr. 1 KStG i.V.m. § 34c EStG ist nicht möglich, da die Beteiligungserträge nach § 8b Abs. 1 KStG steuerfrei sind. § 34c EStG lässt eine Anrechnung nur auf die deutsche Steuer zu, soweit sie auf die konkreten ausländischen Einkünfte entfällt. Auch ein Abzug der ausländischen Steuer scheidet gem. § 34c Abs. 2 EStG aus, da ein solcher Abzug ebenfalls voraussetzt, dass die ausländischen Einkünfte in Deutschland nicht steuerfrei sind. Auch aus den DBA ergibt sich nichts anderes. Die Freistellungsmethode ermöglicht schon keinen Ausgleich der Vorbelastung, sondern dient – wie § 8b KStG – nur der Verhinderung einer erneuten Besteuerung der aus dem Ausland ausgeschütteten Dividendenbezüge bei dem inländischen Empfänger.[405]

Statt die ausländische Vorbelastung auf Ebene der inländischen Körperschaft auszugleichen, hat sich der Gesetzgeber dazu entschieden, den Ausgleich erst auf Ebene der natürlichen Person vorzunehmen, an die die Beteiligungserträge irgendwann fließen. Aus diesem Grund gewährt er einem betrieblichen Anleger eine Steuerfreistellung von 40 % der bezogenen Beteiligungserträge gem. § 3 Nr. 40 EStG auch, wenn diese Erträge ausschließlich mit ausländischer KSt steuerlich vorbelastet sind und somit auf Ebene der zwischengeschalteten inländischen Körperschaft keine weitere KSt anfällt. Insoweit unterstellt er mithin typisierend, dass die steuerliche Vorbelastung des Gewinns der ausländischen Körperschaft der deutschen Körperschaftsteuerbelastung entspricht. Diese typisierende Annahme liegt wohl noch innerhalb des gesetzgeberischen Gestaltungsspielraumes, zumal die KSt innerhalb der EU im Jahr 2019 in einem Rahmen von 9 % (Ungarn) bis höchstens 35 % (Malta) liegt.[406]

---

405 Vgl. *Otto*, Besteuerung gewinnausschüttender Körperschaften, S. 318.

406 Vgl. *Bundesministerium der Finanzen*, Wichtigste Steuern im intern. Vergleich 2019, S. 10 ff.; Die Prüfung, ob der Gesetzgeber mit dem AStG ausreichend sichergestellt

An diesem Entlastungssystem orientiert sich der Gesetzgeber auch für die *Teilfreistellung von Investmenterträgen*. In diesem System sind ausländischen Erträge auf Ebene des Investmentfonds aufgrund der Regelung des § 6 Abs. 2 InvStG steuerfrei und der Investmentfonds kann deshalb im Rahmen seiner Körperschaftsteuerfestsetzung – wie alle übrigen Körperschaftsteuersubjekte – die ausländische Steuer weder anrechnen noch abziehen.[407] Ebenso scheidet eine direkte Anrechnung der ausländischen Quellensteuer auf Anlegerebene aus aufgrund des insoweit konsequent durchgehaltenen Trennungsprinzips.[408] Stattdessen erhält die natürliche Person, an die die Investmenterträge letztlich fließen, eine Teilfreistellung, um insoweit die Vorbelastung dieser Erträge auf Ebene der ausländischen Körperschaft auszugleichen. Die Ähnlichkeit des vom Gesetzgeber gewählten Entlastungsmechanismus von Beteiligungserträgen über sonstige Körperschaftsteuersubjekte und Investmentfonds verdeutlicht ein Vergleich der obigen Abbildung 3.4 mit einer entsprechenden Abbildung zum Aktienfonds:

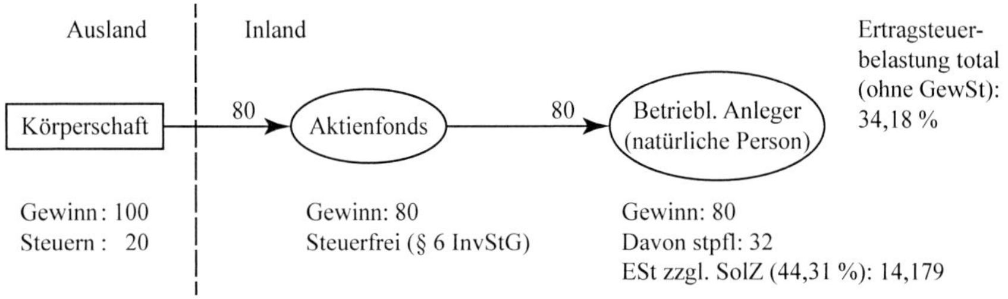

Abbildung 3.5: Kompensation der Vorbelastung mit ausl. KSt bei einem betrieblichen Anleger eines Aktienfonds nach § 20 InvStG

Für Aktienfonds ergeben sich Unterschiede in Höhe der Teilfreistellung – nur 40 % nach § 3 Nr. 40 EStG und 60 % nach § 20 Abs. 1 InvStG – deshalb, weil die steuerliche Vorbelastung für inländische laufende *Beteiligungserträge*, welche über einen Investmentfonds bezogen werden, mit 26,35 % (Siehe Abbildung 3.3.) regelmäßig höher ist als die Vorbelastung von 15,64 %, die

hat, dass es im Körperschaftsteuerrechts nicht zu Kompensationen kommt, wenn keine steuerliche Vorbelastung vorliegt, ist nicht Thema dieser Ausarbeitung.

407 Vgl. *von Freeden* in: *Schaumburg*, Internationales Steuerrecht, Kapitel 12, Rn. 12.76.

408 Vgl. *von Freeden* in: *Schaumburg*, Internationales Steuerrecht, Kapitel 12, Rn. 12.76.

sich ergibt, wenn diese Beteiligungserträge über eine sonstige Körperschaft i.S.v. § 1 Abs. 1 KStG bezogen werden (und kein Streubesitz vorliegt). Dies liegt daran, dass § 8b Abs. 1 KStG auf Ebene des Investmentfonds keine Anwendung findet, sondern inländische Beteiligungserträge erneut einer Besteuerung unterliegen. Insofern ist der Teilfreistellungssatz für Aktienfonds eine Mischkalkulation aus der steuerlichen Vorbelastung von inländischen und ausländischen Beteiligungserträgen.

Unterschiede im Entlastungssystem zeigen sich allerdings, wenn *Einkünfte aus V&V* über einen Investmentfonds oder über eine sonstige Körperschaft i.S.v. § 1 Abs 1 KStG bezogen werden. Hier wird deutlich, dass der Gesetzgeber für Investmentfonds ein viel ausdifferenzierteres Entlastungssystem ausgearbeitet hat als für die übrigen Körperschaftsteuersubjekte. Dies verdeutlicht ein Besteuerungsvergleich eines betrieblichen Anlegers, der ausländische Mieterträge einmal über einen Immobilienfonds bezieht und einmal über eine sonstige Körperschaft, die nicht als Investmentfonds qualifiziert. Bei der sonstigen Körperschaft unterliegen die ausländischen Mieterträge der inländischen Besteuerung, sodass die ausländische Steuer auf die inländische Steuer angerechnet wird. Übersteigt die ausländische Steuer die KSt von 15 %, entsteht keine weitere inländische Steuer auf diese Erträge. Eine Kompensation der bereits entstandenen Vorbelastung findet jedoch nicht statt. Aus diesem Grund gewährt der Gesetzgeber einer natürlichen Person als Anleger, die die Beteiligung im Betriebsvermögen hält, auch eine Steuerbefreiung von 40 % der Erträge:

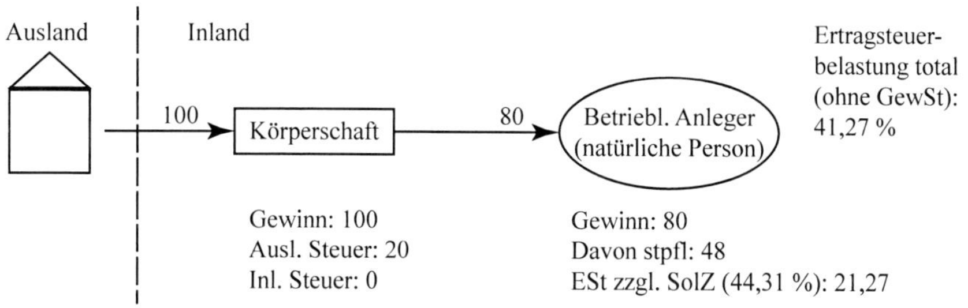

Abbildung 3.6: Kompensation der Vorbelastung von Immobilienerträgen mit ausländischer KSt von 20 % bei einem betrieblichen Anleger gem. § 3 Nr. 40 EStG bei Bezug über eine sonstige Körperschaft

Der Gesetzgeber geht insoweit davon aus, dass die sonstige Körperschaft auch auf ihre Immobilienerträge – wie in Deutschland – eine im Vergleich zum Einkommensteuertarif einer natürlichen Person niedrigere KSt zahlt, da es insoweit einen internationalen Trend zur Absenkung des Körperschaftsteuersatzes gibt.[409] Damit ergibt sich für ausländische Immobilienerträge die gleiche steuerliche Vorbelastung wie für ausländische Beteiligungserträge, sodass die Anwendung des gleichen Freistellungssatzes sachgerecht ist.

Anders kalkuliert der Gesetzgeber für ausländische Immobilienerträge, die über einen Investmentfonds bezogen werden. Nähme er insoweit auch nur eine ausländische Vorbelastung an, die dem inländischen Körperschaftsteuersatz entspricht, hätte es keines gesonderten Teilfreistellungssatzes für Immobilienfonds bedurft, sondern in diesem Fall würden der Teilfreistellungssatz für Anleger eines ausländischen Immobilienfonds i.H.v. 80 % zu einer Überkompensation führen:

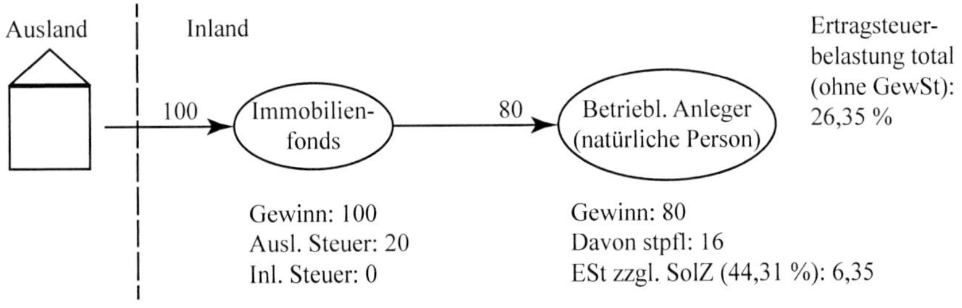

Abbildung 3.7: Kompensation der Vorbelastung von Immobilienerträgen mit ausländischer KSt von 20 % bei einem betrieblichen Anleger eines Immobilienfonds

Vielmehr geht der Gesetzgeber für solche Immobilienerträge, die über einen Investmentfonds bezogen wurden, von einer ausländischen steuerlichen Vorbelastung aus, die bereits an die persönlichen Einkommensteuersätze von natürlichen Personen heranreicht. Nur dann wäre jedenfalls ein Teilfreistellungssatz von 80 % sachgerecht:

409 Vgl. *Hey* in: *Tipke/Lang*, Steuerrecht, Rn. 11.110.

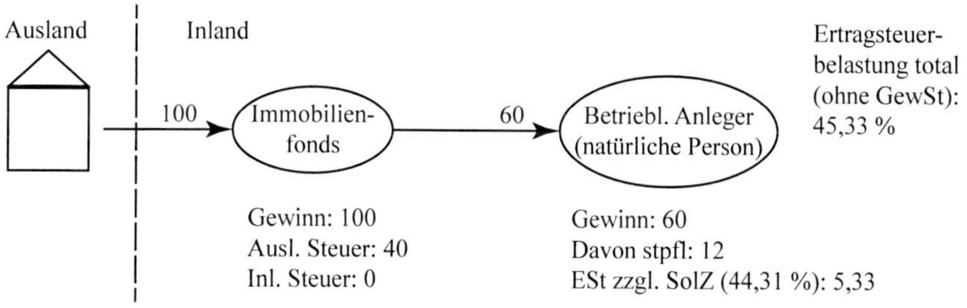

Abbildung 3.8: Kompensation der Vorbelastung von Immobilienerträgen mit ausländischer KSt von 40 % bei einem betrieblichen Anleger eines Immobilienfonds

Auch diese typisierende Annahme, die zu einer unterschiedlichen Behandlung von Beteiligungserträgen und Immobilienerträgen führt, die über Investmentfonds bezogen werden, ist sachgerecht. Denn insoweit entspricht es dem typischen Fall, dass die ausländische steuerliche Vorbelastung bei Immobilienerträgen, die über Investmentfonds bezogen werden, höher ist. Dies liegt daran, dass Investmentfonds, jedenfalls in den Staaten, die eine relevante Investmentindustrie haben, transparent besteuert werden, also selbst umfassend von einer Ertragsbesteuerung befreit sind.[410] So unterliegen in der Schweiz beispielsweise Investmentfonds in der Anlageform der SICAV, welche grundsätzlich zu den juristischen Personen zählt, nicht der Gewinnbesteuerung, sondern werden als transparent betrachtet.[411]

Das führt dazu, dass aus ausländischer Sicht die Immobilienerträge nicht von einem Körperschaftsteuersubjekt – dem Investmentfonds – bezogen werden, sondern direkt von den Investmentfondsanlegern – in dem Beispielsfall die natürliche Person, die ihren Investmentanteil im Betriebsvermögen hält. Die Folge hieraus ist, dass die Immobilienerträge im ausländischen Steuerrecht dem dort für natürliche Personen anwendbaren Ertragsteuerrecht unterliegen, dessen Steuersatz regelmäßig über dem auf Körperschaften anwendbaren Steuersatz liegt. Die Eingangsteuersätze lagen in der EU im Jahr 2019 zwischen 8,56 % in Luxemburg und 52,19 % in Schweden, wobei

410 Vgl. *Rehm/Nagler*, BB 2015, S. 1250.

411 Vgl. *Derungs/Dobrauz-Saldapenna* in: *Jesch/Klebeck/Dobrauz-Saldapenna*, Handbuch Investmentrecht, E. Schweizer Investmentrecht, Rn. 146; das ergibt sich mittels Umkehrschluss aus Art. 20 Abs. 1 des Bundesgesetz über die Harmonisierung der direkten Steuern der Kantone und Gemeinden der Schweiz (StHG).

die Vergleichbarkeit der Steuersätze stark eingeschränkt ist, da die Steuer teilweise zugleich die Sozialversicherungsbeiträge mit abdeckt (so. z.B. in Schweden) und sich auch die Bemessungsgrundlagen stark unterscheiden.[412] Durchschnittlich lag der Eingangsteuersatz für natürliche Personen in der EU im Jahr 2019 bei ca. 20 %. Die Spitzensteuersätze lagen im gleichen Jahr zwischen 10 % in Bulgarien und 57,19 % in Schweden.[413] Im Durchschnitt der EU-Länder betrugen sie ca. 40 %. Insgesamt ergibt sich somit bei der Besteuerung von natürlichen Personen eine deutlich höhere steuerliche Vorbelastung als bei der Besteuerung von Körperschaften. Dies liegt an dem internationalen Trend der immer stärken Spreizung von niedrigem Körperschaftsteuersatz und höherem Spitzensteuersatz der ESt.[414] Insoweit ist eine ungleiche Behandlung der Anleger von Investmentfonds und der Anleger von Körperschaften aufgrund der unterschiedlichen ausländischen steuerlichen Vorbelastung sachgerecht.

Auch bei Betrachtung internationaler Sachverhalte wird eine Teilfreistellung auf Anleger-Ebene somit regelmäßig gewährt, wenn auch eine ausländische steuerliche Vorbelastung der Erträge gegeben ist. Die Teilfreistellungssätze sind daher grundsätzlich auch hinsichtlich der Vorbelastung von ausländischen Erträgen mit ausländischer Steuer geeignet, diese Vorbelastung zu kompensieren.

Ob sich die Teilfreistellung bei dem Anleger auch tatsächlich *im konkreten Einzelfall* kompensierend auswirkt oder nicht, z.B. da seine gesamten Einkünfte unter dem Grundfreibetrag liegen, steht einem Funktionszusammenhang nicht entgegen. Dies betrifft wiederum die Folgefrage, ob der Gesetzgeber das System der Teilfreistellung im Einzelnen folgerichtig ausgestaltet hat, es ihm also gelungen ist das Totalitätsprinzip, das Trennungsprinzip mit den Zielen der Steuervereinfachung und der Vermeidung von Mehrfachbelastungen desselben Einkommens bei Bezug über ein Körperschaftsteuersubjekt, zu einem sachgerechten Ausgleich zu bringen.

Da der Gesetzgeber einen solchen Ausgleich mittels der Kompensationsregelung der Teilfreistellung zu erreichen versucht, kommt es im Einzelnen

412 Vgl. im Detail *Bundesministerium der Finanzen*, Wichtigste Steuern im intern. Vergleich 2019, S. 24 ff..

413 *Bundesministerium der Finanzen*, Wichtigste Steuern im intern. Vergleich 2019, S. 28 ff.

414 *Hey* in: *Tipke/Lang*, Steuerrecht, Rn. 3.79.

regelmäßig zu Über- und Unterkompensationen.

Eine Kompensation der steuerlichen Vorbelastung erfolgt nur insoweit, wie die Teilfreistellung eine steuerliche Vorbelastung tatsächlich im Einzelfall auszugleichen vermag. Dies gelingt aufgrund der typisierenden Regelung, regelmäßig nicht vollumfänglich. Im Wesentlichen verbleiben folgende nicht kompensierte Vor- und Nachteile aus dem Zusammenspiel der in- und ausländischen Besteuerung von Körperschaften und Investmentfonds sowie der Teilfreistellung:

- Über- und Unterkompensationen im Einzelfall, wenn die Teilfreistellung die steuerliche Vorbelastung unzutreffend abbildet,
- ein Leerlaufen des Grundfreibetrages wegen der definitiven Sockelbelastung mit KSt auf Ebene des Investmentfonds oder schon auf Ebene der an den Investmentfonds ausschüttenden Körperschaft, in Fällen, in denen der Anleger insgesamt nur Einkünfte bis maximal zur Höhe des Grundfreibetrages erzielt[415] und
- die Nichtgewährung der Teilfreistellung bei vom Investmentfonds mittelbar über Personengesellschaften gehaltene Kapitalbeteiligungen.[416]

Diese verbleibenden Vor- und Nachteile könnten hier durch das gesetzgeberische Ziel der Steuervereinfachung begründet sein.

3.4.2.2 Vereinfachungszweck

Dass die Kompensation (nur) im Wege einer typisierenden Regelung erfolgt, liegt im Interesse des praktikablen Gesetzesvollzugs.[417] Eine vollständige Kompensation der steuerlichen Vorbelastung hätte der Gesetzgeber bei Berücksichtigung der tatsächlich entstandenen Vorbelastung der Investmenterträge auf Anlegerebene erreicht, was jedoch sehr komplex gewesen wäre und eine Zuordnung der auf Ebene des Investmentfonds angefallenen unterschiedlichen Ertragsarten an den entsprechenden Investmentfondsanleger

415 Vgl. zu dieser Kritik bezogen auf das Halbeinkünfteverfahren: *Desens* in: *Herrmann/Heuer/Raupach*, EStG/KStG, Einf. KSt, Rn. 156; *Hey*, DStJG Sonderband (2001), S. 10; *Otto*, Besteuerung gewinnausschüttender Körperschaften, S. 141 f.

416 Siehe zur Kritik hieran auch: *Hagen/Schober*, BB 2019, S. 1633.

417 Vgl. *Deutscher Bundestag*, BT-Drs. 18/8045, S. 91.

nach seinem Beteiligungsverhältnis erforderlich gemacht hätte.[418] Eine Kompensation in dieser Form hatte der Gesetzgeber in dem früheren InvStG zumindest für die Investmentfonds vorgesehen, die ihren Veröffentlichungspflichten nachgekommen sind (§ 5 Abs. 1 und 2 InvStG a.F.) und er sieht ihn weiterhin – nun im Rahmen eines Feststellungsverfahrens – für Spezial-Investmentfonds vor (vgl. § 51 InvStG). Schon nach nationalem Recht führt die Zusammenschau der Regelungen des Körperschaftsteuerrechts und des Investmentsteuerrechts in Kombination mit den Regelungen zum Kapitalertragsteuerabzug zu sehr unterschiedlichen steuerlichen Vorbelastungen der einzelnen Ertragsarten.[419] Berücksichtigt man nun noch internationale Sachverhalte, führt die Vielzahl der unterschiedlichen anwendbaren Rechtsordnungen zu einer kaum mehr überschaubaren Vielzahl an möglichen steuerlichen Vorbelastungen der unterschiedlichen Investmenterträge.

Dass die vom Gesetzgeber in § 20 InvStG geregelte Berücksichtigung der steuerlichen Vorbelastung in bloß typisierender und pauschalierender Weise – anstelle einer Berücksichtigung der tatsächlichen steuerlichen Vorbelastung – geeignet ist, Vereinfachungszwecke zu erreichen, steht mithin außer Frage. Zu untersuchen bleibt, ob der Gesetzgeber sein Ziel der Steuervereinfachung mit dem Ziel der Vermeidung von Mehrfachbelastungen des selben Einkommens bei Bezug über ein Körperschaftsteuersubjekt mit dem Totalitätsprinzip in einen sachgerechten Ausgleich gebracht hat. Dies setzt voraus, dass er die Höhe der Typisierung zutreffend bestimmt hat, sodass es nicht zu einer übermäßigen Über- oder Unterkompensation der steuerlichen Vorbelastung der Investmenterträge kommt.

3.4.2.3 Die Höhe der Teilfreistellung – nationale Betrachtung

Probleme hinsichtlich der Höhe der Teilfreistellungssätze könnten sich aus einem ihrer Anknüpfungspunkte ergeben. Denn der Gesetzgeber hat für die Teilfreistellung als Regelung zur typisierenden Erfassung der steuerlichen Vorbelastung als *Anknüpfungspunkt* die *Vermögenszusammensetzung* eines Investmentfonds gewählt und nicht an dessen Ertragszusammensetzung angeknüpft. Stimmt die Vermögenszusammensetzung nicht mit der Zusammensetzung der von dem Investmentfonds erzielten Erträge überein, wird die

418 So auch: *Deutscher Bundestag*, BT-Drs. 18/8045, S. 91.
419 Vgl. Abbildung 3.3.

steuerliche Vorbelastung ggf. von der Teilfreistellung unzutreffend abgebildet und es kommt zu einer zu hohen oder zu niedrigen Freistellung der Erträge. Das Problem soll folgendes – rein nationales – Beispiel verdeutlichen:

An einem Aktienfonds sind ausschließlich betriebliche Anleger beteiligt, deren persönlicher Steuersatz 40 % beträgt. Der Aktienfonds hat insgesamt ein Vermögen von 100.000 € und investiert gerade so viel seines Vermögens in Aktien, wie es zur Erreichung der Aktienteilfreistellung notwendig ist. Die entsprechenden Aktiengesellschaften schütten ihre Erträge, soweit möglich, aus. Der jährliche Ertrag aus den Aktien liegt bei 6 %. Im Übrigen investiert der Aktienfonds in festverzinsliche Wertpapiere, deren Rendite 0,04 % beträgt. Auch der Aktienfonds schüttet seine Erträge vollständig an seine Anleger aus.

Nach der gesetzgeberischen Konzeption der Teilfreistellung, welche an die Vermögenszusammensetzung des Investmentfonds anknüpft, kämen die Anleger unproblematisch in den Genuss der Aktienfonds-Teilfreistellung, wenn der Fonds 51.000 €[420] seines Vermögens in Aktien investiert. Die verbleibenden 49.000 € könnte er in festverzinsliche Wertpapiere investieren. In dem Beispiel ergäbe sich folgende steuerliche Gesamtbelastung der Investmenterträge: [421]

	Aktien	festverzinsliche Wertpapiere	Summe
Erträge:	3.060 €	19,60 €	3.079,60 €
stl. Vorbelastung (%):	26,351 %	0 %	26,18 %
stl. Vorbelastung (€):	806,34 €	0 €	806,34 €
ausgeschüttete Erträge:	2.253,66 €	19,60 €	2.273,26 €
Teilfreistellung 60 %:			1.363,96 €
steuerpflichtige Erträge:			909,30 €
ESt (40 %):			363,72 €
Steuern insgesamt:			1.170,06 €
Gesamtsteuerbelastung:			37,99 %

Tabelle 3.6: Steuerliche Gesamtbelastung von Investmenterträgen eines betrieblichen Anlegers aus einem Aktienfonds, der 51 % seines Vermögens in Aktien investiert hat

420 Ausreichen würden bereits mehr als 50 %, d.h. 50.000,01 €. In diesem Beispiel wird als Sicherheitszuschlag auf die nächste volle Tausenderstelle aufgerundet.

421 Siehe zur steuerlichen Vorbelastung Abbildung 3.3.

Das Beispiel zeigt, dass die Gesamtsteuerbelastung der Investmenterträge bei dem betrieblichen Anleger mit ca. 38 % nah an seinen persönlichen Steuersatz von 40 % herankommt. Der Gesetzgeber hat die unterschiedliche Renditehöhe der Ertragsarten in seine Teilfreistellung rechnerisch miteinbezogen und damit die Teilfreistellungssätze zutreffend bestimmt.

Die als Alternative vorgeschlagene *Anknüpfung an die Ertragszusammensetzung* käme unter Beibehaltung dieser Teilfreistellungssätze hingegen sogar zu Überkompensationen. Es würden zu hohe Teilfreistellungen gewährt. Dies verdeutlicht folgende Abwandlung des obigen Beispiels: *Der Gesetzgeber hat die Teilfreistellung anders als im geltenden Recht nicht an die Vermögenszusammensetzung der Investmentfonds, sondern an deren Ertragszusammensetzung angeknüpft. Der Aktienfonds investiert von seinem gesamten Kapital i.H.v. 100.000 € nun nur 700 € in Aktien und die restlichen 99.300 € in festverzinsliche Wertpapiere. Wegen der unterschiedlichen Renditehöhe erreicht er Dividenden i.H.v. mehr als 50 % der gesamten Erträge:*

	Aktien	festverzinsliche Wertpapiere	Summe
Erträge:	42 €	39,72 €	81,72 €
stl. Vorbelastung (%):	26,351 %	0 %	13,54 %
stl. Vorbelastung (€):	11,07 €	0 €	11,07 €
ausgeschüttete Erträge:	30,93 €	39,72 €	70,65 €
Teilfreistellung 60 %:			42,39 €
steuerpflichtige Erträge:			28,26 €
ESt (40 %):			11,30 €
Steuern insgesamt:			22,37 €
Gesamtsteuerbelastung:			27,38 %

Tabelle 3.7: Steuerliche Gesamtbelastung von Investmenterträgen eines betrieblichen Anlegers aus einem Investmentfonds, der mind. 50 % seiner Erträge aus Aktien erzielt

Bei einer Anknüpfung an die Ertragszusammensetzung unter Beibehaltung der bisherigen Teilfreistellungssätze würden die Investmenterträge nur zu ca. 27 % belastet und damit deutlich niedriger als die übrigen Erträge des betrieblichen Anlegers in diesem Beispiel. Eine Anknüpfung an die Ertragszusammensetzung ist daher – ohne Anpassung der Höhe der Teilfreistellungssätze – nicht sachgerecht.

Mit entsprechenden Anpassungen der Teilfreistellungssätze können beide Methoden zu einer sachgerechten Höhe der Teilfreistellung gelangen, sodass der Gesetzgeber frei ist, für welche der Methoden er sich entscheidet. Er hat sich im geltenden Recht für die Anknüpfung an die Vermögenszusammensetzung entschieden.

Wichtig ist allerdings, dass der Gesetzgeber auch in Zukunft im Blick behält, dass er bei der von ihm gewählten Anknüpfung der Teilfreistellung an die Zusammensetzung des Vermögens des Investmentfonds zur Bestimmung der steuerlichen Vorbelastung der Investmenterträge die Höhe der derzeit üblichen Rendite im Rahmen seiner Kalkulation der Teilfreistellungssätze mit eingepreist hat. *Künftige Änderungen der Höhe der üblichen Rendite* der jeweils unterschiedlich steuerlich vorbelasteten Vermögensarten eines Investmentfonds können bei gleicher Vermögenszusammensetzung eine andere Ertragszusammensetzung ergeben. Dies erfordert bei der von dem Gesetzgeber gewählten Methode ggf. zukünftig eine Anpassung der Teilfreistellungssätze, da es ansonsten vermehrt zu Über- oder Unterkompensationen kommt. Die typische steuerliche Vorbelastung würde dann durch die Teilfreistellung gerade nicht mehr kompensiert. Das wird deutlich, wenn man – in Abwandlung des obigen Ausgangsbeispiels[422] – für Erträge aus festverzinslichen Wertpapieren nunmehr eine Rendite von 5 % annimmt, wie sie in der Vergangenheit üblich gewesen ist:

	Aktien	festverzinsliche Wertpapiere	Summe
Erträge:	3.060 €	2.450 €	5.510 €
stl. Vorbelastung (%):	26,351 %	0 %	14,63 %
stl. Vorbelastung (€):	806,34 €	0 €	806,34 €
ausgeschüttete Erträge:	2.253,66 €	2.450 €	4.703,66 €
Teilfreistellung 60 %:			2.822,20 €
steuerpflichtige Erträge:			1.881,46 €
ESt (40 %):			752,59 €
Steuern insgesamt:			1.558,93 €
Gesamtsteuerbelastung:			28,29 %

Tabelle 3.8: Steuerliche Gesamtbelastung von Investmenterträgen eines betrieblichen Anlegers aus einem Aktienfonds, der 51 %-seines Vermögens in Aktien investiert, bei veränderten Renditeverhältnissen

Nun läge die steuerliche Gesamtbelastung der Investmenterträgen nur noch bei ca. 28 % und damit deutlich unter dem persönliche Steuersatz des betrieb-

422 Siehe Tabelle 3.6.

lichen Anlegers von 40 %. Die vom Gesetzgeber gewählte Anknüpfung an die Vermögensverhältnisse des Investmentfonds führt somit zu einer Beobachtungspflicht des Gesetzgebers, da dieser die unterschiedlichen Renditen der verschiedenen Vermögensanlagen in die Teilfreistellung eingepreist hat. Verändert sich die Rendite einer Ertragsart langfristig und gravierend, müssen die Teilfreistellungssätze oder die Definitionen des Aktien-, Misch- und Immobilienfonds angepasst werden. Dies wäre bei einer Anknüpfung direkt an die Ertragszusammensetzung des Investmentfonds nicht erforderlich. Soweit der Gesetzgeber seiner Beobachtungspflicht genügt und im Falle einer gravierenden Änderung der Renditeverhältnisse die Teilfreistellung anpasst, dürften jedoch beide Methoden gleich geeignet sein, die typische steuerliche Vorbelastung der Investmenterträge zu kompensieren. Die Entscheidung für eine der Methoden liegt mithin im gesetzgeberischen Ermessen. Im Übrigen wäre eine Anknüpfung an die Ertragszusammensetzung – jedenfalls zumindest für inländische Investmentfonds – nicht gleich geeignet, den Vereinfachungszweck zu erreichen, da dies eine Ermittlung der Ertragszusammensetzung auf Ebene des Investmentfonds und Meldung dieser an die Anlegerebene erfordert. Bei einer Anknüpfung an die Vermögenszusammensetzung kann hingegen zu Vereinfachungszwecken auf die im Anlageprospekt festgehaltenen Anlagebedingungen zurückgegriffen werden, da die Beschreibung der Anlagepolitik und -strategie, ebenso wie die Beschreibung der Art der Vermögensgegenstände, in die der Investmentfonds investieren darf, gem. § 165 Abs. 2 Nr. 2 KAGB zu den Mindestangaben im Verkaufsprospekt gehören. Die (ungefähre) Ertragszusammensetzung gehört hingegen nicht zu den aufsichtsrechtlichen Pflichtangaben nach § 165 KAGB und müsste für Steuerzwecke dann gesondert ermittelt werden. Daher dürfte die von dem Gesetzgeber gewählte Methode das Ziel der Steuervereinfachung am besten mit dem Ziel der Abmilderung einer erneuten Besteuerung von steuerlich vorbelasteten Investmenterträge auf Anlegerebene in Einklang bringen.

Die Anknüpfung an die Vermögensquote des Investmentfonds zur Ermittlung der Teilfreistellung ist zwar grundsätzlich sachgerecht, allerdings hat der Gesetzgeber diese nicht folgerichtig umgesetzt, soweit der Investmentfonds sein *Vermögen über Personengesellschaften* in Aktien investiert. Solch mittelbar in Kapitalbeteiligungen investiertes Vermögen lässt er gem. § 2 Abs. 8 S. 5 InvStG bei der Ermittlung der Teilfreistellungsquote außer Betracht. Der Gesetzgeber rechtfertigt den Auschluss mit dem von ihm verfolgten Zweck der Verwaltungsvereinfachung. Die Ermittlung der Aktien- und Mischfonds-Kapitalbeteiligungsquote könne nach Ansicht des Gesetzgebers bei mehrstufigen Beteiligungsverhältnissen von der Finanzverwaltung nicht mit vertretbarem Aufwand ermittelt werden.[423] Grundsätzlich ist im Rahmen einer steuersystematischen Betrachtung nichts dagegen einzuwenden, dass der Gesetzgeber bei der Abwägung mehrerer von ihm verfolgten Ziele, welche zueinander im Widerspruch stehen, einem Ziel – hier dem Ziel der Verwaltungsvereinfachung – den Vorrang gibt. Widersprüchlich ist es allerdings, dass der Gesetzgeber lediglich an dieser Stelle des InvStG sich punktuell auf eine Vereinfachung beruft, jedoch ansonsten im InvStG weitgehend eine Durchschau durch mehrstufige Beteiligungsverhältnisse zulässt oder gar fordert. Soweit es um die Besteuerung des Investmentfonds selbst geht, verlangt er im Falle einer Beteiligung des Investmentfonds an einer Personengesellschaft in § 6 Abs. 6a InvStG gerade die Durchschau auf die von der Personengesellschaft gehaltenen Wirtschaftsgüter – auch im Falle von mehrstöckigen Personengesellschaften.[424] Wenn er die Besteuerung von Immobilienveräußerungsgewinnen auch außerhalb der 10-jährigen Haltefrist für Investmentfonds sicherstellen möchte, welche bei allen übrigen Anlegern steuerfrei sind, muss die Finanzverwaltung auch komplexe mehrstufige Personengesellschaftsstrukturen durchdringen. Wenn sie das ohnehin tun muss, ist es kein wirklicher Mehraufwand die mittelbar von dem Investmentfonds über diese Personengesellschaften gehaltenen Kapitalbeteiligungen zu ermitteln. Im Übrigen böte die Berücksichtigung von über Personengesellschaften gehaltene Kapitalbeteiligungen einen Anreiz für den Steuerpflichtigen, für die Finanzverwaltung durchschaubare Strukturen aufzubauen und diese offen zu legen, damit die Anleger des Investmentfonds in den Genuss einer Teilfreistellung kommen. Die Nichtberücksichtigung von mittelbar über Personengesellschaften gehaltene Kapitalbeteiligungen bringt die Ziele des Gesetzgebers eine steuerliche Vorbelastung der Investmenterträge auf Anlegerebene abzumildern und gleichzeitig den Verwaltungsaufwand der Finanzverwaltung beim Steuervollzug gering zu halten, nicht in einen sachgerechten Ausgleich, sondern der Gesetzgeber nimmt einseitig zu Lasten des

423 Vgl. *Hagen/Schober*, BB 2019, S. 1633.
424 Vgl. *Hagen/Schober*, BB 2019, S. 1633.

Steuerpflichtigen dort einen hohen Verwaltungsaufwand in Kauf, wo er Missbrauchsmöglichkeiten vermutet. Auf Regelungen, welche eine folgerichtige niedrigere Besteuerung des Steuerpflichtigen bewirken würden und welche mit dem gleichen Aufwand verbunden sind, lehnt er unter Berufung auf den hohen Verwaltungsaufwand demgegenüber ab.

3.4.2.4 Verhinderung von Überkompensationen – ausl. Erträge

Die rein nationale Betrachtung der Teilfreistellung hat gezeigt, dass es bei derzeitigen typischen Renditen regelmäßig jedenfalls nicht zu Überkompensationen kommt, weil der Gesetzgeber die Teilfreistellungssätze grundsätzlich der Höhe nach sachgerecht ermittelt hat.

Zu untersuchen bleibt die Frage, ob die Regelungen zur Teilfreistellung auch im internationalen Kontext geeignet sind, Überkompensationen möglichst auszuschließen. Zu Überkompensationen kommt es infolge der Teilfreistellung, wenn die tatsächliche steuerliche Vorbelastung der Investmenterträge auf Ebene der Investmentfonds und ggf. auch Ebene einer vorgeschalteten Körperschaft niedriger gewesen ist, als es der Gesetzgeber typisierend unterstellt hat. Dann wird dem Investmentfondsanleger im Ergebnis eine zu hohe Teilfreistellung gewährt mit der Folge, dass die Investmenterträge insgesamt einer niedrigeren Besteuerung unterlegen haben, als die übrigen der ESt unterliegenden Erträge.

Die Regelungen des § 2 Abs. 6 bis 9 InvStG, nach denen sich die Einordnung des Investmentfonds für Zwecke der Teilfreistellung letztlich richtet, unterscheiden grundsätzlich nicht danach, in welchem Staat der Investmentfonds sein Vermögen angelegt hat. Die aus dem ausländischen Vermögen bezogenen Erträge unterliegen in Deutschland auf Ebene des Investmentfonds gem. § 6 Abs. 2 InvStG keiner Besteuerung, unabhängig davon, ob es sich um einen inländischen oder einen ausländischen Investmentfonds i.S.v. § 2 Abs. 2 und Abs. 3 InvStG handelt. Unterliegen die ausländischen Investmenterträge einer niedrigeren oder sogar gar keiner ausländischen Ertragsbesteuerung, käme es auf Anlegerebene zu einer Überkompensation bzw. im Fall keiner steuerlichen Vorbelastung zur Gewährung eines nicht gerechtfertigten Steuervorteils. Daher wird zunächst untersucht, ob der Gesetzgeber in irgendeiner Form versucht hat eine solche nicht gerechtfertigte Inanspruchnahme von Steuervorteilen auszuschließen.

Mit der Regelung des *§ 2 Abs. 8 InvStG* meinte der Gesetzgeber eine ungerechtfertigte Inanspruchnahme einer Teilfreistellung verhindern zu können.[425] Dies gelingt ihm zumindest teilweise. Er hat in der Vorschrift den Begriff der Kapitalbeteiligungen definiert, die ein Investmentfonds zu mehr als 50 % bzw. 25 % halten muss, damit seine Anleger in den Genuss der Aktienfonds-Teilfreistellung oder Mischfonds-Teilfreistellung kommen. Zu den Kapitalbeteiligungen zählen danach zum einen die zum amtlichen Handel an einer Börse zugelassenen oder auf einem organisierten Markt notierten Anteile an einer Kapitalgesellschaft sowie Anteile an einer Kapitalgesellschaft, die keine Immobilien-Gesellschaft ist und die entweder in einem Mitgliedstaat der EU bzw. dem EWR ansässig ist und dort einer Ertragsbesteuern unterliegt und nicht von ihr befreit ist oder in einem Drittstaat ansässig ist und dort einer Ertragsbesteuerung für Kapitalgesellschaften i.H.v. mindestens 15 % unterliegt.[426]

Kapitalbeteiligungen aus Drittstaaten zählen nach der Regelung des § 2 Abs. 8 S. 1 Nr. 2 Buchst. b InvStG nur im Rahmen der Ermittlung der Aktien- oder Mischfonds-Kapitalbeteiligungsquote als Kapitalbeteiligungen, wenn die Kapitalgesellschaften in ihrem Ansässigkeitsstaat einer der deutschen KSt der Höhe nach entsprechenden Besteuerung unterliegen. Für diese Beteiligungen hat der Gesetzgeber somit grundsätzlich sichergestellt, dass es nicht zu einer ungerechtfertigten Inanspruchnahme der Teilfreistellung auf Anlegerebene kommt – soweit sie jedenfalls nicht zum amtlichen Handel an der Börse zugelassen sind oder auf einem organisierten Markt notieren (§ 2 Abs. 8 S. 1 Nr.1 InvStG).[427]

Für entsprechende *Kapitalbeteiligungen aus der EU oder dem EWR* ist es ausreichend, dass die Investmentfonds dort einer Ertragsbesteuerung unterliegen (§ 2 Abs. 8 S. 1 Nr. 2 Buchst. a InvStG). Ein Mindeststeuersatz hat der Gesetzgeber nicht zur Voraussetzung gemacht. Eine solche Regelung dürfte jedoch zur Zeit entbehrlich sein, da der niedrigste Körperschaftsteuersatz der EU-Mitgliedsstaaten derzeit bei 9 %[428] und damit nicht weit unter dem

425 Vgl. *Deutscher Bundestag*, BT-Drs. 18/8045, S. 69.

426 Siehe Kapitel 2.2.2.2.

427 Vgl. *Hartmann* in: *Bödecker/Ernst/Hartmann*, BeckOK InvStG, § 2 InvStG, Rn. 146, der insoweit von einer Erleichterung für börsennotierte Anteile an Kapitalgesellschaften spricht.

428 Vgl. *Bundesministerium der Finanzen*, Wichtigste Steuern im intern. Vergleich 2019,

nationalen Körperschaftsteuersatz liegt. Insoweit muss zudem berücksichtigt werden, dass sich die Körperschaftsteuer-Bemessungsgrundlagen ebenfalls unterscheiden und bisher nicht einmal in der EU konsolidiert sind,[429] sodass die tatsächliche Höhe einer ausländischen steuerlichen Vorbelastung von Investmenterträgen nicht allein mit Blick auf die Höhe des Körperschaftsteuersatzes festgestellt werden kann.

Soweit der Investmentfonds in ausländische *börsennotierte Kapitalbeteiligungen (EU- oder Drittstaat)* investiert (§ 2 Abs. 8 S. 1 Nr. 1 InvStG), ist hingegen nicht sichergestellt, dass der Anleger eines Aktien- oder Mischfonds nur dann in den Genuss der Teilfreistellung kommt, wenn die Investmenterträge im In- oder Ausland bereits einer gewissen (Mindest-)Ertragsbesteuerung unterlagen. Denn die Vorschrift setzt für ausländische Kapitalgesellschaft, die zum amtlichen Handel an der Börse zugelassen sind oder auf einem organisierten Markt notieren, keine (Mindest-)Ertragsbesteuerung voraus.[430] So ist eine Zulassung zur Börse in Deutschland auch für ausländische Kapitalgesellschaften möglich und sie setzt keine Ertragsbesteuerung im Sitzstaat der Kapitalgesellschaft voraus. Die sich aus der Verordnung über die Zulassung von Wertpapieren zum regulierten Markt einer Wertpapierbörse (BörsZulV) ergebenden Zulassungsvoraussetzungen sind allein auf das Ziel des Schutzes des Publikums und des ordnungsgemäßen Börsenhandels gerichtet[431] und nicht auf die Sicherstellung einer (internationalen) Mindestbesteuerung.

Auch mit dem durch das sog. Jahressteuergesetz 2019 eingeführten § 2 Abs. 8 S. 5 Nr. 3 InvStG kann der Gesetzgeber für solche an einer Börse oder einem organisierten Markt notierende Kapitalbeteiligungen, welche bei der Ermittlung der Aktien- oder Mischfonds-Kapitalbeteiligungsquote eines Investmentfonds berücksichtigt werden, nicht sicherstellen, dass die von dem Investmentfonds bezogenen Beteiligungserträge ertragsteuerlich vorbelastet sind. Nach dieser Vorschrift gelten Anteile an Kapitalgesellschaften nicht als Kapitalbeteiligungen, die von der Ertragsbesteuerung befreit sind, soweit

---

S. 16 f.

429 Siehe zur Entwicklung einer gemeinsamen (konsolidierten) Körperschaftsteuer-Bemessungsgrundlage: *Anzinger* in: *Herrmann/Heuer/Raupach*, EStG/KStG, § 5 EStG, Rn. 181.

430 Vgl. *Hagen/Schober*, BB 2019, S. 1634.

431 Vgl. *Groß* in: *Marsch-Barner/Schäfer*, Handbuch börsennotierte AG, Rn. 9.15.

sie Ausschüttungen vornehmen, es sei denn, die Ausschüttungen unterliegen einer Besteuerung von mindestens 15 % und der Investmentfonds ist nicht davon befreit. Zwar bezieht sich diese Vorschrift auf alle Kapitalbeteiligungen i.S.v. § 2 Abs. 8 S. 1 Nr. 1 bis 4 InvStG und damit auch auf solche, die an einer Börse oder einem organisierten Markt notieren. Allerdings schließt der Gesetzgeber nach dieser Vorschrift nur solche Kapitalbeteiligungen von der Berücksichtigung bei der Ermittlung der Aktien- oder Mischfonds-Kapitalbeteiligungsquote aus, bei denen die Steuerbefreiung von der Ausschüttung der Erträge abhängt.[432] Der Gesetzgeber hatte mit dieser Vorschrift insbesondere REIT-Gesellschaften im Blick, deren Bruttovermögen zu weniger als 75 % aus unbeweglichem Vermögen besteht und die damit nicht die Voraussetzungen des § 2 Abs. 9 S. 6 InvStG erfüllen, die jedoch als Kapitalbeteiligungen berücksichtigungsfähig sein sollen, wenn entweder auf Ebene der REIT-Gesellschaft oder auf Ebene der Anleger der REIT-Gesellschaft eine Mindestbesteuerung von 15 % eingetreten ist.[433] Solche REIT-Gesellschaften sind regelmäßig dann, wenn sie ihre Erträge ausschütten, von der KSt befreit, allerdings unterliegen die ausgeschütteten Erträge einer Quellensteuer.[434] Wegen dieses genauen Zuschnitts auf REIT-Gesellschaften schließt der Gesetzgeber mit der in § 2 Abs. 8 S. 5 Nr. 3 InvStG formulierten Regelung nur solche Kapitalbeteiligungen von einer Berücksichtigung im Rahmen der Aktien- oder Mischfonds-Kapitalbeteiligungsquote aus, bei denen die Ertragsteuerbefreiung von der Ausschüttung von Erträgen abhängt, nicht jedoch z.B. solche,

a) bei denen die Ertragsteuerbefreiung davon abhängt, dass Erträge thesauriert werden oder
b) bei denen die Erträge ohne weitere Bedingung von einer Ertragsteuer befreit sind, z.B. weil es in dem Sitzstaat der Kapitalgesellschaft keine Ertragsbesteuerung gibt.

Sind die Erträge einer an einer Börse oder einem organisierten Markt notierenden ausländischen Kapitalbeteiligung im Fall der Thesaurierung steuerfrei und thesauriert die Kapitalgesellschaft ihre Erträge vollständig, ist eine

432 Vgl. *Deutscher Bundestag*, BT-Drs. 19/13436, S. 171.
433 Vgl. *Deutscher Bundestag*, BT-Drs. 19/13436, S. 171.
434 Vgl. *Hagen/Schober*, BB 2019, S. 1634.

sachliche Steuerbefreiung solcher Investmenterträge auf Anlegerebene nicht gerechtfertigt, sodass solche Kapitalbeteiligungen bei der Ermittlung der Aktien- oder Mischfonds-Beteiligungsquote unberücksichtigt bleiben müssten. Denn ein von dem Investmentfonds erzielter Erlös aus der Anteilsveräußerung wäre, auch wenn man in der Anteilsveräußerung eine Totalausschüttung sieht, ertragsteuerlich nicht vorbelastet, da die Kapitalbeteiligung in ihrem Sitzstaat keiner Besteuerung unterlag und auch auf Ebene des Investmentfonds gem. § 6 Abs. 2 und Abs. 3 InvStG nicht zu den steuerpflichtigen Einnahmen des Investmentfonds zählt. Ebenso sind ausländische Beteiligungserträge eines Investmentfonds, die dieser über eine Kapitalgesellschaft bezieht, die an einer Börse oder einem organisierten Markt notieren und deren Sitzstaat keine Ertragsbesteuerung kennt, ertragsteuerlich nicht vorbelastet.

Auch mit der Regelung des § 2 Abs. 8 S. 5 Nr. 4 InvStG kann der Gesetzgeber nicht sicherstellen, dass bei der Ermittlung der Aktien- oder Mischfonds-Kapitalbeteiligungsquote lediglich solche Kapitalbeteiligungen berücksichtigt werden, deren Erträge ertragsteuerlich vorbelastet sind. Nach dieser Vorschrift gelten Anteile an Kapitalgesellschaften nicht als Kapitalbeteiligungen, wenn deren Einkünfte unmittelbar oder mittelbar zu mehr als 10 % aus Beteiligungen an Kapitalgesellschaften stammen, die nicht die Voraussetzungen des § 2 Abs. 8 S. 1 Nr. 2 InvStG erfüllen oder die unmittelbar oder mittelbar Beteiligungen an Kapitalgesellschaften halten, die nicht die Voraussetzungen des § 2 Abs. 8 S. 1 Nr. 2 InvStG erfüllen, wenn der Wert derartiger Beteiligungen mehr als 10 % der Kapitalgesellschaften beträgt.[435] Mit dieser sog. Holdingausnahme[436] vermag der Gesetzgeber möglicherweise Umgehungsgestaltungen zu verhindern, bei denen sich der Investmentfonds an einer Kapitalgesellschaft beteiligt, die formal die Voraussetzungen des § 2 Abs. 8 S. 1 Nr. 2 InvStG erfüllt, die aber über ihre Tochtergesellschaften dennoch in vollem Umfang Erträge erzielt, die nicht ertragsteuerlich vorbelastet sind.[437] Dafür nimmt er bei der Umsetzung seitens der Investmentfondsanleger und der Finanzverwaltung zur Ermittlung der Aktien- bzw. Mischfonds-Kapitalbeteiligungsquote große praktische Probleme bei der Rechtsanwen-

435 Vgl. *Hagen/Schober*, BB 2019, S. 1635.
436 Siehe zum Begriff: *Hagen/Schober*, BB 2019, S. 1635.
437 Vgl. *Deutscher Bundestag*, BT-Drs. 19/13436, S. 171.

dung in Kauf,[438] sieht er doch selbst den Vollzug der Regelung als derart aufwendig an, dass er die Überprüfung deshalb auf solche Kapitalbeteiligungen beschränken will, die nicht in national und international handelsüblichen Aktienindizies enthalten sind.[439] Trotz des mit dieser Regelung verbundenen hohen Vollzugsaufwands, läuft sie leer, soweit die Kapitalbeteiligung die Voraussetzungen des § 2 Abs. 8 S. 1 Nr. 1 InvStG erfüllt, d.h. an einer Börse oder einem organisierten Markt notiert. Aus welchem Grund es bei solchen an der Börse oder einem organisierten Markt notierenden Kapitalbeteiligungen nicht zu einer ungerechtfertigte Inanspruchnahme der Teilfreistellung durch die Investmentfondsanleger bei ertragsteuerlich unvorbelasteten Investmenterträgen kommen können soll, erschließt sich nicht.[440]

Für die *Immobilien-Teilfreistellung* finden sich keine Regelungen im Investmentsteuerrecht, die eine sich im internationalen Kontext möglicherweise ergebende Überkompensation vermeidet. Eine Mindest-Vorbelastung der Investmenterträge mit ausländischer Steuer bis zur Besteuerung auf Anlegerebene wird somit für Immobilienfonds nicht sichergestellt. Fehlt es an einer ausländischen Steuerbelastung ergäbe sich für die verschiedenen Arten von unbeschränkt steuerpflichtigen Anlegern – Körperschaften, natürliche Personen mit Beteiligung im Betriebsvermögen und natürliche Personen mit Beteiligung im Privatvermögen – folgende Ertragsteuerbelastung dieser Erträge (ohne SolZ und gegebenenfalls GewSt, wobei beispielhaft von einer Investition des Investmentfonds zu 100 % in entsprechende Immobilen ausgegangen wird:

	Körperschaft	nat. Person (PV)	nat. Person (BV)
persönlicher Steuersatz	15 %	25 %	0-45 %
Steuerbelastung	3 %	5 %	0-9 %

Tabelle 3.9: Gesamtsteuerbelastung von unversteuerten ausländischen Immobilienerträgen bei Bezug über einen Immobilienfonds

Daraus resultiert ein enormer Anreiz, hohe Anteile des Investmentfondsvermögens in ausländische Immobilien in Ländern zu investieren, in denen

438 Vgl. *Hagen/Schober*, BB 2019, S. 1635.
439 Vgl. *Deutscher Bundestag*, BT-Drs. 19/13436, S. 171 f.
440 A.A. wohl *Hagen/Schober*, BB 2019.

auf diese Erträge keine Steuer erhoben wird. Dann würde es insoweit zu einem nahezu unversteuerten Zufluss auf Anlegerebene kommen.[441]

Eine Mindestbesteuerung wird auch nicht über die Regelung des *§ 7 AStG* sichergestellt. Die Regelung dient dazu, die rechtsmissbräuchliche Nutzung der sich aus der Steuersubjekt-Eigenschaft ergebenden Abschirmwirkung von Körperschaften zu unterbinden, indem die Erträge direkt dem Anleger zurechnet werden.[442] Sie könnte grundsätzlich für ausländische Investmentfonds, die in ihrem Ansässigkeitsstaat keiner Ertragsbesteuerung unterliegen, durchaus eine Mindestbesteuerung sicherstellen, wenn sie vorrangig vor den Regelungen des InvStG gelten würde. Dann käme es, wenn der ausländische Investmentfonds eine Zwischengesellschaft wäre, der ausländische Zwischeneinkünfte erzielt, bei entsprechenden Beteiligungsverhältnissen zu einer Direktzurechnung der Einkünfte bei den unbeschränkt steuerpflichtigen Anlegern. Das Ergebnis wäre eine mit der alten Rechtslage vergleichbare Besteuerung der Investmenterträge, nach welcher die ausschüttungsgleichen Erträge dem Anleger direkt und in voller Höhe zugerechnet und versteuert wurden.[443] Zu einer Anwendung der Teilfreistellungssätze käme es nicht. Allerdings wird in § 7 Abs. 7 AStG in der bisher gültigen Fassung die Anwendung des § 7 Abs. 1 bis 6a AStG ausgeschlossen soweit auf die Einkünfte, für die die ausländische Gesellschaft Zwischengesellschaft wäre, das InvStG anzuwenden ist. Das Außensteuergesetz läuft gegenüber Investmentfonds mithin leer. Dies könnte sich ggf. im Zuge der Reform der von dem Gesetzgeber geplanten Reform der Hinzurechnungsbesteuerung ändern.[444] So war der generelle Vorrang der Vorschriften des InvStG in einem früheren Entwurf des ATAD-Umsetzungsgesetzes ersatzlos gestrichen worden, sodass es ggf. zu einer Direktzurechnung von Erträgen des Investmentfonds bei dem Anleger gekommen wäre.[445] Im Referentenentwurf vom 24.3.2020

441 Hohe Anreize von Investitionen des Investmentfonds allgemein in ausländisches Vermögen stellt auch *Anzinger*, FR 2016, S. 110 fest.

442 Vgl. *Haug*, IStR 2016, S. 598.

443 Vgl. *Haug*, IStR 2016, S. 597 f.

444 Siehe hierzu den Referentenentwurf des ATAD-Umsetzungsgesetzes vom 24.3.2020, abrufbar unter: https://www.bundesfinanzministerium.de/Content/DE/Gesetzestexte/Gesetze_Gesetzesvorhaben/Abteilungen/Abteilung_IV/19_Legislaturperiode/Gesetze_Verordnungen/ATADUmsG/1-Referentenentwurf_2.pdf?__blob=publicationFile&v=2.

445 Vgl. *Rechid/Schäfer*, BB 2020, S. 2074 f.

wurde diese Streichung jedoch wieder rückgängig gemacht, wobei nunmehr eine Rückausnahme für Beherrschungskonstellationen eingefügt wurde.[446] Ob der Gesetzgeber diese Regelung in dieser Form auch verabschieden wird, ist noch offen. Im Übrigen könnte eine Hinzurechnungsbesteuerung ohnehin keine Mindestbesteuerung sicherstellen, soweit die ausländischen unbelasteten Erträge, die dennoch zu einer Teilfreistellung berechtigen, über einen inländischen Investmentfonds bezogen würden.

Auch die *Vorabpauschale* gem. § 16 InvStG kann keine Mindestbesteuerung bewirken, da sie nicht zu einer nach den §§ 7 bis 14 AStG äquivalenten Hinzurechnung führt.[447] Dies gilt unter anderem auch, weil auf diesen pauschal ermittelten Betrag, welcher dem Anleger zum Beginn des nächsten Folgejahres zugerechnet wird,[448] die Teilfreistellungssätze angewendet werden. Aus diesem Grund ist sie schon ungeeignet, die Freistellung von steuerlich nicht vorbelasteten Erträgen zu verhindern.

Es bleibt somit bei dem Ergebnis, dass im internationalen Kontext nicht sichergestellt ist, dass eine Teilfreistellung nur dann gewährt wird, wenn auch eine steuerliche Vorbelastung gegeben ist. Für Aktien- und Mischfonds wäre eine *Korrektur des Gesetzes* zur Verhinderung einer Inanspruchnahme von ungerechtfertigen Steuervorteilen leicht möglich, indem man alle ausländischen Kapitalbeteiligung – auch solche, die an der Börse zugelassene sind oder an einem organisierten Markt notieren – für Zwecke der Ermittlung der die Teilfreistellung auslösenden Vermögensquote unberücksichtigt lässt, wenn sie nicht im ausländischen Staat einer Mindestbesteuerung von beispielsweise 15 % unterliegen. Auch für Immobilienfonds müsste für ausländische Immobilien eine entsprechende Mindestbesteuerung zur Voraussetzung gemacht werden für das Einbeziehen in die Ermittlung der Immobilien-Vermögensquote. Dies insbesondere deshalb, weil die Freistellung eines ausländischen Immobilienfonds auf Anlegerebene sogar 80 % beträgt. Dabei müsste berücksichtigt werden, dass einige Staaten Investmentfonds steuerlich transparent behandeln und ihre Erträge unmittelbar den Anlegern zurechnen. Insofern dürfte für die Berücksichtigung einer ausländischen Mindestbesteuerung nicht danach unterschieden werden, ob die Erträge aus dem

446 Siehe dazu *Rechid/Schäfer*, BB 2020, S. 2074 f.
447 *Haug*, IStR 2016, S. 606.
448 Siehe zur Berechnung im Detail: Kapitel 3.6.

von dem Investmentfonds gehaltenen Vermietungsobjekt bei dem Steuersubjekt Investmentfonds oder bei dessen Anlegern besteuert werden.

Allerdings muss an dieser Stelle auch berücksichtigt werden, dass die Festlegung einer Untergrenze der steuerlichen Vorbelastung von ausländischen Erträgen für Zwecke der Berechnung der Vermögensquote, dem *Ziel der Steuervereinfachung* entgegensteht, weil dies die Regelung zumindest komplizierter und weniger praktikabel macht. Mit der Investmentsteuerreform geht es dem Gesetzgeber gerade darum, dass der Anleger in der Lage ist, seine Investmenterträge zutreffend für Besteuerungszwecke zu erklären, ohne dass er dafür gesondert Informationen bei dem Investmentfonds einholen muss oder der Investmentfonds – wie nach altem Recht – die gesamten erforderlichen Daten pro Anteil im Bundesanzeiger veröffentlichen muss.[449] Denn hieraus resultierten gerade auch die Probleme bei der Besteuerung von Erträgen aus ausländischen Investmentfonds nach dem InvStG in der Fassung vor dem InvStRefG.[450] Diese Vorstellung dürfte er wahrscheinlich auch deshalb haben, weil die Vermögensgegenstände, in die der Investmentfonds investieren darf und mit welcher Quote er in diese investieren darf, im Verkaufsprospekt gem. § 165 Abs. 2 Nr. 2 KAGB festgelegt werden müssen. Der Anleger erhält hier allerdings nicht die Information, in welcher Höhe das Vermögen in welchem Staat der Besteuerung unterliegt. Er müsste dies ggf. unter zu Hilfenahme von Steuerberatern, die das jeweilige ausländische Steuerrecht des Landes beherrschen, in welches der Investmentfonds investiert, selbst ermitteln und ist insoweit auch auf Informationen des Investmentfonds dazu angewiesen, in welche Vermögensgegenstände er sein Vermögen investiert hat. Für die Frage einer steuerlichen Vorbelastung der Investmenterträge müsste auch beachtet werden, ob der ausländische Staat Investmentfonds als transparent oder intransparent behandelt, und ggf. auch eine ausländische Besteuerung des Anlegers bei transparenter Behandlung des Investmentfonds berücksichtigt werden. Für eine Privatperson ist das aufgrund des damit verbundenen Aufwands, der erforderlichen Informationen und der Kosten kaum zu leisten. Für inländische Investmentfonds könnte die Fondsbranche reagieren und in ihren Anlagebedingungen die Verpflichtung aufnehmen, nur in Anlagen zu investieren, die einer entsprechenden Mindestbesteuerung un-

449 Vgl. *Deutscher Bundestag*, BT-Drs. 18/8045, S. 52, 85.
450 Vgl. *Deutscher Bundestag*, BT-Drs. 18/8045, S. 53.

terliegen. Ausländische Investmentfonds dürften auf deutsche steuerlichen Besonderheiten demgegenüber keine Rücksicht nehmen.

Der Gesetzgeber fordert jedoch bereits nach der derzeitigen Konzeption des InvStG von dem Investmentfondsanleger teilweise die Prüfung, ob und ggf. in welcher Höhe eine Kapitalgesellschaft in ihrem Sitzstaat einer Ertragsbesteuerung unterliegt, soweit es um die Ermittlung der Aktien- oder Mischfonds-Beteiligungsquote geht. Denn Kapitalbeteiligungen, die nicht an einer Börse oder einem organisierten Markt notieren, zählen nur zu der für die Aktien- bzw. Mischfonds-Teilfreistellung erforderlichen Quote, wenn sie im Falle einer Ansässigkeit in einem EU- oder EWR-Staat einer allgemeinen Ertragsbesteuerung unterliegen oder im Falle einer Ansässigkeit im Drittstaat einer Ertragsbesteuerung von mindestens 15 % unterliegen. Der Gesetzgeber gewichtet das Vereinfachungsziel insoweit selbst gegenüber einer möglichen ungerechtfertigten Inanspruchnahme der Teilfreistellungssätze in Form von Überkompensationen als nicht so erheblich. Warum er eine entsprechende Regelung für die Gewährung einer Aktien- oder Mischfonds-Teilfreistellung nicht auch für die anderen für die Vermögensquote relevanten Kapitalbeteiligung getroffen hat, ist nicht ersichtlich. Gleiches gilt für das Immobilienvermögen eines Investmentfonds und der sich daraus ggf. ergebenden Immobilien-Teilfreistellung.

Möglicherweise könnte der Gesetzgeber versucht haben mit dieser Regelung einen *Ausgleich zwischen den Zielen* der Steuervereinfachung und der Verhinderung von Überkompensationen durch die Teilfreistellung zu finden. Denn er verzichtet auf eine Prüfung der Steuerbelastung bei Anlagen in ausländische Immobilien und Beteiligungen an Kapitalgesellschaften in EU-Staaten und in Drittstaaten, wenn diese zum amtlichen Handel an der Börse zugelassen sind oder auf einem organisierten Markt notieren. Insgesamt bleibt die Konzeption insoweit jedoch widersprüchlich. Denn einerseits lässt der Gesetzgeber sein Ziel der Vereinfachung zugunsten der Verhinderung einer Überkompensation und zur Missbrauchsvermeidung der Teilfreistellungsregelung zurücktreten. Zum anderen verzichtet er dann aber für viele Anlagegegenstände, die eine Teilfreistellung ermöglichen, darauf sicher zu stellen, dass die Teilfreistellungsregelung nicht missbraucht wird. Aus welchem Grund er für Investitionen von Investmentfonds in ausländische Kapitalgesellschaften, die nicht an einer Börse zugelassen sind oder auf einem organisierten Markt notieren, eine höher Gefahr eines Missbrauchs der Teilfreistellungsregelung sieht, als bei den anderen Anlagegegenständen bleibt unklar.

3.4.2.5 Verhinderung von Unterkompensationen

Da der Gesetzgeber zur Verwirklichung des Ziels der Steuervereinfachung das ebenfalls verfolgte Ziel der Vermeidung einer Mehrfachbelastung des wirtschaftlich selben Einkommens bei Bezug über ein Körperschaftsteuersubjekt nur in pauschalierender und typisierender Weise umgesetzt hat, wird eine steuerlichen Vorbelastung im Einzelfall ggf. nicht ausreichend durch die Regelung der Teilfreistellung ausgeglichen.

Zu Unterkompensationen kommt es, wenn die steuerliche Vorbelastung auf Ebene des Investmentfonds und ggf. auf der Ebene der vorgeschalteten Körperschaft höher gewesen ist, als es der Gesetzgeber typisierend unterstellt hat. Folge ist, dass die Investmenterträge insgesamt betrachtet einer höheren Besteuerung unterlegen haben als die übrigen der ESt unterliegenden Erträge des Investmentfondsanlegers. Der Gesetzgeber hätte auch insoweit eine Kompensation ermöglichen können, indem er die steuerliche Vorbelastung, die die typisierend zu Grunde gelegte Vorbelastung übersteigt, auf die KSt des Investmentfonds zur Anrechnung zuließe.[451] Dagegen spricht allerdings schon, dass so der mit der Typisierung beabsichtigte Vereinfachungszweck vollständig verfehlt würde, da für sämtliche Investmenterträge die steuerliche Vorbelastung konkret zu ermitteln wäre. Das dürfte praktisch kaum feststellbar sein.[452] Insoweit unterscheidet sich der Fall der Unterkompensation von dem Fall der Überkompensation, als dass zur Verhinderung von Unterkompensationen die genaue Höhe der ausländischen Steuer ermittelt werden müsste, während das Risiko einer Überkompensation schon durch die Festlegung einer (ggf. ebenfalls typisierend zu ermittelnden) steuerlichen Mindestvorbelastung von ausländischen Erträgen minimiert werden kann. Ungleichbehandlungen, die sich aus Unterkompensationen infolge einer höheren ausländischen steuerlichen Vorbelastung ergeben, sind mithin grundsätz-

---

451 Vgl. zu einem entsprechenden Vorschlag im Rahmen der Systematik des § 8b Abs. 1 KStG: *Desens*, Halbeinkünfteverfahren, S. 186.

452 So im Zusammenhang mit § 8b Abs. 1 KStG auch: *Desens*, Halbeinkünfteverfahren, S. 187.

lich zur Verwirklichung des Vereinfachungszwecks hinzunehmen, da das Ziel der Steuervereinfachung ansonsten aufgegeben werden müsste.

Zu einer Unterkompensation kommt es beispielsweise auch, wenn der Anleger bereits ohne Teilfreistellung *Einkünfte unter dem Grundfreibetrag* erzielt, da dann die Teilfreistellung leer läuft. Bei diesen Anlegern bleibt es bei der definitiven Sockelbelastung mit KSt auf Ebene des Investmentfonds, obwohl bei einer vergleichbaren Direktanlage regelmäßig keine Ertragssteuer angefallen wäre. Insoweit ist allerdings zu berücksichtigen, dass es bei der hier vorgenommenen Prüfung der Teilfreistellung um die Begründung eines gewährten Vorteils geht. Soweit die Teilfreistellung keine steuerliche Auswirkung hat, kommt dem Anleger lediglich kein Vorteil zu Gute, der begründet werden müsste. Insoweit muss die zu Beginn dieses Kapitels offen gelassene Frage, ob der Gesetzgeber aus steuersystematischen Gründen auch verpflichtet ist, diesen Nachteil unter Durchbrechung des Trennungsprinzips auszugleichen oder ob es sich dabei um eine bloß mögliche, legitime finanz- und wirtschaftspolitische Entscheidung handelt, an dieser Stelle beantwortet werden.[453]

Eine Verpflichtung des Gesetzgebers, eine steuerlichen Vorbelastung auf Ebene des Investmentfonds zwingend auf Anlegerebene auszugleichen, ergibt sich zumindest nicht aus steuersystematischen Gründen. Denn der Gesetzgeber hat schon keine entsprechende Belastungsentscheidung getroffen, nach welcher er Investmenterträge auf Anlegerebene steuerlich mit Erträgen aus einer entsprechenden Direktanlage gleichstellt. Vielmehr geht seine Belastungsentscheidung mit der Teilfreistellung dahin, dass er lediglich eine Mehrfachbelastung, d.h. eine erneute Besteuerung dieser Erträge verhindern möchte.[454] Zu einer solchen kommt es im Fall des Leerlaufens der Teilfreistellung nicht. Eine andere Belastungsentscheidung hat der Gesetzgeber allein für gemeinnützige Anleger getroffen, um die Förderung des Gemeinwohlzwecks nicht zu gefährden. Wegen dieses besonderen Zwecks kann aus der Begünstigung von steuerbefreiten Anlegern, bei denen auch keine Besteuerung auf Ebene des Investmentfonds vorzunehmen ist, keine allgemein gültige Entscheidung des Gesetzgebers dahingehend abgeleitet werden, dass stets eine Besteuerung der Investmenterträge erreicht werden soll, welche der

453 Vgl. Kapitel 3.4.2.
454 Vgl. Kapitel 3.4.1.

Direktanlage entspricht.[455]

Die Nachteile aus dem Leerlaufen der Teilfreistellung ergeben sich daher folgerichtig aus den gesetzgeberischen Belastungsentscheidungen. Zudem ist der Vereinfachungseffekt, den der Gesetzgeber mit dieser Regelung erreichen kann, größer, als gegenüber einer anderweitigen Regelung, nach welcher auch ein spezieller Ausgleich für Anleger erfolgt, bei denen die Teilfreistellung leer läuft. Eine solche Regelung könnte nicht, wie bei den steuerbegünstigten Anlegern, durch anteilige Freistellung auf Ebene des Investmentfonds erfolgen, da in dem Zeitpunkt, in dem dem Investmentfonds körperschaftsteuerliche Erträge zufließen bzw. er seine Steuererklärung abgibt, regelmäßig noch unklar sein dürfte, ob es auf Anlegerebene zu einem Leerlaufen der Teilfreistellung dieser Erträge kommt. Der überwiegende Teil der Investmenterträge wird erst im Ausschüttungszeitpunkt bei dem Anleger besteuert.[456] Dieser liegt nicht zwingend im Jahr des Zuflusses der Erträge auf Ebene des Investmentfonds. In Höhe der Vorabpauschale kommt es zu einer Besteuerung zum 1.1. des Jahres, welches dem Jahr des Zuflusses bei dem Investmentfonds folgt. Insoweit fällt der Besteuerungszeitpunkt auf Ebene des Investmentfonds und der auf Anlegerebene zwingend auseinander. Es müsste daher ein komplexes Erstattungssystem geschaffen werden, in welchem der Anleger infolge eines geführten Nachweises des Leerlaufens der Teilfreistellung entweder über den Investmentfonds ggf. unter Durchbrechung der Bestandskraft des ihm gegenüber ergangenen Körperschaftsteuerbescheides die entsprechende Steuer erstattet bekäme oder diese dem Anleger selbst unter Nachweis der konkreten Vorbelastung direkt erstattet wird. Gerade auf letzteres sollte wegen der Komplexität der Ermittlung der steuerlichen Vorbelastung allerdings im Rahmen der Investmentsteuerreform verzichtet werden, da dies umfassende Mitteilungspflichten des Investmentfonds erfordern würde. Die Regelung der Teilfreistellung bringt die gesetzgeberischen Ziele der Steuervereinfachung mit dem der Einmalbelastung der wirtschaftlich gleichen Erträge und dem Totalitäts- und Trennungsprinzip daher insoweit miteinander in Einklang, als die Teilfreistellung sich bei Steuerpflichtigen mit Einkünften unter dem Grundfreibetrag steuerlich nicht auswirkt. Politisch fragwürdig bleibt diese Entscheidung für das System der Teilfreistellung mit

455 Vgl. Kapitel 3.1.3.
456 Vgl. Kapitel 3.1.1.2.

Blick auf die Kleinanleger dennoch.[457]

3.4.3 Teilfreistellung im GewStG

Gem. § 20 Abs. 5 InvStG sind für die Ermittlung des Gewerbeertrages lediglich die hälftigen Teilfreistellungssätze zu berücksichtigen.[458] Auf Ebene des Anlegers eines Investmentfonds kommt die Teilfreistellung ohnehin nur zur Anwendung, wenn der Anleger auch mit den Beteiligungserträgen der GewSt unterliegt und die Investmenterträge mithin Gegenstand eines inländischen Gewerbebetriebs sind.[459] Wegen der Anknüpfung des § 7 S. 1 GewStG an den nach dem KStG ermittelten Gewinn aus dem Gewerbebetrieb als Ausgangsgrundlage,[460] der damit die körperschaftsteuerliche Teilfreistellung i.S.v. § 20 Abs. 1 bis 3a InvStG zwangsläufig ins Gewerbesteuerrecht überträgt, hat § 20 Abs. 5 InvStG den Charakter einer Hinzurechnungsvorschrift. Durch § 20 Abs. 5 InvStG wird letztlich die Hälfte des Abzug der körperschaftsteuerrechtlichen Teilfreistellung bei der Berechnung des Gewerbeertrags rückgängig gemacht.

Die Investmenterträge sind im Gewerbeertrag enthalten, da dieser nicht gem. § 9 Nr. 2a oder Nr. 7 GewStG um die Investmenterträge zu kürzen ist. Für § 9 Nr. 2a GewStG ergibt sich dies schon daraus, dass in den Anwendungsbereich – neben ausgewählten explizit benannten juristischen Personen, zu denen der Investmentfonds nicht zählt – nur Gewerbesteuersubjekte i.S.v. § 2 Abs. 2 GewStG fallen.[461] Der Gesetzgeber fingiert jedoch sämtliche Investmentfonds gem. § 15 Abs. 1 InvStG als juristische Personen des Privatrechts i.S.v. § 2 Abs. 3 GewStG, auch solche, die qua Rechtsform bereits unter § 2 Abs. 2 GewStG fallen würden.[462] Er geht ausweislich seiner Gesetzesbegründung zum InvStRefG davon aus, dass alle Investmentfonds ohne Ausnahmen nach Maßgabe des § 2 Abs. 3 GewStG einheitlich der Be-

---

457 So im Ergebnis zum Halbeinkünfteverfahren auch: *Otto*, Besteuerung gewinnausschüttender Körperschaften, S. 151 ff..

458 Vgl. Kapitel 2.2.2.2.

459 Vgl. *von Freeden* in: *Schaumburg*, Internationales Steuerrecht, Kapitel 12, Rn. 12.77.

460 Vgl. *Roser* in: *Lenski/Steinberg*, GewStG, § 7 GewStG, Rn. 5.

461 Vgl. *Roser* in: *Lenski/Steinberg*, GewStG, § 9 Nr. 2a GewStG, Rn. 15.

462 Vgl. *Buge/Bujotzek/Steinmüller*, DB 2016, S. 1596; *Schlund* in: *Bödecker/Ernst/Hartmann*, BeckOK InvStG, § 15 InvStG, Rn. 16;
a.A. *Mann* in: *Blümich*, EStG/KStG/GewStG, § 15 InvStG, Rn. 50.

steuerung unterliegen.[463]

Letztlich sind die Voraussetzungen des § 9 Nr. 2a oder Nr. 7 GewStG bei (Publikums-)Investmenterträgen auch deshalb nicht erfüllt, weil diese das Tatbestandsmerkmal "Gewinne aus Anteilen" nicht erfüllen. Denn der Gesetzgeber hat im Zuge des InvStRefG die Investmenterträge in § 20 EStG nunmehr gesondert unter § 20 Abs. 1 Nr. 3 EStG verortet und zählt sie nicht mehr zu den Gewinnanteilen einer Kapitalgesellschaft i.S.v. § 20 Abs. 1 Nr. 1 EStG.[464] Zudem dürfte § 20 Abs. 5 InvStG eine vorrangige Sonderregelung sein, mit welcher der Gesetzgeber die Berücksichtigung der Investmenterträge lediglich gekürzt um einen niedrigeren gewerbesteuerlichen Teilfreistellungsbetrag bei der GewSt erreichen möchte. Dieses Ergebnis würde durch eine Kürzung des Gewerbeertrags um die Investmenterträge gem. § 9 Nr. 2a bzw. Nr. 7 GewStG gerade nicht erreicht werden.

Damit unterliegen die Investmenterträge eines gewerblichen Anlegers der GewSt, soweit sie nicht nach § 20 Abs. 5 InvStG steuerfrei sind. Für Gewerbesteuerzwecke ergeben sich abhängig vom Anleger folgende möglichen Teilfreistellungssätze:

	Aktienfonds	Mischfonds	Immobilienfonds	
			inländische	ausländische
Betriebliche Anleger	30 %	15 %	30 %	40 %
KSt-pflichtige Anleger	40 %	20 %	30 %	40 %

Tabelle 3.10: Teilfreistellungssätze

Ob und inwieweit die Steuerbefreiung der Investmenterträge nach § 20 Abs. 5 InvStG im Gewerbesteuerrecht geltende Prinzipien durchbricht, ist aufgrund des besonderen Charakters der GewSt gesondert von der bisher erfolgten einkommen- und körperschaftsteuerrechtlichen Untersuchung zu analysieren.

463 *Deutscher Bundestag*, BT-Drs. 18/8045, S. 83 f.

464 So wohl auch *Roser* in: *Lenski/Steinberg*, GewStG, § 9 Nr. 2 GewStG, Rn. 40c f. und § 9 Nr. 7, Rn. 24h.

3.4.3.1 Verhältnis zum Objektsteuer- und Totalitätsprinzip

Die GewSt wird historisch als *Objektsteuer* eingeordnet,[465] da Steuergegenstand der GewSt gem. § 2 Abs. 1 GewStG nicht eine Person ist, sondern jeder stehende Gewerbebetrieb, für den im Inland eine Betriebsstätte unterhalten wird.[466] Synonym verwendet wird der Begriff der Realsteuer[467] und der Begriff der Sachsteuer.[468] Schon die Fragen, was unter diesem Begriff zu verstehen ist und inwieweit eine Abgrenzung von Objekt- und Subjektsteuer weiterführt, sind umstritten.[469]

Nach ständiger Rechtsprechung ist der Objektsteuercharakter der GewSt dadurch gekennzeichnet, dass die GewSt die objektivierte Ertragskraft abbilde.[470] Hierfür werden regelmäßig die Hinzurechnungen und Kürzungen des Gewerbeertrages in §§ 8, 9 GewStG als Beleg angeführt.[471] Ob diese wirklich eine notwendige Folge des Objektsteuerprinzips sind, ist in der Literatur umstritten.[472] Diese Frage kann im Rahmen dieser Ausarbeitung offen bleiben, da die Hinzurechnungen und Kürzungen für die Systematik der Besteuerung von Investmentfonds und ihrer Anleger keine Rolle spielen. Entscheidend für diese Ausarbeitung ist vielmehr der weitere Aspekt, den das BVerfG aus dem Objektsteuercharakter der GewSt ableitet:

Danach folge aus dem Objektsteuercharakter der GewSt, dass der Gewerbeertrag ohne Rücksicht auf die persönlichen Verhältnisse und Beziehungen

465 Siehe zur geschichtlichen Entwicklung: *Hey* in: *Tipke/Lang*, Steuerrecht, Rn. 12.3; *Selder*, FR 2014, S. 174.
466 *Drüen*, AL 2015, S. 290.
467 Vgl. *Bujotzek*, Offene Immobilienfonds im InvStR, S. 262; *Hartmann* in: *Bergmann/Wingler*, GewStG, § 1 GewStG, Rn. 12.
468 Vgl. *Güroff* in: *Glanegger/Güroff*, GewStG, § 1 GewStG, Rn. 14; *Sarrazin* in: *Lenski/Steinberg*, GewStG, § 1, Rn. 2; *Zitzelsberger*, Grundlagen der Gewerbesteuer, S. 100.
469 Siehe dazu mit umfassenden Nachweisen: *Zitzelsberger*, Grundlagen der Gewerbesteuer, S. 100; siehe auch: *Hey* in: *Tipke/Lang*, Steuerrecht, Rn. 7.21.
470 Vgl. *BVerfG* v. 15.1.2008, 1 BvL 204, BVerfGE 120, 1 (45); kritisch dazu: *Hey* in: *Tipke/Lang*, Steuerrecht, Rn. 12.1.
471 Vgl. *BVerfG* v. 15.1.2008, 1 BvL 204, BVerfGE 120, 1 (4); *Hartmann* in: *Bergmann/Wingler*, GewStG, § 1 GewStG, Rn. 12; *Kirchhof*, FS Gosch, S. 203.
472 Kritisch z.B. *Zitzelsberger*, Grundlagen der Gewerbesteuer, S. 107; Gegen einen solchen Schluss: *Hey* in: *Tipke/Lang*, Steuerrecht, Rn. 7.37, nach der die Einordnung der GewSt als Objektsteuer ungeeignet ist, die Hinzurechnungen und Kürzungen zu rechtfertigen; ebenso: *Selder*, FR 2014, S. 174.

des Inhabers im Rahmen der Besteuerung erfasst werden müsse.[473] Diesen Grundsatz durchbricht der Gesetzgeber mit der Regelung des § 20 Abs. 5 InvStG, da sich die Teilfreistellung nach den persönlichen Verhältnissen des Betriebsinhabers richtet, nämlich danach, ob dieser ein Körperschaftsteuersubjekt, eine natürliche Person oder eine Personengesellschaft ist.[474] Für gewerblich geprägte Personengesellschaften, die für Zwecke der GewSt selbst Steuersubjekt sind, enthält § 20 Abs. 5 InvStG zwar keine eigenständige Regelung zur Höhe der Teilfreistellung. Insoweit dürfte auf die gewerbliche Personengesellschaft jedoch nach dem Sinn und Zweck der Regelung ein gemischter Teilfreistellungssatz, gebildet aus den persönlichen Steuermerkmalen der Gesellschafter der Personengesellschaft, zur Anwendung kommen.[475]

Der GewSt liegt grundsätzlich – wie der ESt und der KSt – auch das *Totalitätsprinzip* zu Grunde, allerdings aufgrund des Charakters der GewSt in modifizierter Form. Die GewSt erfasst nach der bisherigen gesetzgeberischen Konzeption allein Einkünfte aus Gewerbebetrieb, diese nach dem Totalitätsprinzip allerdings ebenfalls vollständig. Denn auch insoweit knüpft die Definition des Gewerbeertrages des § 7 S. 1 GewStG an den nach den Vorschriften des EStG und KStG zu ermittelnden Gewinn an. Dieser Gewinn wird anschließend durch die §§ 8, 9 GewStG modifiziert. Ob es sich bei den Hinzurechnungen und Kürzungen (zumindest teilweise) bereits um eine Modifikation des Totalitätsprinzips für die GewSt handelt, oder ob es sich um eine Durchbrechung handelt, welche möglicherweise aufgrund des Objektsteuerprinzips gerechtfertigt ist, kann in dieser Ausarbeitung offen bleiben. Denn auch nach einem modifizierten Totalitätsprinzip wären sämtliche Investmenterträge, die ein Gewerbebetrieb erzielt, im Rahmen des Gewerbeertrages zu erfassen. § 9 Nr. 2a und Nr. 7 GewStG sind auf Investmentfonds nicht anwendbar.[476] Die Nichterfassung von Investmenterträgen, welche grundsätzlich Teil des Gewerbeertrages sind, stellt mithin auch im Rahmen der GewSt eine Durchbrechung des modifiziert geltenden Totalitätsprinzips dar.

---

473 *BVerfG* v. 15.1.2008, 1 BvL 204, BVerfGE 120, 1 (31); vgl. *Desens*, Halbeinkünfteverfahren, S. 329; *Güroff* in: *Glanegger/Güroff*, GewStG, § 1 GewStG, Rn. 14; *Zitzelsberger*, Grundlagen der Gewerbesteuer, S. 100; kritisch: *Hey*, GS Trzaskalik, S. 224.

474 So für das Halbeinkünfteverfahren auch *Desens*, Halbeinkünfteverfahren, S. 329.

475 So auch *BMF*, Schreiben v. 21.05.2019, BStBl I 2019, S. 568 f., Rn. 20.5, 20.20; *Jansen/Greger*, DStR 2018, S. 283.

476 Vgl. Kapitel 3.4.3.

Diese Durchbrechung beider Prinzipien nimmt der Gesetzgeber für die GewSt aus den gleichen Gründen vor, wie für Zwecke der ESt und KSt: Aufgrund der steuerlichen Vorbelastung der Investmenterträge soll aus finanz- und wirtschaftspolitischen Gründen – nämlich zur Sicherung des Wirtschaftsstandorts Deutschland – eine Abmilderung der Mehrfachbesteuerung erfolgen; dies aus Gründen der Steuervereinfachung in pauschalierender und typisierender Weise.

3.4.3.2 Abmilderung einer Mehrfachbesteuerung

Eine solche Gesamtbetrachtung mehrerer Steuersubjekte ist nach zutreffender wirtschaftlicher Betrachtungsweise[477] möglich, da die Besteuerung und der kompensierende Vorteil letztlich beide den hinter dem Gewerbebetrieb stehenden Betriebsinhaber treffen.

Ob bei der gewerbesteuerlichen Betrachung ein notwendiger Funktionszusammenhang zwischen der Besteuerung auf Ebene des Investmentfonds und der Kompensation auf Anlegerebene besteht, ist hingegen – anders als bei der körperschaft- und einkommensteuerrechtlichen Betrachtung zweifelhaft. Dies setzt voraus, dass der Gesetzgeber sichergestellt hat, dass die gewerbesteuerliche Vorbelastung der Investmenterträge und die diese Besteuerung abmildernde Teilfreistellung auf Ebene des Investmentfondsanlegers gleichzeitig eintreten in dem Sinn, dass Anlegern, die von einer gewerbesteuerlichen Vorbelastung betroffen werden, auch eine Kompensation in Form eines steuerlichen Vorteils zu Gute kommt. Dafür sind wiederum die tatbestandlichen Voraussetzungen zu untersuchen, unter denen Investmenterträge einer gewerbesteuerlichen Vorbelastung unterliegen und die Voraussetzungen, unter denen der Betriebsinhaber, der die Investmenterträge bezieht, von einer gewerbesteuerlichen Teilfreistellung profitiert. Eine Gegenüberstellung dieser Voraussetzungen verdeutlicht, wieso der Funktionszusammenhang zwischen steuerlicher Vorbelastung und Teilfreistellung hier zweifelhaft ist:

---

477 Siehe Kapitel 3.1.2.2.

Voraussetzung für die GewSt-Belastung von Investmenterträgen:	**Voraussetzung für die GewSt-Teilfreistellung:**
Vorliegen eines Investmentfonds i.S.v. § 1 Abs. 2 InvStG	Der Anleger ist an einem Investmentfonds i.S.v. § 1 Abs. 2 InvStG beteiligt
	Der Investmentfonds qualifiziert als Aktien-, Misch- oder Immobilienfonds
Der Investmentfonds ist kein Spezial-Investmentfonds (§§ 30 ff. InvStG)	Der Investmentfonds ist kein Spezial-Investmentfonds (§§ 30 ff. InvStG)
Der Investmentfonds ist nicht nach § 15 Abs. 2 InvStG von der GewSt befreit	
	Der Anleger ist Betriebsinhaber und die Investmentfondsbeteiligung zählt zum Gewerbebetrieb
	Die Investmenterträge liegen über dem gewerbesteuerlichen Freibetrag (§ 11 Abs. 1 GewStG)

Tabelle 3.11: Voraussetzungen der gewerbesteuerliche Vorbelastung und der Teilfreistellung

Die Gegenüberstellung zeigt, dass eine gewerbesteuerliche Vorbelastung der Investmenterträge nach der gesetzgeberischen Konzeption nicht zwingend eine Kompensation in Form der gewerbesteuerlichen Teilfreistellung bei dem Anleger bewirkt. Wenn die Investmentanteile nicht Teil eines Gewerbebetriebes sind, dann ist auch eine Teilfreistellung nicht möglich, die die Vorbelastung kompensieren würde (*Leerlaufen der Teilfreistellung*). Dies entspricht allerdings dem gesetzgeberischen Zweck der Teilfreistellung. Denn diese soll bloß eine mehrfache Steuerbelastung verhindern. Hält der Anleger eines Investmentfonds seine Beteiligung nicht in einem Gewerbebetrieb, droht eine solche Mehrfachbesteuerung schon nicht. Eine Kompensation ist mithin nicht erforderlich.[478]

Problematischer ist, dass es keine gesetzgeberische Verknüpfung dahingehend gibt, dass die gewerbesteuerliche Teilfreistellung nur dann gewährt wird, wenn die Investmenterträgen auch mit Gewerbesteuer vorbelastet sind (*Überkompensation*). Vielmehr kommt ein Anleger auch dann in den Genuss der gewerbesteuerlichen Teilfreistellung, wenn der Investmentfonds selbst gem. § 15 Abs. 2 InvStG von der GewSt befreit ist. Dies ist der Fall, wenn der objektive Geschäftszweck auf die bloße Anlage und Verwaltung der Mittel

478 Siehe so schon zur Vorbelastung mit KSt Kapitel 3.4.2.5.

beschränkt ist und er seine Vermögensgegenstände nicht aktiv unternehmerisch bewirtschaftet. Diese Voraussetzungen erfüllen die meisten Investmentfonds.[479] Auch der Gesetzgeber selbst geht von dieser Annahme aus, wenn er zu dem Ergebnis kommt, dass auf Ebene des Investmentfonds regelmäßig keine GewSt anfällt.[480]

Investmenterträge sind daher regelmäßig insoweit mit GewSt vorbelastet, wie sie ursprünglich von einer Kapitalgesellschaft im Sinne von § 2 Abs. 2 GewStG stammen. Dann unterlagen die Erträge auf Ebene der Körperschaft der GewSt, da die Tätigkeit einer solchen Kapitalgesellschaft in vollem Umfang als Gewerbebetrieb gilt.[481] Dem Investmentfonds fließen als Anteilseigner dieser Kapitalgesellschaft nur die durch GewSt verminderten Nettoerträge zu. Erzielt der Investmentfonds hingegen keine Erträge aus solchen Beteiligungen, sind seine Erträge nicht mit GewSt vorbelastet.

Hieraus ergibt sich eine Verknüpfung zwischen gewerbesteuerlicher Vorbelastung und Teilfreistellung zumindest für *Aktien- und Mischfonds in reinen Inlandskonstellationen*, weil die Teilfreistellung voraussetzt, dass der Investmentfonds mindestens 25 % (Mischfonds) bzw. mehr als 50 % seines Vermögens in Kapitalbeteiligungen investiert. Solche inländischen Kapitalbeteiligungen unterliegen nach der Fiktion des § 2 Abs. 2 GewStG grundsätzlich in vollem Umfang der GewSt.[482]

Zweifel an einem Funktionszusammenhang zwischen dem Nachteil der gewerbesteuerlichen Vorbelastung und einem kompensierenden Vorteil in Form der Teilfreistellung ergeben sich für *Aktien- und Mischfonds* hingegen *in Auslandskonstellationen*. Bei der GewSt kann – anders als bei der KSt[483] – nicht typisierend unterstellt werden, dass die steuerliche Vorbelastung ausländischer Erträge genauso hoch ist wie die von inländischen Erträgen aus Kapitalgesellschaftsbeteiligungen. Denn nur wenige Staaten erheben neben ESt und KSt überhaupt eine gesonderte, mit der deutschen GewSt vergleichbare Steuer. In der EU sind dies neben Deutschland nur Italien, Luxemburg,

479 Vgl. *Haase*, IStR 2019, S. 618 f.; *Kelterborn/Küpper*, BB 2017, S. 2264; *Roth*, GWR 2016, S. 461.
480 *Deutscher Bundestag*, BT-Drs. 18/8045, S. 92.
481 Vgl. *Güroff* in: *Glanegger/Güroff*, GewStG, § 2 GewStG, Rn. 8.
482 Vgl. *Güroff* in: *Glanegger/Güroff*, GewStG, § 2 GewStG, Rn. 8.
483 Vgl. Kapitel 3.4.2.4.

Portugal und Ungarn.[484] In diesen Ländern wird jedoch ein deutlich niedrigerer durchschnittlicher Gewerbesteuersatz erhoben als in Deutschland, nämlich nur zwischen 1,5 % und 6,75 % anstatt durchschnittlich derzeit 14 % in Deutschland.[485] Das heißt ausländische Beteiligungserträge, die einem Investmentfonds zufließen, sind nur im Ausnahmefall mit GewSt vorbelastet. Auch auf Ebene des Investmentfonds unterliegen sie im Regelfall nicht der Besteuerung. Dies ergibt sich entweder schon aus der Regelung des § 15 Abs. 2 Nr. 2 InvStG, nach welcher Investmentfonds von der GewSt befreit sind, wenn sie ihre Vermögensgegenstände nicht aktiv unternehmerisch bewirtschaftet. Selbst wenn ein Investmentfonds dies tut, unterlägen die ausländischen Erträge nach den allgemeinen Grundsätzen des § 2 Abs. 3 i.V.m. Abs. 1 S. 1 GewStG nur dann der GewSt, wenn sie zu einer inländischen Betriebsstätte zählen, was bei inländischen Geschäftsleitungsaktivitäten der Fall sein kann.[486] Das Vorliegen dieser allgemeinen Voraussetzungen angenommen, ist bisher weiterhin unklar, ob die ausländischen Beteiligungserträge der GewSt unterliegen, oder ob die sachliche Steuerbefreiung des § 6 Abs. 2 InvStG auch für Gewerbesteuerzwecke gilt, sodass ohnehin nur inländische Beteiligungserträge auf Ebene des Investmentfonds der GewSt unterliegen können.[487] Im Regelfall dürften Ausschüttungen aus ausländischen Kapitalgesellschaften bzw. Erlöse aus der Veräußerung solcher Anteile jedenfalls nicht mit GewSt vorbelastet sein, sodass die Teilfreistellung auf Anlegerebene in diesen Fällen zu einer unberechtigten Vorteilsgewährung führt.

Problematisch ist auch der Funktionszusammenhang zwischen einer Vorbelastung der Investmenterträge mit GewSt und der Gewährung einer Teilfreistellung bei *Immobilienfonds* – sowohl in rein nationalen wie auch in

484 Vgl. *Bundesministerium der Finanzen*, Wichtigste Steuern im intern. Vergleich 2019, S. 16 f.; siehe auch: *Hartmann* in: *Bergmann/Wingler*, GewStG, § 1, Rn. 27, der nur Portugal in seiner beispielhaften Aufzählung nicht nennt.

485 Vgl. *Bundesministerium der Finanzen*, Wichtigste Steuern im intern. Vergleich 2019, S. 16 f.

486 Vgl. *Haase*, IStR 2019, S. 620; *Klein* in: *Herrmann/Heuer/Raupach*, EStG/KStG, § 15 InvStG, Rn. 20; *Mann* in: *Blümich*, EStG/KStG/GewStG, § 15 InvStG, Rn. 12; Vgl. allgemein zur Gewerbesteuerpflicht einer ausländischen Körperschaft: Urteil des FG Baden-Württemberg vom 9.7.2010, 10 K 3286/09, EFG 2010, 2111 (Rn. 20); *Güroff* in: *Glanegger/Güroff*, GewStG, § 2 GewStG, Rn. 13.

487 So: *Stadler/Jetter*, DStR 2015, S. 1838; weiterhin offen gelassen in *BMF*, Schreiben v. 21.05.2019, BStBl I 2019.

internationalen Konstellationen. Immobilienerträge, die ein solcher Investmentfonds erzielt, sind regelmäßig nicht mit GewSt vorbelastet, da der Investmentfonds selbst im Regelfall nicht der GewSt unterliegt. Zu einer Vorbelastung der Immobilienerträge kommt es nur dann, wenn der Immobilienfonds die Immobilien nicht selbst erwirbt, sondern sich an Immobiliengesellschaften beteiligt, die in der Rechtsform einer Kapitalgesellschaft organisiert sind und deren Tätigkeit somit gem. § 2 Abs. 2 GewStG in vollem Umfang als Gewerbebetrieb gilt. Denn solche Immobiliengesellschaften sind selbst regelmäßig keine Investmentvermögen, sondern Körperschaftsteuersubjekte i.S.v. § 1 Abs. 1 Nr. 1 KStG.[488] Diese Konstellation dürfte jedoch – gerade wegen der daraus folgenden Belastung mit GewSt – der Ausnahmefall sein. Ein Vorteil dieser indirekten Anlage ergibt sich regelmäßig nur, soweit es um die Beteiligung an ausländischen Immobiliengesellschaften geht. Hier können sich nach dem ausländischen Steuerrecht Steuervorteile ergeben und dem Investmentfonds bietet sich ggf. die Möglichkeit, die speziellen Marktkenntnisse der ausländischen Immobilien-Gesellschaft zu nutzen.[489] Solche ausländischen Immobilien-Gesellschaften dürften jedoch regelmäßig mangels inländischer Tätigkeit nicht der deutschen GewSt unterliegen. Eine steuerliche Vorbelastung mit GewSt kann sich daher regelmäßig nur aus dem nicht in Immobilien angelegten Teil des Investmentfondsvermögens (maximal 49,99 %) ergeben. Insoweit ist der Investmentfonds – unter Beachtung ggf. aufsichtsrechtlich einschränkender Vorschriften – frei, seine Anlagegegenstände zu wählen, sodass nicht zwingend eine Investition z.B. in inländische Kapitalgesellschaftsbeteiligungen erfolgen muss, die zu einer Vorbelastung der Investmenterträge mit GewSt führen. Die gesetzgeberische Regelung stellt mithin nicht sicher, dass der Anleger eines Immobilienfonds nur dann eine gewerbesteuerliche Teilfreistellung erhält, wenn zumindest ein Teil der Investmenterträge typischerweise gewerbesteuerlich vorbelastet ist. Das Zusammenfallen von gewerbesteuerlicher Vorbelastung und Teilfreistellung ist bei Immobilienfonds der Ausnahmefall. Regelmäßig dürfte es zu einer Inanspruchnahme der gewerbesteuerlichen Teilfreistellung kommen, ohne dass die Investmenterträge mit GewSt vorbelastet sind. Die Teilfreistellung kann daher für den Immobilienfonds nicht mit dem Kompensationszweck gerechtfertigt werden.

488 So auch zur alten Rechtslage: *Bujotzek*, Offene Immobilienfonds im InvStR, S. 107.
489 Vgl. *Bujotzek*, Offene Immobilienfonds im InvStR, S. 55.

Insgesamt ergibt sich folgende typische Belastung von Investmenterträgen mit GewSt:[490]

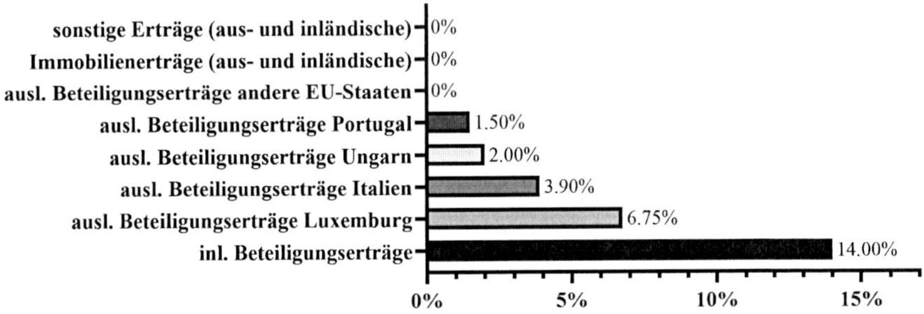

Abbildung 3.9: Typische gewerbesteuerliche Vorbelastung von Investmenterträgen

Schon dies zeigt deutlich, dass die gewerbesteuerliche Teilfreistellung – anders als die einkommensteuerrechtliche bzw. körperschaftsteuerrechtliche Teilfreistellung – überwiegend unter Durchbrechung des Totalitätsprinzips zu einer Gewährung eines nicht gerechtfertigten Steuervorteils führt. Auch für den Aktien- und Mischfonds verbleiben selbst bei reinen Inlandsfällen, in denen nach der gesetzgeberischen Konzeption ein Funktionszusammenhang zwischen steuerlicher Vorbelastung und Teilfreistellung besteht, solche Konstellationen, in denen es tatsächlich nicht bzw. oder in unzutreffender Höhe zur Gewährung einer Teilfreistellung kommt. In diesem Fall bedarf es einer anderweitigen Begründung für diesen Systembruch, um die sich aus dieser Konzeption regelmäßig ergebenden Steuervorteile zu rechtfertigen.

3.4.3.3 Vereinfachungszweck

Die Anwendung der Hälfte der für das Körperschaftsteuer- und Einkommensteuerrechts geltenden Teilfreistellungssätze für das Gewerbesteuerrecht könnte aus Vereinfachungsgründen gerechtfertigt sein. Die Regelung könnte insoweit der Vereinfachung dienen, als es aufgrund der Bezugnahme auf die

490 Die Darstellung basiert auf: *Bundesministerium der Finanzen*, Wichtigste Steuern im intern. Vergleich 2019, S. 16–17.

einkommensteuer- und körperschaftsteuerrechtlichen Teilfreistellungssätze keiner eigenständigen Regelung zur Teilfreistellung für die GewSt bedarf.

Insoweit ist schon fraglich, ob die Regelung geeignet ist, eine Vereinfachung herbeizuführen. Denn eine solche Vereinfachung müsste sich für den Rechtsanwender ergeben, d.h. für die vollziehende Verwaltung und den betroffenen Steuerbürger. Für den Rechtsanwender macht es allerdings keinen Unterschied, ob er bei der Ermittlung des Gewerbeertrags die Investmenterträge eines Gewerbebetriebes unter Berücksichtigung der halben Teilfreistellungssätze ermittelt, die er im Rahmen der Körperschaft- bzw. Einkommensteuerermittlung anwendet, oder ob er davon völlig losgelöste eigenständige Teilfreistellungssätze berücksichtigt. Eine andere Berechnung für die GewSt als für die ESt bzw. KSt, muss er ohnehin vornehmen. Letztlich führt diese Regelung nur zu einer Arbeitsersparnis des Gesetzgebers, da er sich nicht mit der typischen gewerbesteuerlichen Vorbelastung von Investmenterträgen befassen musste. Der Gesetzgeber stellt in seiner Gesetzesbegründung lediglich fest, dass auf Ebene des Investmentfonds grundsätzlich keine GewSt anfällt. Statt sich mit den weiteren Besonderheiten der GewSt zu befassen, konzentriert er sich allein auf diesen Umstand und begründet damit die hälftige Anwendung der Teilfreistellungssätze im Rahmen der GewSt.[491] Insoweit kann sich der Gesetzgeber jedoch nicht deshalb auf den Vereinfachungszweck berufen, weil eine zweckgerechte Regelung für ihn mehr Arbeit bedeutet hätte. Wenn ihm dies zu viel Mühe bedeutet haben sollte, hätte er auf die systemdurchbrechende Regelung vollständig verzichten können und müssen.

Die Berücksichtigung der hälftigen Teilfreistellungssätze für die GewSt auch für Immobilienfonds und hinsichtlich ausländischer Beteiligungserträge ist daher weder zwecks Abmilderung einer gewerbesteuerlichen Vorbelastung der Investmenterträge, noch aus Vereinfachungszwecken begründet. Auch ein Förderzweck im Sinne einer Förderung von Investitionen in diese Vermögen scheidet aus, da ein solcher Zweck von dem Gesetzgeber schon nicht beabsichtigt gewesen ist und in der Regelung zur gewerbesteuerlichen Teilfreistellung auch nicht erkennbar wird.

Der Gesetzgeber könnte diesen Systembruch entweder korrigieren, indem er es für die Inanspruchnahme der Teilfreistellung zur Voraussetzung macht,

491 *Deutscher Bundestag*, BT-Drs. 18/8045, S. 92.

dass der Anleger an einem Investmentfonds beteiligt ist, der nicht nach § 15 Abs. 2 InvStG von der GewSt befreit ist und für diesen Fall die Teilfreistellungssätze entsprechend einer sich dann ergebenden Vorbelastung anhebt oder indem er für Zwecke der GewSt eine Teilfreistellung lediglich für Aktien- und Mischfonds mit einem niedrigeren Prozentsatz zulässt und eine Teilfreistellung für Immobilienfonds nur in einer noch geringeren Höhe als für Aktien- und Mischfonds – dies um zu berücksichtigen, dass auch Immobilienfonds ihr Vermögen zu einem unter 50 % liegenden Teil in Aktien- und Mischfonds investieren können.

3.4.4 Die Teilfreistellungsätze bei der KiSt

Die Teilfreistellung der Investmenterträge wirkt sich auch automatisch im Rahmen der Kirchensteuer (KiSt) steuermindernd aus, da die KiSt im Wesentlichen als Zuschlagsteuer ausgestaltet ist.[492] Der KiSt, die entweder bereits im Wege des Steuerabzuges oder im Rahmen der Veranlagung erhoben wird, unterliegen nur die Investmenterträge, die nach Abzug der Teilfreistellung verbleiben. Damit durchbricht der Gesetzgeber mit der Regelung der Teilfreistellung als teilweise objektive Steuerbefreiung im Rahmen der KiSt das Totalitätsprinzip, da das Einkommen aufgrund der Teilfreistellung nicht in voller Höhe der Besteuerung unterliegt. Diese Durchbrechungen bedürfen einer Rechtfertigung.

3.4.4.1 Verhältnis zu den Besteuerungsprinzipien der KiSt

Die Religionsgemeinschaften haben – soweit sie Körperschaften des öffentlichen Rechts i.S.v. Art. 137 Abs. 5 Weimarer Reichsverfassung (WRV) sind[493] – nach Art. 140 GG i.V.m. Art. 137 Abs. 6 WRV u.a. das Recht, KiSt als Zuschlagsteuer zu bestimmten staatlichen oder kommunalen Maßstabsteuern – der ESt, der Vermögensteuer und den Grundsteuermessbeträgen – zu erheben.[494] Die beiden großen Kirchen Deutschlands haben sich für eine

492 Vgl. *Hammer*, Rechtsfragen der Kirchensteuer, S. 370 f.
493 Vgl. zum Status einer Religionsgemeinschaft als Körperschaft des öffentlichen Rechts als Voraussetzung des Kirchensteuererhebungsrechts: *BVerfG*, Urteil v. 19.12.2000, 2 BvR 1500/97, BVerfGE 102, 370 (388); *Hammer*, Rechtsfragen der Kirchensteuer, S. 254 ff.; *Korioth* in: *Maunz/Dürig*, GG, Art. 140 GG, Art. 137 WRV, Rn. 73 ff.
494 Vgl. *Kirchhof*, Bochumer KiSt-Tag, S. 23.

Zuschlagsteuer zur ESt entschieden.[495] Die Landeskirchensteuergesetze[496] nehmen insoweit Bezug auf die Vorschriften des Einkommensteuergesetzes, insbesondere auf die Vorschrift des § 51a Abs. 2 und Abs. 2a EStG, welche Sonderregelungen für bundesrechtliche Zuschlagsteuern enthalten.[497] Dies hat den Vorteil, dass die Kirchen keine eigene Bemessungsgrundlage entwickeln müssen.[498] Bemessungsgrundlage für die KiSt ist gemäß § 51a Abs. 2 EStG die festgesetzte ESt i.S.v. § 2 Abs. 6 EStG unter Berücksichtigung der Freibeträge für Kinder i.S.v. § 32 Abs. 6 EStG oder gem. § 51a Abs. 2a EStG die Jahreslohnsteuer unter Berücksichtigung der Freibeträge für Kinder i.S.v. § 32 Abs. 6 EStG[499] oder gem. § 51a Abs. 2b EStG die Kapitalertragsteuer.

Somit hat der Gesetzgeber sich durch die Anknüpfung an die Bemessungsgrundlage der ESt auch im Rahmen der KiSt an die im Einkommensteuerrecht geltenden Prinzipien gebunden.[500] Dies gilt insbesondere für das Prinzip der Besteuerung nach der individuellen wirtschaftlichen Leistungsfähigkeit.[501]

Zudem ist der speziell im Kirchensteuerrecht geltende, von dem BVerfG hergeleitete Grundsatz der *Besteuerung nur der Kirchenmitglieder* zu beachten.[502] Nach diesem Grundsatz darf die Kirche nur diejenigen zur Finanzierung ihrer Aufgaben verbindlich heranziehen, die ihr angehören.[503] Denn die KiSt ist eine kircheninterne Finanzierungsform und keine Form der Staatsfi-

495 Vgl. *Hey* in: *Tipke/Lang*, Steuerrecht, Rn. 8.962.

496 Die Zuständigkeit der Länder folgt aus Art. 140 GG i.V.m. Art. 137 Abs. 6, Abs. 8 WRV, vgl. *BVerfG*, Beschluss v. 19.08.2002, 2 BvR 443/01, BFH/NV 2003, Beilage 2, 136 (140); *Hammer*, Rechtsfragen der Kirchensteuer, S. 228 f.

497 Vgl. *Hammer*, Rechtsfragen der Kirchensteuer, S. 132; *Desens*, Halbeinkünfteverfahren, S. 333.

498 Vgl. *List*, BB 1997, S. 21.

499 Vgl. *List*, BB 1997, S. 21.

500 So auch: *Petersen*, Kirchensteuer kompakt, S. 17.

501 Vgl. *BVerfG*, Beschluss v. 19.08.2002, 2 BvR 443/01, BFH/NV 2003, Beilage 2, 136 (139 f.); *Hammer*, Rechtsfragen der Kirchensteuer, S. 353; *Hey* in: *Tipke/Lang*, Steuerrecht, Rn. 8.962; *Petersen*, Kirchensteuer kompakt, S. 17.

502 Vgl. *BVerfG*, Urteil v. 14.12.1965, 1 BvR 413/60, BVerfGE 19, 206 (216); *BVerfG*, Urteil v. 14.12.1965, 1 BvL 31/62, BVerfGE 19, 226 (237); *List*, BB 1997, S. 18.

503 Vgl. *BVerfG*, Urteil v. 14.12.1965, 1 BvR 413/60, BVerfGE 19, 206 (216); *BVerfG*, Urteil v. 14.12.1965, 1 BvL 31/62, BVerfGE 19, 226 (237); *BVerfG*, Urteil v. 14.12.1965, 1 BvL 2/60, BVerfGE 19, 242 (247); *BVerfG*, Beschluss v. 08.02.1977, 1 BvR 329/71, BVerfGE 44, 37 (49); vgl. auch: *Petersen*, Kirchensteuer kompakt, S. 19.

nanzierung.[504] Wer Kirchenmitglied ist, bestimmt sich nach dem innerkirchlichen Recht, welches dem staatlichen Einfluss entzogen ist, zur Entfaltung von Rechtswirkungen im staatlichen Bereich aber der unbedingten Erklärung gegenüber den staatlichen Behörden bedarf.[505] Eine mitgliederbezogene Zuschlagsteuer setzt folglich eine staatliche Personensteuer voraus.[506] Aus diesem Grundsatz ergibt sich zudem, dass juristische Personen nicht Kirchensteuersubjekt sein können, da sie ihrem Wesen nach nicht Mitglied einer Kirche sein können.[507] Dies gilt selbst dann, wenn alle Gesellschafter Mitglieder der gleichen steuererhebenden Kirche sind.[508] Der Grundsatz der Besteuerung nur der Kirchenmitglieder ist aufgrund der grundgesetzlich gewährleisteten Religionsfreiheit ein von der Verfassung zwingend vorgegebenes Prinzip, sodass der Gesetzgeber insoweit an eine dieses Prinzip beachtende Lastenverteilung im Kirchensteuerrecht gebunden ist.[509]

3.4.4.2 Abmilderung einer Mehrfachbesteuerung

Grundsätzlich kommt für die Durchbrechung des Totalitätsprinzips durch die Regelungen zur Teilfreistellung im Kirchensteuerrecht – wie im Rahmen des Einkommens- und Körperschaftsteuerrechts – als Begründung das gesetzgeberische Ziel der Abmilderung einer mehrfachen Ertragsbesteuerung der gleichen Investmenterträgen bei verschiedenen Steuersubjekten in Betracht. Dies setzt jedoch eine Eignung der Regelung voraus, eine bestehenden kirchensteuerliche Vorbelastung auf Anlegerebene zu kompensieren. Hierzu ist die Teilfreistellung im Rahmen der KiSt jedoch nicht geeignet. Denn die Investmenterträge sind nicht mit KiSt vorbelastet. Die sich insgesamt ergebende Leistungsfähigkeit des Anlegers ist insoweit nicht vermindert. Dies liegt daran, dass sowohl der Investmentfonds als auch eine der KSt unterliegende Kapitalgesellschaft nicht Mitglied der Kirchengemeinschaft sind und

---

504 Vgl. *Kirchhof*, Bochumer KiSt-Tag, S. 21.

505 Vgl. *Muckl* in: *Isensee/Kirchhof*, HStR VII, § 160, Rn. 59; ausführlich zur Frage des Beginns der Kirchenmitgliedschaft: Vgl. *List*, BB 1997, S. 19.

506 Vgl. *Kirchhof*, Bochumer KiSt-Tag, S. 18.

507 So *BVerfG*, Urteil v. 14.12.1965, 1 BvR 413/60, BVerfGE 19, 206 (216); vgl. auch *Hammer*, Rechtsfragen der Kirchensteuer, S. 263; *Hey* in: *Tipke/Lang*, Steuerrecht, Rn. 8.958; *List*, BB 1997, S. 19.

508 Vgl. *Hey* in: *Tipke/Lang*, Steuerrecht, Rn. 8.958.

509 Vgl. *BVerfG*, Urteil v. 14.12.1965, 1 BvR 413/60, BVerfGE 19, 206 (216); *BVerfG*, Urteil v. 14.12.1965, 1 BvL 31/62, BVerfGE 19, 226 (237).

daher auch keine Kirchensteuersubjekte sein können. Die Regelung über die Teilfreistellung der Investmenterträge auf Anlegerebene ist daher im Hinblick auf die KiSt ungeeignet, einen Kompensationszweck zu erreichen. Der Gesetzgeber gewährt dem Anleger für Kirchensteuerzwecke mithin trotz fehlender Kirchensteuervorbelastung eine Teilfreistellung.

Im Bezug auf die Beteiligungserträge von Körperschaften, die nicht unter das InvStG fallen, stellte sich dem Gesetzgeber mit Einführung des Halbeinkünfteverfahrens, welches nun in Form des Teileinkünfteverfahrens fortbesteht, das Problem in vergleichbarer Weise. Denn nach diesem System werden Beteiligungserträge bereits auf Ebene der Körperschaft zu einem niedrigen Prozentsatz – derzeit in Deutschland gem. § 23 Abs. 1 KStG 15 % – endgültig besteuert. Auf Anlegerebene unterliegen die Erträge erneut der Besteuerung, weshalb der Anleger bei der erneuten Besteuerung eine pauschale Kompensation erhält. Als Kompensation für die erfolgte Besteuerung auf Ebene der Körperschaft gewährt der Gesetzgeber gem. § 3 Nr. 40 EStG betrieblichen Anlegern derzeit eine 40 %-ige Steuerbefreiung der Beteiligungserträge.[510] Diese Steuerbefreiung würde sich grundsätzlich auch steuermindernd bei der Berechnung der KiSt des betrieblichen Anlegers auswirken, obwohl auf Ebene der Körperschaft keine KiSt erhoben wird. Der Gesetzgeber hatte bei Regelung des § 3 Nr. 40 EStG jedoch erkannt, dass eine teilweise Steuerbefreiung der Erträge auf Ebene des Anlegers systemwidrig wäre[511] und legte in § 51a Abs. 2 S. 2 EStG fest, dass das zu versteuernde Einkommen für Zwecke der Berechnung der KiSt als Zuschlagsteuer um die nach § 3 Nr. 40 EStG steuerfreien Beträge zu erhöhen und um die nach § 3c EStG nicht abziehbaren Beträge zu mindern ist.[512] § 51a Abs. 2 EStG wirkt somit als Korrektiv für die Berechnung der KiSt, sodass sie entsprechend dem Leistungsfähigkeitsprinzip erhoben werden kann.[513]

Eine entsprechende Regelung für die Teilfreistellung in § 51a EStG exis-

510 Vgl. *Levedag* in: *Schmidt 2020*, EStG, § 3 EStG, Rn. 139.

511 So auch: *BVerwG*, Urteil v. 20.08.2008, 9 C 9/07, NVwZ, 533 (535); *Petersen*, Bochumer KiSt-Tag, S. 131.

512 Vgl. Beschlussempfehlung und Bericht des Finanzausschusses zum Entwurf eines Gesetzes zur Regelung der Bemessungsgrundlage für Zuschlagsteuern v. 8.11.2000, BT-Drs. 14/4546.

513 *Petersen*, Bochumer KiSt-Tag, S. 135; a.A. *Otto*, Besteuerung gewinnausschüttender Körperschaften, S. 170, der die Rückgängigmachung für systemwidrig hält.

tiert nicht. Das Ergebnis ist – im Vergleich zu dem früheren transparenten System – eine Verminderung des Kirchensteueraufkommens bezogen auf Erträge aus Investmentfonds.[514] Denn nach alter Rechtslage unterlagen die Investmenterträge allein der Besteuerung auf Anlegerebene – dafür in voller Höhe. Es fiel daher auf die gesamten Erträge KiSt an. Nun wird die Besteuerung teilweise auf Ebene des Investmentfonds vorverlagert, auf der jedoch keine KiSt erhoben werden kann. Auf Anlegerebene entsteht die KiSt dann nur noch auf Basis der um die Teilfreistellungssätze von bis zu 80 % geminderte Bemessungsgrundlage.

Die Auswirkungen der Teilfreistellung auf das Kirchensteueraufkommen und die Möglichkeit eine dem § 51a Abs. 2 EStG entsprechende Regelung aufzunehmen, ist – soweit aus den Gesetzgebungsmaterialien ersichtlich – im Zusammenhang mit der Investmentsteuereform nicht thematisiert worden. Ob die Problematik bisher erkannt worden ist, ist unklar. Möglicherweise könnte die Durchbrechung des Totalitätsprinzips aus Vereinfachungsgründen in Kauf genommen worden sein, welche zu einem der großen Ziele des InvStRefG zählte.[515]

3.4.4.3 Vereinfachungszweck – Allgemeine Betrachtung

Auch in der Vergangenheit wurden bereits von den Kirchen Änderungen im Bereich der Maßstabsteuern mitgetragen, die eigentlich eine Reaktion in Form einer Änderung des § 51a EStG erfordert hätten.[516] Diese unterblieben jedoch vorwiegend aus Gründen des effizienten Verwaltungsvollzuges.[517]

Eine Steuervereinfachung kann eine systemwidrige Begünstigung des Anlegers für Zwecke der KiSt jedoch nur begründen, wenn die Regelung zumindest *geeignet* ist, eine Vereinfachung der Besteuerung der Investmenterträge zu bewirken. Insoweit ist zunächst zu beachten, dass sich der Gesetzgeber dazu entschlossen hat, anders als bei § 3 Nr. 40 EStG[518] die Teilfreistellungs-

---

514 Vgl. allgemein zu der Problematik, das sich das Kirchensteueraufkommen vermindert, wenn eine Steuer, die an sich einer natürlichen Person zugeordnet wird, aus steuertechnischen Gründen so umgestaltet wird, dass sie ihr nicht mehr ohne weiteres zuordenbar ist: *Hammer*, Rechtsfragen der Kirchensteuer, S. 133 f.

515 Vgl. dazu: *Deutscher Bundestag*, BT-Drs. 18/8045, S. 53.

516 Vgl. *Petersen*, Bochumer KiSt-Tag, S. 150.

517 Vgl. *Petersen*, Bochumer KiSt-Tag, S. 150.

518 Vgl. *Levedag* in: *Schmidt 2020*, EStG, § 3 EStG, Rn. 136.

sätze schon bei der Erhebung der Kapitalertragsteuer – zumindest in der für private Anleger geltenden Höhe – zu berücksichtigen (§ 43a Abs. 2 S. 1 HS 2 u. 3 EStG).[519]

Die *Berechnung der einzubehaltenden Kapitalertragsteuer* erfolgt durch die, die Kapitalerträge auszahlende inländische Stelle, die gem. §§ 43 Abs. 1 Nr. 5, 44 Abs. 1 S. 4 Nr. 1 Buchst. a) verpflichtet ist, den Steuerabzug für Rechnung des Investmentfondsanlegers vorzunehmen.[520] Dies ist bei Investmenterträgen im Regelfall das inländische Kredit- oder Finanzdienstleistungsinstitut.[521] Die Berechnung des Steuerabzuges muss mithin für den zum Kapitalertragsteuereinbehalt Verpflichteten auch praktikabel sein und ihm müssen die dazu erforderlichen Informationen vorliegen.

Da nach der gesetzlichen Regelung des § 51a Abs. 2b EStG auch die KiSt auf Kapitalerträge im Rahmen des Steuerabzuges erhoben wird, muss die auszahlende Stelle zum einen zwischen natürlichen Personen und zum anderen zwischen Körperschaften und Personengesellschaften unterscheiden, da nur die erstgenannte Gruppe der Kirchen-Kapitalertragsteuer unterliegt. Um festzustellen, ob der Anleger Mitglied einer KiSt erhebenden Kirche ist, muss die auszahlende Stelle für Zwecke des Steuereinbehalts diese Information gem. § 51a Abs. 2c EStG elektronisch abrufen.

Bei der Berechnung der Kapitalertragsteuer ist nach der gesetzgeberischen Entscheidung auch zu berücksichtigen, dass die KiSt wiederum als Sonderausgabe die ESt im Rahmen der Veranlagung mindern würde, weshalb die Bemessungsgrundlage der Kapitalertragsteuer gem. § 43a Abs. 1 S. 2 und 3 i.V.m. § 32d Abs. 1 S. 4 und 5 EStG um 25 % der auf die Kapitalerträge entfallende KiSt ermäßigt wird. Nach geltender Rechtslage ist die Kapitalertragsteuer inklusive SolZ und KiSt von der auszahlenden Stelle für Investmenterträge wie folgt zu berechnen:[522]

$$\frac{e - e \cdot TFS}{4 + k} \cdot (1{,}055 + k)$$

519 Vgl. dazu: Kapitel 2.2.2.3.

520 Vgl. *Elser* in: *Beckmann/Scholz/Vollmer*, Investment-Handbuch, 415, § 16 InvStG (2018), Rn. 35.

521 Vgl. im Detail hierzu: *Hartrott* in: *Herrmann/Heuer/Raupach*, EStG/KStG, § 44 EStG, Rn. 16.

522 Die Formel zur Berechnung nur der ESt für Einkünfte aus Kapitalvermögen enthält § 32d Abs. 1 S. 4 EStG.

Der Buchstabe „*e*“ steht in der Formel für die Brutto-Investmenterträge. Von diesen Bruttoerträgen wird der nach dem Teilfreistellungssatz (= „*TFS*“) steuerfreie Anteile abgezogen. Die Variable „*k*“ verkörpert den Kirchensteuersatz, welcher zum einen als Teil des Divisors die Kapitalertragsteuer insgesamt mindert, zum anderen den Kapitalertragsteuersatz inklusive SolZ (= „*1,055*“) erhöht. Die ausländische Quellensteuer – welche für Zwecke der Berechnung der ESt auf Kapitalerträge in § 32d Abs. 1 S. 4 EStG nach der gesetzgeberischen Defintion als Variable „*q*“ berücksichtigt wird, entfällt hier für Zwecke der Berechnung der einzubehaltenden Steuer auf die Erträge des Investmentfonds, da auf Ebene des Investmentfonds nur inländische Beteiligungserträge der Besteuerung unterliegen (vgl. § 6 Abs. 2 InvStG).

Ein Vergleich dieser Berechnung mit einer systemkonformen Berechnung, bei welcher die Teilfreistellungssätze zur Berechnung der KiSt unberücksichtigt bleiben, zeigt, dass diese systemkonforme Rechnung nicht komplizierter ist. Die Berechnung der einzubehaltende Steuer sähe wie folgt aus:

$$(e - e \cdot TFS - \frac{e}{16+4k} \cdot k) \cdot \frac{1{,}055}{4} + \frac{e \cdot k}{4+k}$$

Im Ergebnis ist ein weiterer Rechenschritt nötig, in welchem die Kirchen-Kapitalertragsteuer auf die vollen Erträge berechnet wird unter Berücksichtigung des Umstandes, dass sie ihre eigene Bemessungsgrundlage mindert (= „$\frac{e \cdot k}{4+k}$“). Die so errechnete Kirchen-Kapitalertragsteuer wird für die Berechnung der Einkommen-Kapitalertragsteuer inklusive SolZ (= „*1,055*“) zu $\frac{1}{4}$ von den sich ergebenden steuerpflichtigen Bruttoerträgen des Investmentfonds (nach Abzug des steuerfreien Teils aufgrund der Teilfreistellung) abgezogen.

Eine systemkonforme Berechnung ist somit durch Modifikation der bisherigen Berechnungsformel um einen weiteren Rechenschritt ohne weiteres möglich. Diese Berechnung ist mathematisch gesehen nicht komplexer als die bisherige Berechnung. Für die Berechnung sind weiterhin die vier Grundrechenarten ausreichend. Im Übrigen geschieht die Berechnung heutzutage maschinell, sodass die Berechnungsformeln der zur Berechnung der Kapitalertragsteuer genutzten Programme lediglich – wie oben dargelegt – modifiziert werden müsste, um die einzubehaltende Kapitalertragsteuer steuersystematisch korrekt zu berechnen. Der Systemwechsel bei der Besteuerung von Investmentfonds und deren Anleger erforderte ohnehin umfangreiche Anpassungen der von den Banken genutzten Programme zur Berechnung der einzubehaltenden Steuer, sodass diese weitere Modifikation zu keinem nennenswerten Zusatzaufwand bei den Banken geführt hätte. Die Komplexität der Rechnung resultiert im Wesentlichen daraus, dass die Bemessungsgrundlage der Kapitalertragsteuer durch die anteilig auf diese Kapitalerträge entfallende Kirchen-Kapitalertragsteuer gemindert wird. Insoweit sieht der Gesetzgeber jedoch auch schon nach geltender Rechtslage keinen Vereinfachungsbedarf. Der zum Kapitalertragsteuerabzug Verpflichtete würde auch keine weiteren Informationen benötigen, um eine systemkonforme Berechnung ohne Berücksichtigung der Teilfreistellungssätze bei der KiSt durchzuführen.

Die Anwendung der Teilfreistellungssätze auch zur Berechnung der KiSt dürfte daher wohl schon nicht geeignet sein, eine Vereinfachung zu erreichen.

Selbst wenn man noch eine gewisse Eignung zur Vereinfachung annehmen wollte, hätte der Gesetzgeber das Prinzip der Steuervereinfachung jedenfalls nicht mit dem Totalitätsprinzip und dem Recht der Kirchen auf Erhebung einer Zuschlagsteuer zur ESt für ihre Kirchenmitglieder zu einem *sachgerechten Ausgleich* gebracht. Denn die Begünstigung der kirchensteuerpflichtigen Investmentfondsanleger geht hier nicht zu Lasten der Allgemeinheit in Form des staatlichen Steueraufkommens, sondern zu Lasten der Kirchen. Den Kirchen kommt im Rahmen des Art. 4 GG die Aufgabe zu, die Religionsfreiheit zu verwirklichen, indem sie ein Orientierungs- und Ordnungsgefüge anbieten.[523] Ähnlich, wie die Wissenschaftsfreiheit in Deutschland ohne Universitäten kaum zur Entfaltung kommt, so braucht die Religionsfreiheit die institutionelle Festigkeit in der Kirche, ihren Organisationen und Lehren als Freiheitsvoraussetzung.[524] Den hierfür erforderlichen Finanzbedarf tragen ihre Mitglieder.[525] Die Ausstattung mit den nötigen finanziellen Mitteln ist erforderlich, damit die Kirche weiterhin autonom bleibt.[526] Die KiSt ist die größte Einnahmequelle für die Kirche und ihre Erträge belaufen sich auf bis zu 90 %

523 Vgl. *Kirchhof*, Bochumer KiSt-Tag, S. 13.
524 *Kirchhof*, Bochumer KiSt-Tag, S. 24.
525 Vgl. Kapitel: 3.4.4.1.
526 Vgl. *Kirchhof*, Bochumer KiSt-Tag, S. 23.

der kirchlichen Haushalte.[527] Dadurch dass die systemwidrige Teilfreistellung zu einer erheblichen Minderung der KiSt führt, berührt sie zugleich auch die Religionsfreiheit. Denn das hier betroffene, in Art. 137 Abs. 3 WRV spezialgesetzlich konkretisierte Selbstbestimmungsrecht der Religionsgemeinschaften wird von dem Schutzbereich des Art. 4 GG mit umfasst.[528] Eine autonome Selbstorganisation der Religionsgemeinschaften erfordert ausreichende finanzielle Mittel. Die systemwidrige Berücksichtigung der Teilfreistellung im Rahmen der KiSt führt jedoch zu enormen Kirchensteuerminderungen, da die Teilfreistellung bei Anlegern von Investmentfonds bis zu 80 % der Erträge betragen kann. Demgegenüber ist hier der Vereinfachungseffekt – wenn man denn einen solchen (noch) annehmen will – derart marginal, dass dieser außer Verhältnis zu der mit der aus diesem Systembruch folgenden Beeinträchtigung der Religionsfreiheit steht. Die Anpassung der computergesteuerten Berechnung der einzubehaltenen Steuer wäre seitens der Banken relativ unkompliziert möglich.

Gleiches gilt, soweit die Berechnung der KiSt im Rahmen der Veranlagung erfolgt. Auch insoweit ist es der Finanzverwaltung zumutbar, ihre Steuerberechnungsprogramme entsprechend zu modifizieren angesichts der ansonsten hohen, systemwidrigen Kirchensteuereinbußen auf Erträge aus Investmentfonds.

Die Anwendung der Teilfreistellung als Durchbrechung des Totalitätsprinzips ist mithin nicht aufgrund des gesetzgeberischen Ziels der Steuervereinfachung begründet.

3.4.4.4 Vereinfachungszweck – Problem Verlustverrechnung

Allerdings muss in diese Überlegungen zur Steuervereinfachung auch das Folgeproblem der Verlustverrechnung miteinbezogen werden, welches sich ergibt, wenn die Teilfreistellung für Zwecke der Kirchensteuerberechnung nicht mit einbezogen wird. Dieses Problem muss bei einer Korrektur der freigestellten Investmenterträge nicht nur im Rahmen der Veranlagung zur KiSt betrachtet werden, sondern auch im Rahmen des Steuerabzuges, da die Teilfreistellung gem. § 43a Abs. 2 S. 1 EStG bereits im Rahmen des Kapitalertragsteuerabzuges berücksichtigt wird.

527 Vgl. *Mückl* in: *Isensee/Kirchhof*, HStR VII, Rn. 56.
528 *Korioth* in: *Maunz/Dürig*, GG, Art. 140 GG, Art. 137 WRV, Rn. 22.

Im Rahmen des Kapitalertragsteuerabzugs werden sowohl die positiven als auch die negativen Erträge erst nach Anwendung der Teilfreistellung gem. § 43a Abs. 3 S. 2 EStG miteinander verrechnet. Ein bestehender Verlustvortrag wird dann von diesen verbliebenen Erträgen zunächst abgezogen. Die oben dargestellte Formel zur Steuerberechnung enthält einen zu berücksichtigenden Verlustvortrag noch nicht. Sie muss insoweit noch ergänzt werden. Um einen systemkonformen Steuereinbehalt auch hinsichtlich der KiSt zu erreichen, müsste der Verlustvortrag, hier „v" noch abgezogen werden:

$$(e - e \cdot TFS - v - \frac{e-v}{16+4k} \cdot k) \cdot \frac{1,055}{4} + \frac{(e-v) \cdot k}{4+k}$$

Zudem ist zu beachten, dass es keine negative Kapitalertragsteuer gibt, somit das Gesamtergebnis mindestens Null sein muss. Schließlich muss auch das Ergebnis der ersten Klammer mindestens Null betragen, da eine positive Kirchen-Kapitalertragsteuer nicht um eine theoretisch negative Einkommen-Kapitalertragsteuer gemindert wird. Die Folgen der Verlustverrechnung verdeutlicht folgendes *Beispiel:*

Der katholische A hält in seinem Privatvermögen eine typisch stille Beteiligung und eine Beteiligung an einem Investmentfonds, der die Voraussetzungen eines Aktienfonds i.S.v. § 2 Abs. 6 InvStG erfüllt. Im Jahr 1 erzielt er Kapitalerträge aus einer typisch stillen Beteiligung i.H.v. -4.000 € und Erträge aus seinem Aktienfonds i.H.v. 5.000 €.

Es ergibt sich folgende *Lösung* des Beispielsfalls: Im Rahmen der Berechnung der Kapitalertragsteuer ist von den Investmenterträgen gem. § 20 InvStG i.V.m. § 43a Abs. 2 Hs. 2 EStG ein Anteil von 30 % steuerfrei, sodass steuerpflichtige Erträge von 3.500 € verbleiben. Verluste aus einer typisch stillen Beteiligung werden nach überwiegender Auffassung bis zur Höhe der Einlage als negative Einnahmen gem. § 20 Abs. 1 Nr. 4 EStG berücksichtigt. § 20 Abs. 9 EStG wird insoweit teleologisch reduziert.[529] Insgesamt ergeben sich damit negative Kapitalerträge i.H.v. -500 €. Eine Kapitalertragsteuer ist mithin nicht zu erheben.

Für Zwecke einer steuersystematisch korrekten Berechnung der Kirchen-Kapitalertragsteuer müsste die Teilfreistellung nun unberücksichtigt bleiben.

529 Vgl. *Levedag* in: *Schmidt 2020*, EStG, § 20 EStG, Rn. 96.

Es ergäben sich mithin insgesamt positive Kapitalerträge von 1.000 € von denen eine Kirchen-Kapitalertragsteuer i.H.v. 22,50 € einbehalten und an die Finanzverwaltung abgeführt werden müssten. Insoweit ergäbe sich bei der Berechnung im *Jahr 1* noch keine Schwierigkeit. Allerdings läuft die Minderung der Kapitalertragsteuer aufgrund des möglichen Sonderausgabenabzug der KiSt leer. Dies geschieht – mit Ausnahme des Spendenabzuges, für den ein Vortrag nicht abziehbarer Spenden auf Folgejahre gesetzlich angeordnet ist – regelmäßig bei der ESt in den Fällen, in denen die Summe der Einkünfte bereits negativ ist.[530] Ein Vortrag von Sonderausgaben in künftige Jahre, in denen sie sich steuerlich auswirken, ist nach überwiegender Auffassung nicht erforderlich,[531] zumal dies dem subjektiven Nettoprinzip nicht dienen würde. Denn es hilft dem Steuerpflichtigen in mageren Jahren nicht, dass er in Zukunft, falls sich seine Einkommenssituation verbessern sollte, er Einkommensteuerminderungen in Anspruch nehmen kann.[532] Das subjektive Nettoprinzip hat vielmehr den Zweck, die Lebensgrundlage des jeweiligen Jahres sicherstellen.[533] Im Übrigen zählen große Teile der Literatur die KiSt nicht zu den indisponiblen, der Verwirklichung des subjektiven Nettoprinzips dienenden Beträgen, sondern zu den bloß förderungswürdigen Beträgen, mit welchen der Gesetzgeber förderungswürdige Verhaltensweisen im Sinne eines Lenkungszwecks begünstige.[534]

Gem. § 43a Abs. 3 S. 3 EStG muss der zum Kapitalertragssteuerabzug Verpflichtete einen nicht ausgeglichenen Verlust auf das nächste Kalenderjahr, hier das *Jahr 2*, übertragen. Ein solcher bestünde hier für Zwecke der Einkommen-Kapitalertragsteuer i.H.v. -500 €, allerdings bestünde für die Kirchen-Kapitalertragsteuer kein Verlustvortrag. Damit läuft die Verlustberechnung für Zwecke der Kirchen-Kapitalertragsteuer und der Einkommen-

530 Vgl. *Söhn* in: *Kirchhof/Söhn/Mellinghoff*, EStG, § 10 EStG, Rn. B 203.

531 So z.B. *Desens*, FR 2011, S. 746; *Ismer*, DStJG 34 (2011), S. 110; *Kube*, DStR 2011, S. 1785; *BVerwG*, Urteil v. 20.08.2008, 9 C 9/07, NVwZ, 533 (535).

532 Vgl. *Ismer*, DStJG 34 (2011), S 110; a.A. *Englisch*, DStJG 37 (2014), S. 183.

533 Vgl. *BFH*, Beschluss v. 25.06.2004, XI B 20/03, BFH/NV 2005, 176; *FG Köln*, Beschluss v. 26.02.2004, 15 V 6362/03, EFG 2004, 909; *Desens*, FR 2011, S. 746; *Kube*, DStR 2011, S. 1785.

534 So z.B. *Kulosa* in: *Herrmann/Heuer/Raupach*, EStG/KStG, § 10 EStG, Rn. 8; *Kirchhof*, DStR 2013, S. 1869; a.A. wohl *Söhn* in: *Kirchhof/Söhn/Mellinghoff*, EStG, § 10 EStG, Rn. A 28.

Kapitalertragsteuer auseinander. Eine Feststellung unterschiedlicher Verlustvorträge ist im bisherigen Kapitalertragsteuerrecht jedoch nicht vorgesehen. Denn schon § 43a Abs. 3 S. 3 EStG spricht nur von einem nicht ausgeglichenen Verlust, benutzt also die Einzahl. Insoweit wäre schon fraglich, auf welches Ergebnis, d.h. auf welchen der beiden sich ggf. ergebenden unterschiedlich hohen, nicht ausgeglichenen Verluste abzustellen wäre. Das dürfte der sein, der sich für die Einkommen-Kapitalertragsteuer zzgl. SolZ ergibt, also der unter Berücksichtigung der Teilfreistellung von Investmenterträgen. Im Folgejahr ergäbe sich dann das Problem, wie für Kirchensteuerzwecke im Rahmen des Kapitalertragsteuerabzuges mit dem übertragenen Verlust umzugehen wäre. Ohne weitere gesetzliche Regelung, käme der im Rahmen der Einkommen-Kapitalertragsteuer nicht ausgeglichene Verlust, der auf das Folgejahr übertragen wurde, dem Steuerpflichtigen auch für Kirchen-Kapitalertragsteuerzwecke erneut zu Gute, selbst wenn er bei der KiSt (schon teilweise) im Vorjahr berücksichtigt worden ist. Das verdeutlicht eine *Fortsetzung des* oben gebildeten *Beispiels*:

Im Jahr 2 erzielt der A ausschließlich Aktienfondserträge (nur noch) i.H.v. 500 €.

Für Berechnung der Kapitalertragsteuer ist wiederum eine Teilfreistellung von 30 % zu berücksichtigen, sodass der A steuerpflichtige Erträge i.H.v. 350 € erzielt. Diese würden mit dem bestehenden Verlustvortrag ausgeglichen und es wäre keine Einkommen-Kapitalertragsteuer einzubehalten. Für die Kirchen-Kapitalertragsteuer ergäben sich nun mehrere mögliche Folgen, je nachdem, wie man die Teilfreistellung für Kirchensteuerzwecke wieder neutralisiert. Erfolgt dies im Rahmen des Kapitalertragsteuerabzugs entsprechend der oben ermittelten Formel, nach welcher die KiSt ohne Berücksichtigung einer Teilfreistellung in einem gesonderten Rechenschritt berechnet wird, käme es zu folgendem Ergebnis in der Praxis: Steuerpflichtig wären die vollen Investmenterträge i.H.v. 500 €, davon würde der Verlustvortrag von -500 € abgezogen werden, sodass keine KiSt anfiele (*Berechnungsmethode 1*). Der A würde im Rahmen der Berechnung der Kirchen-Kapitalertragsteuer mithin erneut von einem Verlustabzug i.H.v. 500 € profitieren, obwohl er ihn im Rahmen der KiSt schon im Jahr 1 verbraucht hatte. Dies würde sich auch fortsetzen, denn für das Jahr 3 würde wiederum für Zwecke der Berechnung der Kapitalertragsteuer ein einheitlicher Verlustvortrag von -150 € auf das nächste Jahr übertragen. Dies widerspräche ebenfalls dem Totalitätsprinzip, da zumindest Anleger, die mit Investmenterträgen verrechenbare Verluste erzielen, mehrfach in den Genuss der Verlustnutzung kämen.

Alternativ könnte der Gesetzgeber eine dem § 51a Abs. 2 S. 2 EStG entsprechende Regelung für die Investmenterträge treffen, was zur Folge hätte, dass auch für Zwecke der Berechnung der Kirchen-Kapitalertragsteuer zunächst die Teilfreistellung auf Investmenterträge angewendet würde. Dann würde mit diesen geminderten Erträgen zunächst die Verlustverrechnung erfolgen und erst als letzter Schritt würde auf dieses Ergebnis der Teil der Investmenterträge hinzugerechnet, der zuvor freigestellt wurde (*Berechnungsmethode 2*). Auf das obige Beispiel angewendet, würde das für A im Ergebnis bedeutet, dass im Jahr 1 bei ihm zunächst für Zwecke der Kirchen-Kapitalertragsteuer Kapitalerträge i.H.v. 0 € zu berücksichtigen wären. Denn negative Beträge unterliegen nicht der Kapitalertragsteuer, sondern werden auf das nächste Jahr übertragen. Der Teil der Investmenterträge, der freigestellt wurde – hier 30 % von 5.000 € – würden dann wieder hinzuaddiert. Somit unterlägen dem Steuerabzug für Zwecke der KiSt Kapitalerträge von insgesamt 1.500 €. Hier wird die Wirkungsweise dieser Berechnungsmethode deutlich: Es kommt für Kirchensteuerzwecke zu einer Mindestbesteuerung in Höhe der nach § 20 InvStG freigestellten Erträge, da diese für eine Verlustverrechnung nicht mehr zur Verfügung stünden.[535] Diese Wirkungsweise verdeutlicht eine *Abwandlung* des obigen Ausgangsbeispiels:

Der A erzielt im Jahr 1 Kapitalerträge i.S.v. § 20 Abs. 1 Nr. 4 EStG i.H.v. -5.000 € und Investmenterträge aus Aktienfonds i.H.v. 5.000 €.

Bei der Berechnung der Einkommen-Kapitalertragsteuer ergibt sich ein Verlust von -1.500 €, welcher auf das nächste Jahr übertragen wird. Kapitalertragsteuer wird insoweit nicht einbehalten. Im Rahmen der Berechnung der Kirchen-Kapitalertragsteuer unterliegt allerdings der Teil der freigestellten Investmenterträge, somit ein Betrag von 1.500 € (= 30 %), der Besteuerung. Insgesamt wird eine Kirchen-Kapitalertragsteuer von 33,75 € einbehalten, obwohl der A überhaupt keine positiven Kapitalerträgen erzielt hat und damit nicht leistungsfähig gewesen ist. Denn seine negativen Erträge

535 Vgl. zur verfassungsrechtlichen Zulässigkeit einer solchen Mindestbesteuerung bei § 3 Nr. 40 EStG aus Vereinfachungsgründen: *BVerwG*, Urteil v. 20.08.2008, 9 C 9/07, NVwZ, 533 (535).

entsprechen hier den vollen Investmenterträgen ohne Abzug des freizustellenden Teils. Damit beeinträchtigt diese Berechnungsmethode das objektive Nettoprinzip. Ein Ausgleich dieser Mindestbesteuerung findet erst in Folgejahren statt, falls der A ausreichend positive Erträge erzielt, mit denen der vorgetragene Verlust ausgeglichen werden kann. Der Verlustvortrag geht damit zunächst auch nicht für Kirchensteuerzwecke verloren, sondern wird erst später berücksichtigt.[536] Allerdings kann es z.B. bei einem Kirchenaustritt zu einem endgültigen Untergang eines Verlustvortrages kommen.

Der Vorteil dieser Art der Berechnung ist jedoch, dass ein einheitlicher Verlustvortrag sowohl für Zwecke der Einkommen-Kapitalertragsteuer als auch für die Kirchen-Kapitalertragsteuer festgestellt werden kann, ohne dass es – wie bei Berechnungsmethode 1 – zu einer mehrfachen Berücksichtigung von Verlustvorträgen bei der Berechnung der KiSt kommt. Die Komplexität dieser Lösung dürfte – soweit man das Steuerabzugsverfahren betrachtet – ähnlich sein, wie die zuerst dargestellte Berechnungsmethode 1.

Eine dritte Alternative wäre, ausgehend von der Berechnungsmethode 1 daneben auch eine gesonderte Feststellung des Verlustvortrages für Kirchensteuerzwecke im Steuerabzugsverfahren zu etablieren (*Berechnungsmethode 3*). Das wäre wohl die gerechteste, jedoch auch die komplizierteste Lösung, da dann zunächst die Banken für die Kapitalertragsteuererhebung neben dem allgemeinen Verlustvortrag noch einen gesonderten Verlustvortrag für Zwecke der Kirchen-Kapitalertragsteuer ermitteln und aufzeichnen müssten. Möchte der Steuerpflichtige den Verlustvortrag mit positiven Kapitalerträgen eines anderen Instituts im Rahmen der Veranlagung verrechnen lassen, müssten nun beide Verluste, der für Zwecke der Einkommen-Kapitalertragsteuer zzgl. SolZ sowie der für Zwecke der Kirchen-Kapitalertragsteuer von der Bank bescheinigt werden, bei welcher die negativen Erträge entstanden sind.

Alle drei Berechnungsalternativen lösen das Spannungsverhältnis zwischen Totalitätsprinzip und Vereinfachungszweck mit unterschiedlicher *Gewichtung* auf, wobei die zuerst dargestellte Berechnungsmethode dem Vereinfachungszweck im Rahmen des Steuerabzugsverfahrens einen deutlichen Vorzug gibt zu Lasten des Totalitätsprinzip. Die Berechnungsmethode 2 liegt

536 Vgl. dazu: *BVerwG*, Urteil v. 20.08.2008, 9 C 9/07, NVwZ, 533 (535).

mittig zwischen der Vollverwirklichung beider Prinzipien, führt zugleich aber zu einer Beeinträchtigung des objektiven Nettoprinzips dadurch, dass sie zu einer Mindestbesteuerung in Höhe der freigestellten Investmenterträge führt. Die 3. Berechnungsmethode gibt dem Totalitätsprinzip den Vorzug und verzichtet jedoch vollständig auf einen Vereinfachungszweck. Für welche dieser Lösungsmöglichkeiten sich der Gesetzgeber entscheidet, um das Verlustverrechnungsproblem infolge der Einführung eines Teilfreistellungssystems zu beseitigen, könnte dieser im Rahmen seines gesetzgeberischen Ermessens entscheiden.

Im Hinblick auf diesen bestehenden gesetzgeberischen Ermessensspielraum stellt sich schließlich die Frage, ob der Gesetzgeber zur Lösung des Problems der Verlustverrechnung nicht auch als *Alternative 4* auf eine Korrektur der Teilfreistellung für die Berechnung der KiSt im Rahmen des Kapitalertragsteuerabzuges (endgültig) verzichten kann. Denn auch dann stellt sich das Folgeproblem der Verlustverrechnung nicht, da die Bemessungsgrundlage der ESt und KiSt nicht auseinander laufen. Dies setzt jedoch voraus, dass eine systemwidrige Berücksichtigung der Teilfreistellungssätze auch im Rahmen der Kirchen-Kapitalertragsteuer geeignet ist, um im Hinblick auf die Verlustverrechnung zu einer Vereinfachung zu führen und mit dem Verzicht die widerstreitenden Steuerprinzipien, das Totalitätsprinzip, das Prinzip der Steuervereinfachung, das objektive Nettoprinzip und das Recht der Kirchen auf Erhebung einer Zuschlagsteuer zur ESt für ihre Kirchenmitglieder zur Verwirklichung der Religionsfreiheit, miteinander in einen sachgerechten Ausgleich gebracht werden.

Eine systemwidrige Anwendung der Teilfreistellung ist auch bei Vorliegen von Verlustvorträgen geeignet, eine Vereinfachung zu erreichen, da sich der vortragsfähige Verlust nicht auseinander entwickeln würde. Allerdings bringt eine systemwidrige Anwendung der Teilfreistellung die hier miteinander widerstreitenden gesetzgebersichen Ziele *zu keinem sachgerechten Ausgleich.*

Jedenfalls sind die oben vorgestellten *Berechnungsmethoden 1 und 2 nicht komplizierter* – auch unter Berücksichtigung von nicht ausgeglichenen Verlusten – und sie bringt die hier miteinander im Widerstreit stehenden gesetzgeberischen Ziele besser miteinander in Ausgleich. Die Anwendung der Teilfreistellungssätze bei der Berechnung der Kirchen-Kapitalertragsteuer führt im Hinblick auf das Leistungsfähigkeitsprinzip zu einer größeren Ungleichheit als die Nichtanwendung der Teilfreistellung. Zumindest eine Teilfreistellung von 15 % bei privaten Anlegern bzw. 30 % bei betrieblichen Anlegern dürfte ein Großteil der Anleger von Investmentfonds nämlich in Anspruch nehmen können. Denn die Investmentfonds werden regelmäßig zumindest die Voraussetzungen eines Mischfonds erfüllen, d.h. nach ihren Anlagebedingungen mindestens 25 % ihres Vermögens in Kapitalbeteiligungen anlegen (§ 2 Abs. 7 und 8 InvStG). Dass dies möglich ist und damit auch zu rechnen ist, zeigt schon die von dem Bundesministerium in Auftrag gegebene Studie zu den volkswirtschaftlichen Auswirkungen einer Reform der Investmentbesteuerung, in der es heißt, dass deutsche Investmentfonds 37 % ihres Portfolios in Aktien und 24 % in Immobilien halten (Stand Oktober 2014).[537] Die Berücksichtigung einer systemwidrigen Teilfreistellung bei der KiSt wäre damit der Regelfall.

Die Nichtanwendung der Teilfreistellung im Rahmen der Berechnungsmethode 1 im Fall eines Verlustvortrages führt dagegen im Bezug auf das Leistungsfähigkeitsprinzip sowohl quantitativ als auch qualitativ zu einer *geringeren Besteuerungsungleichheit*. In quantitativer Hinsicht kommt es nicht mehr für sämtliche Erträgen aus Investmentfonds zur Gewährung eines nicht gerechtfertigten Steuervorteils, sondern zu einem solchen käme es nur in den Fällen, in denen der kirchensteuerpflichtige Anleger neben Erträgen aus Investmentfonds verrechenbare negative Kapitaleinkünfte erzielt, die die steuerpflichtigen Investmenterträge übersteigen. Zu einer solchen Konstellation dürfte es nur in wenigen Fällen kommen. Das liegt schon an der Ausgestaltung des Kapitalertragsteuerabzuges. Denn der Kapitalertragsteuer unterliegen gem. § 43a Abs. 2 S. 1 EStG nur die Bruttoerträge ohne Abzug von Werbungskosten,[538] sodass sich ein Verlust nicht aufgrund von Werbungskosten ergeben kann. Auch wenn die Kapitalerträge zu anderen vorrangigen Einkunftsarten zählen, erfolgt ein Kapitalertragsteuerabzug auf die Bruttoerträge. Auch hier bleiben Werbungskosten und Betriebsausgaben unberücksichtigt. Ein Verlustvortrag im Rahmen des Kapitalertragsteuerabzuges ist daher nur möglich, wenn der Anleger negative Einnahmen erzielt oder wenn er Veräußerungsverluste erzielt. Allerdings führen nicht sämtliche Veräuße-

537 Siehe: *Naess-Schmidt/Sundén/Ringsted*, Volkswirtschaftliche Auswirkungen der Investmentsteuerreform, S. 20.

538 Vgl. *Levedag* in: *Schmidt 2020*, EStG, § 43a EStG, Rn. 1.

rungsverluste aus Kapitalerträgen dazu, dass es infolge der Berechnungsmethode 1 zu einer mehrfachen Berücksichtigung des gleichen Verlustabzugsbetrages kommt. Denn für Aktienveräußerungsverluste hat der Gesetzgeber in § 20 Abs. 6 S. 4 EStG einen gesonderten Verlustverrechnungskreis normiert, sodass diese nicht mit Erträgen aus Investmentfonds verrechnet werden können. Der gesonderte Verlustverrechnungskreis ist gem. § 43a Abs. 3 S. 2 EStG bereits im Rahmen des Kapitalertragsteuerabzuges zu berücksichtigen. Daher kann sich das Folgeproblem der mehrfachen Verlustverrechnung, wenn man die Teilfreistellung für die Berechnung der Kirchen-Kapitalertragsteuer nicht berücksichtigt, regelmäßig nur in den Konstellationen ergeben, in denen der Investmentfondsanleger neben Investmenterträgen negative Einnahmen aus

- gezahlten Stückzinsen,[539]
- einer Verlustzuweisung aus stiller Beteiligung (§ 20 Abs. 1 Nr. 4 EStG),
- einer Rückzahlung zuvor erhaltener und versteuerter Einnahmen[540] oder
- Verluste aus Veräußerungsgeschäften i.S.v. § 20 Abs. 2 EStG inklusive Verluste aus privaten Darlehensforderungen, die vor dem 1.1.2009 erworben wurden[541]

erzielt, die die positiven Investmenterträge übersteigen.

Auch qualitativ d.h. im Hinblick auf die Höhe des unberechtigten Steuervorteils, der sich bei Berücksichtigung der Teilfreistellung auch im Rahmen der Kirchensteuerberechnung ergibt, ist der unberechtigte Steuervorteil bei Nichtberücksichtigung der Teilfreistellung für Zwecke der KiSt – entsprechend der zuvor vorgestellten Berechnungsmethode 1 – geringer. Denn bei Berücksichtigung der Teilfreistellung im Rahmen der Kirchen-Kapitalertragsteuer entspricht der unberechtigte Steuervorteil immer genau der KiSt auf

539 *Levedag* in: *Schmidt 2020*, EStG, § 20 EStG, Rn. 184.

540 *Levedag* in: *Schmidt 2020*, EStG, § 20 EStG, Rn. 24.

541 Vgl. *BFH*, Urteil v. 24.10.2017, VIII R 13/15, BFHE 259, 535; BFH, Urteil v. 9.7.2019, X R 9/17, BFHE 265, 354; *Buge* in: *Herrmann/Heuer/Raupach*, EStG/KStG, § 20 EStG, Rn. 531; eine mit dem Gesetz zur weiteren steuerlichen Förderung der Elektromobilität und zur Änderung weiterer steuerlicher Vorschriften vom 12.12.2019, BStBl I 2019, 2451, beabsichtigte Korrektur der Rechtsprechung wurde nicht umgesetzt; vgl. *Jachmann-Michel/Grunow*, jM 2019; siehe zur Kritik an dem Gesetzesentwurf [542].

den steuerfreien Teil der Investmenterträge, somit 15–80 % der Bruttoerträge bzw. des Anteilsveräußerungsgewinns multipliziert mit dem jeweiligen Kirchensteuersatz. Kommt es bei der Nichtberücksichtigung der Teilfreistellung im Rahmen der Kirchen-Kapitalertragsteuer zu der Verlustverrechnungsproblematik, ergibt sich ein unberechtigter Steuervorteil nicht zwangsläufig in dieser Höhe. Der maximal mögliche Steuervorteil aus einer unberechtigten mehrfachen Verlustverrechnung entsteht nur, wenn der sich ergebende Nettoverlust ohne Abzug der nach § 20 InvStG freizustellenden Erträge zumindest genauso groß ist wie der nach § 20 InvStG steuerfreie Teil der Erträge. Dies zeigt folgendes Berechnungsbeispiel:

A ist Privatanleger und erzielt aus einem Aktienfonds i.S.v. § 2 Abs. 6 InvStG Erträge i.H.v. 10.000 € und negative Kapitalerträge i.S.v. § 20 Abs. 1 Nr. 4 EStG i.H.v. -8.000 € (Var. 1) bzw. -13.000 € (Var. 2) bzw. -15.000 € (Var. 3).

Es entsteht ein unberechtigte Steuervorteil zugunsten des A in Form eines bereits verbrauchten Verlustvortrages bei der KiSt in den verschiedenen Fallvarianten in unterschiedlicher Höhe:

	Var. 1	Var. 2	Var. 3
Einkommensteuerrechtlicher Verlust	-1.000 €	-6.000 €	-8.000 €
Ergebnis ohne Teilfreistellung	2.000 €	-3.000 €	-5.000 €
Unberechtigter Steuervorteil: KiSt-Satz x	1.000 €	3.000 €	3.000 €

Tabelle 3.12: Beispiel: Abhängigkeit des unberechtigten Steuervorteils von dem Verhältnis der positiven zu den negativen Kapitalerträgen

Selbst wenn es somit zu unberechtigten Steuervorteilen aufgrund des Verlustvortrages kommt, entspricht dieser unberechtigte Steuervorteil nicht zwingend dem Kirchensteuersatz auf die nach § 20 InvStG steuerfreien Investmenterträgen, sondern kann auch darunter liegen, wie hier in Variante 1 des Berechnungsbeispiels.

Im Rahmen der Veranlagung ergibt sich – jedenfalls teilweise – eine etwas andere Bewertung.

Soweit es sich bei den Investmenterträgen um Kapitalerträge i.S.v. § 20 Abs. 1 Nr. 3 EStG handelt, die einer *abgeltenden Besteuerung* gem. § 32d Abs. 1 EStG unterliegen, ergibt sich zu dem oben Gesagten nicht anderes.

Auch insoweit ist eine Regelung, nach welcher für Zwecke der Kirchensteuerberechnung die Teilfreistellung unangewendet bleibt, steuersystematsich geboten. Die hier vorgestellten Berechnungsmethoden 1 bis 3 dürften zur Einführung einer entsprechenden Regelung alle im gesetzgeberischen Entscheidungsspielraum stehen.

Anders fällt die Beurteilung aus, soweit die Investmenterträge im Rahmen der Veranlagung der *tariflichen ESt* unterliegen, also insbesondere soweit es um betriebliche Anleger geht. Denn insoweit besteht mit den Berechnungsmethoden 1 und 3 keine Möglichkeit, die widerstreitenden gesetzgeberischen Ziele zu einem angemesseneren Ausgleich miteinander zu bringen. Diese beiden Berechnungsmethoden würden nämlich wegen ihrer Komplexität, aufgrund der Tatsache, dass die Investmenterträge hier in die Summe der Einkünfte mit eingehen und nach Abzug u.a. von Sonderausgaben, Kinderfreibeträgen etc. ein Teil des zu versteuernden Einkommens i.S.v. § 2 Abs. 5 EStG bilden, das Prinzip der Steuervereinfachung zu wenig berücksichtigen. Um die KiSt ohne Berücksichtigung einer Teilfreistellung zu berechnen, wäre hier eine Schattenberechnung zur Ermittlung der KiSt notwendig, was einen großen Verwaltungsaufwand bedeutet.[543] Ob zusätzlich auch noch – wie bei Berechnungsmethode 3 – für Zwecke der KiSt ein gesonderter Verlust festgestellt wird, macht im Hinblick auf den Verwaltungsaufwand zur Berechnung der KiSt ohne Teilfreistellung auch keinen großen Unterschied mehr. Allerdings bringt auch Berechnungsmethode 2 hier die widerstreitenden gesetzgeberischen Ziele besser miteinander in Ausgleich, als dies durch die derzeitige Anwendung der Teilfreistellung auch für Kirchensteuerzwecke der Fall ist. Bei Anwendung der Berechnungsmethode 2 wird die Durchbrechung des Totalitätsprinzips beseitigt, wohingegen der Verwaltungsaufwand sich allenfalls unwesentlich erhöht.[544] Die für eine entsprechende Korrektur erforderlichen Daten erhebt die Finanzverwaltung bereits. Insbesondere werden Informationen nur über die Höhe der Investmenterträge erhoben, um

543 Vgl. dazu *BVerwG*, Urteil v. 20.08.2008, 9 C 9/07, NVwZ, 533 (535); vgl. zu den verschiedenen Berechnungsmöglichkeiten im Rahmen der Veranlagung im Bezug auf § 3 Nr. 40 EStG auch: *Petersen*, Bochumer KiSt-Tag, S. 137 ff.

544 A.A. wohl *Loschelder* in: *Schmidt 2020*, EStG, § 51a EStG, Rn. 2, der aufgrund dieser Regelung eine erhebliche Verkomplizierung des EStG annimmt und stattdessen die Anhebung der Kirchensteuersätze für am zweckmäßigsten hält.

eine Teilfreistellung für Einkommensteuerzwecke zu ermöglichen. Diesen freigestellten Teil wieder zu dem zu versteuernden Einkommen hinzuzurechnen und dann hierauf die entsprechende (fiktive) ESt und auf diese dann die KiSt zu berechnen ist, insbesondere aufgrund der maschinellen Berechnung, leicht umzusetzen. Demgegenüber ist die Beeinträchtigung des Leistungsfähigkeitsprinzips, die sich aufgrund einer Anwendung der Teilfreistellung auch für Kirchensteuerzwecke ergibt, wie dargelegt, groß und zugleich wird durch die Anwendung der Teilfreistellung und die damit verbundene Verminderung des Kirchensteueraufkommens die Religionsfreiheit berührt. Zusätzlich in die Abwägung ist allerdings auch der weitere Nachteil einzustellen, der sich aufgrund der Berechnungsmethode 2 ergäbe, nämlich die Beeinträchtigung des objektiven Nettoprinzips aufgrund einer Mindestbesteuerung im Verlustfall. Allerdings kommt es zu einer solchen Mindestbesteuerung nur in den wenigen Fällen, in denen tatsächlich ein Verlust entsteht, der mit positiven Investmenterträgen verrechenbar ist und der auch durch die Investmenterträge nicht ausgeglichen wird. Zudem wiegt die Beeinträchtigung des objektiven Nettoprinzips hier nicht schwer soweit sichergestellt ist, dass der vorgetragene Verlust irgendwann Berücksichtigung findet.[545] Daher ist die systemwidrige Anwendung der Teilfreistellung im Rahmen der KiSt sowohl im Rahmen des Kapitalertragsteuerabzugs wie auch im Rahmen der Veranlagung nicht durch gesetzgeberische Ziel der Steuervereinfachung begründet.

Abschließend sei noch eine *weitere Lösungsmöglichkeit* erwähnt, die im Hinblick auf die Verlustverrechnungsproblematik in Betracht käme. Die Teilfreistellung könnte für Zwecke der Berechnung der Kirchen-Kapitalertragsteuer weiterhin angewendet und eine Korrektur erst im Rahmen der ESt-Veranlagung durchgeführt werden, sodass es im Rahmen der Veranlagung zu einer Nacherhebung von KiSt käme. Dieser Lösung steht jedoch schon der beabsichtige Vereinfachungszweck des Gesetzgebers entgegen. Der Gesetzgeber lässt die Berücksichtigung der Teilfreistellungssätze auch schon im Rahmen des Kapitalertragsteuerabzugsverfahrens deshalb zu, damit Privatanleger, die Erträge aus Investmentfonds erzielen, nicht allein deshalb eine Veranlagung beantragen müssen, um in den Genuss der Teilfreistellung zu kommen. Da es hier – anders als bei der nachträglichen Berücksichtigung

545 So auch: *BVerwG*, Urteil v. 20.08.2008, 9 C 9/07, NVwZ, 533 (535).

einer Teilfreistellung – sogar um eine für den Steuerpflichtigen nachteilige Korrektur geht, müsste der Gesetzgeber sicherstellen, dass der entsprechende Bezieher von Investmenterträgen tatsächlich auch zur Steuerveranlagung herangezogen wird, was einen erheblichen Verwaltungsaufwand bedeuten würde und es entstünde die Gefahr, dass keine gleichmäßige Besteuerung erfolgt. Diese Lösung kommt mithin zur Beseitigung des Systembruchs nicht in Betracht.

In formaler Hinsicht besteht sowohl die Möglichkeit, dass der Bundesgesetzgeber tätig wird und § 51a EStG entsprechend ergänzt, an welchen die Landeskirchensteuergesetze anknüpfen, oder dass der Landesgesetzgeber tätig wird und eine abweichende Regelung in den Landeskirchensteuergesetzen selbst normiert. Grundsätzlich obliegt es dem Landesgesetzgeber, die KiSt in systemkonformer Weise zu regeln. Einfacher wäre es jedoch, wenn der Bundesgesetzgeber die Regelung des § 51a Abs. 2 EStG entsprechend anpasst, an welche die Landeskirchengesetze derzeit anknüpfen, auch wenn es außerhalb von dieser Anknüpfung keinen eigenständigen Anwendungsfall im Sinne einer Bundeszuschlagsteuer gibt.[546]

3.5 Anteiliges Abzugsverbot aufgrund einer Teilfreistellung

Im Zusammenhang mit der Regelung der Teilfreistellung bei der Besteuerung des Anlegers eines Investmentfonds steht auch die Sonderregelung des § 21 InvStG. Nach dieser Vorschrift werden Abzüge, die in wirtschaftlichem Zusammenhang mit solchen Investmenterträgen stehen, die zu einer Teilfreistellung i.S.v. § 20 InvStG berechtigen, bei der Ermittlung der Einkünfte nicht abgezogen, soweit sie auf diese freigestellten Erträge entfallen. Inhaltlich entspricht die Regelung mithin der des § 3c Abs. 2 EStG,[547] welche den Abzug von Betriebsvermögensminderungen, Betriebsausgaben, Veräußerungskosten oder Werbungskosten, welche mit Einnahmen i.S.v. § 3 Nr. 40 EStG in wirtschaftlichem Zusammenhang stehen, nur zu 60 % zulässt.[548]

Steuerliche Auswirkung entfaltet diese Regelung nur für die Besteuerung

546 Vgl. *Hammer*, Rechtsfragen der Kirchensteuer, S. 132.

547 Vgl. *Deutscher Bundestag*, BT-Drs. 18/8045, S. 92; *BMF*, Schreiben v. 21.05.2019, BStBl I 2019, Rn. 21.1; *Mann* in: *Blümich*, EStG/KStG/GewStG, § 21 InvStG, Rn. 1; *Patzner/Nagler* in: *Patzner/Döser/Kempf*, HK-InvestmentR, § 21 InvStG, Rn. 1.

548 Vgl. *Valta* in: *Blümich*, EStG/KStG/GewStG, § 3c EStG, Rn. 54 ff.

von Fondsanlegern, bei denen die Investmenterträge i.S.v. § 6 InvStG der tariflichen ESt unterliegen. Unterliegen sie dem gesonderten Tarif für Einkünfte aus Kapitalvermögen nach § 32d Abs. 1 EStG, greift ohnehin ein vollständiges Abzugsverbot von tatsächlichen Werbungskosten gem. § 20 Abs. 9 S. 1 EStG. Die Regelung des § 21 InvStG soll in diesen Fällen das Abzugsverbot gerade nicht überlagern und einen teilweisen Abzug ermöglichen.[549] Dies ergibt sich schon aus der gesamten Konzeption des InvStRefG. Der Gesetzgeber wollte insoweit Sonderregelungen treffen, die sich in das für private Anleger geltende System der Abgeltungssteuer einfügen. Dies zeigt schon die Anpassung des § 43a Abs. 2 EStG. Insoweit hat der Gesetzgeber normiert, dass die Teilfreistellungssätze bereits im Rahmen des Kapitalertragsteuereinbehalts zu berücksichtigen sind. Dies vor dem Hintergrund, dass für Privatanleger keine Veranlagung aufgrund von Erträgen aus Investmentfonds nötig wird.[550] Ließe er nun über § 21 InvStG auch für Privatanleger zumindest einen teilweisen Werbungskostenabzug zu, würde dieser Zweck konterkariert und ein Veranlagungsverfahren wieder erforderlich. Denn eine Berücksichtigung von Aufwendungen ist nach derzeitigem Recht im Kapitalertragsteuerverfahren nicht zulässig. Im Übrigen vertritt der Gesetzgeber im Rahmen der Abgeltungssteuer die Auffassung, dass das Werbungskostenabzugsverbot aufgrund des niedrigen Abgeltungssteuersatzes von 25 % kompensiert sei.[551] Auch für Investmenterträge bleibt es bei Privatanlegern bei diesem Steuersatz, sodass ein Werbungskostenabzug nach dieser Auffassung aus Vereinfachungsgründen unterbleiben kann und muss. Die systematische Zusammenschau des InvStG sowie des EStG zeigen mithin, dass § 21 InvStG die Regelung des § 20 Abs. 9 EStG nicht aufheben soll.

---

549 Vgl. *BMF*, Schreiben v. 21.05.2019, BStBl I 2019, Rn. 21.2; *Geringhoff* in: *Pelka/Petersen*, StB-Hdb 19/20, G. Die einzelnen Steuerarten, Rn. 473; *Mann* in: *Blümich*, EStG/KStG/GewStG, § 21 InvStG, Rn. 17; *Redert* in: *Fuhrmann/Kraeusel/Schiffers*, EStG eKommentar, § 20 EStG, Rn. 281; wohl auch: *Remmel* in: *Herrmann/Heuer/Raupach*, EStG/KStG, § 21 InvStG, Rn. 5; a.A. *Stadler/Bindl*, DStR 2016, S. 1960, der § 21 InvStG als lex specialis zu § 20 Abs. 9 EStG sieht.

550 Vgl. *Deutscher Bundestag*, BT-Drs. 18/8045, S. 91, wobei der Gesetzgeber an dieser Stelle der Begründung vorallem die zeitlichen Vorteile der Regelung für den Anleger in den Vordergrund stellt.

551 Vgl. *Deutscher Bundestag*, BT-Drs. 16/4841, S. 57; ob diese Auffassung überzeugt, kann hier offen bleiben.

Auf den Sparer-Pauschbetrag findet § 21 InvStG hingegen keine Anwendung, sodass es für Privatanleger, bei denen die Investmenterträge zu den Kapitalerträgen zählen, nicht zu einer (anteiligen) Kürzung des Sparer-Pauschbetrages kommt.[552] Betroffen sind von der Regelung mithin ausschließlich solche Anleger – natürliche wie juristische Personen – die ihren Investmentanteil im Betriebsvermögen halten.

Im Rahmen der steuersystematischen Beurteilung der Regelung ist der Streit, ob die Vorschrift des § 3c Abs. 2 EStG zu einer *Durchbrechung des objektiven Nettoprinzips* führt, auf die parallele Regelung des § 21 InvStG übertragbar.[553]

Der Gesetzgeber[554] und Teile der Literatur[555] sind der Ansicht, dass das Abzugsverbot des § 3c Abs. 2 EStG den allgemeinen Rechtsgedanken des § 3c Abs. 1 EStG verwirkliche, nach dem Aufwendungen, die im Zusammenhang mit steuerfreien Einnahmen stehen, nicht abzugsfähig seien. Denn der Abzug von Aufwendungen, welche im Zusammenhang mit nicht der Besteuerung unterliegenden Einnahmen stehen, würde zu einer doppelten Begünstigung führen.[556] Nicht der Nichtabzug, sondern der Abzug von Aufwendungen, die der Erwirtschaftung nicht steuerbarer oder steuerfreier Einnahmen dienen, bedürfe daher der Rechtfertigung.[557] Dieser Auffassung liegt eine formell-rechtliche Betrachtungsweise zu Grunde, bei der der Anteilseigner isoliert von der dahinter stehenden Körperschaft betrachtet wird.[558]

552 *Remmel* in: *Herrmann/Heuer/Raupach*, EStG/KStG, § 21 InvStG, Rn. 5.

553 Siehe zur ausführlichen Darstellung des Meinungsstreits zu § 3c EStG auch: *Desens*, Halbeinkünfteverfahren, S. 268 ff.

554 Vgl. Entwurf eines Gesetzes zur Senkung der Steuersätze und zur Reform der Unternehmensbesteuerung (Steuersenkungsgesetz – StSenkG) v. 15.2.2000, BT-Drs. 14/2683, S. 113 u. S. 124; Empfehlungen des Finanz- und Wirtschaftsausschusses des Bundesrates v. 20.9.2001, Entwurf eines Gesetzes zur Fortentwicklung des Unternehmenssteuerrechts (Unternehmenssteuerfortentwicklungsgesetz – UntStFG), BR-Drs. 638/01/01, S. 6.

555 So z.B. *Boochs* in: *Lademann*, EStG, § 3c EStG, Rn. 26; *Bujotzek*, Offene Immobilienfonds im InvStR, S. 176; *Desens* in: *Herrmann/Heuer/Raupach*, EStG/KStG, § 3c EStG, Rn. 9; siehe zu weiteren Nachweisen zu dieser Auffassung auch: *Hey*, DStR-Beih 2009, S. 111.

556 Vgl. *Hey*, DStR-Beih 2009, S. 111.

557 Vgl. *Hey*, DStR-Beih 2009, S. 111.

558 Vgl. hierzu auch: *Desens*, Halbeinkünfteverfahren, S. 6; *Desens* in: *Herrmann/Heuer/Raupach*, EStG/KStG, § 3c EStG, Rn. 10.

Teilweise wird zu § 3c Abs. 2 EStG in der Literatur hingegen vertreten, die Vorschrift durchbreche als Abzugsverbot von Aufwendungen das objektive Nettoprinzip.[559] Denn die Regelung könne nicht auf den allgemeinen Rechtsgedanken des § 3c Abs. 1 EStG gestützt werden,[560] da in Höhe der Teilfreistellung wirtschaftlich betrachtet keine steuerfreien Einkünfte vorlägen.[561] Die Teilfreistellung erfolge nämlich gerade wegen der bereits vorgenommenen Besteuerung dieser Erträge auf Ebene des Investmentfonds. Der Gesetzgeber nehme eine Einheitsbetrachtung vor und bezwecke durch eine aufeinander abgestimmte zweifache Niedrigbesteuerung eine steuerliche Einmalbelastung.[562] Es handele sich bei der Steuerbefreiung mithin lediglich um eine Technik zur Vermeidung von Mehrfachbelastungen desselben Einkommens bei unterschiedlichen Steuersubjekten.[563] Dieser Auffassung liegt mithin eine wirtschaftlich-materielle Betrachtungsweise zu Grunde, bei welcher die Körperschaft und der Anteilseigner einheitlich betrachtet werden.[564]

Teilweise wird die Frage, ob bei einer technischen Freistellung zwecks Abmilderung einer steuerlichen Vorbelastung mit KSt ein voller Abzug der mit diesen Einnahmen verbundenen Aufwendungen geboten ist, als eine Frage der Übermaßbesteuerung verstanden.[565] Auch dieser Auffassung liegt eine formell-rechtliche Betrachtungsweise zu Grunde, die zunächst auf die steuerliche Belastung des Anteilseigners abstellt und die steuerliche Vorbelastung allein als Frage der Übermaßbesteuerung versteht.[566] Diese Grenze würde erst dann überschritten, wenn Beteiligungsaufwendungen höher wären, als die korrespondierenden Einnahmen.[567]

Letztlich überzeugt allein die zweitgenannte Auffassung, welcher eine wirt-

559 So zur Regelung des § 3c: *von Beckerath* in: *Kirchhof*, EStG, § 3c EStG, Rn. 2; *Hey*, DStR-Beih 2009, S. 111; *Hey*, DStJG Sonderband (2001), S. 21; *Karrenbrock* in: *Littmann/Bitz/Pust*, EStG, § 3c EStG, Rn. 5; *Pezzer*, DStJG 25 (2002), S. 54–55.

560 So zur Regelung des § 3c Abs. 2 EStG: *Hey*, DStR-Beih 2009, S. 111.

561 so zu § 3c Abs. 2 EStG: *Hey* in: *Tipke/Lang*, Steuerrecht, Rn. 11.15.

562 Vgl. zur Regelung des § 3c Abs. 2 EStG im Halbeinkünfteverfahren: *Hey*, DStJG Sonderband (2001), S. 21.

563 So zu § 3c Abs. 2 EStG: *Hey*, DStR-Beih 2009, S. 111; *Pezzer*, DStJG 25 (2002), S. 54–55.

564 Vgl. *Desens*, Halbeinkünfteverfahren, S. 277.

565 So: *Desens*, Halbeinkünfteverfahren, S. 280; *Desens* in: *Herrmann/Heuer/Raupach*, EStG/KStG, § 3c EStG, Rn. 10.

566 Vgl. *Desens*, Halbeinkünfteverfahren, S.280.

567 So: *Desens*, Halbeinkünfteverfahren, S. 281.

schaftlich materielle Betrachtung zu Grunde liegt. Denn die beiden anderen Auffassungen, denen eine formal-rechtliche Betrachtung zu Grunde liegt, gehen aufgrund dieser Betrachtungsweise davon aus, dass es um eine Besteuerung zweier unterschiedlicher Steuersubjekte gehe.[568] Der Abzug von Aufwendungen könne nicht damit begründet werden, dass die zugehörigen Erträge bei einem anderen Steuerpflichtigen der Besteuerung unterlägen.[569] Ein solcher Wechsel des Beurteilungsmaßstabes ist allerdings zur Begründung des Abzugsverbotes nicht geeignet.[570] Denn für die Besteuerung der Einnahmen betrachtet der Gesetzgeber den Fonds und seine Anleger noch subjektübergreifend als Einheit und will eine Mehrfachbesteuerung durch die Regelung der Teilfreistellung in § 20 InvStG verhindern.[571] Dann kann sich der Gesetzgeber hinsichtlich des Abzuges von entsprechenden Ausgaben auf der Betriebsausgabenseite – anders als bei der Betriebseinnahmenseite – nicht auf die Trennung der Steuersubjekte berufen.[572] Die Teilfreistellung ist ein rechtstechnisches Instrument, mit welchem es der Gesetzgeber erreichen möchte, für ausgeschüttete Investmenterträge annähernd die gleiche Belastung zu erreichen, wie sie sich ohne Zwischenschaltung des Fonds ergäbe.[573] Das erfordert allerdings ein Abstellen auf die Nettoerträge, da nur so eine steuerliche Vorbelastung zutreffend berücksichtigt werden kann.[574] Eine unterschiedliche Behandlung der Einnahmen- und Ausgabenseite steht zu diesem gesetzgeberischen Ziel im Widerspruch und führt zu einer (teilweisen) Wiederherstellung der steuerlichen Doppelbelastung.[575] Im Extremfall ist durch das hälftige Abzugsverbot, wenn hohe Werbungskosten vorliegen, eine Gesamtsteuerbelastung von über 100 % möglich.[576] Aufgrund einer sol-

568 Vgl. zu diesem Argument m.w.N. *Pezzer*, DStJG 25 (2002), S. 54–55.

569 Aus diesem Grund lehnt *Desens*, Halbeinkünfteverfahren, S. 277 eine systematische Kritik an der Regelung bereits als unrichtige Grundannahme ab.

570 So zu § 3c Abs. 2 EStG auch: *Pezzer*, DStJG 25 (2002), S. 56.

571 So zu § 3c Abs. 2 EStG für Körperschaften und deren Anleger auch: *Otto*, DStR 2008, S. 230; *Pezzer*, DStJG 25 (2002), S. 55.

572 So zu § 3c Abs. 2 EStG auch: *BFH*, Urteil v. 19.06.2007, VIII R 69/05, BStBl. II 2008, 551 (553); *von Beckerath* in: *Kirchhof*, EStG, § 3c EStG, Rn. 2; *Hundsdoerfer*, BB 2001, S. 2245; *Otto*, DStR 2008, S. 230 u. 474; *Pezzer*, DStJG 25 (2002), S. 55.

573 Vgl zu § 3c Abs. 2 EStG: *BFH*, Urteil v. 19.06.2007, VIII R 69/05, BStBl. II 2008, 551 (553); *Otto*, DStR 2008, S. 230.

574 Vgl. so zu § 3c Abs. 2 EStG: *Otto*, DStR 2008, S. 230.

575 So zu § 3c Abs. 2 EStG: *Otto*, DStR 2008, S. 230.

576 Vgl. mit einem Rechenbeispiel: *Otto*, Besteuerung gewinnausschüttender Körperschaf-

chen unterschiedlichen Behandlung werden Fondsanleger, denen Aufwendungen im Zusammenhang mit der Fondsanlage entstanden sind, nicht mehr entsprechend ihrer steuerlichen Leistungsfähigkeit besteuert.

Dementsprechend stellt der anteilige Ausschluss von Aufwendungen im Zusammenhang mit Erträgen, die unter die Teilfreistellung fallen, eine Durchbrechung des objektiven Nettoprinzips dar.[577]

Eine solche Durchbrechung des objektiven Nettoprinzips bedarf einer *Begründung*. Für die Regelung des § 3c Abs. 2 EStG sieht der BFH diese Durchbrechung aufgrund des Interesses des Gesetzgebers an der Gleichbehandlung von laufenden Kapitalerträgen und Veräußerungsgewinnen als begründet an.[578] Diese Argumentation ist widersprüchlich. Denn im Ergebnis führt die Erstreckung des Abzugsverbots auf die laufenden Aufwendungen der Sache nach gerade nicht zu einem Gleichlauf von Veräußerung und Ausschüttung.[579] Denn der nur teilweise Ansatz der Anschaffungskosten bei der Ermittlung des Veräußerungsgewinns nach dem Halb-/Teileinkünfteverfahren resultiert aus der gewählten Technik in § 3 Nr. 40 S. 1 Buchst. b, c und j EStG, einen Teil der Bruttogröße „Veräußerungspreis" steuerfrei zu stellen.[580] Dann aber darf hiermit korrespondierend auch nur der entsprechende Anteil der Anschaffungskosten zum Abzug zugelassen werden.[581] Würden die vollen Anschaffungskosten abgesetzt, käme es zu einer Doppelentlastung.[582] Das Ziel der Gleichbehandlung von Ausschüttung und Veräußerung wird daher durch die Gleichbehandlung der Aufwandsseite nicht erreicht, sondern konterkariert.[583]

Zudem berücksichtigt der BFH auch kompensierend, dass der Anteilseigner selbst dann von einer steuerlichen Freistellung profitiert, wenn überhaupt

---

ten, S. 460; *Hundsdoerfer*, BB 2001, S. 2245.

577 So zu § 3c Abs. 2 EStG auch: *BFH*, Urteil v. 19.06.2007, VIII R 69/05, BStBl. II 2008, 551 (553); *Hey*, DStJG Sonderband (2001), S. 21; ; *Otto*, DStR 2008, S. 230; dies räumt auch *Desens*, Halbeinkünfteverfahren, S. 276, ein, wenn man eine wirtschaftliche Betrachtungsweise zu Grunde legt.

578 Vgl. *BFH*, Urteil v. 19.06.2007, VIII R 69/05, BStBl. II 2008, 551 (553).

579 Vgl. zu § 3c Abs. 2 EStG: *Hey*, DStR-Beih 2009, S. 111.

580 Vgl. zu § 3c Abs. 2 EStG: *Hey*, DStR-Beih 2009, S. 111.

581 Vgl. zu § 3c Abs. 2 EStG: *Hey*, DStR-Beih 2009, S. 111.

582 Vgl. zu § 3c Abs. 2 EStG: *Hey*, DStR-Beih 2009, S. 111.

583 Vgl. zu § 3c Abs. 2 EStG: *von Beckerath* in: *Kirchhof*, EStG, § 3c EStG, Rn. 2; *Hey*, DStR-Beih 2009, S. 111.

kein erkennbarer Zusammenhang zwischen dem Veräußerungsgewinn und einer steuerlichen Vorbelastung besteht,[584] also in den Fällen, in denen sich die These von der Totalausschüttung als falsch erweist, weil ein überhöhter Kaufpreis aufgrund künftiger Gewinnerwartungen gezahlt wurde, welche sich so nicht realisieren.[585] Eine solche kompensierende Berücksichtigung ist zur Rechtfertigung der Durchbrechung des objektiven Nettoprinzips aufgrund des teilweisen Abzugsverbots der mit den Investmenterträgen im Zusammenhang stehenden Aufwendungen hingegen nicht möglich.[586] Denn das Entstehen von solchen Aufwendungen steht in keinem Zusammenhang dazu, dass der Veräußerungsgewinn Gewinnerwartungen mit vergütetet, die sich ggf. später nicht realisieren. Das Zusammenfallen beider Sachverhalte wäre bloß zufällig. Der Nachteil und das Kompensationsmittel stehen in keinem Austauschverhältnis.[587] Der Gesetzgeber hat vielmehr eine Totalausschüttung in Fällen der Anteilsveräußerung allein aus Vereinfachungsgründen unterstellt, da eine Teilfreistellung bloß auf die offenen Rücklagen nicht praktikabel gewesen wäre.[588] Dass es dadurch in einzelnen Fällen zu einer Überkompensation kommen kann, ermöglicht keine Begründung des anteiligen Aufwendungsabzugsverbots, sondern begründet nur die typisierende Anwendung der Teilfreistellungssätze auch auf Veräußerungsgewinne aufgrund von Vereinfachungszwecken.

Es gibt mithin für das Abzugsverbot keine steuersystematische Begründung.[589]

3.6 Die Vorabpauschale

Die Vorabpauschale ist in der neuen Systematik der Besteuerung von Investmentfonds neben der teilweisen Steuerbefreiung des Investmentfonds und der Teilfreistellung der Investmenterträge die dritte Komponente, die die end-

584 Vgl. *BFH*, Urteil v. 19.06.2007, VIII R 69/05, BStBl. II 2008, 551 (554).
585 Vgl. *Desens*, Halbeinkünfteverfahren, S. 142 ff..
586 So im Ergebnis auch: *Otto*, DStR 2008, S. 231.
587 So zu § 3c Abs. 2 EStG im Ergebnis auch: *Hey*, DStR-Beih 2009, S. 111.
588 Vgl. *Desens*, Halbeinkünfteverfahren, S. 145.
589 So auch: *Beckmann/Scholz/Vollmer*, Investment-Handbuch, 415, § 21 InvStG (2018), Rn. 5; Ebenso zu § 3c Abs. 2 EStG: *von Beckerath* in: *Kirchhof*, EStG, § 3c EStG, Rn. 2; *Otto*, DStR 2008, S. 320; *Pezzer*, DStJG 25 (2002), S. 54–55; a.A. *Mann* in: *Blümich*, EStG/KStG/GewStG, § 21 InvStG, Rn. 6.

gültige Ertragsteuerbelastung der Investmenterträge mitbestimmt.[590] Kennzeichen der Vorabpauschale ist eine Besteuerung auf Anlegerebene losgelöst von den tatsächlichen Ertragsverhältnissen des Investmentfonds und den auf Fondsebene angefallenen Einkünften.[591]

Teilweise wird in der Literatur in der Regelung der Vorabpauschale eine Durchbrechung des Trennungsprinzips gesehen.[592] Eine solche Durchbrechung läge vor, wenn Erträge des Investmentfonds, die bei ihm zu einer Erhöhung der Leistungsfähigkeit führen, beim Anleger d.h. bei einem anderen Steuersubjekt besteuert würden. Damit einher ginge möglicherweise eine Durchbrechung des Realisationsprinzips auf Anlegerebene.[593] Denn es würden Erträge beim Anleger besteuert, die seine Leistungsfähigkeit mangels Ausschüttung noch nicht erhöht hätten, sondern die weiterhin die eigene (temporäre) Leistungsfähigkeit des Investmentfonds erhöhten.

Ob diese beiden Prinzipien hier durchbrochen werden, hängt zunächst von der Frage ab, was der Gesetzgeber mit der Regelung bezwecken wollte, d.h. was die Vorabpauschale in typisierender Weise abbilden soll.

3.6.1 Zweck der Vorabpauschale

Zunächst kann die Regelung des § 18 InvStG als Ersatz für die vorherige Regelung der ausschüttungsgleichen Erträge verstanden werden, die nun in typisierender Weise die auf Ebene des Investmentfonds nicht besteuerten, thesaurierten Erträge abbilden und die dem Anleger vor einer tatsächlichen Realisation zugerechnet werden sollen.[594]

Die Vorabpauschale könnte aber auch als bloßer Ausgleich für einen Steuerstundungseffekt verstanden werden, der entsteht, weil privilegierte Erträge auf Ebene des Investmentfonds unbesteuert bleiben und erst bei späte-

590 Vgl. Kapitel 3.1.2.2.
591 *Dyckmans*, Ubg 2015, S. 536; *Hagen/Lang*, StbJb 16/17, S. 588; *Höring*, StBp 2019, S. 237; *Remmel* in: *Herrmann/Heuer/Raupach*, EStG/KStG, § 17 InvStG, Rn. 1.
592 *Jetter/Mager*, SteuK 2016, S. 26.
593 So: *Bundessteuerberaterkammer*, Stellungnahme zum InvStRefG, S. 5.
594 Vgl.: *Anzinger*, Stellungnahme zu dem Gesetzentwurf der Bundesregierung zum InvStRefG, S. 8; *Faller/Wolf/Brielmaier*, DB 2016, S. 491; *Ebner*, NWB-EV 2017, S. 486; *Remmel* in: *Herrmann/Heuer/Raupach*, EStG/KStG, § 18 InvStG, Rn. 1; *Höring*, StBp 2019, S. 237; *Zinowsky/Grabowski*, IRZ 2017, S. 204.

rer Ausschüttung an den Anteilseigner besteuert werden.[595] In diesem Fall könnte man in der Regelung möglicherweise eine typisierte und pauschalierte Besteuerung der Leistungsfähigkeit des Anlegers selbst in Höhe eines erzielbaren Zins auf die erst später zu zahlende ESt auf Investmenterträge sehen. Dann läge schon keine Durchbrechung des Trennungsprinzips und des Realisationsprinzips vor.

Die *Gesetzesbegründung* lässt nicht eindeutig erkennen, welches Verständnis der Gesetzgeber zu Grunde gelegt hat. Einerseits führt er „erhebliche Steuerstundungseffekte" an, die sich ohne die Besteuerung einer Vorabpauschale auf Anlegerebene, also bei einer reinen Cashflow-Besteuerung ergäben.[596] Dies spricht zunächst für eine Zielsetzung der Vorabpauschale als Ausgleich für Steuerstundungseffekte. Teilweise führt der Gesetzgeber als Grund für die Vorabpauschale auch die Verhinderung von Steuergestaltungen aufgrund einer zeitlich unbeschränkten Steuerstundungsmöglichkeit an sowie die Verstetigung des Steueraufkommens.[597] Schließlich stellt er auch darauf ab, dass eine reine Cashflow-Besteuerung zu einer Begünstigung der Erträge führe, die auf Ebene des Investmentfonds thesauriert würden,[598] was für eine Ersatzfunktion der Vorabpauschale für die im früheren Investmentsteuerrecht geltende Regelung zur Besteuerung der ausschüttungsgleichen Erträge auf Anlegerebene spricht. Sehr deutlich wird ein solches Verständnis des Gesetzgebers von der Vorabpauschale in der Berechnung zu den sich aus dem InvStRefG ergebenden Steuermehr- und -mindereinnahmen. Hier taucht die Vorabpauschale als „Vorabpauschale für thesaurierte Erträge von Publikumsfonds anstelle der Besteuerung ausschüttungsgleicher Erträge" auf.[599] Die Gesetzesbegründung spricht mithin eher für ein Verständnis im Sinne der erstgenannten Auffassung. Entscheidend ist jedoch, ob sich ein solches Verständnis auch in der tatsächlichen Regelung niedergeschlagen hat.

Eine *steuersystematische Betrachtung* ergibt folgendes: Für ein Verständnis der Regelung als Ausgleich des Steuerstundungseffektes spricht, dass der Gesetzgeber sich zur Bestimmung der Höhe der Vorabpauschale am risikolo-

595 So *Anzinger*, Stellungnahme zu dem Gesetzentwurf der Bundesregierung zum InvStRefG, S. 8.
596 *Deutscher Bundestag*, BT-Drs. 18/8045, S. 88.
597 *Deutscher Bundestag*, BT-Drs. 18/8045, S. 55.
598 *Deutscher Bundestag*, BT-Drs. 18/8045, S. 88.
599 *Deutscher Bundestag*, BT-Drs. 18/8045, S. 57.

sen Marktzins orientiert. Denn wollte der Gesetzgeber die ausschüttungsgleichen Erträge mit der Vorabpauschale ersetzen, im Sinne einer vorgezogenen Besteuerung von thesaurierten Erträgen, wäre der Basiszins ein zu niedriger Wert und man müsste auf den Basiszins plus Marktrisikoprämie abstellen.[600] Auf diesen zu niedrigen Wert könnte der Gesetzgeber jedoch auch aus Vereinfachungsgründen abgestellt haben.

Entscheidend gegen ein Verständnis der Regelung als Ausgleich eines Steuerstundungseffekts und für ein Verständnis der Vorabpauschale als Ersatz für die Regelung der ausschüttungsgleichen Erträge spricht hingegen, dass die Teilfreistellungssätze in voller Höhe Anwendung auf die Vorabpauschale finden.[601] Ebenso wird die Vorabpauschale in voller Höhe bei der Ermittlung des Veräußerungserlöses des Investmentanteils abgezogen (§ 19 Abs. 1 S. 3 InvStG). Damit verdeutlicht der Gesetzgeber sein Verständnis von der Vorabpauschale dahingehend, dass diese eine vorweggenommene Besteuerung der im späteren Veräußerungserlös enthaltenen thesaurierten Erträge in typisierender Weise abbilden soll[602] und keine Regelung zum bloßen Ausgleich von Zinseffekten aufgrund der Steuerstundung sein soll. Denn hätte der Gesetzgeber solche Zinseffekte in pauschaler Weise der Besteuerung unterwerfen wollen, hätte die Belastung mit der Vorabpauschale zur Umsetzung dieses Zweckes definitiv sein müssen.[603] Zudem wäre dann auch die Anwendung der Teilfreistellungssätze auf die Vorabpauschale nicht sachgerecht.

Nach dem Zweck der Regelung – die auf Ebene des Investmentfonds steuerfrei thesaurierten Erträge abzubilden und bei dem Anleger der Besteuerung zu unterwerfen – könnte daher eine Durchbrechung sowohl des Trennungs- als auch des Realisationsprinzips vorliegen.

600 Vgl. dazu *Deutscher Bundestag*, Wortprotokoll der 78. Sitzung des Finanzausschusses zum Investmentsteuerreformgesetz, Protokoll-Nr. 18/78, S. 36, Antwort von *Anzinger* auf die Frage, ob er die Konstruktion der Vorabpauschale für gelungen halte.

601 Vgl. *Anzinger*, Stellungnahme zu dem Gesetzentwurf der Bundesregierung zum InvStRefG, S. 8.

602 So auch *Höring*, StBp 2019, S. 238.

603 *Anzinger*, Stellungnahme zu dem Gesetzentwurf der Bundesregierung zum InvStRefG, S. 8.

3.6.2 Vorliegen eines Systembruchs

Eine *Durchbrechung des Realisationsprinzips* durch die Regelung der Vorabpauschale liegt nur vor, wenn die Investmenterträge in Form der Vorabpauschale tatsächlich noch nicht von dem Anleger realisiert wurden. Aufgrund des bestehenden Dualismus der Einkünfte unterscheidet sich der Zeitpunkt, in dem der Fondsanleger die Investmenterträge realisiert danach, ob die Beteiligung zu dessen Privatvermögen oder dessen Betriebsvermögen zählt.

Im Privatvermögen werden Erträge grundsätzlich gem. § 11 Abs. 1 S. 1 EStG erst mit dem Zufluss realisiert. Das ist bei Einnahmen grundsätzlich der Zeitpunkt, in dem der Steuerpflichtige über sie wirtschaftlich verfügen kann.[604] Der Zufluss findet bei Investmenterträgen nach dieser Grundregel – ohne Berücksichtigung steuerlicher Zuflussfiktionen, welche Durchbrechungen des Realisationsprinzips darstellen – an dem Tag statt, der als Tag der Ausschüttung bestimmt worden ist und an dem das depotführende Kreditinstitut die Erträge dem Anteilinhaber valutarisch gutschreibt.[605] Da die Vorabpauschale auf Ebene des Investmentfonds thesaurierte Erträge typisierend abbilden soll, hat insoweit auf Seiten des Privatanlegers keine Realisation der Erträge stattgefunden, da dem Anleger diese Erträge gerade noch nicht gutgeschrieben werden, sondern im Investmentfondsvermögen verbleiben.

Wird der Investmentanteil von dem Anleger in seinem Betriebsvermögen gehalten, realisieren sich die von dem Investmentfonds erwirtschafteten Erträge nach dem Realisationsprinzip im Zeitpunkt ihrer wirtschaftlichen Verwirklichung. Dies setzt zumindest die rechtswirksame Entstehung einer Forderung voraus.[606] Zu einer Realisation kommt es für Investmenterträge auf Ebene des betrieblichen Anlegers – wie bei sonstigen Körperschaftsteuersubjekten[607] – grundsätzlich erst im Zeitpunkt der Beschlussfassung über die Ausschüttung.[608] Ein solcher Ausschüttungsbeschluss wurde für die the-

604 *Martini* in: *Blümich*, EStG/KStG/GewStG, § 11 EStG, Rn. 20.

605 Vgl. *Wenzel* in: *Blümich*, EStG/KStG/GewStG, § 2 InvStG 2004, Rn. 10; *Zeller*, DStR 2005, S. 902, dort Fn. 33.

606 *Zwirner/Heyd* in: *Pelka/Petersen*, StB-Hdb 19/20, A. ABC der Buchführung, Bilanzierung und Bewertung, Rn. 110b.

607 Vgl. dazu: *Schmidt/Kliem* in: *Grottel/Schmidt/Schubert/Störk*, Beck Bil-Komm., § 275 HGB, Rn. 177; *Heyes/Thelen/Elprana* in: *Heidel/Schall*, HGB, § 252, Rn. 45 ff.

608 Vgl. *Wenzel* in: *Blümich*, EStG/KStG/GewStG, § 2 InvStG 2004, Rn. 10; *Zeller*, DStR 2005, S. 901.

saurierten Erträge, welche die Vorabpauschale abbilden soll, gerade nicht gefasst.

Die Regelung der Vorabpauschale durchbricht mithin das Realisationsprinzip unabhängig davon, ob die Investmenterträge bei dem Anleger zum Privatvermögen oder dessen Betriebsvermögen zählen.[609]

Zugleich führt die Regelung auch zu einer *Durchbrechung des Trennungsprinzips*, da die Vorabpauschale Erträge abbildet, die von dem Investmentvermögen realisiert wurden und dessen Leistungsfähigkeit erhöht haben, aber bei diesem nicht der Besteuerung unterliegen.[610] Stattdessen werden sie bereits bei dem Anleger besteuert und damit nicht bei dem nach der Steuersystematik richtigen Steuersubjekt.

3.6.3 Gründe für den Systembruch

Möglicherweise könnte diese Durchbrechung des Trennungs- und Realisationsprinzips mit einer gegenwartsnahen Besteuerung begründet sein. Ob es ein solches, materiell-rechtliches Prinzip gibt, ist in der Literatur umstritten.[611] Dieser Streit muss hier jedoch nicht entschieden werden. Denn selbst die Vertreter der Auffassung, die ein Prinzip der gegenwartsnahen Besteuerung anerkennen, sehen dieses in den Vorschriften zum Zeitpunkt der Steuerentstehung (insb. §§ 37 Abs. 1 und Abs. 4, 38 Abs. 2 S. 2, 44 Abs. 1 S. 2 EStG) begründet.[612] Die Entstehung der Steuer setzt zuvor allerdings die Verwirklichung des Einkommensteuertatbestandes – mithin auch eine Realisation von Erträgen – voraus. Das Prinzip der gegenwartsnahen Besteuerung, wenn man denn ein solches anerkennen wollte, knüpft daher an das Realisationsprinzip an, kann dieses jedoch nicht durchbrechen.

Die Besteuerung der Vorabpauschale könnte jedoch im Rahmen der vom Gesetzgeber vorgenommen Steuersubjekt übergreifenden Gesamtbetrachtung

609 a.A. wohl *Bujotzek*, Offene Immobilienfonds im InvStR, S. 83 f., der für die vergleichbare Problematik bei ausschüttungsgleichen Erträgen schon den Systembruch ablehnt, anstatt dessen Rechtfertigung zu bejahen.

610 Siehe dazu bereits Kapitel 3.1.2.

611 Dafür z.B. *Kirchhof*, FS Lang, S. 460; *Kirchhof*, DStJG 24 (2001), S. 18; *Palm*, DStR 2002, S. 156; a.A. *Hey* in: *Tipke/Lang*, Steuerrecht, Rn. 8.44; *Seer*, BB 2004, S. 2274; *Tipke*, StuW 1971, S. 16; *Tipke*, Die Steuerrechtsordnung Bd. II, S. 755 f.; zu weiteren Nachweisen siehe auch: *Ismer*, DStJG 34 (2011), S. 100 ff..

612 Vgl. *Kirchhof*, Besteuerung im Verfassungsstaat, S. 41.

der Steuerbelastung von Investmenterträgen eine bloße (negative) Kompensation für den Vorteil darstellen, dass bestimmte Erträge auf Ebene des Investmentfonds steuerfrei thesauriert werden können.[613] Zu diesen Erträgen, die infolge der Regelungen des § 6 Abs. 2 bis 5 InvStG von der KSt befreit sind und deren Steuerbefreiung auch wirtschaftlich zu einem Vorteil führt, zählen im wesentlichen jedoch nur folgende Erträge:[614]

- Ausländische Einkünfte, soweit diese nicht aufgrund eines DBA ohnehin steuerfrei zu stellen wären, oder soweit durch Anrechnung von tatsächlich entstandener ausländischer Quellensteuer die KSt auf diese Einkünfte ohnehin auf 0 € sinken würde,
- inländische Zinsen, die nicht unter § 49 Abs. 1 Nr. 5 Buchst. c Doppelbuchst. aa EStG fallen,
- Gewinne aus der Veräußerung inländischer Beteiligungen an Kapitalgesellschaften, soweit diese bei einem Investmentfonds mit Ansässigkeit in einem DBA-Staat nicht aufgrund eines DBA steuerfrei zu stellen wären und
- Gewinne aus der Veräußerung ausländischer Beteiligungen an Kapitalgesellschaften von inländischen Investmentfonds, soweit nicht ausnahmsweise ausländische Quellensteuer bis zur Höhe der KSt von 15 % anzurechnen wäre.

Soweit in der Literatur Bedenken dahingehend geäußert werden, dass die sachliche Steuerbefreiung inländischer Investmentfonds mit ihren ausländischen Erträgen zu einer Ungleichbehandlung zwischen Investmentfonds und sonstigen Körperschaften führen könnte, da die Aktionäre dieser Körperschaften auch keine thesaurierten Gewinne vor Ausschüttung in Form einer Vorabpauschale besteuern müssen,[615] lassen diese Bedenken gerade den steuerlichen Vorteil auf Ebene des Investmentfonds – die teilweise sachlichen Steuerbefreiung des Investmentfonds – außer Betracht. Insoweit besteht schon keine Vergleichbarkeit zwischen den Investmentfonds und den sonstigen Körperschaftsteuersubjekten.

---

613 Siehe Kapitel 3.1.2.

614 Vgl. dazu: Kapitel 3.1.2.2 und 3.1.2.3

615 Vgl. zu diesen Bedenken: *Geringhoff* in: *Pelka/Petersen*, StB-Hdb 19/20, G. Die einzelnen Steuerarten, Rn. 480.

3.6.3.1 Vorabpauschale als negative Kompensation

Voraussetzung für eine Kompensation ist jedoch unter anderem, dass eine *ausreichende sachliche Verknüpfung* zwischen dem Vorteil der steuerfreien Thesaurierung bestimmter Erträge auf Ebene des Investmentfonds und der negativen Kompensation auf Ebene des Investmentfondsanlegers durch die Vorabpauschale besteht. Ein solcher bestünde, wenn dem Anleger nur die tatsächlich auf Ebene des Investmentfonds steuerfrei thesaurierten Erträge unter Berücksichtigung von DBA-Freistellungen und anzurechnender Quellensteuer zugerechnet und bei ihm besteuert würden. Dies war bei den ausschüttungsgleichen Erträgen i.S.v. § 1 Abs. 3 S. 3 InvStG i.d.F. vor dem InvStRefG der Fall, soweit sie nicht ausdrücklich thesaurierungsprivilegiert waren[616] und mithin ein nicht kompensierter Vorteil bis zur tatsächlichen Ausschüttung verblieb. Insoweit wurden die ausschüttungsgleichen Erträge wie die ausgeschütteten Erträge auf Ebene des Investmentfonds unter Abzug von Werbungskosten ermittelt und dem Anleger entsprechend seiner gehaltenen Investmentanteile fiktiv zugerechnet.[617] Die Vorabpauschale knüpft jedoch nicht an die konkrete Höhe der thesaurierten Erträge an.

Die Vorabpauschale könnte solche steuerfrei thesaurierbaren Erträge jedoch *in typisierender Weise abbilden*. Dazu müsste die Regelung der Vorabpauschale geeignet sein, den wirtschaftlichen Vorteil der Nichtbesteuerung bestimmter thesaurierter Investmenterträge unter Berücksichtigung einer ansonsten – im Falle der Besteuerung – ggf. möglichen DBA-Freistellung oder Anrechnung von ausländischer Quellensteuer auf Ebene des Investmentfonds abzubilden. Hierzu ist sie aufgrund ihrer Berechnungsweise grundsätzlich geeignet:

Die Vorabpauschale geht zunächst vom Rücknahmepreis des Investmentanteils aus und multipliziert diesen mit 70 % des Zinssatzes, der aus der langfristig erzielbaren Rendite öffentlicher Anleihen abgeleitet wird.[618] Mittels dieser Berechnung ist es grundsätzlich möglich, die jährlichen Erträge eines Investmentfonds (thesaurierte und ausgeschüttete Erträge) als Schätzwert zu ermitteln. Denn der Rücknahmepreis ergibt sich aus dem Nettoinventarwert des Sondervermögens je Anteil ggf. abzüglich eines Abschlages, der

616 Vgl. *Bödecker/Ernst/Hartmann*, BeckOK InvStG 2004, § 1 InvStG, Rn. 244.
617 Vgl. *Bödecker/Ernst/Hartmann*, BeckOK InvStG 2004, § 1 InvStG, Rn. 245 f.
618 Vgl. *Kral/Watzlaw*, BB 2018, S. 2718.

gem. § 165 Abs. 2 Nr. 21 KAGB zuvor im Prospekt festgelegt worden sein muss.[619] Der Wert gibt mithin das investierte Nettovermögen wieder, im Falle eines Abschlages einen insoweit darunter liegenden Wert. Der mit diesem Wert multiplizierte Basiszinssatz liegt jedoch deutlich unter der marktüblichen Durchschnittsrendite von Investmentfonds. Für das Jahr 2018 beträgt der Basiszinssatz entsprechend der aus der Zinsstruktur abgeleiteten Rendite für Bundeswertpapiere mit einer Restlaufzeit von 15 Jahren[620] gemäß § 18 Abs. 4 InvStG 0,87 % pro Jahr.[621] Demgegenüber beträgt die durchschnittliche jährliche Rendite für einen deutschen Aktienfonds bei einer Anlage über den Zeitraum 1990 bis einschließlich 2017 nach den vom BVI ermittelten Daten um die 6,7 % pro Jahr und bei einem globalen Rentenfonds um die 4,3 % pro Jahr.[622] Da Investmentfonds regelmäßig auch in risikobehaftete Geldanlagen investierten, dürfte der im Wege der Typisierung zu Grunde gelegte Basiszinssatz regelmäßig niedriger als die tatsächlichen Investmenterträge, jedenfalls bei langfristig gehaltenen Investmentfonds, sein.[623] Problematisch ist diese Typisierung allerdings auch, soweit sie auf kurzfristig gehaltene Investmentfonds Anwendung findet. Die jährlichen Renditen von Investmentfonds schwanken mitunter sehr stark, vor allem bei Aktienfonds.[624] Im Fall der kurzfristigen Anlage gleichen sich die Ertragsschwankungen nicht über die Laufzeit aus. Daher kann der Basisertrag in diesen Fällen über der tatsächlich erzielten Rendite des Investmentfonds liegen. Diese möglichen Abweichungen führen jedoch nicht dazu, dass der vom Gesetzgeber bewusst eher niedrig angesetzte Basisertrag ungeeignet wäre, die Investmenterträge abzubilden. Vielmehr ist dieser Umstand bei der Beurteilung der Frage zu berücksichtigen, ob dem Gesetzgeber mit dieser typisierenden Regelung ein

619 Siehe zur Legaldefinition des Rücknahmepreises § 71 Abs. 3 KAGB.

620 Vgl. *Kral/Watzlaw*, BB 2018, S. 2718; Die tagesaktuellen Werte sind abrufbar unter: https://www.bundesbank.de/Navigation/DE/Statistiken/Zeitreihen_Datenbanken/Geld_und_Kapitalmaerkte/geld_und_kapitalmaerkte_details_value_node.html?tsId=BBK01.WT3414&listId=www_skms_it03b.

621 Vgl. *Bundesministerium der Finanzen*, Basiszinssatz zur Berechnung der Vorabpauschale gemäß § 18 Abs. 4 InvStG, IV C 1 - S 1980-1/14/10001, BStBl I 2018, 249.

622 *Bundesverband Investment und Asset Management e.V.*, Jahrbuch 2018, S. 52.

623 Vgl. *Deutscher Bundestag*, Wortprotokoll der 78. Sitzung des Finanzausschusses zum Investmentsteuerreformgesetz, Protokoll-Nr. 18/78, S. 36.

624 Siehe dazu durch durchschnittliche Wertentwicklung des BVI für deutsche Aktienfonds seit 1990: *Bundesverband Investment und Asset Management e.V.*, Jahrbuch 2018, S. 52.

sachgerechter Ausgleich zwischen dem Ziel der Steuervereinfachung, dem Realisationsprinzip, dem Trennungsprinzip und dem Ziel der Abmilderung der Mehrfachbesteuerung von Investmenterträgen im Rahmen einer Gesamtbetrachtung aller Steuersubjekte gelungen ist. Der Rücknahmepreis des Investmentanteils zum Jahresbeginn multipliziert mit 70 % des Basiszinssatzes (= Basisertrag) ist daher grundsätzlich geeignet in pauschaler Weise die gesamten Investmenterträge abzubilden. Der Abschlag von 30 % soll die durchschnittlichen Verwaltungskosten des Investmentfonds in pauschaler Weise abbilden, welche die künftigen Investmenterträge des Investmentfondsanlegers mindern.[625] Eine Berücksichtigung dieser Aufwendungen ist grundsätzlich sachgerecht.

Von dem Basisertrag wird gem. § 18 Abs. 1 S. 1 InvStG der Betrag der Ausschüttungen des Investmentfonds abgezogen, da diese bereits gem. § 16 Abs. 1 Nr. 1 InvStG einer Besteuerung unterlegen haben.[626] Es verbleiben mithin die typisierend ermittelten gesamten thesaurierten Erträge.

Um tatsächlich nur den wirtschaftlichen Vorteil zu erfassen, der durch die Nichtbesteuerung bestimmter Erträge aufgrund des § 6 Abs. 2 InvStG entsteht, müssen noch die Erträge ausgeschieden werden, die auf Ebene des Investmentfonds bereits der KSt von 15 % unterliegen und es müssen die Erträge ausgeschieden werden, für welche die Regelung des § 6 Abs. 2 InvStG bei wirtschaftlicher Betrachtung keine Steuerbefreiung bewirkt, da diese Erträge ohnehin im Falle der unbeschränkten Steuerpflicht des Investmentfonds aufgrund eines DBA steuerfrei zu stellen wären oder eine ausländische Quellensteuer auf die sich aus diesen Erträgen ergebende KSt anzurechnen wäre. Genau diese beiden Zwecke erfüllt die Teilfreistellung, denn sie soll sowohl die inländische wie auch die ausländische steuerliche Vorbelastung der Erträge auf Fondesebene kompensieren.[627] Deshalb sind die Teilfreistellungssätze des § 20 InvStG auch auf die Vorabpauschale anzuwenden, um die thesaurierten Erträge auszuscheiden, für die sich trotz Thesaurierung aufgrund einer vorherigen Besteuerung kein wirtschaftlicher Vorteil ergibt. Ansonsten käme es zu einer Mehrfachbelastung der Erträge, die bereits einer steuerli-

625 Vgl. *Kral/Watzlaw*, BB 2018, S. 2718.
626 Vgl. *Kral/Watzlaw*, BB 2018, S. 2718.
627 Siehe dazu bereits: Kapitel 3.4.2.1.2.

chen Vorbelastung (z.B. auf Ebene des Investmentfonds) unterlagen.[628] Der vom Anleger zu versteuernde steuerpflichtige Teil der Vorabpauschale bildet somit grundsätzlich in typisierender und pauschalierender Weise den Teil der auf Ebene des Investmentfonds steuerfrei thesaurierten Erträge – unter Berücksichtigung einer ansonsten möglichen Freistellung nach einem Doppelbesteuerungsabkommen oder einer Quellensteueranrechnung – ab.

Die tatsächliche Höhe dieses wirtschaftlichen Vorteils auf Fondsebene wird die Vorabpauschale jedoch regelmäßig nicht widerspiegeln, sondern aufgrund der Anknüpfung an den Basiszinssatz wohl regelmäßig hinter diesem Vorteil zurückbleiben. Im Einzelfall kann sie diesen Vorteil jedoch auch übersteigen.

Zu einer *Unterkompensation* kommt es regelmäßig dann, wenn das Nettovermögen des Investmentfonds eine höhere Rendite als 70 % des Basiszinssatzes erzielt und zumindest einen Teil dieser Erträge thesauriert und diese thesaurierten Erträge nicht ohnehin – im Falle ihrer Steuerpflicht – nach einem DBA steuerfrei zu stellen wären oder die auf diese Erträge anfallende Steuer vollständig aufgrund einer anrechenbaren Quellensteuer aufgezehrt würde.

Zu einer *Überkompensation* und damit zu einer Besteuerung von Erträgen, die tatsächlich nicht entstanden sind, kann es zum einen dann kommen, wenn der Investmentfonds tatsächlich eine niedrigere Rendite als den Basisertrag, gar keine Rendite oder sogar einen Verlust erzielt. Der Gesetzgeber hat sich zwar bemüht, die Vorabpauschale in solchen Fällen auf die tatsächlichen Wertsteigerungen zu begrenzen, um eine Übermaßbesteuerung zu vermeiden,[629] allerdings ist ihm dies nicht in allen Fällen gelungen. Nach der gesetzgeberischen Konzeption beträgt die Vorabpauschale maximal die Differenz zwischen dem Rücknahmepreis des Investmentanteils zum Jahresanfang und zum Jahresende.[630] Gibt es keine Wertsteigerung, fällt keine Vorabpauschale an. Ist die Wertsteigerung geringer als der Basisertrag, fällt die Vorabpauschale nur in dieser niedrigeren Höhe an. Allerdings verhindert diese Regelung einen zu hohen Ansatz der Vorabpauschale nur, wenn ein gestiegener Wert des Investmentfonds zum Jahresende tatsächlich nur von dem Investmentfonds erwirtschaftete thesaurierte Erträge widerspiegelt. Dies ist

628 Vgl. *Höring*, StBp 2019, S. 240.
629 Vgl. *Deutscher Bundestag*, BT-Drs. 18/8045, S. 88.
630 *Deutscher Bundestag*, BT-Drs. 18/8045, S. 89.

jedoch nicht zwingend der Fall. Soweit der Preis allein aufgrund künftiger Ertragshoffnungen und -erwartungen der Marktteilnehmer gestiegen ist, die sich später tatsächlich nicht realisieren, kann die Regelung eine (negative) Überkompensation in Form einer Übermaßbesteuerung nicht verhindern.[631]

Noch häufiger dürfte es allerdings zu einer Überkompensation durch die Vorabpauschale kommen, wenn die vom Investmentfonds erwirtschafteten Erträge stark schwanken und es in einem Jahr zu einem Verlust kommt, im nächsten Jahr zu einem Gewinn. Dies liegt daran, dass nach der gesetzgeberischen Konzeption keine negative Vorabpauschale zu berücksichtigen ist. Erwirtschaftet ein voll thesaurierender Investmentfonds im Jahr 1 einen Verlust i.H.v. 2.000 € und im nächsten Jahr einen Gewinn von 1.000 €, so hat der Investmentfonds seit seiner Auflegung im Jahr 1 keine Erträge erzielt, sondern im Ergebnis immer noch einen Verlust von 1.000 €. Dennoch müssten im Jahr 2 die Anleger des Investmentfonds eine Vorabpauschale versteuern. Denn der Verlust im Jahr 1 wirkt sich wirtschaftlich in dieser Höhe auf den Rücknahmepreis des Investmentfonds aus, sodass dieser unter die Anschaffungskosten fällt. Von diesem gesunkenen Wert geht nun die Berechnung der Vorabpauschale für das Jahr 2 aus. Da der Rücknahmepreis zum Jahresende aufgrund der erwirtschafteten Erträge wieder gestiegen ist, findet auch keine Beschränkung der Vorabpauschale statt.[632]

Zudem kann es auch zu einer Überkompensation des steuerlichen Vorteils auf Ebene des Investmentfonds durch die Regelung des § 6 Abs. 2 InvStG kommen, wenn ein ausländischer Investmentfonds ausschließlich solche Erträge erzielt, die im Falle einer Steuerpflicht nach einem DBA steuerfrei zu stellen wären, beispielsweise Einkünfte aus unbeweglichem Vermögen in einem Staat, dessen mit Deutschland geschlossenes DBA dem OECD-MA entspricht. In diesem Fall entsteht auf Ebene des Investmentfonds kein steuerlicher Vorteil, der mit der Zurechnung einer Vorabpauschale an den Anleger kompensiert werden könnte. Dennoch würde eine Vorabpauschale – wenn auch unter Berücksichtigung entsprechender Teilfreistellungssätze und da-

631 Vgl. dazu: *Naess-Schmidt/Sundén/Ringsted*, Volkswirtschaftliche Auswirkungen der Investmentsteuerreform, S. 17.

632 Siehe zu diesem Beispiel: *Bundesverband der Lohnsteuerhilfevereine e.V.*, Stellungnahme zum InvStRefG, S. 3; ein weiteres Beispiel findet sich bei *Kammeter*, ISR 2016, S. 105.

mit in niedriger Höhe – anfallen, obwohl es keiner negativen Kompensation bedarf.

Soweit es zu Über- bzw. Unterkompensationen kommt, müssten diese begründet sein. Als Begründung kommt zunächst das mit der Besteuerungsgerechtigkeit widerstreitende gesetzgeberische Ziel der Steuervereinfachung in Betracht.

3.6.3.2 Vereinfachungszweck

Die Kompensation der Erträge, die auf Ebene des Investmentfonds thesauriert werden und dort nicht der Besteuerung unterliegen, nur im Wege einer typisierenden und pauschalierenden Ertragszurechnung auf Anlegerebene in Form der Vorabpauschale, ist grundsätzlich wohl geeignet, eine Vereinfachung herbeizuführen. Die pauschalierende Ertragszurechnung ist grundsätzlich mit geringerem Aufwand verbunden, als die tatsächliche Ermittlung der steuerfrei thesaurierten Erträge auf Ebene des Investmentfonds und die Berücksichtigung dieser auf Anlegerebene. Dies gilt insbesondere, wenn es sich um einen ausländischen Investmentfonds handelt, dessen Erträge die deutsche Finanzverwaltung praktisch schon nicht ermitteln kann, während die Rücknahmepreise bzw. als Ersatzwert gem. § 18 Abs. 1 S. 4 InvStG der Börsen- oder Marktpreis des ausländischen Investmentanteils für die deutsche Finanzverwaltung ermittelbar ist.

Fraglich ist allerdings, ob der Gesetzgeber keine *andere gleich oder besser geeignete Möglichkeit* hatte, die widerstreitenden gesetzgeberischen Ziele miteinander in Ausgleich zu bringen.

Ein *vollständiger Verzicht auf die Vorabpauschale* wäre insoweit zwar noch einfacher, würde allerdings dazu führen, dass keine Kompensation des steuerlichen Vorteils der Nichtbesteuerung eines Teils der Erträge auf Ebene des Investmentfonds auch bei Thesaurierung dieser Erträge erfolgt. Eine solche Regelung ginge daher zu Lasten des Totalitätsprinzips und würde zu einer Steuerbegünstigung von Investmentfondsanlegern – auch gegenüber Anlegern von Kapitalgesellschaften – führen.

Eine andere Möglichkeit wäre die *Besteuerung sämtlicher Erträge auf Ebene des Investmentfonds* gewesen, sodass eine Ertragszurechnung im Wege der Vorabpauschale entbehrlich wäre. Auch das Problem, dass DBA-Freistellungen und Quellensteueranrechnungen typisierend berücksichtigt werden müssten, würde wegfallen, da diese im Fall der Steuerpflicht des Investmentfonds auch mit diesen Einkünften wieder auf Ebene des Investmentfonds tatsächlich berücksichtigt werden könnten. Insofern würde der Gesetzgeber sowohl das Prinzip der Steuervereinfachung, als auch das Totalitätsprinzip, das Realisationsprinzip, das Trennungsprinzip und das Prinzip der Einmalbesteuerung von wirtschaftlich gleichen Erträgen bei unterschiedlichen Steuersubjekten besser miteinander in Einklang bringen. Denn es würden dann auf Ebene des Investmentfonds die tatsächlichen Erträge in voller Höhe besteuert werden, sodass einerseits keine Gefahr der Besteuerung von Erträgen bestünde, die tatsächlich nicht erzielt wurden, und andererseits infolge von Unterkompensationen keine Begünstigungen von Anlegern in Form eines Thesaurierungsprivilegs entstünden. Der Wegfall der Möglichkeit einer steuerfreien Thesaurierung auf Ebene des Investmentfonds und die sich daraus ergebende höhere steuerliche Vorbelastung der Investmenterträge müsste wiederum in die Teilfreistellungsätze eingepreist werden. Gleichzeitig müssten die Teilfreistellungssätze um pauschal berücksichtigte DBA-Freistellungen und anrechenbarer Quellensteuer nach unten korrigiert werden, da diese im Fall der Steuerpflicht dieser Erträge auf Ebene des Investmentfonds in tatsächlicher Höhe berücksichtigt werden könnten. Auch insofern ergäbe sich eine Vereinfachung, da dann zumindest auf Ebene des Investmentfonds sämtliche Erträge in gleicher Höhe einer steuerlichen Vorbelastung unterlegen hätten. So ließe sich das Prinzip der Einmalbesteuerung von wirtschaftlich gleichen Erträgen einfacher erreichen. Das Totalitäts- und das Realisationsprinzip würden durch eine solche Regelung nicht mehr durchbrochen. Eine dem Teileinkünfteverfahren entsprechende Ausgestaltung der Investmentbesteuerung wäre mithin besser geeignet gewesen die bisher genannten gesetzgeberischen Ziele und bestehenden Besteuerungsprinzipien miteinander in Ausgleich zu bringen.

Die Regelung der Vorabpauschale ist, soweit sie zu einer *Überkompensation* des sich aus der sachlichen Steuerbefreiung des § 6 Abs. 2 InvStG ergebenden Besteuerungsvorteils aufgrund einer diesen Vorteil übersteigenden Vorabpauschale führt, *nicht sachgerecht*. Der Gesetzgeber geht insofern deshalb noch von einer Angemessenheit der Regelung aus, weil die während der Besitzzeit angesetzten Vorabpauschalen bei Veräußerung des Investmentanteils gem. § 19 InvStG von dem Veräußerungsgewinn in voller

Höhe abgezogen werden, auch dann, wenn es dadurch zu einem Veräußerungsverlust kommt.[633] Ob eine sich aufgrund dieser Regelung grundsätzlich nur temporär ergebende Übermaßbesteuerung aufgrund des verfolgten Vereinfachungszweckes noch begründbar ist, kann hier offen bleiben. Denn entgegen der Auffassung des Gesetzgebers ist durch den Abzug der Vorabpauschale gerade nicht sichergestellt, dass die Besteuerung von tatsächlich nicht entstandenen Investmenterträgen bei der Veräußerung des Investmentanteils wieder korrigiert wird. Denn Verluste aus Kapitalvermögen dürfen gem. § 20 Abs. 5 EStG jedenfalls bei Anlegern, die ihre Beteiligung im Privatvermögen halten und daher Einkünfte i.S.v. § 20 EStG erzielen, nicht mit Einkünften aus anderen Einkunftsarten verrechnet werden. Wenn der Anleger daher keine künftigen positiven Kapitalerträge erzielt, die mit einem Verlust aus der Veräußerung des Investmentanteils verrechenbar sind, wird die Besteuerung der tatsächlich nicht entstandenen Investmenterträge im Wege der Vorabpauschale definitiv.[634] Demgegenüber könnte der Gesetzgeber eine mögliche Übermaßbesteuerung mit dem Verzicht auf die Vorabpauschale oder durch die Berücksichtigung einer negativen Vorabpauschale leicht verhindern. Zudem könnte er auch sämtliche Investmenterträge in dem gleichen Umfang besteuern, wie Erträge nach der allgemeinen Systematik des Körperschaftsteuerrechts der Besteuerung unterliegen und eine Teilfreistellung zwecks Kompensation dieser steuerlichen Vorbelastung gewähren.

Soweit die Regelung der Vorabpauschale aufgrund ihrer Berechnungsweise die erzielten Investmenterträge regelmäßig zu niedrig abbildet, weil sie nicht an die typische Rendite eines Investmentfonds anknüpft, sondern die Rendite anhand der langfristig erzielbaren Rendite öffentlicher Anleihen ableitet (*Unterkompensation*), ist sie ebenfalls *nicht sachgerecht*. Insoweit wird der Vorteil der Möglichkeit der steuerfreien Thesaurierung bestimmter Erträge auf Ebene des Investmentfonds nicht ausgeglichen und es verbleibt ein Steuerstundungsvorteil.[635] Eine Anknüpfung an eine realitätsgerechtere Berechnungsgrundlage als den Basiszinssatz z.B. durch Erhöhung des Basiszins um eine Marktrisikoprämie wäre nicht komplizierter, zumal der anzuwen-

633 Vgl. *Deutscher Bundestag*, BT-Drs. 18/8045, S. 90.
634 Vgl. *Bundesverband der Lohnsteuerhilfevereine e.V.*, Stellungnahme zum InvStRefG, S. 3; *Bundesrat*, BR-Drs. 119/1/16, S. 12.
635 Vgl. *Höring*, StBp 2019, S. 239; *Kral/Watzlaw*, BB 2018, S. 2718.

dende Zins durch die Finanzverwaltung veröffentlicht wird. Wenn der Gesetzgeber schon eine im Rahmen der Steuererhebung derart komplexe Regelung[636] zur Verhinderung ungerechtfertigter Steuerstundungsvorteile installiert, dann sollte er auch an zutreffende Berechnungsgrundlagen anknüpfen.

Eine sich ergebende Über- bzw. Unterkompensation kann mithin nicht vollumfänglich mit dem Ziel der Steuervereinfachung begründet werden.

3.6.3.3 Missbrauchsvermeidung

Soweit die Regelung zur Vorabpauschale zu Überkompensationen führen kann, ist dies auch nicht durch das gesetzgeberische Ziel der Missbrauchsvermeidung begründet. Eine Missbrauchsmöglichkeit entsteht erst durch die gesetzgeberische Konzeption der sachlichen Beschränkung der Steuerpflicht des Investmentfonds auf die in § 6 Abs. 2 InvStG genannten Ertragsarten. Erst die sich hieraus ergebende Möglichkeit der steuerfreien Thesaurierung eröffnet insoweit die Gefahr der dauerhaften Thesaurierung und des möglichen Wegzugs des Anlegers in einen ausländischen Staat vor Ausschüttung, wie es der Gesetzgeber in seiner Gesetzesbegründung befürchtet. Auch diese Gefahr ließe sich bereits genauso einfach mit einer vollumfänglichen Besteuerung auf Ebene des Investmentfonds verringern, da die Erträge auf Ebene des Investmentfonds dann zumindest einer Mindestbesteuerung von 15 % unterliegen würden.[637] Jedenfalls erfordert das Ziel des Gesetzgebers einen Missbrauch der steuerfreien Thesaurierungsmöglichkeit auf Ebene des Investmentfonds zu verhindern keine Übermaßbesteuerung.

3.6.3.4 Förder- und Lenkungszwecke

Eine Begründung für einen regelmäßig verbleibenden Steuerstundungsvorteil aufgrund der zu niedrigen Berechnung der Vorabpauschale könnte man in dem Erhalt der Wettbewerbsfähigkeit des Standorts Deutschland im Bereich der Investitionen über Investmentfonds als Förder- und Lenkungszweck sehen. Ob der Gesetzgeber tatsächlich eine solche Förderung beabsichtigt hat, ist aber schon zweifelhaft. Insofern wird eine erforderliche Entlastungsentscheidung des Gesetzgebers in dem InvStRefG ebenso wenig wie in der Gesetzesbegründung zum InvStRefG deutlich. In dieser Allgemeinheit wird

636 Vgl. *Höring*, StBp 2019, S. 243; *Kral/Watzlaw*, BB 2018, S. 2722.
637 Vgl. *Deutscher Bundestag*, BT-Drs. 18/8045, S. 88.

man einen Förderzweck auch deshalb nicht annehmen können, weil eine Vorabpauschale regelmäßig nur von unbeschränkt steuerpflichtigen Investmentfondsanlegern zu versteuern ist. Denn die Vorabpauschale zählt grundsätzlich zu den Einkünften gem. § 20 Abs. 1 Nr. 2 EStG, welche nicht zu den inländischen Einkünften i.S.v. § 49 Abs. 1 EStG zählen.[638] Eine zu niedrig bemessene Vorabpauschale wirkt sich für ausländische Anleger deutscher Investmentfonds mithin nicht aus und kann somit auch nicht zu einem Vorteil Deutschlands im Wettbewerb um ausländisches Kapital führen. Eine zu niedrig bemessene Vorabpauschale könnte damit allenfalls die Entscheidung von in Deutschland unbeschränkt steuerpflichtigen Personen der Geldanlage in Investmentfonds anstelle einer Direktinvestition fördern. Auch dagegen spricht jedoch, dass die Höhe der Begünstigungswirkung bei den Investmentfondsanlegern von bloßen Zufälligkeiten abhängt, nämlich insbesondere davon, in welcher Höhe ein Investmentfonds tatsächlich eine steuerlich nicht vorbelastete Rendite erzielt. Je höher die Rendite über dem Basiszinssatz liegt, desto größer fällt die Differenz zwischen der Vorabpauschale und den auf Ebene des Investmentfonds steuerfrei thesaurierten Erträgen aus. Zudem käme es zu einer solchen Begünstigung gerade nur bei langen Thesaurierungszeiten. Die Einführung einer Vorabpauschale durch den Gesetzgeber zeigt aber schon, dass er einer dauerhaften Thesaurierung von Erträgen gerade entgegenwirken möchte. Zudem kann Folge der Vorabpauschale auch eine Überkompensation sein mit dem Ergebnis der Besteuerung von Erträgen, die tatsächlich nicht entstanden sind. Eine daraus resultierende mögliche Übermaßbesteuerung stünde einem entsprechenden Förderungszweck ebenfalls entgegen. Ein Förderungszweck hat sich mithin nicht im Gesetz niedergeschlagen, sondern eine solche Förderung ist allenfalls versehentlich erfolgt, da aufgrund der Anknüpfung an den Basiszinssatz die Vorabpauschale grundsätzlich zu niedrig bemessen ist.

3.6.3.5 Beseitigung des Systembruchs

Der Gesetzgeber könnte den Systembruch beseitigen, indem er entweder sämtliche Erträge des Investmentfonds der Besteuerung unterwirft und die Teilfreistellungssätze entsprechend anpasst, oder indem er zumindest sicher-

638 Vgl. *Kral/Watzlaw*, BB 2018, S. 2717.

stellt, dass es infolge der Vorabpauschale nicht zu einer definitiven Besteuerung tatsächlich auf Ebene des Investmentfonds nicht entstandener Erträge kommt. Dies könnte er beispielsweise erreichen, indem er auch eine negative Vorabpauschale zulässt. Dann käme es infolge der Vorabpauschale jedenfalls nicht mehr zu einer Überkompensation.

Durch die Berücksichtigung einer negativen Vorabpauschale würde zumindest das Risiko einer Überkompensation des wirtschaftlichen Vorteils der Nichtbesteuerung bestimmter Erträge auf Ebene des Investmentfonds verringert, da Schwankungen des Rücknahmepreises des Investmentfonds nicht mehr zu einer Besteuerung von Erträgen führen könnten, die tatsächlich nicht angefallen sind. Ein solches Risiko bestünde jedoch jedenfalls in den Fällen weiterhin, in denen die Vorabpauschale anhand des Kurswert des Investmentfonds ermittelt wird und dieser aufgrund künftiger Ertragserwartungen gestiegen ist, welche sich letztlich aber nicht realisieren. Zudem ginge eine solche Regelung zu Lasten des Prinzips der Steuervereinfachung. Die Komplexität dürfte steigen, da insbesondere bei Investmentfonds mit starken Wertschwankungen nun für deren Anleger regelmäßig Verlustvorträge festgestellt werden müssten. Dies müsste entweder im Rahmen der Veranlagung erfolgen oder bei Privatanlegern bei der Bank durch die Führung eines Verlustverrechnungstopfs bzw. ebenfalls im Rahmen einer dann notwendigen Veranlagung, soweit der Privatanleger die Verrechnung dieser Verluste mit positiven Kapitalerträgen bei einem anderen Institut begehrt (vgl. §§ 32d Abs. 4, 43a Abs. 3 S. 4, 20 Abs. 6 EStG). Auch würde eine solche Regelung die Durchbrechung des Realisationsprinzips nicht beseitigen. Der Anleger muss weiterhin Erträge versteuern, ohne dass ihm hierfür Liquidität zur Verfügung steht.[639]

Daher dürfte der erstgenannte Vorschlag, welcher der derzeitigen Konzeption der Besteuerung von Körperschaften und ihrer Anleger entspricht, am besten geeignet sein, die hier im Widerstreit gesetzgeberischen Ziele miteinander in Einklang zu bringen. Ein Verstoß gegen das Realisationsprinzip läge dann nicht mehr vor. Bei zutreffender Höhe der kompensierenden Teilfreistellung würde auch eine Abmilderung einer Mehrfachbesteuerung der Investmenterträge in typisierender und pauschalierendender Weise weiterhin

---

639 Vgl. *Kral/Watzlaw*, BB 2018, S. 2721.

erreicht. Eine solche Regelung wäre jedenfalls auch nicht komplizierter als das mit dem InvStRefG geschaffene System der Teilfreistellung in Kombination mit der teilweisen sachlichen Steuerbefreiung des Investmentfonds und der Vorabpauschale. Soweit der Gesetzgeber aufgrund der Anwendung des derzeitigen Körperschaftsteuerrecht auch auf Investmentfonds Wettbewerbsnachteile fürchten sollte, sollte er eine Lösung nicht in der Schaffung eines Sonderrechts zur Besteuerung von Investmentfonds und ihrer Anleger suchen, sondern er sollte die Regelungen, aufgrund welcher sich Standortnachteile ergeben, insgesamt für sämtliche Körperschaftsteuersubjekte und deren Anleger abbauen.

Kapitel 4

Zusammenfassung

Mit dem Investmentsteuerreformgesetz hat der Gesetzgeber gezeigt, dass eine konsequente Umsetzung von Belastungsentscheidungen und damit die Schaffung eines von dem Steuerpflichtigen als gerecht empfundenes Besteuerungssubsystems gelingen kann.

Bei dem Investmentsteuerrecht handelt es sich nicht um ein eigenes Besteuerungssystem mit einer neuen eigenständigen Belastungsentscheidung, sondern um Sonderregelungen für die Besteuerung von Investmentfonds und ihren Anlegern zu dem System der Einkommen-, Körperschaft- und GewSt. Indem der Gesetzgeber für die Besteuerung an diese Systematik anknüpft, übernimmt er zugleich auch für die Besteuerung von Investmentfonds und ihren Anlegern jeweils die im Einkommen-, Körperschaft- und Gewerbesteuerrecht getroffene Belastungsentscheidung, welche er mittels Rechtsprinzipien weiter konkretisiert hat.[1] Soweit der Gesetzgeber von diesen Prinzipien im Rahmen des InvStG abgewichen ist, erfolgte dies überwiegend dann und insoweit, wie dies zur Erreichung einer Steuervereinfachung oder eines von ihm verfolgten Förder- und Lenkungszweckes erforderlich ist.

So hat der Gesetzgeber die Einordnung der Investmentfonds, welche – soweit sie inländischem Aufsichtsrecht unterfallen – nur in der Rechtsform eines Sondervermögens oder einer Investmentaktiengesellschaft errichtet werden können, unter Berücksichtigung des Realisationsprinzips folgerichtig als Körperschaftsteuersubjekte i.S.v. § 1 Abs. 1 Nr. 5 KStG eingeordnet. Denn in beiden Rechtsformen schirmt der Investmentfonds die von ihm erwirtschafteten Erträge bis zur Fassung eines formellen Ausschüttungsbeschlusses regelmäßig ab.[2] Auch eine Durchbrechung des Totalitätsprinzips und ggf. des Welteinkommensprinzips aufgrund der sachlichen Steuerbefreiung von Investmentfonds von der Körperschaftsteuer mit ihren ausländischen Erträgen gem. § 6 Abs. 2 bis 5 InvStG ist teilweise aus Gründen der Steuervereinfachung gerechtfertigt und ein im Übrigen verbleibender Steuervorteil wird

1 Siehe Kapitel 2.4.
2 Siehe Kapitel 3.1.1.3.

über die Regelung der Vorabpauschale in Kombination mit der Regelung über die Teilfreistellung ausgeglichen.[3]

Die in dieser Arbeit dennoch festgestellten unbegründeten Systembrüche, haben ihre Ursache überwiegend nicht in dem neuen System des Investmentsteuerrechts, sondern bereits im bestehenden Ertragsteuersystem.[4] Teilweise hat der Gesetzgeber im Ertragsteuerrecht bestehende Systembrüche oder unzureichend umgesetzte Förder- und Lenkungsziele für das Investmentsteuerrecht isoliert mittels einer Sonderregelung korrigiert, anstatt insoweit insgesamt für das gesamte Ertragsteuerrecht eine entsprechende Korrektur vorzunehmen.

So hat er die sich aus dem Teileinkünfteverfahren ergebende definitive Steuerbelastung auf Erträge aus Kapitalgesellschaftsbeteiligungen für steuerbegünstigte Anleger i.S.v. § 44a Abs. 7 S. 1 EStG im Investmentsteuerrecht auf Ebene des Investmentfonds durch eine sachliche Steuerbefreiung des Fonds, soweit an ihm solche begünstigten Anleger beteiligt sind, beseitigt. Dies diente dem Ziel, die gemeinnützigen Zwecke dieser Anleger besser zu fördern. Denn bei steuerbefreiten gemeinnützigen Anlegern liefe eine Kompensation der steuerlichen Vorbelastung wegen der Steuerbefreiung leer. Für die Besteuerung der übrigen Körperschaftsteuersubjekte, die nicht als Investmentfonds qualifizieren, hat er diese Entscheidung jedoch nicht übernommen und verwirklicht den mit der Steuerbefreiung dieser Anleger intendierten Lenkungszweck nur in einer eingeschränkteren Weise und nimmt eine steuerliche Belastung von Beteiligungserträgen auch solcher steuerbegünstigter Anleger in Kauf. Indem er sich nun für das Investmentsteuerrecht für eine effektivere Umsetzung seines Lenkungszwecks entschieden hat, dürfte auch für das allgemeine Körperschaftsteuerrecht die politische Diskussion über die definitive Belastungswirkung für Fälle, in denen eine Kompensation auf Anlegerebene leer läuft, wieder angefacht werden.[5]

Auch für die Erhebung der Kapitalertragsteuer hat er für Investmentfonds eine Korrektur vorgenommen, indem er lediglich eine Kapitalertragsteuer von 15 % gegenüber Investmentfonds als Anleger erhebt, da diese auch nur in

3 Vgl. Kapitel 3.1.2.2 f. und 3.6.3.1.

4 Ähnlich auch: *Anzinger*, FR 2016, S. 110, der die Probleme des früher geltenden Investmentseuerrechts im Kapitalertragsteuerrecht verortet.

5 Vgl. Kapitel 3.1.3.

dieser Höhe der Kapitalertragsteuer unterliegen. Warum er für die sonstigen Körperschaftsteuersubjekte weiterhin an einem Kapitalertragsteuersatz von 25 % festhält und damit den späteren Steueranspruch übersichert, bleibt offen. Sich insoweit auf eine Vereinfachung des Steuerabzuges für die zum Abzug Verpflichteten zu berufen, überzeugt nicht. Denn der Gesetzgeber trifft selbst die Wertung, dass eine gerechte Erhebung der Kapitalertragsteuer gegenüber Investmentfonds wichtiger ist als die Erhebung nur eines einzigen Kapitalertragsteuersatzes gegenüber allen Anlegern. Denn er mutet es dem zum Abzug Verpflichteten zu, eine Unterscheidung zwischen den Investmentfonds und den anderen Anlegern zu treffen. Für diese Unterscheidung hat er eine sog. Statusbescheinigung eingeführt, in welcher die Finanzbehörde den Status als Investmentfonds für Zwecke des Kapitalertragsteuerabzuges bescheinigen muss (vgl. § 7 Abs. 3 f InvStG). Den Verwaltungsmehraufwand nimmt er in Kauf und hält eine Steuervereinfachung gerade nicht für ausreichend, um den zunächst zu hohen Einbehalt von Kapitalertragsteuer zu rechtfertigen. Warum er dies für die übrigen Körperschaftsteuersubjekte anders sieht und diesen nicht die Einholung einer Statusbescheinigung ermöglicht, bleibt offen.[6]

Das InvStRefG zeigt auch deutlich die derzeit wegen der Regelung des § 32 Abs. 1 Nr. 2 KStG bestehenden gravierenden steuersystematischen Probleme im Kapitalertragsteuerrecht für die sonstigen Körperschaftsteuersubjekte auf, die nicht als Investmentfonds qualifizieren. Aufgrund dieser Regelung behandelt der Gesetzgeber unbeschränkt und beschränkt steuerpflichtige Körperschaften ungleich. Denn er hat für sämtliche beschränkt steuerpflichtigen Körperschaftsteuersubjekte eine abgeltende Bruttobesteuerung von Beteiligungserträgen angeordnet, wohingegen bei unbeschränkt steuerpflichtigen Körperschaften der Steuereinbehalt keine abgeltende Wirkung entfaltet und die Beteiligungserträge im Rahmen der Veranlagung lediglich netto einer Besteuerung unterliegen. Diese Unterscheidung ist nicht durch den Zweck der Steuervereinfachung gerechtfertigt, da sie nicht danach getroffen worden ist, ob die Körperschaft ohnehin zur Abgabe einer Steuererklärung verpflichtet ist oder nicht. Denn die Verpflichtung zur Abgabe einer Steuererklärung entscheidet sich für Körperschaftsteuersubjekte nicht allein

6 Vgl. Kapitel 3.3.1.

an der Frage der unbeschränkten oder beschränkten Steuerpflicht. Für das Investmentsteuerrecht hat der Gesetzgeber das Problem dieser bestehenden Ungleichbehandlung so gelöst, dass nunmehr sämtliche inländischen Beteiligungseinnahmen einer abgeltenden Bruttobesteuerung durch Kapitalertragsteuerabzug unterliegen, unabhängig davon, ob es sich um einen inländischen oder einen ausländischen Investmentfonds handelt. Diese im Investmentsteuerrecht gefundene Lösung dürfte noch in seinem Gestaltungsspielraum liegen. Für das Körperschaftsteuerrecht steht eine Beseitigung der Ungleichbehandlung noch aus.[7]

Mit dem InvStRefG sind auch wieder die allgemein bestehenden Probleme hinsichtlich des SolZ offenbar geworden. Denn den SolZ zahlen regelmäßig nur inländische Körperschaften, sodass diese (ohne GewSt) einer Steuerbelastung von 15,825 % unterliegen. Für ausländische Kapitalgesellschaften in einem DBA-Staat ist das Quellensteuerrecht Deutschlands auf 15 % beschränkt, weshalb auf inländische Dividenden, die an ausländische Kapitalgesellschaften ausgezahlt werden, im Ergebnis kein SolZ erhoben wird (vgl. § 5 SolzG). Dadurch wird die Investition in inländische Kapitalanlagen durch inländische Körperschaftsteuersubjekte unattraktiv. Deutschland ist insoweit nicht wettbewerbsfähig, da der international übliche Steuersatz von 15 % überschritten wird. Für das Investmentsteuerrecht kommt der Gesetzgeber zu dem Ergebnis, dass die um 0,825 % höhere Steuer tatsächlich geeignet ist, Wettbewerbsnachteile zu bewirken und hat daher die KSt insoweit gem. § 7 Abs. 1 S. 3 InvStG gesenkt. Auch hier stellt sich wieder die Frage, warum der Gesetzgeber einen von ihm als relevant eingestuften Wettbewerbsnachteil wiederum nur für eine davon betroffene Gruppe abbaut, nämlich für Investmentfonds. Bei den sonstigen inländischen Körperschaftsteuersubjekten lässt er den Nachteil weiterhin bestehen und nimmt die Wettbewerbsnachteile in Kauf. Einen sachlichen Grund für diese Unterscheidung gibt es nicht.[8] Der Abbau des Nachteils insgesamt dürfte schlichtweg zu teuer gewesen sein – was auch die aktuelle Debatte über den Abbau des SolZ zeigt.[9] Der Gesetzgeber konnte sich nicht zu einem vollständigen Abbau durchringen, sondern hat mit dem Gesetz zur Rückführung des Solidaritätszuschlags 1995 vom

7 Vgl. Kapitel 3.3.3.
8 Vgl. Kapitel 3.3.2.
9 Vgl. *Kube*, FR 2018, S. 409 f.

12.12.2019[10] lediglich die Freigrenzen in § 3 SolZG massiv angehoben, sodass ca. 90 % der einkommensteuerpflichtigen Personen keinen Solidaritätszuschlag mehr zahlen müssen.[11]

Die Regelung des § 6 Abs. 3 S. 1 InvStG offenbart wiederum das Problem des Einkünftekatalogs nach § 49 Abs. 1 EStG, nach welchem zwar Dividenden zu den inländischen Einkünften zählen, nicht jedoch im Wege einer Wertpapierleihe in Kompensationszahlungen umqualifizierte Dividenden. Auch dies hat der Gesetzgeber nicht durch eine Korrektur des § 49 EStG behoben, sondern mittels der überschießend gestalteten Regelung des § 6 Abs. 3 Nr. 2 InvStG nur für Investmentfonds versucht zu korrigieren. Diese Regelung sollte der Gesetzgeber so neuformulieren, dass sie lediglich zu einer Besteuerung von solchen missbräuchlich umqualifizierten Dividenden führt – und das schon im allgemeinen Ertragssteuerrecht in dem Einkünftekatalog des § 49 Abs. 1 EStG.[12]

Schließlich hat der Gesetzgeber die ungerechtfertigte steuerliche Subvention von Immobilienveräußerungsgewinnen bei einer Haltedauer von mehr als 10 Jahren gem. § 23 Abs. 1 Nr. 1 EStG nicht allgemein im Ertragssteuerrecht korrigiert, sondern lediglich im Investmentsteuerrecht mit § 6 Abs. 4 S. 1 Nr. 2 InvStG eine korrigierende Regelung geschaffen, nach welcher nun allein bei dem Steuersubjekt Investmentfonds solche Einkünfte der KSt unterliegen.[13]

Teilweise hat der Gesetzgeber jedoch auch für das Investmentsteuerrecht nicht gerechtfertigte Systembrüche in Kauf genommen, weil sich eine Lösung isoliert für das Investmentsteuerrecht – losgelöst von dem Ertragsteuerrecht – nicht finden ließ. Dafür wäre es notwendig gewesen, grundsätzliche noch offene steuersystematische Fragen in dem System der ESt, KSt und der GewSt zu klären und für diese eine Lösung zu finden. Dies war ihm bisher schon für das Ertragsteuerrecht nicht möglich.

So hat er die das objektive Nettoprinzip durchbrechende Regelung des § 3c Abs. 2 EStG auch für das Investmentsteuerrecht im Zusammenhang mit der

10 BGBl I 2019, 2115
11 Vgl. Deutscher Bundestag, BT-Drucks. 19/14103, S. 11 f.
12 Vgl. Kapitel 3.2.2.
13 Vgl. Kapitel 3.2.1.

Teilfreistellung übernommen (§ 21 InvStG).[14]

Neue Systembrüche, die ihre Ursache originär im Investmentsteuerrecht haben, hat der Gesetzgeber nur wenige geschaffen.

Überwiegend handelt es sich bei diesen Systembrüchen um keine grundlegenden Brüche, sondern sie liegen im Detail der Ausgestaltung der Regelung und wären daher leicht korrigierbar.

So müsste die Regelung der Vorabpauschale so modifiziert werden, dass zumindest keine endgültige Besteuerung nicht realisierter Erträge erfolgt.[15] Schließlich fehlt es bei der Regelung der Teilfreistellung an einer Vorschrift, die eine missbräuchliche Inanspruchnahme der Teilfreistellung in den Fällen verhindert, in denen die Erträge des Investmentfonds nicht mit einer (ausländischen) Steuer vorbelastet sind.[16]

Die Teilfreistellung für die GewSt muss der Gesetzgeber hingegen insgesamt noch einmal überdenken, da nur die inländischen Beteiligungserträge eines Investmentfonds regelmäßig mit GewSt vorbelastet sein dürften.[17] Gleiches gilt für die KiSt, bei der es ebenfalls keine Vorbelastung der Investmenterträge gibt, die kompensiert werden müsste.[18]

Zu einem gravierenden Systembruch führt es, dass der Gesetzgeber neben dem neu implementierten systematisch grundsätzlich folgerichtigen System der (Publikums-)Investmentfonds Sonderregelungen für Spezial-Investmentfonds geschaffen hat. Für diese hält er am historisch gewachsenen, bis zum 31.12.2017 geltenden Besteuerungsregime in leicht modifizierter Weise fest, ohne dass hierfür ein sachlicher Grund erkennbar wäre. Das Bestehen-lassen dieses Systems als zumindest faktische Wahlmöglichkeit im Wege der Gestaltung des Investmentfonds erhöht die Komplexität des Investmentsteuerrechts nur weiter. Gleichzeitig gestattet der Gesetzgeber diese Wahlmöglichkeit zwischen den Besteuerungsarten nicht sämtlichen Investmentfondsanlegern, ohne dass für diese Beschränkung des Anlegerkreises ein sachlicher Grund erkennbar wäre. Ein gesetzgeberisches Förderungsziel wird in der Konzeption des Sonderregimes für Spezial-Investmentfonds nicht erkennbar.

---

14 Vgl. Kapitel 3.5.
15 Vgl. Kapitel 3.6.3.
16 Vgl. Kapitel 3.4.2.4.
17 Vgl. Kapitel 3.4.3.
18 Vgl. Kapitel 3.4.4.

Die Regelung ist im Wesentlichen darauf zugeschnitten, Anlegern mit Gewinneinkünften eine Anlagemöglichkeit in Spezial-Investmentfonds zu eröffnen. Damit verbunden ist jedoch weder eine Absicherung der betriebliche Altersversorgung, weil die Anlagemöglichkeit auch Anlegern mit gewerblichen Einkünften eröffnet wird, die kein Personal beschäftigen, noch ermöglicht die Regelung eine Kapitalstärkung deutscher Unternehmen. Sollte der Gesetzgeber das bis zum 31.12.2017 geltenden Besteuerungsregime für Investmenterträge aus Gründen der Förderung des Fondsstandorts Deutschland im internationalen Wettbewerb um Kapital bestehen gelassen haben, rechtfertigt dies jedenfalls nicht den Ausschluss der Beteiligung von natürlichen Personen, die ihre Beteiligung nicht im Betriebsvermögen halten. Auch die Systematik der Abgeltungsteuer gibt keine Begründung für den Ausschluss dieser Anleger.[19]

Es bleibt zu hoffen, dass der Gesetzgeber diese Systembrüche künftig noch beseitigen wird.

19 Vgl. Kapitel 3.1.4.

Literaturverzeichnis

Aarnio, Aulis, Denkweise der Rechtswissenschaft, Einführung in die Theorie der rechtswissenschaftlichen Forschung, Wien, 1979

Alexy, Robert, Theorie der Grundrechte, Zugl.: Göttingen, Univ., Habil.-Schr., 1984, 1. Auflage, Baden-Baden, 1985

Alexy, Robert, Rechtsregeln und Rechtsprinzipien, In **Alexy, Robert/Koch, Hans-Joachim/Kuhlen, Lothar/Rüßmann, Helmut (Hrsg.):** Elemente einer juristischen Begründungslehre, Baden-Baden, 2003, S. 217–234

Altmeppen, Holger (Hrsg.), Gesetz betreffend die Gesellschaften mit beschränkter Haftung, Kommentar, 10. Auflage, München, 2021 (zitiert: Bearbeiter in: Altmeppen, GmbHG, §, Rn.)

Anemüller, Christian, Gesetz zur Vermeidung von Umsatzsteuerausfällen beim Handel mit Waren im Internet und zur Änderung weiterer steuerlicher Vorschriften, Überblick über die Änderungen bei den Einkünften aus Kapitalvermögen und der Erbschaftsteuer, Erbschaftsteuerberater, 2019, S. 53–55

Anzinger, Heribert M., Stellungnahme zu dem Gesetzentwurf der Bundesregierung „Entwurf eines Gesetzes zur Reform der Investmentbesteuerung (Investmentsteuerreformgesetz - InvStRefG)“ - BT-Drucksache 18/8045, ⟨URL: https://www.bundestag.de/blob/422134/cb374a55b2bc8c76b80b63ee2cf58005/01-anzinger--prof--dr--iur--heribert-m---data.pdf⟩ – Zugriff am 26.01.2021

Anzinger, Heribert M., Wesen, Reformbedürfnis und Reformoptionen des Investmentsteuerrechts, Finanz-Rundschau Ertragsteuerrecht, 2016, S. 101–152

Bannes, Maximilian/Holle, Florian, Kapitalertragsteuererstattung ausländischer Investmentfonds? - Eine Frage der steuerlichen Kohärenz, Finanz-Rundschau Ertragsteuerrecht, 2016, S. 661–667

Bareis, Peter, Probleme mit der Hälfte, Betriebsberater, 2003, S. 2315–2323

Baur, Jürgen/Ziegler, Thorsten, Das Investmentgeschäft, Sonderdruck aus dem Loseblattwerk "Bankrecht und Bankpraxis", 2. Auflage, Köln, 2008

Baur, Jürgen F./Tappen, Falko (Hrsg.), Investmentgesetze, Großkommentar, Band 1, §§ 1-272 KAGB, 3. Auflage, Berlin, 2015 (zitiert: Bearbeiter in: InvG, Baur/Tappen, §, Rn.)

Beckmann, Klaus/Scholtz, Rolf-Detlev/Vollmer, Lothar/Flachmann, Klaus (Hrsg.), Investment, Ergänzbares Handbuch für das gesamte Investmentwesen; Kommentar zu den Rechtsvorschriften einschließlich der steuerrechtlichen Regelungen, Erläuterungen und Materialien zu den wirtschaftlichen Grundlagen, Berlin, Stand: 1/21 EL (zitiert: Bearbeiter in: Beckmann/Scholz/Vollmer, Investment-Handbuch, Kapitelnr., §, Rn.)

Bergemann, Achim/Wingler, Jörg (Hrsg.), Gewerbesteuer, Kommentar, Berlin, 2012 (zitiert: Bearbeiter in: Bergmann/Wingler, GewStG, §, Rn.)

Berger, Hanno/Steck, Kai-Uwe/Lübbehüsen, Dieter (Hrsg.), Investmentgesetz, Investmentsteuergesetz, Kommentar, München, 2010 (zitiert: Bearbeiter in: Berger/Steck/Lübbehüsen, InvG/InvStG, §, Rn.)

Bindl, Elmar/Stadler, Rainer, Die Immobilientransparenz gem. § 33 Abs. 2 InvStG 2018 bei Dach- und Masterfonds-Strukturen, Betriebsberater, 2017, S. 1943–1947

Birk, Dieter, Verfassungsfragen im Steuerrecht - Eine Zwischenbilanz nach den jüngsten Entscheidungen des BFH und des BVerfG, Deutsches Steuerrecht, 2009, S. 877–882

Birk, Dieter, Warum Steuerrecht? - Grundfragen und Grundstrukturen eines anspruchsvollen Rechtsgebiets, AD Legendum, 2015, S. 269–278

Bitz, Horst/Pust, Hartmut (Hrsg.), Das Einkommensteuerrecht, Kommentar zum Einkommensteuergesetz, Loseblatt, Stuttgart, Stand: 148. EL, Dez. 2020 (zitiert: Bearbeiter in: Littmann/Bitz/Pust, EStG, §, Rn.)

Böcker, Thomas, Die neue Fondsbesteuerung im Zuge der Investmentsteuerreform, Vereinfachung und europarechtskonforme Ausgestaltung der Investmentbesteuerung, NWB Steuer und Wirtschaftsrecht, 2016, S. 2789–2798

Bödecker, Carsten/Ernst, Carsten/Hartmann, Holger (Hrsg.), Beck'scher Online-Kommentar InvStG 2004, Loseblatt, Stand: 18. Ed, 01.01.2021 (zitiert: Bearbeiter in: Bödecker/Ernst/Hartmann, BeckOK InvStG 2004, §, Rn.)

Bödecker, Carsten/Ernst, Carsten/Hartmann, Holger (Hrsg.), Beck'scher Online-Kommentar InvStG, Loseblatt, Stand: 8. Ed., 1.12.2020 (zitiert: Bearbeiter in: Bödecker/Ernst/Hartmann, BeckOK InvStG, §, Rn.)

Böhmer, Julian, Das Trennungsprinzip im Körperschaftsteuerrecht - Grundsatz ohne Zukunft? Steuer und Wirtschaft, 2012, S. 33–42

Bordewin, Arno/Brandt, Jürgen/Bode, Walter (Hrsg.), Einkommensteuergesetz, Kommentar, Loseblatt, Stand: 433. EL, Dez. 2020 (zitiert: Bearbeiter in: Bordewin/Brandt/Bode, EStG, §, Rn.)

Borowski, Martin, Grundrechte als Prinzipien, 3. Auflage, Baden-Baden, 2018

Breinersdorfer, Stefan, Abzugsverbote und objektives Nettoprinzip - Neue Tendenzen in der verfassungsgerichtlichen Kontrolle des Gesetzgebers, Deutsches Steuerrecht, 2010, S. 2492–2497

Brinkhaus, Josef/Scherer, Peter (Hrsg.), Gesetz über Kapitalanlagegesellschaften, Auslandinvestment-Gesetz, Kommentar, München, 2003 (zitiert: Bearbeiter in: Brinkhaus/Scherer, KAGG, §, Rn.)

Buge, Ronald/Bujotzek, Peter/Steinmüller, Peter, Die InvSt-Reform ist verabschiedet, Der Betrieb, 2016, S. 1594–1600

Bujotzek, Peter, Offene Immobilienfonds im Investmentsteuerrecht, Zugl.: Münster (Westfalen), Univ., Diss., 2006, Berlin, 2007

Bundesministerium der Finanzen, Entwurf vom 29.09.2017, Anwendungsfragen zum Investmentsteuergesetz in der Fassung des Gesetzes zur Reform der Investmentbesteuerung, IV C 1 - S 1980-1/16/10010 :001, ⟨URL: https://www.bstbk.de/export/sites/standard/de/ressourcen/Dokumente/04_presse/stellungnahmen/2017/Stell20_26.09.2017_Gesetzentwurf_BMF_Anwendungsfragen_InvStG_ex.pdf⟩ – Zugriff am 17.02.2020 (zitiert: *Bundesministerium der Finanzen*, unveröffentlichter Entwurf eines BMF-Schreiben vom 29.09.2017)

Bundesministerium der Finanzen, Die wichtigsten Steuern im internationalen Vergleich 2019, ⟨URL: https://www.bundesfinanzministerium.de/Content/DE/Downloads/Broschueren_Bestellservice/2020-07-30-die-wichtigsten-steuern-im-internationalen-vergleich-2019-ausgabe-2020.pdf?__blob=publicationFile&v=9⟩ – Zugriff am 26.01.2021 (zitiert: *Bundesministerium der Finanzen*, Wichtigste Steuern im intern. Vergleich 2019)

Bundessteuerberaterkammer, Stellungnahme zum Referentenentwurf eines Gesetzes zur Reform der Investmentbesteuerung, ⟨URL: http://www.bundesfinanzministerium.de/Content/DE/Gesetzestexte/Gesetze_Gesetzesvorhaben/Abteilungen/Abteilung_IV/18_Legislaturperiode/Gesetze_Verordnungen/2016-07-26-Investmentsteuerreformgesetz/Stellungnahme-05-Bundessteuerberaterkammer.pdf?__blob=publicationFile&v=1⟩ – Zugriff am 26.01.2021 (zitiert: *Bundessteuerberaterkammer*, Stellungnahme zum InvStRefG)

Bundesverband der Lohnsteuerhilfevereine e.V., Stellungnahme zum Referententwurf eines Gesetzes zur Reform der Investmentbesteuerung, ⟨URL: http://www.bundesfinanzministerium.de/Content/DE/Gesetzestexte/Gesetze_Gesetzesvorhaben/Abteilungen/Abteilung_IV/18_Legislaturperiode/Gesetze_Verordnungen/2016-07-26-Investmentsteuerreformgesetz/Stellungnahme-07-BDL.pdf?__blob=publicationFile&v=1⟩ – Zugriff am 26.01.2021 (zitiert: *Bundesverband der Lohnsteuerhilfevereine e.V.*, Stellungnahme zum InvStRefG)

Bundesverband Deutscher Stiftungen, Stellungnahme des Bundesverbandes Deutscher Stiftungen zum Referentenwurf eines Gesetzes zur Reform der Investmentbesteuerung, ⟨URL: http://www.bundesfinanzministerium.de/Content/DE/Gesetzestexte/Gesetze_Gesetzesvorhaben/Abteilungen/Abteilung_IV/18_Legislaturperiode/Gesetze_Verordnungen/2016-07-26-Investmentsteuerreformgesetz/Stellungnahme-09-Bundesverband-Deutscher-Stiftungen.pdf?__blob=publicationFile&v=2⟩ – Zugriff am 26.01.2021 (zitiert: *Bundesverband Deutscher Stiftungen*, Stellungnahme zum InvStRefG)

Bundesverband Investment und Asset Management e.V., BVI Investmentstatistik, Gesamtübersicht nach Anlageprodukten und Alageschwerpunkten, Bestand und Mittelaufkommen für den Absatzmarkt Deutschland in der Summe der Anbieter und Auflegungsstandorte, 30.09.2020, ⟨URL: https://www.bvi.de/fileadmin/user_upload/Statistik/Investmentstatistik_2009_Gesamtmarkt_DE.pdf⟩ – Zugriff am 26.01.2021 (zitiert:

Bundesverband Investment und Asset Management e.V., Investmentstatistik 2020)

Bundesverband Investment und Asset Management e.V., Daten. Fakten. Perspektiven, Mai 2018, ⟨URL: https://www.bvi.de/uploads/tx_bvibcenter/BVI_Jahrbuch_2018_final_Internet.pdf⟩ – Zugriff am 26.01.2021 (zitiert: *Bundesverband Investment und Asset Management e.V.*, Jahrbuch 2018)

Bundesverband Investment und Asset Management e.V., Stellungnahme zum Referententwurf eines Gesetzes zur Reform der Investmentbesteuerung, ⟨URL: http://www.bundesfinanzministerium.de/Content/DE/Gesetzestexte/Gesetze_Gesetzesvorhaben/Abteilungen/Abteilung_IV/18_Legislaturperiode/Gesetze_Verordnungen/2016-07-26-Investmentsteuerreformgesetz/Stellungnahme-11-BVI.pdf?__blob=publicationFile&v=1⟩ – Zugriff am 26.01.2021 (zitiert: *Bundesverband Investment und Asset Management e.V.*, Stellungnahme zum InvStRefG)

Canaris, Claus-Wilhelm, Systemdenken und Systembegriff in der Jurisprudenz, entwickelt am Beispiel des deutschen Privatrechts, 2. Auflage, Berlin, 1983

Carlé, Thomas, Die Reform der Investmentbesteuerung ab dem 1.1.2018, Erbschaftsteuerberater, 2017, S. 20–23

Danz, Daniela, Das Subjektsteuerprinzip - Begriff Rechtfertigung und Auswirkungen, Finanz-Rundschau Ertragsteuerrecht, 2018, S. 160–169

Dechant, René-Marcel, Die Besteuerung privater Veräußerungsgeschäfte in systematischer und verfassungsrechtlicher Hinsicht, Zugl.: Münster, Univ., Diss., 2005, Berlin, 2006

Delp, Udo, Investmentsteuerreform aus privater Anlegersicht, Der Betrieb, 2017, S. 447–457

Desens, Marc, Das Halbeinkünfteverfahren, Eine Theoretische, historische, systematische und verfassungsrechtliche Würdigung, Zugl.: Münster, Univ., Diss., 2003, Köln, 2004

Desens, Marc, Der Verlust von Verlustvorträgen nach der Mindestbesteuerung, Finanz-Rundschau Ertragsteuerrecht, 2011, S. 745–751

Desens, Marc, Kritische Bestandsaufnahme zu den geplanten Änderungen in § 8b KStG, Deutsches Steuerrecht Beihefter, 2013, S. 13–24

Deutsche Rentenversicherung Bund, Rentenversicherung in Zeitreihen, Sonderausgabe der DRV, ⟨URL: https://www.deutsche-rentenversicherung.de/SharedDocs/Downloads/DE/Statistiken-und-Berichte/statistikpublikationen/rv_in_zeitreihen.pdf?__blob=publicationFile&v=3⟩ – Zugriff am 26.01.2021 (zitiert: *Deutsche Rentenversicherung Bund*, Rentenversicherung in Zeitreihen 2019)

Dieterich, Peter, Systemgerechtigkeit und Kohärenz, Legislative Einheit und Vielheit durch Verfassungs- und Unionsrecht, Zugl.: Universität Bonn, Diss., 2013, 1. Auflage, Berlin, 2014

Djanani, Christiana/Krenzin, Andreas/Grossmann, Thimo, Reale Steuerlast auf private Kapitaleinkünfte, Zu den Auswirkungen der Geldentwertung bei den Einkünften aus Kapitalvermögen, Steuer und Wirtschaft, 2014, S. 145–158

Dötsch, Ewald/Pung, Alexandra/Möhlenbrock, Rolf (Hrsg.), Die Körperschaftsteuer, Kommentar zum Körperschaftsteuergesetz, Umwandlungssteuergesetz und zu den einkommensteuerrechtlichen Vorschriften der Anteilseignerbesteuerung, Loseblatt, Stand: 100. EL, Okt. 2020 (zitiert: Bearbeiter in: Dötsch/Pung/Möhlenbrock, Die KSt, §, Rn.)

Drüen, Klaus-Dieter, Die Bruttobesteuerung von Einkommen als verfassungsrechtliches Vabanquespiel, Steuer und Wirtschaft, 2008, S. 3–14

Drüen, Klaus-Dieter, Systembildung und Systembindung im Steuerrecht, In **Mellinghoff, Rudolf/Schön, Wolfgang/Viskorf, Hermann-Ulrich (Hrsg.):** Steuerrecht im Rechtsstaat, Festschrift für Wolfgang Spindler zum 65. Geburtstag, Köln, 2011, S. 29–50

Drüen, Klaus-Dieter, Einführung in das Unternehmenssteuerrecht, AD Legendum, 2015, S. 284–292

Drüen, Klaus-Dieter/Frotscher, Gerrit (Hrsg.), Körperschaftsteuer, Gewerbesteuer, Umwandlungsteuer, Kommentar, Loseblatt, Freiburg, Stand: 157. EL, Jan. 2021 (zitiert: Bearbeiter in: Frotscher, KStG/GewStG/UmwStG, §, Rn)

Dworkin, Ronald, Taking rights seriously, Cambridge, Mass., 1978

Dyckmans, Jan, Der Diskussionsentwurf des BMF zum Investmentsteuerreformgesetz: Ende der eingeschränkten Transparenz? Die Unternehmensbesteuerung, 2015, S. 531–542

Ebner, Christian, Investmentfonds im ausländischen Kontext, Reform der Investmentbesteuerung soll die Besteuerung vereinfachen und Steuerschlupflöcher schließen, NWB Erben und Vermögen, 2017, S. 479–487

Ebner, Christian, Teilfreistellung bei Investmentfonds in der Praxis, Recht der Finanzinstrumente, 2017, S. 305–312

Ebner, Christian/Helios, Marcus, Kritische Kommentierung ausgewählter Aspekte des aktualisierten BMF-Schreibens zum InvStG vom 18.8.2009 (BStBl. I 2009, 931) unter Berücksichtigung des Regierungsentwurfs für ein JStG 2010 - Teil 2, Betriebs-Berater, 2010, S. 1631–1645

Eisgruber, Thomas, Unternehmensteuerreform 2001: Das Halbeinkünteverfahren auf der Ebene der Körperschaft, Deutsches Steuerrecht, 2000, S. 1493–1498

Elser, Thomas/Stiegler, Tobias, Inbound-Investments in deutsche Vermögensgegenstände nach dem Investmentsteuerreformgesetz, Internationales Steuerrecht, 2017, S. 567–572

Elser, Thomas/Thiede, Frank, Das Investmentsteuerreformgesetz (InvStRefG), Auswirkungen auf private Kapitalanleger, NWB Erben und Vermögen, 2016, S. 299–304

Elser, Thomas/Thiede, Frank, Der Referentenentwurf zur Reform der Investmentbesteuerung (InvStRefG), NWB Erben und Vermögen, 2016, S. 51–57

Emde, Thomas/Dornseifer, Frank/Dreibus, Alexandra (Hrsg.), Kapitalanlagegesetzbuch, 2. Auflage, München, 2019 (zitiert: Bearbeiter in: Emde/Dornseifer/Dreibus, KAGB, §, Rn.)

Engels, Wolfram/Stützel, Wolfgang, Teilhabersteuer, Ein Beitrag zur Vermögenspolitik zur Verbesserung der Kapitalstruktur und zur Vereinfachung des Steuerrechts, 2. Auflage, Frankfurt am Main, 1968

Englisch, Joachim, Verfassungsrechtliche und steuersystematische Kritik der Abgeltungsteuer, Steuer und Wirtschaft, 2007, S. 221–240

Englisch, Joachim, Folgerichtiges Steuerrecht als Verfassungsgebot, In **Tipke, Klaus/Seer, Roman/Hey, Johanna/Englisch, Joachim (Hrsg.):** Festschrift für Joachim Lang zum 70. Geburtstag, Gestaltung der Steuerrechtsordnung, Köln, 2010, S. 167–220

Englisch, Joachim, Subjektives Nettoprinzip und Familienbesteuerung, In **Jachmann, Monika (Hrsg.):** Erneuerung des Steuerrechs, 38. Jahrestagung der Deutschen Steuerjuristischen Gesellschaft e.V. Köln, 2014, Veröffentlichungen der Deutschen Steuerjuristischen Gesellschaft e.V Band 37, S. 159–204

Epping, Volker/Hillgruber, Christian (Hrsg.), Beck'scher Online-Kommentar Grundgesetz, München, Stand: 45. Ed., 15.11.2020 (zitiert: Bearbeiter in: Epping/Hillgruber, BeckOK GG, Art., Rn.)

Ernst, Markus, Reform der Investmentbesteuerung und Auswirkungen auf die Durchführung der betrieblichen Altersvorsorge, Betriebsberater, 2017, S. 2723–2727

Faller, Patrick/Wolf, Frederik/Brielmaier, Bernhard, Der Regierungsentwurf zur Reform der Investmentbesteuerung vom 24.02.2016, Der Betrieb, 2016, S. 488–496

Friauf, Karl Heinrich/Höfling, Wolfram (Hrsg.), Berliner Kommentar zum Grundgesetz, Loseblatt, Berlin, Stand: 4/2019, Dez. 2019 (zitiert: Bearbeiter in: Friauf/Höfling, Berliner Kommentar zum Grundgesetz, Art., Rn.)

Fuhrmann, Claas/Kraeusel, Jörg/Schiffers, Joachim (Hrsg.), 360° EStG eKommentar, Stand: Jan. 2021 (zitiert: Bearbeiter in: Fuhrmann/Kraeusel/Schiffers, EStG eKommentar, §, Rn.)

Goette, Wulf/Habersack, Mathias/Kalss, Susanne (Hrsg.), Münchener Kommentar zum Aktiengesetz, Band 3, §§ 118-178, 4. Auflage, München, 2018 (zitiert: Bearbeiter in: Goette/Habersack/Kalss, MüKo AktG, §, Rn.)

Goette, Wulf/Habersack, Mathias/Kalss, Susanne (Hrsg.), Münchener Kommentar zum Aktiengesetz, Band 1, §§ 1-75, 5. Auflage, München, 2019 (zitiert: Bearbeiter in: Goette/Habersack/Kalss, MüKo AktG, §, Rn.)

Gosch, Dietmar (Hrsg.), Körperschaftsteuergesetz, Kommentar, 3. Auflage, München, 2015 (zitiert: Bearbeiter in: Gosch, KStG 2015, §, Rn.)

Gosch, Dietmar (Hrsg.), Körperschaftsteuergesetz, Kommentar, 4. Auflage, München, 2020 (zitiert: Bearbeiter in: Gosch, KStG, §, Rn.)

Grottel, Bernd/Schmidt, Stefan/Schubert, Wolfgang J./Störk, Ulrich (Hrsg.), Beck'scher Bilanz-Kommentar, Handels- und Steuerbilanz : §§ 238 bis 339, 342 bis 342e HGB, 12. Auflage, München, 2020 (zitiert: Bearbeiter in: Grottel/Schmidt/Schubert/Störk, Beck Bil-Komm., §, Rn.)

Güroff, Georg/Selder, Johannes/Wagner, Ludwig (Hrsg.), Gewerbesteuergesetz, Kommentar, 10. Auflage, München, 2021 (zitiert: Bearbeiter in: Glanegger/Güroff, GewStG, §, Rn.)

Gusy, Christoph, Der Gleichheitssatz, Neue juristische Woche, 1988, S. 2505–2560

Haase, Florian (Hrsg.), Investmentsteuergesetz, Kommentar, 2. Auflage, Stuttgart, 2015 (zitiert: Haase, InvStG, §, Rn.)

Haase, Florian, InvStG-alt und InvStG-neu im Vergleich: Was ändert sich bei einem typischen Immobilien-Investment, Juris Die Monatszeitschrift, 2017, S. 30–36

Haase, Florian, Generalthema II: Investmentfonds, Internationales Steuerrecht, 2019, S. 616–628

Hagen, Alexander/Lang, Friedbert, Die neue Investmentfondsbesteuerung für (Publikums-)Investmentfonds ab dem 1. Januar 2018 und die Übergangsregelungen, In **Rödder, Thomas/Hüttemann, Rainer (Hrsg.):** Steuerberater-Jahrbuch 2016/2017, Köln, 2017, S. 573–617

Hagen, Alexander/Schober, Franz, Referentenentwurf eines Gesetzes zur weiteren Förderung der Elektromobilität - Auswirkungen auf die Besteuerung von Kapitalanlagen und (Spezial-)Investmentfonds - Teil I, Betriebsberater, 2019, S. 1630–1636

Hahne, Klaus, FG Münster zur Besteuerung ausländischer Sondervermögen: Eine erste Analyse, Betriebsberater, 2017, S. 2010–2015

Hahne, Klaus, Zur Besteuerung inländischer Beteiligungseinnahmen von Investmentfonds nach der Investmentsteuerreform 2018, Deutsches Steuerrecht, 2017, S. 2310–2317

Hahne, Klaus, Geplante BMF-Regelungen zur Besteuerung von Dividendenersatzzahlungen an Investmentfonds nach dem InvStG 2018, Deutsches Steuerrecht, 2018, S. 557–560

Haisch, Investmentsteuerreform - Wird jetzt alles gut? Recht der Finanzinstrumente, 2015, S. 294–302

Hammer, Felix, Rechtsfragen der Kirchensteuer, Zugl.: Tübingen, Univ., Habil.-Schr., 1999, Tübingen, 2002

Haug, Felix, Investmentfonds und Außensteuerrecht: Abgrenzungsfragen nach dem InvStRefG, Internationales Steuerrecht, 2016, S. 597–608

Häuselmann, Holger, Die kapitalertragsteuerliche Erfassung von Wertpapierleih- und Wertpapierpensionsgeschäften, Finanz-Rundschau, 2010, S. 200–208

Heidel, Thomas/Schall, Alexander (Hrsg.), Handelsgesetzbuch, Handkommentar, 3. Auflage, Baden-Baden, 2020 (zitiert: Bearbeiter in: Heidel/Schall, HGB, §, Rn.)

Hennrichs, Joachim, Maßgeblichkeitsgrundsatz oder eigenständige Prinzipien für die Steuerbilanz, In **Ebling, Iris (Hrsg.):** Besteuerung von Einkommen, 25. Jahrestagung der Deutschen Steuerjuristischen Gesellschaft e.V. Köln, 2001, Veröffentlichungen der Deutschen Steuerjuristischen Gesellschaft e.V Band 24, S. 301–328

Hennrichs, Joachim, Rechtsformneutralität der Unternehmensbesteuerung, Kritische Anmerkungen zum Beschluss des BVerfG v. 21.6.2006 - 2 BvL 2/99, DStR 2006, 1316 = NJW 2006, 2757, Steuer und Wirtschaft, 2007, S. 16–21

Henssler, Martin/Strohn, Lutz (Hrsg.), Gesellschaftsrecht, BGB, HGB, PartGG, GmbHG, AktG, GenG, UmwG, InsO, AnfG, IntGesR, 5. Auflage, München, 2021 (zitiert: Bearbeiter in: Henssler/Strohn, GesR, §, Rn.)

Hermenns, Hanna/Hey, Johanna, Prinzipien im Steuerrecht, AD Legendum, 2015, S. 278–284

Herr, Stefan/Stiefel, Dirk, Europarechtliche Diskriminierung ausländischer Investmentfonds auch unter dem InvStG 2018? Internationales Steuerrecht, 2019, S. 929–933

Herr, Stefan/Stiefel, Dirk, Vorabpauschale und Teilfreistellung - Praktische Anwendungsfragen bei der Besteuerung von Investmentfonds nach dem JStG 2018, Deutsches Steuerrecht, 2019, S. 908–913

Herzog, Roman/Scholz, Rupert/Herdegen, Matthias/Klein, Hans H. (Hrsg.), Grundgesetz, Kommentar, Loseblatt, Band 1, München, Stand: 88. EL, Aug. 2019 (zitiert: Bearbeiter in: Maunz/Dürig, GG, Art., Rn.)

Hesse, Martin/Traufetter, Gerald, Ex und hopp, Der Spiegel, 2014, S. 66–68

Heuermann, Bernd/Brandis, Peter (Hrsg.), Einkommensteuergesetz, Körperschaftsteuergesetz, Gewerbesteuergesetz, Kommentar, Loseblatt, München, Stand: 154. EL, Juli 2020 (zitiert: Bearbeiter in: Blümich, EStG/KStG/GewStG, §, Rn.)

Hey, Friedrich E. F., Stellung der US (Delaware) Limited Liability Company im internationalen Steuerrecht, In **Burmester, Gabriele/Endres, Dieter (Hrsg.):** Aussensteuerrecht, Doppelbesteuerungsabkommen und EU-Recht im Spannungsverhältnis, Festschrift für Helmut Debatin zum 70. Geburtstag, München, 1997, S. 121–151

Hey, Johanna, Besteuerung von Unternehmensgewinnen und Rechtsformneutralität, In **Ebling, Iris (Hrsg.):** Besteuerung von Einkommen, 25. Jahrestagung der Deutschen Steuerjuristischen Gesellschaft e.V. Köln, 2001, Veröffentlichungen der Deutschen Steuerjuristischen Gesellschaft e.V Band 24, S. 154–223

Hey, Johanna, Reform des Körperschaftsteuersystems, In **Pelka, Jürgen (Hrsg.):** Unternehmenssteuerreform, Köln, 2001, Veröffentlichungen der Deutschen Steuerjuristischen Gesellschaft e.V Sonderband, S. 5–23

Hey, Johanna, Saldierung von Vor- und Nachteilen in der Rechtfertigung von Grundrechtseingriffen und Ungleichbehandlungen, Archiv des öffentlichen Rechts, 2003, S. 227–254

Hey, Johanna, Erosion nationaler Besteuerungsprinzipien im Binnenmarkt? - zugleich zu den Rechtfertigungsgründen der "Europatauglichkeit" und "Wettbewerbsfähigkeit" des Steuersystems, Steuer und Wirtschaft, 2005, S. 317–326

Hey, Johanna, Das Individualsteuerprinzip in Einkommen-, Körperschaft- und Gewerbesteuer, Auflösungstendenzen personal gebundender Steuerpflichten, In **Tipke, Klaus/Tipke-Söhn (Hrsg.):** Gedächtnisschrift für Christoph Trzaskalik, Köln, 2005, S. 219–237

Hey, Johanna, Besteuerung von Einkommen - Aufgaben, Wirkungen und europäische Herausforderungen, JuristenZeitung, 2006, S. 851–860

Hey, Johanna, Verletzung fundamentaler Besteuerungsprinzipien durch die

Gegenfinanzierungsmaßnahmen des Unternehmensteuerreformgesetzes 2008, Betriebsberater, 2007, S. 1303–1309

Hey, Johanna, Körperschaft- und Gewerbesteuer und objektives Nettoprinzip, Deutsches Steuerrecht Beihefter, 2009, S. 109–117

Hey, Johanna, Deutsche Interessen im Steuerwettbewerb, – Internationale Kooperation, EU-Harmonisierung oder nationale Gesetzgebung? –, Der Betrieb, 2018, S. 2951–2957

Hey, Johanna/Klein, Martin/Wendt, Michael (Hrsg.), Einkommensteuer- und Körperschaftsteuergesetz, Kommentar, Loseblatt, Köln, Stand: 301. EL, Dez. 2020 (zitiert: Bearbeiter in: Herrmann/Heuer/Raupach, EStG/KStG, §, Rn.)

Hillebrand, Timo/Mattheis, Milla, Grundlegende Reform der Investmentbesteuerung, Überblick über die wesentlichen Änderungen und ausgewählte Problemfelder für die Praxis, NWB Unternehmensteuern und Bilanzen, 2016, S. 895–902

Hoch, Veronica R. S./Preller, Florian, Die zivilrechtsdogmatischen Beziehungen innerhalb des Investmentvielecks, Zeitschrift für Bank und Kapitalmarktrecht, 2019, S. 22–29

Hofmann, Hans/Henneke, Hans-Günter (Hrsg.), GG, Kommentar zum Grundgesetz, 14. Auflage, Köln, 2017 (zitiert: Bearbeiter in: Schmidt-Bleibtreu/Hofmann/Henneke, GG, Art., Rn.)

Hopt, Klaus J./Kumpan, Christoph/Öeyens, Patrick C./Merkt, Hanno/Roth, Markus (Hrsg.), Handelsgesetzbuch, mit GmbH & Co., Handelsklauseln, Bank- und Kapitalmarktrecht, Transportrecht (ohne Seerecht), 40. Auflage, München, 2021 (zitiert: Bearbeiter in: Baumbach/Hopt, HGB, §, Rn.)

Höring, Johannes, Die Neukonzeption des Investmentbesteuerung, Deutsche Steuer-Zeitung, 2012, S. 367–375

Höring, Johannes, Der Diskussionsentwurf zum Investmentsteuerreformgesetz ("InvStRefG"), Deutsche Steuer-Zeitung, 2015, S. 835–848

Höring, Johannes, Die Vorabpauschale nach dem Investmentsteuergesetz 2018, Die steuerliche Betriebsprüfung, 2019, S. 225–264

Höring, Johannes, Aktuelle Entwicklungen zum Investmentsteuergesetz 2018 (InvStG 2018) Teil 2, Deutsche Steuer-Zeitung, 2020, S. 24–37

Hundsdoerfer, Jochen, Beteiligungsaufwendungen im Halbeinkünfteverfahren, Betriebsberater, 2001, S. 2242–2250

Hüttemann, Rainer, Verfassungsrechtlliche Grenzen der steuerlichen Begünstigung von Unternehmen, In **Pelka, Jürgen (Hrsg.):** Europa- und verfassungsrechtliche Grenzen der Unternehmensbesteuerung, 24. Jahrestagung der Deutschen Steuerjuristischen Gesellschaft e.V. Köln, 2000, Veröffentlichungen der Deutschen Steuerjuristischen Gesellschaft e.V Band 23, S. 127–153

Isensee, Josef/Kirchhof, Paul (Hrsg.), Handbuch des Staatsrechts der Bundesrepublik Deutschland, Band VII: Freiheitsrechte, 3. Auflage, Heidelberg, 2009 (zitiert: Bearbeiter in: Isensee/Kirchhof, HStR VII, §, Rn.)

Ismer, Roland, Prinzipien der Einkünfteermittlung - Perioditzitätsprinzip, In **Hey, Johanna (Hrsg.):** Einkünfteermittlung, 35. Jahrestagung der Deutschen Steuerjuristischen Gesellschaft e.V. Köln, 2011, Veröffentlichungen der Deutschen Steuerjuristischen Gesellschaft e.V Band 34, S. 92–120

Jachmann, Monika, Besteuerung von Unternehmen als Gleichheitsproblem - Unterschiedliche Behandlung von Rechtsformen, Einkunftsarten, Werten und Steuersubjekten im Ertrag- und Erbschaftsteuerrecht, In **Pelka, Jürgen (Hrsg.):** Europa- und verfassungsrechtliche Grenzen der Unternehmensbesteuerung, 24. Jahrestagung der Deutschen Steuerjuristischen Gesellschaft e.V. Köln, 2000, Veröffentlichungen der Deutschen Steuerjuristischen Gesellschaft e.V Band 23, S. 9–66

Jachmann, Monika, Die Gewerbesteuer im System der Besteuerung von Einkommen, In **Seeger, Siegbert F. (Hrsg.):** Perspektiven der Unternehmensbesteuerung, 26. Jahrestagung der Deutschen Steuerjuristischen Gesellschaft e.V. Köln, 2002, Veröffentlichungen der Deutschen Steuerjuristischen Gesellschaft e.V Band 25, S. 195–252

Jachmann-Michel, Monika/Grunow, Stefan, Kommando zurück? Entwurf des JStG 2019 soll Rechtsprechung des BFH ausbremsen – zulasten der Steuerzahler, juris – Die Monatszeitschrift, 2019, S. 471–476

Jahndorf, Christian, Folgerichtigkeit im Steuerrecht als Verfassungsgebot, Steuer und Wirtschaft, 2016, S. 256–263

Jansen, Bela/Greger, Veronika, Investmentsteuerreformgesetz - Folgen für betriebliche Anleger und die betriebliche Altersvorsorge, Recht der Finanzinstrumente, 2017, S. 138–145

Jansen, Bela/Greger, Veronika, InvStG 2018 - im Fokus: Personengesellschaften als Anleger, Deutsches Steuerrecht, 2018, S. 282–287

Jarass, Hans D., Die Widerspruchsfreiheit der Rechtsordnung als verfassungsrechtliche Vorgabe, Zugleich ein Beitrag zum Verhältnis von Sachgesetzgeber und Abgabengesetzgeber, Archiv des öffentlichen Rechts, 2001, S. 588–238

Jarass, Lorenz, Investmentsteuerreformgesetz: Legalisierung von künstlichen Steuergestaltungen, Öffentliche Anhörung am 09. Mai 2016 zum Entwurf eines Gesetzes zur Reform der Investmentbesteuerung (Investmentsteuerreformgesetz – InvStRefG, BT-Drs. 18/8034), ⟨URL: https://www.bundestag.de/blob/422104/3225d83e6fd905a6ac8b6dadba923289/09-jarass-data.pdf⟩ – Zugriff am 26.01.2021 (zitiert: *Jarass*, Investmentsteuerreformgesetz: Legalisierung von künstlichen Steuergestaltungen)

Jesch, Thomas, BB-Gesetzgebungs- und Rechtsprechungsreport zur Fondsregulierung 2013, Betriebsberater, 2013, S. 3075–3080

Jesch, Thomas/Haug, Felix, Das neue Investmentsteuerrecht, Deutsche Steuer-Zeitung, 2013, S. 771–781

Jesch, Thomas/Haug, Felix, Das Ende der Pauschalbesteuerung im Investmentsteuerrecht, - zugleich Anmerkung zum EuGH-Urteil C-326/12 vom 9.10.2014, Deutsche Steuer-Zeitung, 2015, S. 130–136

Jesch, Thomas/Klebeck, Ulf/Dobrauz-Saldapenna, Günther (Hrsg.), Investmentrecht, Handbuch zum Investmentrecht in Deutschland, Österreich, Schweiz, Luxemburg und Liechenstein, München, 2014 (zitiert: Bearbeiter in: Jesch/Klebeck/Dobrauz-Saldapenna, Handbuch Investmentrecht, Kapitel, Rn.)

Jetter, Jann/Mager, Martin, Der Referentenentwurf eines Gesetzes zur Reform der Investmentbesteuerung, Steuerrecht kurzgefasst, 2016, S. 23–30

Kahl, Wolfgang/Waldhoff, Christian/Walter, Christian (Hrsg.), Bonner Kommentar zum Grundgesetz, Loseblatt, Heidelberg, Stand: 209. EL,

Dez. 2020 (zitiert: Bearbeiter in: Kahl/Waldhoff/Walter, Bonner Kommentar GG, Art., Rn.)

Kammeter, Susann, Änderungen durch die geplante Reform der Investmentbesteuerung - vom Referentenentwurf (18.12.2015) bis zum Regierungsentwurf (24.2.2016) des InvstRefG, Internationale Steuer-Rundschau, 2016, S. 99–106

Kelterborn, Lars/Küpper, Volker, Investmentsteuerreform: Praxishinweise und Erleichterungen aus dem BMF, Betriebsberater, 2017, S. 2263–2267

Kempf, Tillmann/Hirtz, Julius, Schwerpunkte des Referentenentwurfs eines Gesetzes zur Reform der Investmentbesteuerung, Deutsches Steuerrecht, 2016, S. 1–8

Kempf, Tillmann/Müller, Sebastian, Überblick über das neue Investmentsteuergesetz, Steuerrecht kurzgefasst, 2016, S. 517–521

Kirchhof, Gregor, Drei Bereiche privaten Aufwands im Einkommensteuerrecht, Zur Trennung der Erwerbs- von der Privatsphäre unter besonderer Berücksichtigung der außergewöhnlichen Belastungen, Deutsches Steuerrecht, 2013, S. 1867–1872

Kirchhof, Paul, Besteuerung im Verfassungsstaat, Tübingen, 2000

Kirchhof, Paul, Verfassungsrechtliche und steuersystematische Grundlagen der Einkommensteuer, In **Ebling, Iris (Hrsg.):** Besteuerung von Einkommen, 25. Jahrestagung der Deutschen Steuerjuristischen Gesellschaft e.V. Köln, 2001, Veröffentlichungen der Deutschen Steuerjuristischen Gesellschaft e.V Band 24, S. 9–28

Kirchhof, Paul, Die verfassungsrechtlichen Grundlagen des deutschen Kirchensteuersystems, In **Seer, Roman/Burkhard, Kämper (Hrsg.):** Bochumer Kirchensteuertag, Grundlagen, Gestaltung und Zukunft der Kirchensteuer, Frankfurt am Main, 2004, Bochumer Schriften zum Steuerrecht Band 1, S. 11–26 (zitiert: *Kirchhof*, Bochumer KiSt-Tag)

Kirchhof, Paul, Leistungsfähigkeit und Erwerbseinkommen, -Zur Rechtfertigung und gerechtfertigten Anwendung des Einkommensteuergesetzes-, In **Tipke, Klaus/Seer, Roman/Hey, Johanna/Englisch, Joachim (Hrsg.):** Festschrift für Joachim Lang zum 70. Geburtstag, Gestaltung der Steuerrechtsordnung, Köln, 2010, S. 451–476

Kirchhof, Paul, Die Gewerbesteuer - historische Vorgabe und gegenwärtige Aufgabe, In **Lüdicke, Jürgen/Mellinghoff, Rudolf/Rödder, Thomas (Hrsg.):** Nationale und internationale Unternehmensbesteuerung in der Rechtsordnung, Festschrift für Dietmar Gosch zum Ausscheiden aus dem Richteramt, München, 2016, S. 193–204

Kirchhof, Paul/Mellinghoff, Rudolf/Kube, Hanno (Hrsg.), Einkommensteuergesetz, Kommentar, Loseblatt, Stand: 310. EL, Dez. 2020 (zitiert: Bearbeiter in: Kirchhof/Söhn/Mellinghoff, EStG, §, Rn.)

Kirchhof, Paul/Seer, Roman (Hrsg.), Einkommensteuergesetz, Kommentar, 19. Auflage, Köln, 2020 (zitiert: Bearbeiter in: Kirchhof, EStG, §, Rn.)

Kirchmayr, Sabine, Besteuerung von kollektiven Vermögensanlagen, In **Schön, Wolfgang (Hrsg.):** Einkommen aus Kapital, 31. Jahrestagung der Deutschen Steuerjuristischen Gesellschaft e.V. Köln, 2007, Veröffentlichungen der Deutschen Steuerjuristischen Gesellschaft e.V Band 30, S. 235–255

Kloepfer, Michael, Verfassungsrecht Band II – Grundrechte –, München, 2010

Koblenzer, Thomas, Grundlagen der 'beschränkten Steuerpflicht', Betriebsberater, 1996, S. 933–936

Kohl, Marc Matthias, Das Prinzip der widerspruchsfreien Normgebung, Untersucht am Beispiel von Lenkungsteuern und Lenkungssonderabgaben, Zugl.: Göttingen, Univ., Diss., 2006, Hamburg, 2007

Korn, Klaus (Hrsg.), Einkommensteuergesetz, Kommentar, Loseblatt, Stand: 126. EL, Aug. 2020 (zitiert: Bearbeiter in: Korn, EStG, §, Rn.)

Kral, André/Watzlaw, Anne-Kathrin, Die geplante Reform der Investmentbesteuerung - Praxishinweise und Handlungsbedarf aus Sicht einer depotführenden Stelle, Betriebsberater, 2015, S. 2198–2204

Kral, André/Watzlaw, Anne-Kathrin, Die Vorabpauschale nach Einführung der Investmentsteuerreform, Betriebsberater, 2018, S. 2717–2722

Kraus, Eva-Maria, Ab 2019 Kapitalertragsteuerabzug auch für gemeinnützige Organisationen, Zeitschrift für das Recht der Non Profit Organisationen, 2019, S. 111–117

Kröger/Klaus, Die ungerechte Besteuerung der Kapitalzinsen nach ihrem Nennwert in der Inflation, Zum Beschluß des Bundesverfassungsgerichts vom 19. Dezember 1978 (JZ 1979, 299 ff.), JuristenZeitung, 1979, S. 631–634

Kube, Hanno, Die intertemporale Verlustverrechnung, Verfassungsrechtlicher Rahmen und legislativer Gestaltungsraum, Deutsches Steuerrecht, 2011, S. 1781–1791

Kube, Hanno, Steuerpolitische Perspektiven der neuen Legislaturperiode – Vorstellung, Würdigung, Ausblick, Finanz-Rundschau Ertragsteuerrecht, 2018, S. 408–413

Küpper, Karl, Das System des Investmentsteuerrechts, Zur Existenz eines investmentsteuerlichen Transparenzprinzips unter besonderer Berücksichtigung der Besteuerung ausschüttungsgleicher Erträge, Zugl.: Düsseldorf, Univ., Diss., 2007, Aachen, 2007

Lademann, Fritz (Hrsg.), Kommentar zum Einkommensteuergesetz, Loseblatt, Stuttgart, Stand: 258. EL, Nov. 2020 (zitiert: Bearbeiter in: Lademann, EStG, §, Rn.)

Lang, Joachim, Die Bemessungsgrundlage der Einkommensteuer, Rechtssystemat. Grundlagen steuerl. Leistungsfähigkeit im dt. Einkommensteuerrecht, Zugl.: Köln, Univ., Habil.-Schr., 1981, Köln, 1988

Lang, Joachim, Reform der Unternehmensbesteuerung, Steuer und Wirtschaft, 1989, 3–17

Lang, Joachim, Anhang Nr. 1: Perspektiven der Unternehmensteuerreform, In **Bundesministerium der Finanzen (Hrsg.):** Brühler Empfehlungen zur Reform der Investmentbesteuerung, Bericht der Kommission zur Reform der Unternehmensbesteuerung, Berlin, 1999, S. 1–84

Lang, Joachim, Prinzipien und Systeme der Besteuerung von Einkommen, In **Ebling, Iris (Hrsg.):** Besteuerung von Einkommen, 25. Jahrestagung der Deutschen Steuerjuristischen Gesellschaft e.V. Köln, 2001, Veröffentlichungen der Deutschen Steuerjuristischen Gesellschaft e.V Band 24, S. 47–133

Lang, Joachim, Das Anliegen der Kölner Schule: Prinzipientreue des Steuerrechts, Steuer und Wirtschaft, 2013, S. 53–60

Langheid, Theo/Wandt, Manfred (Hrsg.), Münchener Kommentar zum Versicherungsvertragsgesetz, Band 3: Nebengesetze, systematische Darstellung, 2. Auflage, München, 2017 (zitiert: Beabeiter in: Langheid/Wandt, MüKo VVG, Band 3, §, Rn.)

Larenz, Karl, Methodenlehre der Rechtswissenschaft, Berlin, Göttingen und Heidelberg, 1960

Lechner, Florian, (Erneute) Reform der Investmentbesteuerung - ein Überblick, Recht der Finanzinstrumente, 2016, S. 208–217

Lehner, Moris, Die verfassungsrechtliche Verankerung des objektiven Nettoprinzips Zum Vorlagebeschluss des BFH und zur Entscheidung des BVerfG über die Verfassungswidrigkeit der Entfernungspauschale, Deutsches Steuerrecht, 2009, S. 185–191

Lehner, Moris/Vogel, Klaus (Begr.), Doppelbesteuerungsabkommen der Bundesrepublik Deutschland auf dem Gebiet der Steuern vom Einkommen und Vermögen, Kommentar auf der Grundlage der Musterabkommen, 6. Auflage, München, 2015 (zitiert: Bearbeiter in: Lehner/Vogel, DBA, Art., Rn.)

Lenski, Edgar/Steinberg, Wilhelm (Begr.), Gewerbesteuergesetz, Kommentar, Loseblatt, Saarbrücken and Köln, Stand: 134. EL., Nov. 2020 (zitiert: Bearbeiter in: Lenski/Steinberg, GewStG, §, Rn.)

List, Kirchensteuer, Rechtsgrundlagen und neuere Rechtsprechung, Betriebsberater, 1997, S. 17–24

Lothar, Michael, Folgerichtigkeit als Wettbewerbsgleichheit: Zur Verwerfung von Rauchverboten in Gaststätten durch das BVerfG, JuristenZeitung, 2008, S. 875–882

Maitzen, Jörg, Der Grundsatz der Gleichbehandlung der Einkunftsarten, Zugl.: Münster (Westfalen), Univ., Diss., 2010, Aachen, 2011

Marsch-Barner, Reinhard/Schäfer, Frank A. (Hrsg.), Handbuch börsennotierte AG, Aktien- und Kapitalmarktrecht, 4. Auflage, Köln, 2018 (zitiert: Bearbeiter in: Marsch-Barner/Schäfer, Handbuch börsennotierte AG, Kapitel, Rn.)

Martini, Ruben, Das Verhältnis des persönlichen Körperschaftsteuertatbestandes zur Mitunternehmerschaft, Die steuerliche Zuordnung von Personenvereinigungen als Herausforderungen für die Kongruenz von

Einkommen- und Körperschaftsteuer, Deutsches Steuerrecht, 2012, S. 388–393

Möllers, Thomas M.J., Juristische Methodenlehre, 2017

Morawitz, Markus, Die Änderungen der Anlagen KAP vor dem Hintergrund der Reform des InvStG, Deutsches Steuerrecht, 2019, S. 1853–1856

Moritz, Joachim/Klebeck, Ulf/Jesch, Thomas (Hrsg.), Frankfurter Kommentar zum Kapitalanlagerecht, Band 1: Kommentar zum Kapitalanlagegesetzbuch, 2016 (zitiert: Bearbeiter in: Moritz/Klebeck/Jesch, KAGB, §, Rn.)

Mössner, Jörg Manfred, Gerechtigkeit und Moral im Steuerrecht, Deutsche Steuer-Zeitung, 1990, S. 132–138

Mössner, Jörg Manfred, Prinzipien im Steuerrecht, In **Tipke, Klaus/Seer, Roman/Hey, Johanna/Englisch, Joachim (Hrsg.):** Festschrift für Joachim Lang zum 70. Geburtstag, Gestaltung der Steuerrechtsordnung, Köln, 2010, S. 84–99

Mülbert, Peter/Früh, Andreas/Seyfried, Thorsten (Hrsg.), Bank- und Kapitalmarktrecht, 5. Auflage, 2019 (zitiert: Bearbeiter in: Kümpel/Mülbert/Früh/Seyfried, Bank- und Kapitalmarktrecht, Rn.)

Naess-Schmidt, Helge Sigurd/Sundén, David/Ringsted, Camilla, Volkswirtschaftliche Auswirkungen einer Reform der Investmentbesteuerung auf den Kapitalmarkt, den Finanzstandort und die Altersvorsorge in Deutschland, ⟨URL: https://www.copenhageneconomics.com/dyn/resources/Publication/publicationPDF/9/279/1428656705/volkswirtschaftlicheauswirkungeneinerreformderinvestmentbestauerungaufdenkapitalmarkt_denfinanzstandortunddiealtersvorsorgeindeutschland-2.pdf⟩ – Zugriff am 26.01.2021 (zitiert: *Naess-Schmidt/Sundén/Ringsted*, Volkswirtschaftliche Auswirkungen der Investmentsteuerreform)

Neumann, Steffen, Die Besteuerung von Publikums-Investmentvermögen, Eine Untersuchung dem Grunde nach unter besonderer Berücksichtigung des Satzungstyps, Zugl.: Münster, Univ., Diss., 2011, Aachen, 2011

Neumann, Steffen, Investmentsteuerreformgesetz: Ausgewählte Problemfelder, Der Betrieb, 2016, S. 1779–1783

Neumann, Steffen, Abkommensberechtigung inländischer Investmentfonds ab 2018, Finanz-Rundschau Ertragsteuerrecht, 2018, S. 457–461

Oho, Wolfgang/Hülst, Rüdiger v., Steuerrechtliche Aspekte der Wertpapierleihe und des Repo-Geschäfts, Der Betrieb, 1992, S. 2582–2587

Otto, Frank, Die Besteuerung von Erträgen aus Investmentfondsanteilen bei privaten Kapitalanlegern, Ein Besteuerungsvergleich von Fonds- und Direktanlage unter besonderer Berücksichtigung der Abgeltungsteuer, Zugl.: Düsseldorf, Univ., Diss., 2013, Lohmar, 2013

Otto, Thomas, Die Besteuerung von gewinnausschüttenden Körperschaften und Anteilseignern nach dem Halbeinkünfteverfahren, Zugl.: Bonn, Univ., Diss., 2006, Berlin, 2007

Otto, Thomas, Vereinbarkeit des Halbabzugsverbots gemäß § 3c Abs. 2 EStG mit dem Grundgesetz, Zugleich Stellungnahme zum BFH-Urteil vom 19.6.2007, VIII R 69/05, DStR 2007, 1756, Deutsches Steuerrecht, 2008, S. 228–234

Palm, Ulrich, Verfassungsmäßigkeit einer quellenbezogenen Mindestbesteuerung im Ertragsteuerrecht, Deutsches Steuerrecht, 2002, S. 152–160

Papier, Hans-Jürgen, Eigentumsgarantie und Geldentwertung, Archiv des öffentlichen Rechts, 1973, S. 528–567

Patzner, Andreas/Döser, Achim/Kempf, Ludger J. (Hrsg.), Investmentrecht, Kapitalanlagegesetzbuch/Investmentsteuergesetz, Handkommentar, 3. Auflage, Baden-Baden, 2017 (zitiert: Bearbeiter in: Patzner/Döser/Kempf, HK-InvestmentR, §, Rn.)

Patzner, Andreas/Nagler, Jürgen, Zum Seminar I: Kernpunkte des ab 2018 in Deutschland geltenden deutschen Investmentsteuerregimes, Internationales Steuerrecht, 2016, S. 725–729

Payandeh, Mehrdad, Das Gebot der Folgerichtigkeit: Rationalitätsgewinn oder Irrweg der Grundrechtsdogmatik? Archiv des öffentlichen Rechts, 2011, S. 579–614

Pelka, Jürgen/Petersen, Karl (Hrsg.), Beck'sches Steuerberater-Handbuch 2019/2020, 17. Auflage, 2019 (zitiert: Bearbeiter in: Pelka/Petersen, StB-Hdb 19/20, Kapitel, Rn.)

Petersen, Jens, Die Anknüpfung der Kirchensteuer an die Einkommensteuer durch § 51a EStG, In **Seer, Roman/Burkhard, Kämper (Hrsg.):** Bochumer Kirchensteuertag, Grundlagen, Gestaltung und Zukunft der Kirchensteuer, Frankfurt am Main, 2004, Bochumer Schriften zum Steuerrecht Band 1, S. 101–163 (zitiert: *Petersen*, Bochumer KiSt-Tag)

Petersen, Jens, Kirchensteuer kompakt, Wiesbaden, 2015

Pezzer, Heinz-Jürgen, Rechtfertigung der Körperschaftsteuer und ihrer Entwicklung zu einer allgemeinen Unternehmensteuer, In **Lang, Joachim (Hrsg.):** Die Steuerrechtsordnung in der Diskussion, Festschrift für Klaus Tipke zum 70. Geburtstag, 1995, S. 419–432

Pezzer, Heinz-Jürgen, Kritik des Halbeinkünfteverfahrens, Steuer und Wirtschaft, 2000, S. 144–150

Pezzer, Heinz-Jürgen, Die Besteuerung des Anteilseigners, In **Seeger, Siegbert F. (Hrsg.):** Perspektiven der Unternehmensbesteuerung, 26. Jahrestagung der Deutschen Steuerjuristischen Gesellschaft e.V. Köln, 2002, Veröffentlichungen der Deutschen Steuerjuristischen Gesellschaft e.V Band 25, S. 37–57

Pezzer, Heinz-Jürgen, Arten der Einkünfteermittlung - Bestandsaufnahme und Kritik - Überschussermittlung, In **Hey, Johanna (Hrsg.):** Einkünfteermittlung, 35. Jahrestagung der Deutschen Steuerjuristischen Gesellschaft e.V. Köln, 2011, Veröffentlichungen der Deutschen Steuerjuristischen Gesellschaft e.V Band 34, S. 208–221

Pöhlmann, Peter/Fandrich, Andreas/Bloehs, Joachim/Hettrich, Eduard/ Röhricht, Roland/Gräser, Bernd (Hrsg.), Genossenschaftsgesetz, Gesetz betreffend die Erwerbs- und Wirtschaftsgenossenschaften nebst umwandlungsrechtlichen Vorschriften für Genossenschaften, Kommentar, 4. Auflage, München, 2012 (zitiert: Bearbeiter in: Pöhlmann/Fandrich/Bloehs, GenG, §, Rn.)

Prokisch, Rainer, Von der Sach- und Systemgerechtigkeit zum Gebot der Folgerichtigkeit, In **Kirchhof, Paul/Lehner, Moris/Raupach, Arndt/ Rodi, Michael (Hrsg.):** Staaten und Steuern, Festschrift für Klaus Vogel zum 70. Geburtstag, Heidelberg, 2000, S. 293–310

Raber, Hans-Georg, Europarechtliche Aspekte der Unternehmensteuerreform in Deutschland, In **Pelka, Jürgen (Hrsg.):** Unternehmenssteuerreform, Köln, 2001, Veröffentlichungen der Deutschen Steuerjuristischen Gesellschaft e.V Sonderband, S. 103–120

Rasenack, Christian, Die Theorie der Körperschaftsteuer, (Habil.), Berlin, 1974

Rechid, Salar/Schäfer, Peter, ATAD-Umsetzungsgesetz: Reform der Hinzurechnungsbesteuerung – Mögliche Konsequenzen in der Praxis von deutschen Kreditinstituten – Teil I, Betriebsberater, 2020, S. 2071–2080

Rehm, Helmut/Nagler, Jürgen, Fallstricke bei der geplanten Reform der Investment-Besteuerung, Betriebsberater, 2015, S. 1248–1252

Reutershan, Simon Johannes, Die Besteuerung der Gewinne aus privaten Beteiligungsveräußerungen, Zugl.: Köln, Univ., Diss., 2003, Bergisch Gladbach, 2004

Rohde, Konrad/Neumann, Steffen, Besteuerung von Erträgen aus intransparenten Publikums-Investmentvermögen bei Privatanlegern, Finanz-Rundschau, 2012, S. 247–254

Rosenberg, Oliver/Placke, Kirsten/Stadler, Rainer/Jetter, Jann/Johann, Ulrich, Rechtsentwicklungen im Steuerrecht 2020, Der Betrieb Beilage, 2020, S. 5–14

Roth, Hans-Peter, Gesetz zur Reform der Investmentbesteuerung, Gesellschafts- und Wirtschaftsrecht, 2016, S. 457–463

Roth, Herbert/Staudinger, Julius von (Hrsg.), J. von Staudingers Kommentar zum Bürgerlichen Gesetzbuch mit Einführungsgesetz und Nebengesetzen, Buch 2. Recht der Schuldverhältnisse, §§ 741-764, Berlin, 2015 (zitiert: Bearbeiter in: Staudinger, BGB, Buch 2, §, Rn.)

Roth, Herbert/Staudinger, Julius von (Hrsg.), J. von Staudingers Kommentar zum Bürgerlichen Gesetzbuch mit Einführungsgesetz und Nebengesetzen, Buch 1. Allgemeiner Teil, §§ 80-89 BGB, Berlin, 2017 (zitiert: Bearbeiter in: Staudinger, BGB, Buch 1, §, Rn.)

Sachs, Michael (Hrsg.), Grundgesetz, Kommentar, 8. Auflage, München, 2018 (zitiert: Bearbeiter in: Sachs, Grundgesetz, Art., Rn.)

Säcker, Franz Jürgen/Rixecker, Roland/Oetker, Hartmut/Limperg, Bettina/Henssler, Martin (Hrsg.), Münchener Kommentar zum Bürgerlichen Gesetzbuch, 8. Auflage, München, 2020 (zitiert: Bearbeiter in: Säcker/Rixecker/Oetker/Limperg, MüKo BGB, §, Rn.)

Schäfer, Peter, Überführung von Investmentfonds mit gemischter Anlegerstruktur in steuerprivilegierte Investmentfonds i.S.d. § 10 InvStG, Betriebsberater, 2020, S. 23–29

Schaumburg, Harald, Besteuerung von Kapitalerträgen - Vollzugsdefizite und Vorgaben des Europäischen und Internationalen Steuerrechts, In **Ebling, Iris (Hrsg.):** Besteuerung von Einkommen, 25. Jahrestagung der Deutschen Steuerjuristischen Gesellschaft e.V. Köln, 2001, Veröffentlichungen der Deutschen Steuerjuristischen Gesellschaft e.V Band 24, S. 225–300

Schaumburg, Harald (Hrsg.), Internationales Steuerrecht, 4. Auflage, Köln, 2017 (zitiert: Bearbeiter in: Schaumburg, Internationales Steuerrecht, Kapitel, Rn.)

Scheurle, Florian, Die Vollziehbarkeit der Besteuerung von Einkommen aus Kapital, Aspekte der Verifikation vor dem Hintergrund der Rechtsprechung des Bundesverfassungsgerichts, des Bundesfinanzhofs und der Finanzgerichte, In **Schön, Wolfgang (Hrsg.):** Einkommen aus Kapital, 31. Jahrestagung der Deutschen Steuerjuristischen Gesellschaft e.V. Köln, 2007, Veröffentlichungen der Deutschen Steuerjuristischen Gesellschaft e.V Band 30, 39–60

Schlotter, Christian, Verfassungsrechtliche Grenzen bei der Ausgestaltung des Steuerbilanzrechts, Finanz-Rundschau Ertragsteuerrecht, 2007, S. 951–959

Schmid, Hubert/Mühlhäuser, Felix, Wirtschaftliches Eigentum und Gewinnrealisierung bei der Wertpapierleihe, Betriebs-Berater, 2001, S. 2609–2618

Schmidt, Karsten (Hrsg.), Münchener Kommentar zum Handelsgesetzbuch, Band 2, Zweites Buch, Handelsgesellschaften und stille Gesellschaft, Erster Abschnitt, Offene Handelsgesellschaft, §§ 105-160, 4. Auflage, München, 2016 (zitiert: Bearbeiter in: Schmidt, MüKo HGB, §, Rn.)

Schnittker, Helder/Lemaitre, Claus, Steuersubjektqualifikation ausländischer Personen- und Kapitalgesellschaften anhand des Rechtstypenvergleichs Welche Vergleichskriterien sind heranzuziehen? GmbH-Rundschau, 2003, S. 1314–1320

Schulze-Osterloh, Joachim, Verfassungsrechtliche Grenzen der bilanzsteuerrechtlichen Gesetzgebung, Nettoprinzip, Maßgeblichkeitsgrundsatz, Rückstellungen, Gewinnrealisierung, In **Pelka, Jürgen (Hrsg.):** Europa- und verfassungsrechtliche Grenzen der Unternehmensbesteuerung, 24. Jahrestagung der Deutschen Steuerjuristischen Gesellschaft e.V. Köln, 2000, Veröffentlichungen der Deutschen Steuerjuristischen Gesellschaft e.V Band 23, S. 67–86

Schwarz, Kyrill-A., Folgerichtigkeit im Steuerrecht, Zugleich eine Analyse der Rechtsprechung des Bundesverfassungsgerichts zu Art. 3 Abs. 1 GG, In **Depenheuer, Otto (Hrsg.):** Staat im Wort, Festschrift für Josef Isensee, Heidelberg u.a., 2007, S. 949–964

Schweinitz, Oliver v./Thiems, Stefan, Die Umsetzungspflichten für Depotbanken bei Publikumsinvestmentfonds nach dem Regierungsentwurf des Gesetzes zur Reform der Investmentbesteuerung, Deutsches Steuerrecht, 2016, S. 1198–1203

Seer, Roman, BB-Forum: Einkommensteuerreform - Flat Tax oder Dual Income Tax? Betriebsberater, 2004, S. 2272–2278

Seer, Roman/Hey, Johanna/Montag, Heinrich/Englisch, Joachim/ Hennrichs, Joachim (Hrsg.), Steuerrecht, 24. Auflage, Köln, 2020 (zitiert: Bearbeiter in: Tipke/Lang, Steuerrecht, Rn.)

Seiler, Christian, Prinzipien der Einkünfteermittlung - Objektives Nettoprinzip, In **Hey, Johanna (Hrsg.):** Einkünfteermittlung, 35. Jahrestagung der Deutschen Steuerjuristischen Gesellschaft e.V. Köln, 2011, Veröffentlichungen der Deutschen Steuerjuristischen Gesellschaft e.V Band 34, S. 62–89

Selder, Johannes, Verfassungsrechtliche Aspekte der Gewerbesteuer als Objektsteuer, Finanz-Rundschau Ertragsteuerrecht, 2014, S. 174–179

Sieckmann, Jan-Reinard, Regelmodelle und Prinzipienmodelle des Rechtssystems, Baden-Baden, 1990

Sieckmann, Jan-Reinard (Hrsg.), Die Prinzipientheorie der Grundrechte, 2007

Söhn, Hartmut, Der Dualismus der Einkunftsarten im geltenden Recht, In **Schön, Wolfgang (Hrsg.):** Einkommen aus Kapital, 31. Jahrestagung der Deutschen Steuerjuristischen Gesellschaft e.V. Köln, 2007, Veröffentlichungen der Deutschen Steuerjuristischen Gesellschaft e.V Band 30, S. 13–37

Spengel, Christoph, Darlegung der tatsächlichen und rechtlichen Gegebenheiten, welche bei sogenannten Cum/Ex-Geschäften mit Leerverkäufen zur mehrfachen Erstattung bzw. Anrechnung von tatsächlich nur einmal einbehaltener und abgeführter Kapitalertragsteuer bzw. bis zur Abschaffung des körperschaftsteuerlichen Anrechnungsverfahrens nur einmal gezahlter Körperschaftsteuer führten, Sachverständigengutachten nach § 28 PUAG für den 4. Untersuchungsausschuss der 18. Wahlperiode, ⟨URL: https://www.bundestag.de/blob/438666/15d27facf097da2d56213e8a09e27008/sv2_spengel-data.pdf⟩ – Zugriff am 26.01.2021 (zitiert: *Spengel*, Sachverständigengutachten zu Cum/Ex-Geschäften)

Stadler, Rainer/Bindl, Elmar, Das neue InvStG - Überblick und Korrekturbedarf, Deutsches Steuerrecht, 2016, S. 1953–1966

Stadler, Rainer/Jetter, Jann, Der Diskussionsentwurf zum Investmentsteuerreformgesetz (InvStRefG), Deutsches Steuerrecht, 2015, S. 1833–1844

Stadler, Rainer/Jetter, Jann/Rosenberg, Oliver/Placke, Kirsten, Rechtsentwicklungen im Steuerrecht 2019, Der Betrieb Beilage, 2019, S. 5–15

Stadler, Rainer/Mager, Martin, Der neue Investmentsteuererlass zu Anwendungsfragen zum Investmentsteuergesetz vom 21.5.2019 - Vergleich zum Entwurf vom 15.6.2018, Betriebsberater, 2019, S. 1760–1766

Statistisches Bundesamt, Kaufwerte für Bauland, Fachserie 17 Reihe 5, ⟨URL: https://www.destatis.de/DE/Themen/Wirtschaft/Preise/Baupreise-Immobilienpreisindex/Publikationen/Downloads-Bau-und-Immobilienpreisindex/kaufwerte-bauland-j-2170500177004.pdf?__blob=publicationFile&v=4⟩ – Zugriff am 26.01.2021 (zitiert: *Statistisches Bundesamt*, Kaufwerte für Bauland)

Statistisches Bundesamt, Körperschaftsteuerstatistik - Fachserie 14 Reihe 7.2 - 2014, 27.03.2019, ⟨URL: https://www.destatis.de/DE/Themen/Staat/Steuern/Unternehmenssteuern/Publikationen/Downloads-Koerperschaftsteuern/koerperschaftsteuerstatistik-2140720147004.pdf?__blob=publicationFile&v=2⟩ – Zugriff am 26.01.2021 (zitiert: *Statistisches Bundesamt*, Körperschaftsteuerstatistik)

Statistisches Bundesamt, Verbraucherpreisindex für Deutschland -

Jahresbericht 2017, ⟨URL: https://www.destatis.de/DE/Themen/Wirtschaft/Preise/Verbraucherpreisindex/Publikationen/Downloads-Verbraucherpreise/verbraucherpreisindex-jahresbericht-pdf-5611104.pdf?__blob=publicationFile&v=3⟩ – Zugriff am 26.01.2021 (zitiert: *Statistisches Bundesamt*, Verbrauchspreisindex 2017)

Statistisches Bundesamt, Pressemitteilung vom 21.8.2017 - 287/17, Grund- und Gewerbesteueraufkommen im Jahr 2016 um 8,2% gestiegen, 21.8.2017 ⟨URL: https://www.destatis.de/DE/PresseService/Presse/Pressemitteilungen/2017/08/PD17_287_71231pdf.pdf;jsessionid=C500979D1B499B5AAED0992F90254534.InternetLive2?__blob=publicationFile⟩ – Zugriff am 26.01.2021

Steinmüller, Jens, Entwurf eines Arbeitsgruppenberichts zur Neukonzeption, Investmentsteuerrecht: Ende der eingeschränkten Transparenz? NWB Steuer und Wirtschaftsrecht, 2012, S. 808–819

Stolterfoht, Zum Verhältnis der Körperschaftsteuer zur Einkommensteuer, In **Raupach, Arndt/Uelnder, Adalbert (Hrsg.):** Ertragsbesteuerung, Zurechnung - Ermittlung - Gestaltung, Festschrift für Ludwig Schmidt zum 65. Geburtstag, München, 1993, S. 497–522

Tappe, Henning, Festlegende Gleichheit – folgerichtige Gesetzgebung als Verfassungsgebot? JuristenZeitung, 2016, S. 27–33

Thiemann, Christian, Das Folgerichtigkeitsgebot als verfassungsrechtliche Leitlinie der Besteuerung, In **Emmenegger, Sigrid/Wiedmann, Ariane (Hrsg.):** Linien der Rechtsprechung des Bundesverfassungsgerichts - erörtert von den wissenschaftlichen Mitarbeiterinnen und Mitarbeitern, Band II, 2011, S. 179–212 (zitiert: *Thiemann*, Linien der Rechtsprechung)

Tipke, Klaus, Steuerrecht - Chaos, Konglomerat oder System, Steuer und Wirtschaft, 1971, S. 1–17

Tipke, Klaus, Die Steuerrechtsordnung, Band I: Wissenschaftsorganisatorische, systematische und grundrechtlich-rechtsstaatliche Grundlagen, 2. Auflage, Köln, 2000

Tipke, Klaus, Die Steuerrechtsordnung, Band II: Steuerrechtfertigungstheorie, Anwendung auf alle Steuerarten, sachgerechtes System, 2. Auflage, Köln, 2003

Tipke, Klaus, Steuergerechtigkeit unter besonderer Berücksichtigung des Folgerichtigkeitsgebots, Steuer und Wirtschaft, 2007, S. 201–220

Tipke, Klaus, Die Steuerrechtsordnung, Band III: Steuerrechtswissenschaft, Steuergesetzgebung, Steuervollzug, Steuerrechtsschutz, Steuerreformbestrebungen, 2. Auflage, Köln, 2012

Trencsik, Stefan, Was von einer Idee übrig blieb - Analyse systematischer Defizite der Investmentbesteuerung vor dem Hintergrund aktueller Reformüberlegungen, Steuer und Wirtschaft, 2014, S. 286–297

Wallach, Edgar, Díe Regulierung von Personengesellschaften im Kapitalanlagegesetzbuch, Zeitschrift für Unternehmens- und Gesellschaftsrecht, 2014, S. 289–328

Wassermeyer, Franz/Kaeser, Christian/Schwenke, Michale (Hrsg.), Doppelbesteuerungsabkommen, Kommentar, Loseblatt, Stand: 151. EL, Okt. 2020

Weber-Grellet, Heinrich, Das Koordinatensystem des BVerfG bei der Prüfung von Steuergesetzen, Finanz-Rundschau Ertragsteuerrecht, 2011, S. 1028–1034

Weber-Grellet, Heinrich, Die Funktion der Kapitalertragsteuer im System der Abgeltungsteuer (Teil I), Deutsches Steuerrecht, 2013, S. 1357–1363

Weber-Grellet, Heinrich (Hrsg.), Einkommensteuergesetz, Kommentar, 38. Auflage, München, 2019 (zitiert: Bearbeiter in: Schmidt, EStG, § EStG, Rn.)

Weber-Grellet, Heinrich (Hrsg.), Einkommensteuergesetz, Kommentar, 39. Auflage, München, 2020 (zitiert: Bearbeiter in: Schmidt, EStG, § EStG, Rn.)

Weitnauer, Wolfgang (Hrsg.), Handbuch Venture Capital, Von der Innovation zum Börsengang, 6. Auflage, München, 2019 (zitiert: Bearbeiter in: Weitnauer, Handbuch Venture Capital, Teil, Rn.)

Winheller, Stefan/Geibel, Stefan J./Jachmann-Michel, Monika (Hrsg.), Gesamtes Gemeinnützigkeitsrecht, AO, KStG, GewStG, EstG, UmwStG, ErbStG, GrStG, GrEStG, UStG, MwStSystRL, Rechnungslegung, Nebengesetze, 2. Auflage, Baden-Baden, 2020 (zitiert: Bearbeiter in: Winheller, Gemeinnützigkeitsrecht, §, Rn.)

Worgulla, Niels, Bruttobesteuerung der Einkünfte aus Kapitalvermögen und der allgemeine Gleichheitsgrundsatz, Finanz-Rundschau Ertragsteuerrecht, 2013, S. 921–931

Zapf, Alexander, Jahressteuergesetz 2.0: Der Regierungsentwurf ist da, Eine Analyse praxisrelevanter Gesetzesänderungen im Ertrag- und Grunderwerbsteuerrecht, Finanz-Rundschau, 2019, S. 804–819

Zeller, Florian, Einkünfteermittlung bei Investmentfonds, Deutsches Steuerrecht, 2005, S. 899–902

Zentraler Immobilien Ausschuss e.V., Stellungnahme zum Referentenentwurf eines Gesetzes zur Reform der Investmentbesteuerung, ⟨URL: http://www.bundesfinanzministerium.de/Content/DE/Gesetzestexte/Gesetze_Gesetzesvorhaben/Abteilungen/Abteilung_IV/18_Legislatur periode/Gesetze_Verordnungen/2016-07-26-Investmentsteuerreform gesetz/Stellungnahme-23-ZIA.pdf?__blob=publicationFile&v=1⟩ – Zugriff am 26.01.2021 (zitiert: *Zentraler Immobilien Ausschuss e.V.*, Stellungnahme zum Referentenentwurf des InvStRefG)

Zinowsky, Tim/Grabowski, Paul, Steuerabgrenzung für Investmentfonds unter Berücksichtigung des neuen Investmentsteuerrechts, Zeitschrift für internationale Rechnungslegung, 2017, S. 201–207

Zitzelsberger, Heribert, Grundlagen der Gewerbesteuer, Eine steuergeschichtliche, rechtsvergleichende, steuersystematische und verfassungsrechtliche Untersuchung, Zugl.: Regensburg, Univ., Habil.-Schr., 1989, Köln, 1990

Schriften zum Steuerrecht

Martin Swoboda
Die Auseinandersetzung der Personengesellschaft im Zivil- und Steuerrecht
Die Arbeit stellt die Auseinandersetzung der Personengesellschaft im Zivil- und im Steuerrecht gegenüber. Der Schwerpunkt liegt auf der mitunternehmerischen Personengesellschaft. Die hervortretenden Divergenzen beider Rechtsgebiete sind nicht unüberbrückbar. Sie sind im Sinne der zivilrechtlichen Maßgeblichkeit für das Steuerrecht aufzulösen.
Bd. 10, 2020, 212 S., 34,90 €, br., ISBN 978-3-643-14836-0

Haakon Michling
Rückstellungen für öffentlich-rechtliche Verpflichtungen in der Steuerbilanz
Für die Gewinnermittlungsart des Betriebsvermögensvergleichs besteht die Verpflichtung zur Bildung von Rückstellungen für ungewisse Verbindlichkeiten auf der Passivseite der Steuerbilanz. Anhand einer systematischen Analyse der Tatbestandsvoraussetzungen der Verbindlichkeitsrückstellungen untersucht der Autor Rückstellungen für öffentlich-rechtliche Verpflichtungen im Hinblick auf die Bilanzierung dem Grunde nach. Dabei werden die spezifischen Besonderheiten dieser Fallgruppe und deren Auswirkungen auf die Rückstellungsbilanzierung aufgezeigt.
Bd. 9, 2021, ca. 280 S., ca. 44,90 €, br., ISBN 978-3-643-14695-3

Kolja van Lück
Steuerrecht und Digital Economy
Lösungsansätze sachgerechter Besteuerung multinationaler Unternehmen der digitalisierten Wirtschaft
„Business goes global, taxes stay local." Dies gilt insbesondere für das internationale Unternehmenssteuerrecht. Aufgrund des stetig wachsenden Digitalisierungsgrads der gesamten Wirtschaft sind sachgerechte Lösungen dringend erforderlich. Der Autor untersucht nationale und internationale Ansätze und schlägt eine grundlegende Reform der internationalen Unternehmensbesteuerung vor. Deren Grundelemente sind das Abstellen auf einen sog. economic nexus zur Bejahung steuerlicher Zugriffsrechte (wirtschaftliche Anknüpfung) und die formelhafte Aufteilung der international vereinnahmten Gewinne (formulary apportionment).
Bd. 8, 2018, 674 S., 69,90 €, br., ISBN 978-3-643-14214-6

Sebastian Adam
Die Besteuerung ausländischer Familienstiftungen unter besonderer Beachtung des §15 AStG
Ein Besteuerungsvergleich am Beispiel der liechtensteinischen Stiftung
Die Besteuerung ausländischer Familienstiftungen wirft noch immer in vielerlei Hinsicht Fragen auf. Zugleich hat die Familienstiftung aufgrund der Erbschaftsteuerreform erheblich an Attraktivität gewonnen. Die vorliegende Arbeit befasst sich daher zum einen mit der Besteuerung der ausländischen Familienstiftung in Deutschland und stellt dieser gleichzeitig die Besteuerung der inländischen Familienstiftung gegenüber. Zum anderen unterzieht diese Arbeit sowohl die Systematik als auch Tatbestand und Rechtsfolge des § 15 AStG einer vertieften Untersuchung.
Bd. 7, 2018, 453 S., 59,90 €, br., ISBN 978-3-643-14118-7

Miodrag Prodan
Die Europatauglichkeit des serbischen Einkommensteuergesetzes
Bd. 6, 2014, 248 S., 34,90 €, br., ISBN 978-3-643-12470-8

LIT Verlag Berlin – Münster – Wien – Zürich – London
Auslieferung Deutschland / Österreich / Schweiz: siehe Impressumsseite

Bonner Schriften zum Steuer-, Finanz- und Unternehmensrecht
hrsg. von Prof. Dr. Rainer Hüttemann, Prof. Dr. Andreas Herlinghaus und Prof. Dr. Stephan Schauhoff

Ruven Erchinger
Die Gleichstellung der mittelbaren mit der unmittelbaren Beteiligung im Ertragsteuerrecht
Die Thematik der Gleichstellung der mittelbaren mit der unmittelbaren Beteiligung im Ertragsteuerrecht betrifft eine äußerst praxisrelevante, aber bislang wenig erforschte Materie des Ertragsteuerrechts. Das Buch untersucht diese Thematik erstmals umfassend und gibt einen systematischen Überblick zur Gleichstellung der mittelbaren mit der unmittelbaren Beteiligung im Ertragsteuerrecht sowohl mit als auch ohne spezialgesetzliche Grundlage.
Bd. 33, 2020, 378 S., 69,90 €, br., ISBN 978-3-643-14816-2

Jan F. J. Lorenzen
Die Geltendmachung von Drittgläubigeransprüchen gegenüber Mitgesellschaftern in der Personengesellschaft
Die Diskussion um die Rechtsstellung des Personengesellschafters als Drittgläubiger seiner Gesellschaft hat nach einer Reihe jüngerer Entscheidungen des Bundesgerichtshofs neue Aktualität erlangt. Die Arbeit dient der Auflösung der Wertungswidersprüche, die dieser Doppelrolle des Gesellschafter-Drittgläubigers immanent sind. Hierbei widmet sich die Untersuchung insbesondere den Einschränkungen, denen der Gesellschafter-Drittgläubiger bei der Geltendmachung von Ansprüchen gegenüber seinen Mitgesellschaftern mit Blick auf die primäre Ausgestaltung der Haftung sowie die Höhe des Anspruchs unterliegt.
Bd. 32, 2019, 266 S., 24,90 €, br., ISBN 978-3-643-14388-4

Till Gröne
Korrespondierende Besteuerung gemäß §32a KStG
Bd. 31, 2017, 448 S., 69,90 €, br., ISBN 978-3-643-13820-0

Eva Juntermanns
Gesellschafterkonten im Handels- und Steuerrecht
Bd. 30, 2016, 214 S., 44,90 €, br., ISBN 978-3-643-13335-9

Iris Klein
Mitunternehmerbegriff
Bestandsaufnahme und Plädoyer für einen Verzicht auf die Mitunternehmerinitiative
Bd. 29, 2016, 250 S., 39,90 €, br., ISBN 978-3-643-13063-1

Eva-Maria Kraus
Die mitunternehmerische Innengesellschaft in der Gewerbesteuer
Bd. 28, 2015, 240 S., 44,90 €, br., ISBN 978-3-643-13043-3

Georg Lauber
Das Verhältnis des Ausgleichs gemäß § 304 AktG zu den Abfindungen gemäß den §§ 305, 327 a AktG
Bd. 27, 2014, 664 S., 69,90 €, br., ISBN 978-3-643-12722-8

Tobias Keller
Der Grundsatz wirtschaftlicher Vermögenszugehörigkeit im Bilanzrecht
Auslegung von § 246 Abs. 1 S. 2 HGB und Abgrenzung zu § 39 AO
Bd. 26, 2014, 184 S., 44,90 €, br., ISBN 978-3-643-12562-0

Sebastian Falk
Die bilanzielle und ertragsteuerliche Behandlung eigener Anteile nach dem BilMoG
Bd. 25, 2013, 296 S., 44,90 €, br., ISBN 978-3-643-12316-9

Andrius Bielinis
Die Besteuerung der KGaA
Bd. 24, 2013, 424 S., 49,90 €, br., ISBN 978-3-643-12280-3

LIT Verlag Berlin – Münster – Wien – Zürich – London
Auslieferung Deutschland / Österreich / Schweiz: siehe Impressumsseite

Marcel Gast
Die steuerliche Berücksichtigung von Darlehensverlusten des Gesellschafters einer Kapitalgesellschaft
Eine kritische Würdigung der „Eigenkapitalersatz-Rechtsprechung" des BFH im Lichte des MoMiG und der Abgeltungsteuer
Bd. 23, 2013, 224 S., 44,90 €, br., ISBN 978-3-643-12026-7

Markus Ley
Latente Steuern im Einzelabschluss nach dem Bilanzrechtsmodernisierungsgesetz
Bd. 22, 2013, 416 S., 44,90 €, br., ISBN 978-3-643-11949-0

Tobias Schwan
Steuerliche Begrenzungsmöglichkeiten der Vergütung von Vorstand und Aufsichtsrat
Bd. 21, 2012, 320 S., 39,90 €, br., ISBN 978-3-643-11899-8

Philipp Diffring
Umwandlung von Forderungen zur Sanierung von Kapitalgesellschaften
Gestaltungen und Privilegierungen im Steuer- und Wirtschaftsrecht
Bd. 20, 2012, 304 S., 44,90 €, br., ISBN 978-3-643-11868-4

Christian Lenz
Mitgliedsbeiträge privatrechtlicher Vereinigungen im Umsatzsteuerrecht
Bd. 19, 2012, 264 S., 34,90 €, br., ISBN 978-3-643-11572-0

Martin Rücker
Die Vereinsklassenabgrenzung
Eine Standortbestimmung unter Berücksichtigung der Pfadabhängigkeit des (Gesellschafts-)Rechts
Bd. 18, 2012, 176 S., 24,90 €, br., ISBN 978-3-643-11541-6

Sylvia Krey
Besteuerung sonstiger Leistungen
Eine Untersuchung unter besonderer Berücksichtigung der Einkommensteuerpflicht von privaten Spielgewinnen
Bd. 17, 2011, 328 S., 49,90 €, br., ISBN 978-3-643-11378-8

Stefan Wolf
Besteuerung der Bodenschatzverwertung
Bd. 16, 2011, 368 S., 44,90 €, br., ISBN 978-3-643-11386-3

Andrea Zimmermann
Spenden als verdeckte Gewinnausschüttungen
Bd. 15, 2011, 248 S., 44,90 €, br., ISBN 978-3-643-11375-7

Michael Faber
Die Kommunen zwischen Finanzautonomie und staatlicher Aufsicht – Vorgaben zur Einnahmenoptimierung und Ausgabenkontrolle in der Haushaltssicherung
Eine Untersuchung vorrangig am Recht des Landes Nordrhein-Westfalen
Bd. 14, 2012, 248 S., 44,90 €, br., ISBN 978-3-643-11373-3

Julian Böhmer
Verdeckte Gewinnausschüttungen bei beherrschenden Gesellschaftern
Bd. 13, 2011, 408 S., 44,90 €, br., ISBN 978-3-643-11365-8

Tim Holthaus
Die Berücksichtigung von Bildungskosten im Einkommensteuerrecht
Eine einkommensteuersystematische und steuerverfassungsrechtliche Analyse unter besonderer Berücksichtigung des Bologna-Prozesses
Bd. 12, 2011, 368 S., 44,90 €, br., ISBN 978-3-643-11138-8

LIT Verlag Berlin – Münster – Wien – Zürich – London
Auslieferung Deutschland / Österreich / Schweiz: siehe Impressumsseite

Jörg Stalleiken
Drittmittelforschung im Einkommen- und Körperschaftsteuerrecht
Unter besonderer Beachtung der Abgrenzung steuerbarer wirtschaftlicher Tätigkeiten von steuerfreier hoheitlicher Betätigung staatlicher Hochschulen
Bd. 11, 2010, 256 S., 34,90 €, br., ISBN 978-3-643-10595-0

Jürgen Müller
Die Beteiligung der Gemeinden an den Gemeinschaftsteuern
Bestand und Reform
Bd. 10, 2010, 232 S., 34,90 €, br., ISBN 978-3-643-10542-4

Carl-Christian Knobbe
Der Grundsatz der subjektiven Richtigkeit im Handels- und Steuerbilanzrecht
Bd. 9, 2009, 192 S., 34,90 €, br., ISBN 978-3-643-10317-8

Larissa Thole
Die Stiftung in Gründung
Bd. 8, 2009, 216 S., 34,90 €, br., ISBN 978-3-643-10075-7

Nadine Hopf
Das Verbot der doppelten Besteuerung bei Alterseinkünften
Eine verfassungsrechtliche Analyse im Kontext des Beitrags- und Leistungsgeflechts der Gesetzlichen Rentenversicherung
Bd. 7, 2009, 256 S., 44,90 €, br., ISBN 978-3-8258-1941-5

Christian Kühner
Die Steuerbefreiung der Berufsverbände
Anforderungen an Geschäftsführung und Satzung und analoge Anwendung der Gemeinnützigkeitsregeln
Bd. 6, 2009, 376 S., 54,90 €, br., ISBN 978-3-8258-1832-6

Robert Hintze
Indizien in der Finanzrechtsprechung
Bd. 5, 2008, 320 S., 44,90 €, br., ISBN 978-3-8258-1609-4

Katja Bidmon
Die Reform des Spruchverfahrens durch das SpruchG
Bd. 4, 2007, 288 S., 44,90 €, br., ISBN 978-3-8258-0066-6

Thomas Otto
Die Besteuerung von gewinnausschüttenden Körperschaften und Anteilseignern nach dem Halbeinkünfteverfahren
Bd. 3, 2007, 672 S., 39,90 €, br., ISBN 978-3-8258-9991-2

Franziska Lasa
Der Gewinnanteil des stillen Gesellschafters
Bd. 2, 2006, 192 S., 34,90 €, br., ISBN 3-8258-9956-X

Rainer Hüttemann; Christian Waldhoff (Hg.)
Steuerrecht an der Universität Bonn
Bd. 1, 2008, 560 S., 54,90 €, br., ISBN 978-3-8258-1335-2

LIT Verlag Berlin – Münster – Wien – Zürich – London
Auslieferung Deutschland / Österreich / Schweiz: siehe Impressumsseite